本書爲國家社科基金「《坡門酬唱集》
整理與研究」（17XZW022）前期成果

古典文學研究資料彙編

蘇轍資料彙編

楊觀
陳默 編
劉芳池

中華書局

圖書在版編目(CIP)數據

蘇轍資料彙編/楊觀,陳默,劉芳池編. —北京:中華書局,2018.11
(古典文學研究資料彙編)
ISBN 978-7-101-13476-6

Ⅰ.蘇… Ⅱ.①楊…②陳…③劉… Ⅲ.蘇轍(1039~1112)-研究資料 Ⅳ.K825.6

中國版本圖書館 CIP 數據核字(2018)第 234948 號

責任編輯:許慶江

古典文學研究資料彙編
蘇轍資料彙編
楊觀 陳默 劉芳池 編
*
中華書局出版發行
(北京市豐臺區太平橋西里 38 號 100073)
http://www.zhbc.com.cn
E-mail:zhbc@zhbc.com.cn
北京瑞古冠中印刷廠印刷
*
850×1168 毫米 1/32 · 17⅝印張 · 2 插頁 · 380 千字
2018 年 11 月北京第 1 版 2018 年 11 月北京第 1 次印刷
印數:1-3000 册 定價:58.00 元

ISBN 978-7-101-13476-6

目録

二、經部（《詩集傳》《春秋集解》《論語拾遺》《孟子解》）

《詩集傳》

三、史部（《古史》）

《古史》

（一）目録序跋

（二）資料彙編

前言

蘇轍（一〇三九—一一一二），字子由，一字同叔。北宋眉州眉山（今四川眉山市）人，晚號「潁濱遺老」，與其父洵、兄軾合稱「三蘇」。蘇轍是著名的政治家，且學術成就卓越，在中國經學史、史學史、文學史上都有着非常重要的地位。

蘇轍出身於一個耕讀世家，其父洵年青時喜游宦。轍幼時，其母程氏教以詩書。後洵以丁艱，始大發憤閉户讀書，凡五六年，經史百家之説無不貫悉。因屢試不中，於是盡以所學授軾轍兄弟，且曰：「是庶幾能明吾道者。」稍長，轍與兄軾等同受學於眉山之宿儒劉巨，學業精進。宋仁宗嘉祐元年（一〇五六）三月，父子三人離開眉山，過成都，經閬中，出褒斜谷，入鳳翔，歷長安，路澠池，五月到達汴京（今河南開封市），開始仕進之旅。嘉祐二年，蘇轍與兄軾同中進士。後因母喪，歸川守孝。嘉祐四年，服喪期滿，父子三人經渝州出三峽第二次出川，於第二年春抵京師。嘉祐六年，經歐陽脩、楊畋推轂，兄弟二人參加制科考試，蘇軾被録爲三等（按，宋代的制科考試一、二等皆爲虚設，故三等爲最高等第，宋代凡舉行制科考試二十二次，中三等者有吴育、蘇軾、范百禄、孔文仲四人，而蘇軾之前，僅有吴育一人）。蘇轍因所作《御試制策》批評仁宗，言辭激烈。考官或主張罷黜，或主張録取，争執不已。幸而仁宗還算寬明，云：「求直言而以直棄之，天下其謂我何！」（《續資治通鑑長編》卷一百九十四)最終以四等次録取。此間,蘇氏文章名震天下。歐陽脩云:「眉山在西南數千里外,一日父子隱然名動京師,而蘇氏文章遂擅天下。」(《歐陽文忠公集·故霸州文安縣主簿蘇君墓誌銘》)曾鞏亦贊之曰:「三人者表見於當時,而其名並重於天下。」(《元豐類稿·蘇允明哀詞》)仁宗也以「兩宰相」期許軾轍兄弟(《宋史·曹皇后傳》)。制科及第後,蘇轍被命爲試秘校充商州軍事推官。而王安石不肯撰詞(蘇軾《病中聞子由得告不赴商州三首》趙次公注:「子由與先生同舉賢科,子由以訐直止得下第,除商州推官,而知制誥王介甫猶不肯撰辭。告未即下,故先生自去年十一月先赴鳳翔。至今年秋,子由方告下,而以老泉傍無侍子,乃奏乞養親三年,此所以得告而不赴也。」)直到次年秋天,告詞方下。試想,對懷才抱志、滿腹經綸的商州蘇轍來説,前有考官争論批評之傷,後有王安石不肯撰詞之辱,而任職又是一個區區不足道且無以施展抱負的商州軍事推官,這是何等的打擊! 也難怪蘇轍以「養親」爲由,辭不赴任。直到英宗治平二年(一〇六五),蘇轍始因深得韓琦器重而就任大名府(治今河北大名縣)留守推官,被委以管勾大名府路安撫總管司機宜文字。三年,父洵病逝於京師,軾轍兄弟護喪回川。

神宗熙寧二年(一〇六九),蘇轍服滿還朝。正值朝廷變法,轍上書神宗論變革之道,得召對延和殿。時王安石以執政與陳升之領三司條例,重轍之才識,命轍爲之屬。吕惠卿附安石,轍與論多相牾,特别是對青苗法全盤否定。安石起初尚虚與委蛇,稱「君言有理,當徐議行之」,爾後便不再理睬,一意孤行。轍「力不能救」,因「請補外」(《潁濱遺老傳》)。熙寧三年,受張方平之辟,爲陳州(治今河南淮陽縣)教授。六年,改任齊州(治今山東濟南市)掌書記。任滿回京時,王安石罷相。轍以地方親身經歷上書論新法之害，仍未引起朝廷重視。熙寧十年，再應張方平之辟，任南京（治今河南商丘市）留守簽書應天府判官。神宗元豐二年（一〇七九），蘇軾以作詩「謗訕朝廷」罪被捕，繫御史臺獄，史稱「烏臺詩案」。轍冒死上書，請求以己官爲兄贖罪，坐貶監筠州（今江西高安市）鹽酒稅。七年，調爲歙州績溪令。八年，神宗崩，哲宗即位，太皇太后（英宗皇后）高后攝政，用司馬光等爲相，起用因反對新法而被貶的官員，轍亦被召回。從元豐八年到元祐七年（一〇九二），轍以其卓越的政治才能得高后重用，一路擢升，先後爲秘書省校書郎、右司諫、起居郎、中書舍人、户部侍郎、翰林學士知制誥、吏部尚書、御史中丞、尚書右丞、門下侍郎。期間，多有建樹，這也是蘇轍仕途最爲輝煌的時期。《宋史》本傳評價蘇轍此段經歷云：「元祐秉政，力斥章、蔡，不主調停；及議回河、雇役，與文彦博、司馬光異同，西方之謀又與吕大防、劉摯不合。君子不黨，於轍見之。」洵爲公允平正之論。南宋何萬《蘇轍覆謚議》：「是以九年之間，朝廷尊，公路闢，忠賢相望，貴倖斂跡，邊陲綏靖，百姓休息。君子謂公之力居多焉，信也。」雖不無溢美，但比較前後，可以算得上是頗有作爲的時期，而蘇轍也的確功不可没。

元祐八年，高后駕崩，哲宗親政，李清臣等反對元祐革政之人得到重用。紹聖元年（一〇九四），轍因上書反對李清臣策題詆毁元祐之政，激怒哲宗，被貶出知汝州（治今河南臨汝縣）、袁州（治今江西宜春市），試少府監、分司南京、筠州居住。四年，再責授化州（今廣東化州市）别駕、雷州（今廣東雷州市）安置。五年，又移循州（今廣東龍川縣）安置。元符三年（一一〇〇），哲宗崩，徽宗即位，大赦天下，轍兄弟因得北歸。年底，轍定居潁昌（今河南許昌市）。徽宗建中靖國元年（一一〇一），蘇軾在歸途中病卒於常州。嗣後轍即閉門謝客，静坐參禪，專心著述，教育子孫，近十三年。徽宗政和二年（一一一二）九月，轍以中大夫轉大中大夫致仕，十月三日病卒，年七十四。追復端明殿學士、宣奉大夫。與兄軾同葬於汝州郟城縣（今河南郟縣）上瑞里。南宋時累贈太師、魏國公，後謚文定。轍傳世之作按照傳統的經史子集次第的分法有：經部《詩集傳》二十卷，《春秋集解》十二卷。史部《古史》六十卷。子部《龍川略志》十卷，《龍川别志》二卷，《老子解》二卷。集部《欒城集》及《後集》《三集》《應詔集》共九十六卷。

關於蘇轍的研究，我們課題組在蔣宗許教授帶領下已進行了多年，《蘇轍詩編年箋注》爲國家社科基金後期資助項目，《蘇轍文編年箋注》是教育部社科項目，在項目進行過程中，得到中華書局俞國林先生全方位的指導，二書皆有幸納入中華書局《中國古典文學基本叢書》計劃中，前者將於二〇一九年由中華書局出版，後者即將殺青。在以上二書的箋注過程中，我們深感雖然孜孜矻矻，研讀有年，但由於蘇轍著述衆多，而可依傍的資料有限，所以我們的認知還遠遠不能窺蘇轍著作精神之萬一，修遠求索，需得再接再厲。

如何將蘇轍全集的研究推向更加縱深的境界，這需要更多的人參與進來。也許，匯編一部蘇轍研究資料會給這項工作的推進提供許多方便，也就是説，將歷代人們研究蘇轍的文獻材料匯爲一編，使之成爲研究蘇轍的鑰匙及重要的參考線索，或許是十分必要的。這個構思也是受四川大學先輩們的啓發，遠在一九九四年，他們便編纂了《蘇軾資料彙編》，而今凡研究蘇軾者，《彙編》必然已是案頭寶卷。我們將此想法請教俞國林先生，得到俞先生首肯和指導。接著，責編許慶江先生也和我們進行了諸多的交流和點撥。這就是編纂此書的緣起。

《蘇轍資料彙編》動機如上所言，其實也就是《蘇軾資料彙編》的效顰之作，從名稱和形式上看，似乎是前者的兄弟編，且大有補璧的嫌疑。然而畢竟我們初問學津，既才遜前修，而又識陋今賢，就是通常謙遜説水平和能力有限都未敢提及，遑論其他。較之《蘇軾資料彙編》，步趨的結果必然是「夫南行者至於郢，北面而不見冥山，是何也？則去之遠也」。所以，誠惶誠恐，汗出如漿，但倘或能因此而得到同行們對後生的寬容，則我等幸何如之。

編　者

凡例

一、本書主要收録自北宋至民國有關蘇轍的研究資料，内容包括蘇轍生平事蹟的記述、作品的評論、軼事的裒輯、詩詞的唱和及現存蘇轍著作中亡佚的詩文。

二、本書所利用的文獻包括詩文别集、總集，也有詩話、筆記、史傳、方志及類書等，凡可單獨成書者，則不予收録。

三、本書所收録的材料如在各書有相似記述，一則以時代先後爲標準，選取前代；二則取記録完整且語言凝練者。特殊情況加脚注進行説明。

四、因蘇轍爲「唐宋八大家」之一，自宋至今文名甚高，且流傳下來的作品博涉經史子集四部。故我們大體除「蘇轍生平資料彙編」部分，按《四庫全書總目提要》經、史、子、集四部進行分類。《論語拾遺》與《孟子解》雖在通行《欒城集》中，本資料彙編一律收入經部。

五、本書收録順序我們做如下考慮：首爲「生平」，分「生平傳記年表」和「制詞奏議祭文」兩個子目。後依次爲經史子集四部，各部以「目録序跋」爲首，「目録」部分我們只選録了各書《四庫全書總目提要》中的内容，「序跋」則竭盡所見。其後經史子部分設「資料彙編」，按時代先後排列。集部設「尺牘題記」「蘇轍遺事」「詩文論評」「詩詞唱和」「詩文輯佚」五個子目，亦大體按時代先後排列。

六、本書以人物領作品。經史子集分類下人物在前，相關作品在後，作品名以黑魚尾標示。因所涉作品範圍較廣，我們作了如下處理：如是筆記雜著，則直接出書名卷數。如是個人文集中的單獨篇章，則魚尾中標示篇名，篇末標示所在文集卷數等信息。

七、本書所收材料的版本，原則上擇取通行權威出版社的版本。涉及到宋代文獻，凡《全宋文》中收録的，則標點題目一依《全宋文》。如無標點本，則以《四庫全書》爲底本進行標點。底本中所涉及的異體字、缺字、避諱字及明顯的誤字，則徑行改正。

八、關於蘇軾作品的收録我們遵循以下原則：蘇軾與蘇轍有多首同體詩，此處則不再收録。本書只收詩中直言蘇轍（子由）的唱和詩以及在尺牘題記中直接反映蘇轍思想與處境的内容。蘇軾與他人尺牘所涉蘇轍部分採取節選收録。

九、本資料彙編是我們在注釋蘇轍詩文的基礎上，進行材料的整理和收集而完成的，目的也是爲蘇轍詩文的注釋提供文獻上的依據。如需要更多關於蘇轍研究的線索，請參閲《蘇轍詩編年箋注》和《蘇轍文編年箋注》。

一、蘇轍生平資料彙編

（一）生平傳記年表

脱脱

【宋史·蘇轍傳】

蘇轍，字子由，年十九，與兄軾同登進士科，又同策制舉。仁宗春秋高，轍慮或倦於勤，因極言得失，而於禁廷之事，尤爲切至。曰：

陛下即位三十餘年矣，平居静慮，亦嘗有憂於此乎，無憂於此乎？臣伏讀制策，陛下既有憂懼之言矣。然臣愚不敏，竊意陛下有其言耳，未有其實也。往者寶元、慶曆之間，西夏作難，陛下晝不安坐，夜不安席，天下皆謂陛下憂懼小心，如周文王。然自西方解兵，陛下棄置憂懼之心，二十年矣。古之聖人，無事則深憂，有事則不懼。夫無事而深憂者，所以爲有事之不懼也。今陛下無事則不憂，有事則大懼，臣以爲憂樂之節易矣。臣疏遠小臣，聞之道路，不知信否？

近歲以來，宫中貴姬至以千數，歌舞飲酒，優笑無度，坐朝不聞咨謨，便殿無所顧問。三代之衰，漢、唐之季，女寵之害，陛下亦知之矣。久而不止，百蠹將由之而出。内則蠱惑之所污，以傷和伐性；外則私謁之所亂，以敗政害事。陛下無謂好色於内，不害外事也。今海内窮困，生民愁苦，而宫中好賜不爲限極，所欲則給，不問有無。司會不敢争，大臣不敢諫，執契持敕，迅若兵火。國家内有養士、養兵之費，外有契丹、西夏之奉，陛下又自爲一阱以耗其遺餘，臣恐陛下以此得謗，而民心不歸也。

策入，轍自謂必見黜。考官司馬光第以三等，范鎮難之。蔡襄曰：「吾三司使也，司會之言，吾愧之而不敢怨。」惟考官胡宿以爲不遜，請黜之。仁宗曰：「以直言召人，而以直言棄之，天下其謂我何？」宰相不得已，置之下等，授商州軍事推官。時父洵被命修《禮書》，兄軾簽書鳳翔判官。轍乞養親京師。三年，軾還，轍爲大名推官。逾年，丁父憂。服除，神宗立已二年，轍上書言事，召對延和殿。

時王安石以執政與陳升之領三司條例，命轍爲之屬。吕惠卿附安石，轍與論多相牾。安石出《青苗書》使轍熟議，曰：「有不便，以告勿疑。」轍曰：「以錢貸民，使出息二分，本以救民，非爲利也。然出納之際，吏緣爲姦，雖有法不能禁，錢入民手，雖良民不免妄用；及其納錢，雖富民不免踰限。如此，則恐鞭箠必用，州縣之事不勝煩矣。唐劉晏掌國計，未嘗有所假貸。有尤之者，晏曰：『使民僥倖得錢，非國之福；使吏倚法督責，非民之便。吾雖未嘗假貸，而四方豐凶貴賤，知之未嘗逾時。有賤必糴，有貴必糶，以此四方無甚貴、甚賤之病，安用貸爲？』晏之所言，則常平法耳。今此法見在而患不修，公誠能有意於民，舉而行之，則晏之功可立俟也。」安石曰：「君言誠有理，當徐思之。」自此逾月不言青苗。

會河北轉運判官王廣廉奏乞度僧牒數千爲本錢，於陝西漕司私行青苗法，春散秋斂，與安石意合，於是青苗法遂行。安石因遣八使之四方，訪求遺利。中外知其必迎合生事，皆莫敢言。轍往見陳升之曰：「昔嘉祐末，遣使寬恤諸路，各務生事，還奏多不可行，爲天下笑。今何以異此？」又以書抵安石，力陳其不可。安石怒，將加以罪，升之止之，以爲河南推官。會張方平知陳州，辟爲教授。三年，授齊州掌書記。又三年，改著作佐郎。復從方平簽書南京判官。居二年，坐兄軾以詩得罪，謫監筠州鹽酒税，五年不得調。移知績溪縣。

哲宗立，以秘書省校書郎召。元祐元年，爲右司諫。宣仁后臨朝，用司馬光、吕公著，欲革弊事，而舊相蔡確韓縝、樞密使章惇皆在位，窺伺得失，轍皆論去之。吕惠卿始諂事王安石，倡行虐政以害天下。及勢鈞力敵，則傾陷安石，甚於仇讎，世尤惡之。至是，自知不免，乞宫觀以避貶竄。轍具疏其姦，以散官安置建州。

司馬光以王安石雇役之害，欲復差役，不知其害相半於雇役。轍言：「自罷差役僅二十年，吏民皆未習慣。況役法關涉衆事，根芽盤錯，行之徐緩，乃得審詳。若不窮究首尾，忽遽便行，恐既行之後，别生諸弊。今州縣役錢，例有積年寬剩，大約足支數年，且依舊雇役，盡今年而止。催督有司審議差役，趁今冬成法，來年役使鄉户。但使既行之後，無復人言，則進退皆便。」

光又以安石私設《詩》、《書新義》考試天下士，欲改科舉，别爲新格。轍言：「進士來年秋試，日月無幾，而議不時決。詩賦雖小技，比次聲律，用功不淺。至於治經，誦讀講解，尤不輕易。要之，來年皆未可施行。乞來年科場，一切如舊，惟經義兼取注疏及諸家論議，或出己見，不專用王氏學。仍罷律義，令舉人知有定論，一意爲學，以待選試，然後徐議元祐五年以後科舉格式，未爲晚也。」光皆不能從。

初，神宗以夏國内亂，用兵攻討，乃於熙河增蘭州，於延安增安疆、米脂等五砦。二年，夏遣使賀登位，使還，未出境，又遣使入境。朝廷知其有請蘭州、五砦地意，大臣議棄守未決。轍言曰：「頃者西人雖至，疆埸之事，初不自言。度其狡心，蓋知朝廷厭兵，確然不請，欲使此議發自朝廷，得以爲重。朝廷深覺其意，忍而不予，情得勢窮，始來請命，一失此機，必爲後悔。彼若點集兵馬，屯聚境上，許之則畏兵而予，不復爲恩；不予則邊釁一開，禍難無已。間不容髮，正在此時，不可失也。況今日之事，主上妙年，母后聽斷，將帥吏士，恩情未接，兵交之日，誰使效命？若其羽書沓至，勝負紛然，臨機決斷，誰任其責？惟乞聖心以此反覆思慮，早賜裁斷，無使西人別致猖狂。」於是朝廷許還五砦，夏人遂服。遷起居郎、中書舍人。

朝廷議回河故道，轍爲公著言：「河决而北，自先帝不能回。今不因其舊而修其未至，乃欲取而回之，其爲力也難，而爲責也重，是謂智勇勢力過先帝也。」公著悟，竟未能用。進户部侍郎。轍因轉對，言曰：「財賦之原，出於四方，而委於中都。故善爲國者，藏之於民，其次藏之州郡。州郡有餘，則轉運司常足；轉運司既足，則户部不困。唐制，天下賦税，其一上供，其一送使，其一留州。比之於今，上供之數可謂少矣。然每有緩急，王命一出，舟車相銜，大事以濟。祖宗以來，法制雖殊，而諸道蓄藏之計，猶極豐厚。是以斂散及時，縱舍由己，利柄所在，所爲必成。自熙寧以來，言利之臣，不知本末之術，欲求富國，而先困轉運司。轉運司既困，則上供不繼；上供不繼，而户部亦憊矣。兩司既困，故内帑别藏，雖積如丘山，而委爲朽壤，無益於算也。」尋又言：

臣以祖宗故事考之，今日本部所行，體例不同，利害相遠，宜隨事措置，以塞弊原。謹具三弊以聞：其一曰分河渠案以爲都水監，其二曰分胄案以爲軍器監，其三曰分修造案以爲將作監。三監皆隸工部，則本部所專，其餘無幾，出納損益，制在他司。頃者，司馬光秉政，知其爲害，嘗使本部收攬諸司利權。當時所收，不得其要，至今三案猶爲他司所擅，深可惜也。

蓋國之有財，猶人之有飲食。飲食之道，當使口司出納，而腹制多寡。然後分佈氣血，以養百骸，耳目賴之以爲聰明，手足賴之以爲力。若不專任口腹，而使手足、耳目得分治之，則雖欲求一飽不可得矣，而況於安且壽乎！今户部之在朝廷，猶口腹也，而使他司分治其事，何以異此？自數十年以來，群臣每因一事不舉，輒入建他司。利權一分，用財無藝。他司以辦事爲效，則不恤財之有無；户部以給財爲功，則不問事之當否。彼此各營一職，其勢不復相知，雖使户部得材智之臣，終亦無益，能否同病，府庫卒空。今不早救，後患必甚。

昔嘉祐中，京師頻歲大水，大臣始取河渠案置都水監。置監以來，比之舊案，所補何事？而大不便者，河北有外監丞，侵奪轉運司職事。轉運司之領河事也，郡之諸埽，埽之吏兵、儲蓄，無事則分，有事則合。水之所向，諸埽趨之，吏兵得以併功，儲蓄得以併用。故事作之日，無暴斂傷財之患，事定之後，徐補其闕，兩無所妨。自有監丞，據法責成，緩急之際，諸埽不相爲用，而轉運司不勝其弊矣。此工部都水監爲户部之害，一也。

先帝一新官制，並建六曹，隨曹付事，故三司故事多隸工曹，名雖近正而實非利。昔胄案所掌，今内爲軍器監而上隸工部，外爲都作院而上隸提刑司，欲有興作，户部不得與議。訪聞河北道近歲爲羊渾脱，動以千計。渾脱之用，必軍行乏水，過渡無船，然後須之。而其爲物，稍經歲月，必至蠹敗。朝廷無出兵之計，而有司營戢，不顧利害，至使公私應副，虧財害物。若專在轉運司，必不至此。此工部都作院爲户部之害，二也。

昔修造案掌百工之事，事有緩急，物有利害，皆得專之。今工部以辦職爲事，則緩急利害，誰當議之？朝廷近以箔場竹箔，積久損爛，創令出賣，上下皆以爲當。指揮未幾，復以諸處營造，歲有科制，遂令般運堆積，以破出賣之計。臣不知將作見工幾何，一歲所用幾何？取此積彼，未用之間，有無損敗，而遂爲此計。本部雖知不便，而以工部之事，不敢復言。此工部將作監爲户部之害，三也。

凡事之類此者多矣，臣不能遍舉也。故願明詔有司，罷外水監丞，舉河北河事及諸路都作院皆歸轉運司，至於都水、軍器、將作三監，皆兼隸户部，使定其事之可否，裁其費之多少，而工部任其功之良苦，程其作之遲速。苟可否、多少在户部，則傷財害民，户部無所逃其責矣。苟良苦、遲速在工部，則敗事乏用，工部無所辭其譴矣。制出于一，而後天下貧富，可責之户部矣。

哲宗從之，惟都水仍舊。

朝廷以吏部元豐所定吏額，比舊額數倍，命轍量事裁減。吏有白中孚曰：「吏額不難定也。昔之流内銓，今侍郎左選也，事之煩劇，莫過此矣。昔銓吏止十數，而今左選吏至數十，事不加舊而用吏至數倍，何也？昔無重法、重禄，吏通賕賂，則不欲人多以分所得。今行重法，給重禄，賕賂比舊爲少，則不忌人多而幸於少事。此吏額多少之大情也。舊法，日生事以難易分七等，重者至一分，輕者至一釐以下，積若干分而爲一人。今若取逐司兩月事定其分數，則吏額多少之限，無所逃矣。」轍曰：「此群吏身計所係也。若以分數爲人數，必大有所損，將大致紛訴，雖朝廷亦不能守。」乃具以白宰執，請據實立額，俟吏之年滿轉出，或事故死亡者勿補，及額而止。不過十年，羡額當盡。功雖稍緩，而見吏知非身患，不復怨矣。吕大防命諸司吏任永壽與省吏數人典之，遂背轍議以立額，日裁損吏員，復以好惡改易諸局次。永壽復以贓刺配，大防略依轍議行之。代軾爲翰林學士，尋權吏部尚書。使契丹，館客者侍讀學士王師儒能誦洵、軾之文及轍《茯苓賦》，恨不得見全集。使還，爲御史中丞。

自元祐初，一新庶政，至是五年矣。人心已定，惟元豐舊黨分布中外，多起邪説以摇撼在位，吕大防、劉摯患之，欲稍引用，以平夙怨，謂之「調停」。宣仁后疑不决，轍面斥其非，復上疏曰：

臣近面論，君子小人不可並處，聖意似不以臣言爲非者。然天威咫尺，言詞迫遽，有所不盡，臣而不言，誰當救其失者！親君子，遠小人，則主尊國安；疏君子，任小人，則主憂國殆。此理之必然。未聞以小人在外，憂其不悦而引之於内，以自遺患也。故臣謂小人雖不可任以腹心，至於牧守四方，奔走庶務，無所偏廢可也。若遂引之於内，是猶患盜賊之欲得財，而導之於寢室，知虎豹之欲食肉，而開之以坰牧，無是理也。且君子小人，勢同冰炭，同處必争。一争之後，小人必勝，君子必敗。何者？小人貪利忍恥，擊之則難去，君子潔身重義，沮之則引退。古語曰：「一薰一蕕，十年尚猶有臭。」蓋謂此矣。

先帝聰明聖智，疾頽靡之俗，將以綱紀四方，比隆三代。而臣下不能將順，造作諸法，上逆天意，下失民心。二聖因民所願，取而更之，上下忻慰。則前者用事之臣，今朝廷雖不加斥逐，其勢亦不能復留矣。尚賴二聖慈仁，宥之於外，蓋已厚矣。而議者惑於說，乃欲招而納之，與之共事，謂之「調停」。非輩若返，豈肯但已哉？必將戕害正人，漸復舊事，以快私忿。人臣被禍，蓋不足言，臣所惜者，祖宗朝廷也。惟陛下斷自聖心，勿爲流言所惑，勿使小人一進，後有噬臍之悔，則天下幸甚。

疏入，宣仁后命宰執讀於簾前，曰：「轍疑吾君臣兼用邪正，其言極中理。」諸臣從而和之，「調停」之說遂已。

轍又奏曰：

竊見方今天下雖未大治，而祖宗綱紀具在，州郡民物粗安。若大臣正己平心，無生事要功之意，因弊修法，爲安民靖國之術，則人心自定，雖有異黨，誰不歸心？向者異同反覆之心，蓋亦不足慮矣。但患朝廷舉事，類不審詳，曩者，黄河北流，正得水性，而水官穿鑿，欲導之使東，移下就高，汩五行之理。及陛下遣使按視，知不可爲，猶或固執不從。經今累歲，回河雖罷，減水尚存，遂使河朔生靈，財力俱困。今者西夏、青唐，外皆臣順，朝廷招來之厚，惟恐失之。而熙河將吏創築二堡，以侵其膏腴，議納醇忠，以奪其節鉞，功未可覬，争已先形。朝廷雖知其非，終不明白處置，若遂養成邊釁，關陝豈復安居？如此二事，則臣所謂宜正己平心，無生事要功者也。

昔嘉祐以前，鄉差衙前，民間常有破産之患。熙寧以後，出賣坊場以雇衙前，民間不復知有衙前之苦。及元祐之初，務於復舊，一例復差。官收坊場之錢，民出衙前之費，四方驚顧，衆議沸騰。尋知不可，旋又復雇。去年之秋，又復差法。又熙寧雇役之法，三等人户，並出役錢，上户以家産高强，出錢無藝，下户昔不充役，亦遣出錢。故此二等人户，不免咨怨。至於中等，昔既已自差役，今又出錢不多，雇法之行，最爲其便。罷行雇法，上下二等，欣躍可知，唯是中等則反爲害。且如畿縣中等之家，例出役錢三貫，若經十年，爲錢三十貫而已。今差役既行，諸縣手力，最爲輕役，農民在官，日使百錢，最爲輕費。然一歲之用，已爲三十六貫，二年役滿，爲費七十餘貫。罷役而歸，寬鄉得閑三年，狹鄉不及一歲。以此較之，則差役五年之費，倍於雇役十年。賦役所出，多在中等。如此條目，不便非一，故天下皆思雇役而厭差役，今五年矣。如此二事，則臣所謂宜因弊修法，爲安民靖國之術者也。

臣以聞見淺狹，不能盡知當今得失。然四事不去，如臣等輩猶知其非，而況於心懷異同，志在反覆，幸國之失，有以藉口者乎？臣恐如此四事，彼已默識於心，多造謗議，待時而發，以摇撼衆聽矣。伏乞宣諭宰執，事有失當，改之勿疑，法或未完，修之無倦。苟民心既得，則異議自消。陛下端拱以享承平，大臣逡巡以安富貴，海内蒙福，上下攸同，豈不休哉！

大臣恥過，終莫肯改。

六年，拜尚書右丞，進門下侍郎。初，夏人來賀登極，相繼求和，且議地界。朝廷許約，地界已定，付以歲賜。久之，議不決。明年，夏人以兵襲涇原。殺掠弓箭手數千人，朝廷忍之不問，遣使往賜策命。夏人受禮倨慢，以地界爲辭，不復入謝，再犯涇原。四年，來賀坤成節，且議地界。朝廷先以歲賜予之，地界又未决。夏人乃於疆事多方侵求，熙河將佐范育、种誼等，遂背約侵築質孤、勝如二堡，夏人即平盪之。育等又欲以兵納趙醇忠，及擅招其部人千餘，朝廷卻而不受，西邊騷然。轍乞罷育、誼，別擇老將以守熙河。宣仁后以爲然，大臣竟主育、誼，不從。

轍又面奏：「人君與人臣，事體不同。人臣雖明見是非，而力所不加，須至且止；人君於事，不知則已，知而不能行，則事權去矣。臣今言此，蓋欲陛下收攬威柄，以正君臣之分而已。若專聽所謂，不以漸制之，及其太甚，必加之罪，不免逐去。事至如此，豈朝廷美事？故臣欲保全大臣，非欲害之也。」

六年，熙河奏：「夏人十萬騎壓通遠軍境，挑掘所争崖巉，殺人三日而退。乞因其退，急移近裏堡砦於界，乘利而往，不須復守誠信。」下大臣會議。轍曰：「當先定議欲用兵耶，不用耶？」吕大防曰：「如合用兵，亦不得不用。」轍曰：「凡用兵，先論理之曲直。我若不直，兵決不當用。朝廷須與夏人議地界，欲用慶曆舊例，以彼此見今住處當中爲直，此理最簡直。夏人不從，朝廷遂不固執。蓋朝廷臨事，常患先易後難，此所謂先易者也。既而許於非所賜城砦，依綏州例，以二十里爲界，十里爲堡鋪，十里爲草地。要約纔定，朝廷又要兩砦界首侵夏地，一抹取直，夏人見從。又要夏界更留草地十里，夏人亦許。凡此所謂後難者也。今欲於定西城與隴諸堡一抹取直，所侵夏地凡百數十里。隴諸祖宗舊疆，豈所謂非所賜城砦耶？此則不直，致寇之大者也。」劉摯曰：「不用兵雖美，然事有須用兵者，亦不可不用也。」轍奏曰：「夏兵十萬壓熙河境上，不於他處，專於所爭處殺人、掘崖巉，此意可見，此非西人之罪，皆朝廷不直之故。熙河輒敢生事，不守誠信，臣欲詰責帥臣耳。」後屢因邊兵深入夏地，宣仁后遂從轍議。

時三省除李清臣吏部尚書，給事中范祖禹封還詔書，且言姚勔亦言之。三省復除蒲宗孟兵部尚書。轍奏：「前除清臣，給諫紛然，争之未定。今又用宗孟，恐不便。」宣仁后曰：「奈闕官何？」轍曰：「尚書闕官已數年，何嘗闕事？今日用此二人，正與去年用鄧温伯無異。此三人者，非有大惡，但昔與王珪、蔡確輩並進，意思與今日聖政不合。見今尚書共闕四人，若並用似此四人，使黨類互進，恐朝廷自是不安静矣。」議遂止。

紹聖初，哲宗起李清臣爲中書舍人，鄧潤甫爲尚書左丞。二人久在外，不得志，稍復言熙、豐事以激怒哲宗意。會廷試進士，清臣撰策題，即爲邪説。轍諫曰：

伏見御試策題，歷詆近歲行事，有紹復熙寧、元豐之意。臣謂先帝以天縱之才，行大有爲之志，其所設施，度越前古，蓋有百世不可改者。在位近二十年，而終身不受尊號。裁損宗室，恩止祖免，減朝廷無窮之費。出賣坊場，顧募衙前，免民間破家之患。黜罷諸科誦數之學，訓練諸將慵惰之兵。置寄禄之官，復六曹之舊，嚴重禄之法，禁交謁之私。行淺攻之策以制西夏，收六色之錢以寛雜役。凡如此類，皆先帝之睿算，有利無害，而元祐以來，上下奉行，未嘗失墜也。至於其他，事有失當，何世無之。父作之於前，子救之於後，前後相濟，此則聖人之孝也。

漢武帝外事四夷，内興宫室，財用匱竭，於是修鹽鐵、榷酤、均輸之政，民不堪命，幾至大亂。昭帝委任霍光，罷去煩苛，漢室乃定。光武、顯宗以察爲明，以讖決事，上下恐懼，人懷不安。章帝即位，深鑒其失，代之以寬厚、愷悌之政，後世稱焉。本朝真宗右文偃武，號稱太平，而群臣因其極盛，爲天書之説。章獻臨御，攬大臣之議，藏書梓宫，以泯其迹；及仁宗聽政，絶口不言。英宗自藩邸入繼，大臣創濮廟之議。及先帝嗣位，或請復舉其事，寢而不答，遂以安静。夫以漢昭、章之賢，與吾仁宗、神宗之聖，豈其薄於孝敬而輕事變易也哉？臣不勝區區，願陛下反覆臣言，慎勿輕事改易。若輕變九年已行之事，擢任累歲不用之人，人懷私忿，而以先帝爲辭，大事去矣。

哲宗覽奏，以爲引漢武方先朝，不悦。落職知汝州。居數月，元豐諸臣皆會於朝，再責知袁州。未至，降朝議大夫、試少府監，分司南京，筠州居住。三年，又責化州别駕，雷州安置，移循州。徽宗即位，徙永州、岳州，已而復太中大夫，提舉鳳翔上清太平宫。崇寧中，蔡京當國，又降朝請大夫，罷祠，居許州，再復太中大夫致仕。築室于許，號潁濱遺老，自作傳萬餘言，不復與人相見。終日默坐，如是者幾十年。政和二年，卒，年七十四。追復端明殿學士。淳熙中，謚文定。

轍性沉静簡潔，爲文汪洋澹泊，似其爲人，不願人知之，而秀傑之氣終不可掩，其高處殆與兄軾相迫。所著《詩傳》、《春秋傳》、《古史》、《老子解》、《欒城文集》並行於世。三子：遲、适、遜。族孫元老。

論曰：蘇轍論事精確，修辭簡嚴，未必劣於其兄。王安石初議青苗，轍數語柅之，安石自是不復及此，後非王廣廉傅會，則此議息矣。轍寡言鮮慾，素有以得安石之敬心，故能爾也。若是者，軾宜若不及，然至論軾英邁之氣，閎肆之文，轍爲軾弟，可謂難矣。元祐秉政，力斥章、蔡，不主調停；及議回河、雇役，與文彦博、司馬光異同；西邊之謀，又與吕大防、劉摯不合。君子不黨，於轍見之。轍與兄進退出處，無不相同，患難之中，友愛彌篤，無少怨尤，近古罕見。獨其齒爵皆優於兄，意者造物之所賦與，亦有乘除於其間哉！（卷三百三十九）

孫汝聽

【蘇潁濱年表】〔一〕

仁宗寶元二年己卯

二月丁亥，蘇轍生。轍字子由，一字同叔，眉山人，老蘇先生之季子，其世家已具《老蘇先生表》中。

〔一〕本年表依據《永樂大典》卷之二千三百九十九過録標點。格式以年提頭，其下按月份分段，其文字一依《永樂大典》，訛誤之處校改并加脚注説明緣由，其餘均不變。

康定元年庚辰

慶曆元年辛巳

二年壬午

三年癸未

四年甲申

五年乙酉

六年丙戌

七年丁亥

五月乙酉，轍祖父序卒。

八年戊子

父洵以家艱，閉户讀書，因以行學授二子，曰：「是庶幾能明吾學者。」

皇祐元年己丑

二年庚寅

三年辛卯

四年壬辰

五年癸巳

至和元年甲午

二年乙未

轍娶史氏，年十五，父曰瞿。

嘉祐元年丙申

是春，轍父子三人同游京師。過成都，謁知益州張方平。方平一見，待以國士。

七月癸巳，以侍御史范師道、開封府判官祠部郎中直秘閣王疇、祠部員外郎集賢校理胡俛、屯田員外郎集賢校理韓彦、太常博士集賢校理王瓘、太常丞集賢校理宋敏求考試開封舉人，轍中其選。

明年登第後，有《謝秋試官啓》。

二年丁酉

轍兄弟試禮部中第。

三月辛巳，上御崇政殿試進士。丁亥，放章衡以下及第出身。轍中第五甲，有《上韓琦樞密書》。

四月癸亥，轍母武陽縣君程氏卒于家，轍父子還蜀。

三年戊戌

四年己亥

十月，侍父遊京師。

十二月，至江陵，集舟中所爲詩賦一百爲《南行集》。

五年庚子

自江陵至京師，途中所爲詩賦又七十三篇，爲《南行後集》，轍有《南行後集引》。

三月，以選人至流内銓。天章閣待制楊畋調銓之官吏，轍授河南府澠池縣主簿。畋謂轍曰：「聞子求舉直言，若必無人，畋願備數。」於是舉轍應才識兼茂明於體用科。兄弟寓懷遠驛。

十一月，歐陽永叔爲樞密副使，有賀啓。

六年辛丑

有上富弼丞相、曾公亮參政及兩制書。

八月丁卯，會翰林學士吴奎、龍圖閣直學士楊畋、御史中丞王疇、知制誥王安石考試制科舉人于秘閣。乙亥，上御崇政殿策試制科人。時上春秋高，始倦於勤，轍因所問，極言得失。覆考官司馬光第以三等，初考官胡宿争不可。光與范鎮議，以轍爲第四等。蔡襄曰：「吾三司使也，司會之言，吾愧之而不敢怨。」惟胡宿以爲不遜，力請黜之。詔差官重定。司馬光奏：「臣近蒙差赴崇政殿後覆考應制舉人，試卷内『囯』『刢』兩號所對策，辭理俱高，絶出倫輩。然『刢』所對命秩之差，虚實之相養等一兩事，與所出差舛。臣遂與范鎮同議，以『囯』爲第三等，『刢』爲第四等。詳定官已定從覆考。竊知初考官以爲不當，朝廷更爲差官重定，復從初考，以『刢』爲不入等。臣竊以國家置此六科，本欲取材識高遠之士，國不以文辭華靡，記誦雜博爲賢。『刢』所試文辭，臣不敢言。但見其指陳朝廷得失，無所顧慮，於四人之中，最爲切直。今若以此不蒙甄收，則臣恐天下之人皆以爲朝廷虚設直言極諫之科。而『軩』以直言被黜，從此四方以言爲諱，其於聖主寬明之德虧損不細。臣區區所憂，正在於此，非爲臣已考爲高等，苟欲遂非取勝而已也。伏望陛下察臣愚心，特收『軩』入等，使天下之人皆曰『軩』所對事目雖有漏落，陛下特以其切直收之，豈不美哉！」既而執政以「軩」所試進呈，欲黜之，上不許，曰：「其言切直，不可棄也。」乃降一等收之，即轍也。己卯，以轍爲試秘書省校書郎，充商州軍事推官。制曰：「朕奉先聖之緒以臨天下，雖夙寤晨興，不敢康寧，而常懼躬有所闕，羞于前烈。日御便坐，以延二三大夫垂聽而問。而轍也指明其微，甚直不阿，雖文采未極，條貫靡究，亦可謂知愛君矣。朕親覽見，獨嘉焉。其以轍爲州從事，以試厥功。克慎爾術，思永修譽。」時知制誥王安石意轍右〔一〕宰相專攻人主，比之谷永，不肯撰詞。宰相韓琦笑曰：「此人策語謂宰相不足用，欲得婁師德、郝處俊而用之，尚以谷永疑之乎？」知制誥沈遘亦考官也，知其不然，故當制有愛君之言。諫官楊畋見上曰：「蘇轍，臣所薦也，陛下赦其狂直而收之，盛德之事也，乞宣付史館。」上悦從之。轍有《謝制科啓》。是時父洵被命編修禮書，而兄軾出簽書鳳翔判官，傍無侍子。轍乃奏乞養親，詔從之。

十二月，軾赴官。十九日，與轍別於鄭州西門外。有《辛丑除日寄子瞻》詩。

〔一〕右：《永樂大典》作「古」，不辭，據文意，當爲「右」字。形近而誤。

七年壬寅

《次韻子瞻減降諸縣囚徒事畢登覽》詩。

四月，諫議大夫楊畋卒，年五十六，有哀詞。

八月乙亥，伯父利州路提點刑獄涣卒，年六十二。

《次韻子瞻秋雪見寄》詩，《次韻子瞻記歲暮鄉俗三首》，有《新論》三首。

八年癸卯

有《記歲首鄉俗寄子瞻二首》，寒食前一日，有寄兄詩。

三月辛未，仁宗崩。

六月庚辰，涣夫人楊氏卒，有挽詩。

英宗治平元年甲辰

四月晦日，有《題上清宮辭》。後十二月，軾自鳳翔解官歸京師。

二年乙巳

轍爲大名府留守推官，有《謝韓丞相啓》。尋差官勾大名府路安撫總管司機宜文字。有《北京送孫〔一〕曼叔屯田權三司開拆司》詩，有《中秋夜八絶》。冬，有《留守王君貺生日》詩。

〔一〕孫：《永樂大典》作遜，當作「孫」。孫曼叔即孫永。據《欒城集》及《宋史》改。

三年丙午

春，有《送陳安期都官》詩。二月，有《寒食贈遊壓沙諸君》詩。

四月戊申，父洵卒於京師，年五十八。轍兄弟自汴入淮，泝于江歸。十二月，入峽。

四年丁未

正月丁巳，英宗崩。

十月壬申，葬父彭山縣安鎮鄉可龍里。

神宗熙寧元年戊申

冬，轍兄弟免喪，東遊京師。

二年己酉

春，至京師。

二月甲子，參知政事王安石、知樞密院陳升之同制置三司條例。

三月，轍上書論事。丙子，上批付中書曰：「詳觀疏意，知轍潛心當世之務，頗得其要。鬱於下僚，使無所伸，誠亦可惜。」即日召對延和殿。癸未，以轍爲制置三司條例司檢詳文字。安石急於財利而不知本，吕惠卿爲之謀主。轍議事率不合，因以書抵安石，指陳其事之不可行者。安石大怒，欲加以罪，升之止之。

八月庚戌，轍上言：「每於本司商量公事，動皆不合。臣已有狀申本司，具述所議不同事，乞除一合入差遣。」上問所以處轍，曾公亮奏，欲與堂除差遣，上從之，以轍爲河南府留守推官。乃定制策登科者，不復試館職，皆送審官與合入差遣，自此始。癸丑，以三司度支副使蘇寀爲集賢殿修撰知梓州。有《送蘇公佐》詩。

三年庚戌

正月九日，差充省試點檢試卷官。

二月戊午，觀文殿學士、新知河南府張方平知陳州，方平奏改辟轍爲陳州教授。有《初到陳州》詩二首。

八月丙戌，知成都府陸詵卒，有《陸介夫挽詞》。

九月，吕陶中賢良方正科，有代方平《答陶啓》，有代張方平《論時事書》。

十二月，王安石同平章事。

四年辛亥

六月甲子，歐陽脩以太子少師致仕，有賀脩啓，有《陪歐陽公燕潁州西湖》詩，有《次韻子瞻潁州留别》詩。

八月戊寅，張方平除南京留臺，有送方平詩。

九月，知制誥、直學士院陳襄知陳州，轍有迎襄啓。

十二月，《次韻子瞻初到杭州見寄二首》。

五年壬子

六月，曾公亮致仕，轍有賀啓。

閏七月二十三日，歐陽文忠公脩卒，有祭文并挽詞三首。

八月，同頓起等於洛陽妙覺寺考試舉人。及畢事，共得大小詩二十六首。

六年癸丑

二月，重到潁州，有寄軾詩二首。甲申有《次韻二月十日雪》詩。

四月，樞密使文彦博罷，以守司徒兼侍中判河陽。彦博辟轍爲學官，轍有謝啓。已而改齊州掌書記，有《自陳適齊戲題》詩。

九月，尚書右司郎中、知登州李師中來知齊州。

十月，有《京西北路轉運使題名記》。

七年甲寅

二月己巳朔，以李師中爲天章閣待制知瀛州。有《師中燕别西湖詩序》并《送師中赴瀛州》詩。

四月壬辰，以知青州、右諫議大夫李肅之知齊州。有代肅之到任謝上表，有《送青州簽退翁致仕還湖州》詩。

九月丙申，有《和青州教授頓起九日見寄》詩，有《和子瞻喜虎兒生》詩。

十一月辛亥，有《洛陽李氏園亭記》。

八年乙卯

有《和劉敏殿丞送春》、《趙至節推首夏》詩，有《遊太山詩四首》，有《舜泉》詩，有《閔子廟記》及《次韻徐正權謝示閔子廟記及惠紙》詩。

六月辛亥，吏部尚書同平章事昭文館大學士王安石授尚書左僕射兼門下侍郎同平章事，以脩《詩》、《書》、《周禮》義畢推恩也。轍有《東方書生行》。

九年丙辰

二月辛丑，李肅之提舉南京鴻慶宫，以病自請也。有《和李常赴歷下道中雜詠十二首》。

九月，有《次韻李常九日見約以疾不赴》詩。

十月，宰相王安石罷，轍歸京師，有《自齊州回論時事書》。

十二月辛亥，有《次韻范鎮除夜》詩。

十年丁巳

正月八日，有《王氏清虚堂記》，有《次韻范鎮正月十二日訪吴縝寺丞二絶》。轍以舉者改著作佐郎，有謝啓。

二月癸巳，以張方平爲南京留守。方平辟轍簽書應天府判官，有謝方平啓。時軾亦得徐州，兄弟相遇於澶、濮之間，相從至徐，留百餘日，有《逍遥堂會宿》等詩，有《漢高帝廟試劍石銘》，有《漢高帝廟祈晴文》。徐州大水。

九月，轍自徐至南京，有《寄王鞏》詩，有《九日送交代劉摯[一]》詩。

十月甲辰，祀南郊，大赦天下。有《代方平免陪祀表》、《賀南郊表》并謝加恩表。有《除夜會飲南湖懷鞏》詩。張方平請老，拜東太一宫使就第。以龔鼎臣知應天府。

元豐元年戊午

正月，有《次韻王鞏上元閑遊見寄三首》。

二月，寒食，有《遊南湖》詩三首。

五月己卯，知應天府龔鼎臣爲右諫議大夫知青州，有《代鼎臣謝知青州表》，有《送龔諫議知青州》詩二首。戊戌，提舉醴泉觀、兵部郎中陳汝羲知應天府，有《代謝上表》。有《送林子中安厚卿奉使高麗》詩。

七月癸巳，《同李倅鈞訪趙嗣恭留飲南園晚衙先歸》詩，有《秋祀高辛》詩，有《答徐[二]州陳師仲書》。

八月丙辰，有《中秋見月寄兄》詩。

[一] 摯：《永樂大典》作「勢」，據《欒城集》改。

[二] 徐：《永樂大典》作「陳」，據《欒城集》此篇作《答徐州陳師仲書二首》之一有「去年轍從家兄游徐州，君兄弟始以客來見」，知當爲「徐」。

九月，有《黄樓賦》，有《次韻張恕九日寄兄》詩，有《次韻頓起試徐沂舉人見寄》詩二首。

二年己未

正月丁丑，有《次韻軾人日獵城西》詩。己丑，資政殿大學士知杭州趙抃以太子少保致仕，有賀抃啓。庚寅，新知湖州文同卒於陳州，有《祭與可文》。

二月丁巳，以軾知湖州，有《和軾自徐移湖將至宋都途中見寄》五首。

四月三日，有《古今家誡序》，有《代張方平乞致仕表》。

七月甲戌，以宣徽南院使、東太一宫使張方平爲太子少師、宣徽南院使致仕，有《代方平謝表》。

八月，軾下御史臺獄，轍上書乞納在身官贖兄罪，不報。

十二月癸亥，軾責授水部員外郎、黄州團練副使，轍亦坐貶監筠州鹽酒税。

三年庚申

自南京適筠，有《過龜山》詩、《高郵别秦觀》詩、《揚州五詠》、《遊金山》詩、《初至金陵》詩、《池州蕭丞相樓詩二首》、《過九華山》詩、《佛池口遇風雨》詩。

五月，至黄州，有《陪軾遊武昌西山》詩。

六月，有《自黄州還江州》詩，有《遊廬山》詩、《南康阻風遊東寺》詩。至筠有《次韻筠守毛維瞻司封觀修城》三首。

八月乙巳，有《中秋對月》二首，《子瞻次夜字韻》。

九月戊辰，有《次韻毛君九日》詩。辛未，屯田郎劉涣凝之卒，有哀詞。

十二月丙寅，有《東軒記》。

四年辛酉

五月癸巳，有《廬山新脩僧堂記》。

六月壬申，有《聖壽院法堂記》。

七月甲午，有《吴氏浩然堂記》，有《送王適徐州赴舉》詩。

八月，有《試院唱酬十一首》。

九月，有《聖祖殿記》。

十二月，有《黄州師中庵記》。

五年壬戌

有《上高縣學記》，有《送毛君司封致仕還鄉》詩。

六年癸亥

正月丁丑朔，有《次韻王適元日并示曹焕》二詩。閏六月，有《次韻王適大水》詩。

四月丙辰朔，中書舍人曾鞏卒，有挽詞。

七月丙辰，國子司業朱服言：「諸州學或不置教授，乞委長吏選見任官兼充，先以名上禮部，從本監體驗，可爲教授，即依所乞。其餘逐州舊補差教授悉乞放罷。」仍録進轍權筠州教授所撰策題三道，以其乖戾經旨，禮部言：「見爲教授人，候有新官令罷。其蘇轍乞令本路别差官兼管勾。」從之。

有《次韻賈蕃大夫思歸》詩。

八月，有《庭中種松竹》詩。

九月癸酉，有《書事》詩。

十一月壬寅朔，有《黄州快哉亭記》。

十二月，文彦博致仕，轍有賀啓。庚子，有《除夜》詩。

七年甲子

正月乙卯，有《上元夜》詩并《次韻王適上元夜》二首。

二月，有《次韻王適一百五日太平寺看花二絶》。子瞻自黄移汝。

三月癸卯，有《次韻子瞻特來高安相别卻寄邁迨過遯》詩，并《和端午日與遲适遠三子遊真如寺》詩，《次韻子瞻贈别》詩。

七月乙丑，軾幼子遯卒，有《勉子瞻失幹子》詩二首。

九月，以轍爲歙州績溪〔一〕令，《謝洞山石臺遠來訪别》詩，《乘小舟出筠江》詩，除夜宿彭蠡湖，有《遇大風雪》詩。

〔一〕績溪：《永樂大典》作「續淡」。當爲抄録中形近而誤。

八年乙丑

正月丙申朔，有《正旦夜夢李士〔一〕寧》詩并《舟中風雪五絶》。己酉，有《南康軍直節堂記》并《太守宅五老亭》詩。有《再遊廬山詩》。至績溪有《謁城隍神》、《孔子廟文》。視事三日，有《出城南謁二祠》、《游石照寺》詩，有《縣中諸花多交代江汝明所種牡丹已過芍藥方開》詩。

三月戊戌，神宗崩，哲宗即位，己亥〔二〕，大赦天下。有《代歙州賀登極表》。轍始至邑，適有朝旨，江東諸郡市廣西戰馬。江東素乏馬，每縣雖不過十餘疋，而諸縣括民馬，吏緣爲姦，有馬之家爲之騷然。轍謂縣尉郭惇愿曰：「廣西取馬使臣未至，事忌太遽，徐爲之備可也。邑孰爲有馬者？」惇愿曰：「邑有遞馬簿，歲月遠矣，然有無之實，尚得其半也。」即取簿封之。又曰：「何從得馬牙人乎？」曰：「召粥羊豕者詰之，則馬牙出矣。」果得曾人市馬者，辭以不能。曰：「吾不責汝以馬，但爲我供文書耳。」曰：「諾。」州符日至縣，督責買馬，乃以夏税過期爲名，召諸鄉保正副驟問之曰：「汝保誰爲有及格馬者？」相顧辭不知。曰：「保正副不知，誰則知之？第勿以有爲無、以無爲有，則免罪矣。汝等所具，吾將使人訴其不實，而陳其脱略者，不可不實也。」人知不免，皆以實

〔一〕士：《永樂大典》作「志」。《欒城集》作「士」。《續資治通鑑長編·神宗熙寧八年》、邵伯温《邵氏聞見録》、司馬光《涑水記聞》等書均有其事跡。

〔二〕己亥：《續資治通鑑長編·神宗元豐八年》：「三月乙未，大赦天下，其赦法用第二等。」

告。復諭之曰：「買馬事止此矣。廣西取馬者至郡則馬出，若不至則已矣。」皆再拜曰：「邑人幸矣！」然取馬者卒不至。

五月，轍卧疾，至秋良愈，有《病退》詩，有《病後白髮》詩。

八月戊午，資政殿學士司馬光爲門下侍郎。丁卯，以轍爲祕書省校書郎，有《初得校書郎示同官三絶》，有《答王定國問疾》詩，有《辭靈惠廟歸過新興院》詩。過桐廬〔一〕，有《遊桐君山寺》詩。

十月己巳，有《遊杭州天竺寺》詩。丁丑，以轍爲右司諫。

哲宗元祐元年丙寅

轍至京師。

二月癸酉，有《論臺諫言事留中不行狀》。甲戌，有《久旱乞放民間積欠狀》。乙亥，有《論罷免役錢行差役法狀》。丙子，有《送陳睦出守潭州》詩。癸未，有《論蜀茶五害狀》。丙戌，有《乞選用執政狀》。

閏二月己丑朔，有《乞罷左右僕射蔡確韓縝狀》。庚寅，確罷爲觀文殿大學士知陳州，以門下侍郎司馬光爲右僕射。是日有《乞罷蔡京知開封府狀》。壬辰，轍言：「陛下以久旱，憂禱勤至，自冬歷

〔一〕桐廬：《永樂大典》作「相廬」，誤。宋祝穆《方輿勝覽·建德府》：「桐君山：在桐廬。有人採藥結廬桐木下，人問其姓，指桐木示之，江山因以桐名郡，曰桐廬。」

春，天意未答，災害廣遠。又近歲民苦重斂，儲積空匱。應官債負，有資産耗竭實不能出者，令州縣監司保明除放，使民心説附。」詔户部勘會諸欠官本息罰錢，并免役、坊場浄利錢數目，及民户見有無抵當物力，具保明以聞。甲午，右諫議大夫孫覺同轍進對，有旨俟簾下，内臣盡出，方敷奏。是日有《乞罷右僕射韓縝札子》。壬寅，有《乞招河北保甲充軍以消盜賊狀》。癸卯，有《差役五事狀》。

甲辰，有《乞黜降韓縝狀》。丙午，轍言：「竊見近日以蜀中賣鹽、榷茶及市易比較爲人疾苦，委成都提點刑獄郭槩體量事實。臣觀此三事，利害易見，而槩畏憚茶官陸師閔，不敢依限體量，足以見其意在拖延。始因提舉官韓玠收息增羨，槩以韓玠叔祖縝見任右僕射，意欲趍附，妄言韓玠不曾以户口比較息錢，又代説詞理已在赦前。槩謂朝廷不合相度，赦前之事，附下罔上。乞罷黜郭槩，别委官體量。」詔郭槩特差替，其賣鹽市易，令黄廉先次體量，詣實以聞。有《乞罷章惇知樞密院狀》并《乞牽復英州别駕鄭俠狀》。庚戌，知開封府蔡京出知成德軍。辛亥，有《廢官水磨狀》并《乞葬埋城外白骨狀》。是日，章惇罷知汝州。壬子，有《乞賑救淮南飢民狀》。甲寅，有《乞罷蔡京知真定府狀》。丙辰，有《乞罷安燾知樞密院狀》。

三月己未，有《再論安燾狀》。乙丑，有《論發運司以糴米代諸路上供狀》。丁卯，有《乞責降韓縝第七狀》。壬申，有《乞責降韓縝第八狀》。甲戌，有《乞給還京西水櫃所易民田狀》。庚辰，有《論三省事多留滯狀》。

四月己丑，右僕射韓縝罷知潁昌府。庚寅，有《言科場事狀》。丙申，有《招畿縣保甲充軍狀》。

庚子，有《乞令户部役法所會議狀》。己酉，有《乞禁軍日一〔一〕教狀》。壬子，有《乞差官與黄廉同體量蜀茶狀》。乙卯，有《乞以發運司米救淮南飢民狀》。

五月壬戌，有《論明堂神位狀》。甲子，有《乞借常平錢買上供及諸州軍糧狀》。丁卯，有《論蔡京知開封府不公第五狀》。乙亥，有《乞誅竄吕惠卿狀》。丁丑，有《再乞差官同黄廉體量茶法狀》。壬午，有《再言役法札子》。乙酉，有《乞責降吕和卿狀》。

六月己丑，有《乞兄子邁罷德興尉狀》。甲午，有《再乞罪吕惠卿狀》。戊戌，吕和卿責知台州。庚子，有《論青苗狀》。壬寅，資政殿大學士、正議大夫、提舉西京嵩山崇福宫吕惠卿落職降中散大夫、光禄卿，分司南京，蘇州居住。甲辰，有《三論差役狀》。丙午，有《論吕惠卿第三狀》。辛亥，再責惠卿爲建武軍節度副使，建州安置，不得簽書公事。甲寅，有《論蘭州等地〔二〕狀》。

七月壬戌，有《再論蘭州等地狀》。甲子，有《論京畿保甲冬教等事狀》。甲戌，有《論西邊警備狀》。己卯，有《再論青苗錢狀》。壬午，有《乞放市易欠錢狀》。癸未，以刑部郎中杜紘爲右司郎中。甲申，有《言淮南水潦狀》。

〔一〕日一：《永樂大典》作「旦」。當爲豎寫連文而致誤。考《欒城集》此文作《乞禁軍日一教狀》，其曰：「臣請使禁軍除新募未習之人，其餘日止一教，使得以其餘力爲生。」當本於此。

〔二〕《論蘭州等地狀》與下《再論蘭州等地狀》，《永樂大典》「等地」二字均作「池」。據《欒城集》改。

八月丙戌朔，有《乞罷杜紘右司郎中狀》。丁亥，有《論差除監司不當狀》。己丑，有《乞罷青苗錢狀》并《申三省狀》。辛卯，詔諸路提刑司，自今後常平司錢穀，令州縣依舊法糶糴，其青苗錢更不俵散。壬辰，有《再言杜紘狀》。癸巳，有《言張璪札子》、《請罷右職縣尉札子》、《論户部侍郎張頡札子》。丙申，有《再言張璪狀》。丁酉，有《言張頡第三狀》。己亥，有《言責降官不當帶觀察團練使狀》。癸卯，有《言張頡第四狀》。甲辰，以轍爲起居郎，有《辭免二狀》。丙午，有《論傅堯俞等謂司馬光爲司馬相公狀》。戊申，有《言張頡第五狀》、《辭起居舍人第二狀》。辛亥，有《申三省論張頡狀》。轍權中書舍人。

九月己卯，中書侍郎張璪罷知鄭州，有制。

十一月丙子，轍召試中書舍人。戊寅，制曰：「在昔典謨、訓誥、誓命之文，爲體不同，而其旨無二。學者宗之，以爲大訓。蓋當是時，豈特經紀法度，後世有不能及哉！至於左右言語之臣，皆聖人之徒，亦非後世之士所能髣髴也。斯道未墜，得人則興，庶幾先王，朕竊有志。具官某，學有家法，名重天下。高文大册，爲國之光。追還古風，有望於汝。矧夫身備近侍，職在論思，位于西臺，實與政事。以爾器識，足以輔余不及；以爾諒直，足以行其所知。兼是數長，朕命惟允。任重于己，責難於君，在爾勉之，以永終譽。可中書舍人。」有《辭免狀》二，《謝表》二。

十一月戊午，尚書右丞吕大防爲中書侍郎，御史中丞劉摯爲尚書右丞。轍有大防、摯制。

十二月丁亥，有《論梁惟簡除遥郡刺史不當狀》。庚寅，有《不撰葉康直秦州告狀》。

二年丁卯

正月辛巳，以給事中顧臨爲河北都轉運使，有送臨詩。

五月己巳，太師文彦博等言：「伏奉詔旨，以時雨愆期，太皇太后陛下憂閔元元，側身脩行，躬自貶薄，以奉天戒，權停受册之禮。今時雨溥注，二麥既登，秋稼有望，正名定位，義不可後。謹據太史局選定八月初四崇上徽號。」不許。轍有《請太皇太后受册表》。戊申，尚書左丞李清臣以資政殿學士知河陽，有制。辛未，集賢殿脩撰知陳州鮮于侁卒，有《子駿哀詞》。

七月辛未，有《門下侍郎韓維爲資政殿大學士知鄧州制》。

八月丁未，熙河蘭會路經略司言：「今月十九日岷州行營將官种誼收復洮州，擒西蕃大首領鬼章。」戊申，宰相率百官賀于延和殿，轍有賀表，有《論西事狀》。

九月甲子，以講《論語》終篇，賜宰臣、執政、經筵官宴于東宫。轍有《謝講論語賜宴表》。

十月，以奉安神御於西京，轍先告裕陵。壬午，還過鄭州列子觀，有《御風辭》一首。甲辰，有《游師雄除陝西路轉運判官制》。

十一月甲戌，以轍依前朝奉郎試户部侍郎，有《辭免札子》并《謝表》二。言者論買撲場務人，自熙寧初至元豐末，多有四界，少者三界，緣有實封投狀添價之法，小民争得務勝，不復計較利害。自始至末添錢多者至十倍，由此破蕩家産，傍及保户，猶不能足。父子流離，深可閔卹。乞取累界内酌中一界爲額，除元額已足外，其元額雖未足而於酌中額得足，并與釋放。唯未足者，依舊催理，及酌中額而止。轍善其説，奏請施行之。天下欠户蒙賜者不可勝數。

十二月戊申，宿齋于右曹。

三年戊辰

正月己酉朔，有三絶句寄軾。辛亥，祈穀。

三月丙辰，韓康公絳卒，有挽詞三首。丁未，上策試進士。戊午，策試武舉于集英殿，以轍及王欽臣等爲考官。轍有《廷試武舉策問》一首，有《次韻欽臣集英殿井》詩。己巳，賜進士及第出身，有《考試罷》詩二首。

四月戊寅，以文思副使兼閤門通事舍人高士敦爲成都府利州路兵馬鈐轄，有《送士敦》詩。

五月丙午朔，文德殿轉對，有《論事狀》。有詩。

六月癸卯，以承議郎程之元爲江南西路轉運判官，有《送之元奉使江西》詩。丙辰，以朝請大夫、考工郎中周尹知梓州，有《送尹兼簡吕陶二絶》。

九月辛亥，以御史中丞孫覺并轍、中書舍人彭汝礪、祕書正字張潰考試制科舉人。有《呈同舍諸公》二首，有《次韻潰院中感懷》一首。

十一月癸卯朔，有《次韻軾旦日鎖院賜酒及燭》詩。有《祭范景仁文》。

四年己巳

正月癸巳，知鄭州王克臣卒，有挽詞。

二月甲申，司空申國公吕公著卒，有《吕司空挽詞》三首。

六月辛丑朔。丁未，以轍爲吏部侍郎，有《辭免札子》。辛亥，以轍爲翰林學士、知制誥，有《辭免札子》、《謝宣召狀》、《謝賜對衣金帶鞍馬》、《謝敕〔一〕設狀》。

八月辛丑，以轍及刑部侍郎趙君錫爲賀遼國生辰國信使。己未，范鎮葬汝州襄城縣，子百嘉、百歲附焉。轍有《蜀公挽詞》三首，《百嘉百歲挽詞》二首。辛酉，撰《太皇太后將來明堂禮成罷賀賜門下手詔》。

九月丙子，有《將使契丹九日對酒懷子瞻兄并示坐中》詩。戊寅，上齋于垂拱殿，百官齋于明堂。己卯，薦饗景靈宫。庚辰，齋于垂拱殿，有《皇帝宿齋明堂問太皇太后皇太后皇太妃聖體答書》六首。辛未，大享明堂禮畢，御宣德門肆赦，有《皇帝謝禮畢太皇太后皇太后皇太妃答書》。有宰相吕大防、皇伯祖、叔祖、皇弟并馮京、劉昌祚〔二〕加恩制。有《歐陽文忠公夫人薛氏墓誌銘》。

十月戊戌，轍進呈《神宗皇帝御集》。命宰執觀讀，吕大防讀詩數篇，太皇太后泣下。二十五日，轍婿王適卒。轍至契丹，虜主以其侍讀學士王師儒館伴。師儒稍讀書，能道轍父兄所爲文，

〔一〕敕：《永樂大典》作「救」，形近而誤。據《欒城集》本篇改。

〔二〕劉昌祚：《永樂大典》作「劉昌作」。誤。據《欒城集》及《宋史》改。

曰：「恨未見公全集。」然亦能誦《服茯苓賦》等，虜中愛敬之。轍、君錫使還，過相州，有《祭韓忠獻公文》[一]

五年庚午

有《王子立秀才文集引》。

二月庚戌，太師文彦博除開府儀同三司、河東節度使致仕，有《除彦博制》。有《河東官吏軍民示喻敕書》，有《送彦博致仕還洛》詩三首。

三月壬申，以尚書左丞韓忠彦同知樞密院事，以翰林學士承旨蘇頌爲尚書右丞。有《賜忠彦頌辭免不允詔》。有《賜知樞密院孫固乞致仕不許不允詔》。己卯，以知亳州鄧温伯爲翰林學士承旨。

四月，有《乞罷五月朔旦朝會札子》，上從之。丁巳，轍有《太皇太后皇帝以旱賜門下避殿減膳》、《罷五月朔文德殿視朝手詔》二首。辛酉，有《除馮京司空彰德軍節度使再任知大名府制》，有《彰德軍官吏軍民示喻敕書》。

五月己巳，有《端午帖子》二十五首。乙亥，群臣詣閤門拜表，請御正殿，復常膳，有《不許不允批答》。自是四上表，乃從之。壬辰，以轍爲龍圖閣直學士、御史中丞，有《辭免札子》并《謝表》。

六月辛丑，以禮部侍郎陸佃權禮部尚書，兵部侍郎趙彦若權兵部尚書。轍有《論執政生事札子》，

〔一〕忠：《永樂大典》作「中」。誤。

有《分别邪正札子》。自元祐初，革新庶政，至是五年矣，一時人心已定。惟元豐舊黨分佈中外，多起邪説，以摇撼在位。吕大防及中書侍郎劉摯尤畏之，遂建言欲引用其黨，以平舊怨，謂之「調停〔一〕」。宣仁后疑不决，轍於延和面論其非，退復再以札子論之，反復深切。宣仁后命宰執於簾前讀之，仍喻之曰：「蘇轍疑吾君臣遂兼用邪正，其言極中理。」諸公相從和之，自是參用邪正之説衰矣。

八月丙辰，轍言新除知荆州王光祖不當，詔以光祖爲太原府路總管。

九月八日，有《論役法五事札子》。

十月己酉，以徐君平、虞策並爲監察御史，從轍薦也。又言新除知順安軍王安世罪狀，詔罷爲京西南路都監。其違法事，令都水監依條施行。癸丑，轍有《裁損待高麗事件札子》，從之。乙卯，龍圖閣學士滕元發卒，轍有《乞優卹元發家札子》。

十二月辛卯，尚書右丞許將罷爲資政殿學士、知許州。甲辰，殿中侍御史上官均言：「右丞許將不當罷執政。中丞蘇轍、侍御史孫升等附會大臣意指，姦邪不忠。臣竊聞外議，以爲轍等合爲朋黨，動移聖意，以疑似不明細事，合謀併力，逐一執政，自此大臣人人不得安位矣。伏乞早賜施行，以協中外之望。」詔罷均知廣德軍。丁未，以轍爲龍圖閣學士。

〔一〕調停：《永樂大典》作「調亭」。《欒城集·再論分别邪正札子》：「今者政令已孚，事勢大定，而議者惑於浮説，乃欲招而納之，與之共事，欲以此調停其黨。」《續資治通鑑長編·哲宗元祐五年》六月亦作「調停」。

六年辛未

二月庚寅朔。辛卯，門下侍郎劉摯[一]爲尚書右僕射兼中書侍郎。癸巳，以轍爲中大夫、守尚書右丞，有《辭免札子》四首。轍言：「兄軾召還，本除吏部尚書，以臣之故，除翰林學士承旨。臣之私意，尤不遑安。乞寢新命，與兄軾同備從官。」詔不許，有謝表二。己酉，有《謝生日表》二首。

八月辛亥，以軾爲龍圖閣學士、知潁州，有《次韻子瞻感舊》詩，有《乞外任札子》。

十月庚戌，上朝獻景靈宫，因幸太學。有《車駕視學》。甲戌，以王鞏得罪自劾，家居待罪，遣中使賜詔不允。

十一月乙酉朔，右僕射劉摯以觀文殿學士知鄆州。庚子，監察御史安鼎罷知絳州。先是鼎與趙君錫、賈易同造飛語，誣罔兄軾惡逆之罪。君錫、易既謫去，鼎猶在言路，復因王鞏事攻轍甚急。宣仁察其誣，故斥黜之。辛丑，中書侍郎傅堯俞卒，有挽辭。

十二月乙卯朔，張文定公方平卒。甲戌，有《祭方平文》。丁丑，有《李簡夫少卿詩集序》。

七年壬申

二月癸酉，有《生日謝表》二首。

四月，以轍攝太尉，充册皇后告期使。

[一] 劉摯：《永樂大典》作「劉執」。誤。

五月戊戌，立皇后孟氏。

六月辛酉，以轍爲太中大夫、守門下侍郎，有《辭免札子》一首，表二首，謝表一首。

八月，有祭文與可及文逸民文二首。癸酉，故龍圖閣學士滕甫葬，有甫挽詞二首。

九月壬辰，太皇太后垂簾，三省進呈翰林學士顧臨等郊祀議。太皇太后曰：「宜依仁宗、先帝故事。」吕大防、蘇頌與轍請合祭，唯范百禄議不同。甲午，再進呈。翌日，太皇太后宣諭曰：「皇帝即位以來，未嘗親祀天地，今且合祭，宜有名也。」令學士院降詔。

十一月癸巳，合祭天地于圜丘，大赦天下，有《進郊祀慶成》詩并狀。以郊祀恩，特加護軍，進開國伯，食實封二百户。有《乞免加恩表》二首，《謝加恩表》二首。

八年癸酉

正月癸巳，有《次韻子瞻上元扈從觀燈》詩。

二月丁卯，有《謝生日表》二首。

三月丁亥，監察御史董敦逸言轍及范百禄差除不當事，留中不下。轍奏：「臣近以御史董敦逸言川人大盛，差知梓州馮如晦〔一〕不當，指爲臣過，遂具札子及面陳本末。尋蒙德音宣諭，察敦逸之妄

〔一〕馮如晦：《永樂大典》作「馮如悔」。誤。《續資治通鑑長編·哲宗元祐六年》：「〔七月〕户部郎中馮如晦爲集賢校理、知梓州。」

而以臣言爲信。臣德望淺薄，言者輕相誣罔，若非聖明在上，心知邪正所在，則孤危之蹤，難以自安。切詳敦逸所言，謂馮如晦事乃其前狀所言之一則，其餘事不可不辨，遂乞一一付外施行。復蒙再三宣諭，以謂其他别無實事。伏惟聖恩深厚，知臣愚拙，曲加庇護，仰涵恩造，死生不忘。然臣忝備執政，知人言臣過惡，而嘿然不辨，實難安職。陛下愛臣雖深，而不令臣得知敦逸所言，臣竊有所未諭也。若敦逸所言果中臣病，何惜使臣引去，以謝朝廷。若敦逸所言不實，亦使臣略加别白，然後出入左右，粗免愧恥。如不蒙開允，非所以愛臣也。所有董敦逸言臣章疏，伏乞早賜付三省施行。」己丑，有《北流軟堰札子》。

四月甲子，以李清臣爲吏部尚書。給事中范祖禹封還詔書，進呈不允。轍於簾前極論之。己卯罷。

五月丙申，董敦逸罷知臨江軍。

六月己未，賜知潁昌府范純仁詔書，召赴闕。

七月丙子，以純仁爲右僕射兼門下侍郎。

八月庚申，張方平葬，有祭方平文并挽詞。辛酉，太皇太后不豫。壬戌，吕大防、范純仁、蘇轍、鄭雍、韓忠彦、劉奉世入問聖體。

九月戊寅，太皇太后高氏崩。乙酉，詔轍撰《大行太皇太后謚册文》。癸巳，有《祭兄嫂同安郡君王氏文》。

十一月戊子，三省樞密院同進呈中書舍人呂希純封還劉惟簡等除内侍省押班詞頭，上曰：「禁中闕人，兼亦有近例。」呂大防奏曰：「雖有此，衆論頗有未安。」轍曰：「此事非謂無例，蓋爲親政之初，中外拭目以觀聖德，首先擢用内臣，故衆心驚疑耳。然臣等昨來開陳不盡，不能仰回聖意，致使宣布於外，以至有司封駮，此皆臣等之罪。」劉奉世曰：「雖有近例，外人不可户曉，但以率先施行爲非耳。」大防曰：「致令人言，浼瀆聖聽，此實臣罪。今若不從其言，其餘舍人亦必未肯奉行。轉益滋章，於體不便。臣聞太祖一日退朝，有不悦之色。左右覺而問之，太祖曰：『適對臣僚指揮，事有失當，至今悔之也。』以此見人君不以無失爲明，以能悔而改之爲善耳。」上釋然曰：「除命且留，俟祔廟取旨可也。」轍又奏：「竊聞仁宗聽政之初，即下手詔，凡内批轉官或與差遣，並未得施行，仰中書、樞密院審取處分。史臣記之曰：『是時上方親閲庶政，中外聞之，人情大悦。』正與今日事相類矣。」大防等知上從善如流，莫不欣幸。壬辰，轍言：「奉敕撰《大行太皇太后謚册文》，謹先進呈。」詔恭依。壬寅，轍奏准敕差篆太皇太后謚寶文。據太常寺狀，合依所請到謚，以「宣仁聖烈皇后之寶」爲文。

十二月己巳，群臣詣慶壽宫，上大行太皇太后謚册。

紹聖元年甲戌

正月丁丑，詔禮部給度牒千，付京東等路體量賑濟司募人入粟。

二月，司農卿王孝先言：「賑濟之餘，軍糧匱竭。」又送伴北使張元方等還言：「相、滑等州飢民衆多，倉廩空虚。」轍見范純仁、鄭雍議曰：「此事豈可不令上知？」二人皆不欲，曰：「侍郎何以爲計？卻恐上問及。」轍曰：「雖未知所出，然當令上知之。昔真宗初即位，李沆作相，每以四方水旱盜賊聞奏。參知政事王旦謂沆曰：『今天下幸無事，不宜以細事撓上聽。』沆曰：『人主年少，當令聞四方艱難。不爾，侈心一生，無如之何。吾老不及見，此參政異日憂也。』」純仁曰：「善。」劉奉世曰：「誠宜先白，若上先言，極不便。」既而純仁奏：「近日張元方自河朔來，言流民甚衆。」轍曰：「元方言相州見養流民四萬餘人，通利軍一萬餘人，滑州二千餘人。然軍中月糧止支一斗，其餘盡令坐倉。蓋倉廩已空矣，恐别生事。」上曰：「爲之奈何？」轍曰：「滑州已支山陵餘糧萬石與之，可以支援兩月耳。兼京東賑濟司準備糧食太多，提刑司又太多，已令安撫轉運司再相度矣。俟見得去着，更議應副。又京城賑濟應副備至，然省倉軍糧止有二年五月備，臣曾令王孝先具的實數子在此。」上曰：「何其寡備至此？」轍曰：「非一日之故，蓋累年官賣米太多。去年臣曾與呂大防商量，限市價九十已上乃出糶。今爲飢饉，止賣六十，蓋不得已也。熙寧初，臣在條例司，竊見是年有九年以下糧。」上曰：「須九年乃可。」轍曰：「九年未易遽置，但陛下常以爲意，慎事惜費，令三五年間有三五年備，亦漸可也。臣之愚意以爲，朝廷新經大喪，繼以飢饉匱乏，若災止如此尚可，萬一更水旱，何以繼之？方今正是君臣恐懼脩省之日，不可不知耳。」丁未，以户部尚書李清臣爲中書侍郎，兵部尚書鄧温伯爲尚書右丞。二人久在外不得志，遂以元豐事激怒上意，清臣尤力。己酉，葬宣仁聖烈皇后于永厚陵。轍有挽詞二首。己未，虞主祔廟。

三月乙亥，左僕射吕大防罷爲觀文殿大學士、知潁昌府。乙酉，上御集英殿，策試進士。李清臣撰策題，即爲邪説，以扇惑群聽。轍上疏曰：「伏見御試策題，歷詆近歲行事，有欲復熙寧、元豐故事之意。臣備位執政，不敢不言。然臣竊料陛下本無此心，其必有人妄意陛下牽於父子之恩，不復深究是非，遠慮安危，故勸陛下復行此事。此所謂小人之愛君，取快於一時，非忠臣之愛君，以安社稷爲悦者也。臣竊觀神宗皇帝以天縱之才，行大有爲之志，其所施設，度越前古，蓋有百世而不可改者也。臣請爲陛下指陳其略。先帝在位近二十年，而終身不受尊號，裁損宗室，恩止袒免，減朝廷無窮之費；出賣坊場，雇募衙前，免民間破家之患。罷黜諸科誦數之學，訓練諸將慵惰之兵。置寄禄之官，復六曹之舊；嚴重禄之法，禁交謁之私。行淺攻之策以制西戎，收六色之錢以寬雜役。凡如此類，皆先帝之睿筭，有利無害。而元祐以來上下奉行，未嘗失墜者也。至於他事有失當，何世無之？父作之於前，子救之於後，前後相濟，此則聖人之孝也。漢武帝外事四夷，内興宫室，財用匱竭，於是脩鹽鐵、榷酤、均輸之政，民不堪命，幾至大亂。昭帝委任霍光，罷去煩苛，漢室乃定。光武、顯宗以察爲明，以讖決事，天下恐懼，人懷不安。章帝即位，深鑑其失，代之以寬。豈弟之政，後世稱焉。及我本朝，真宗皇帝右文偃革，號稱太平，群臣因其極盛，爲天書之説。及章獻明肅太后臨御，攬大臣之議，藏書梓宫，以泯其跡。仁宗聽政，亦絶口不言，天下至今韙之。英宗皇帝自藩邸入繼，大臣過計，創濮廟之議，朝廷爲之洶洶者數年。及先帝嗣位，或請復舉其事，寢而不答，遂以安靖。夫以漢昭、章之賢與吾仁宗、神宗之聖，豈其薄於孝敬而輕事變易也哉？蓋有不可不以廟社爲重故也。是以子孫既獲孝敬之實，而父祖不失聖明之稱，此真明君之所務，不可與流俗議也。臣不勝區區，願陛下反覆臣言，慎勿輕事改易。若輕變九年已行之事，擢任累歲不用之人，人懷私忿而以先帝爲詞，則大事去矣！」奏入，不報。再以札子面論之。上不悦曰：「人臣言事何所害？但卿昨日以札子奏，謂機事不可宣于外，請祕而不出，今日乃對衆陳之，且引漢武帝以上比先帝，引喻甚失當。」轍曰：「漢武帝明主也。」王曰：「卿所奏言漢武帝外事四夷，内興宫室，立鹽鐵、榷酤、均輸之法。其意止謂武帝窮兵黷武，末年下哀痛之詔，豈明主也？」范純仁進曰：「武帝雄材大略，史無貶詞，況轍所論事與時也，非論人也。」上意稍解。轍退上奏：「今者偶因政事，懷有所見，輒欲傾盡，以報知遇。而天資闇冥，不達機務，論事失當，冒犯天威，不敢自安。伏乞聖慈憐臣不識忌諱，出於至愚，少寬刑誅，特賜屏逐，以允公議。」李、鄧從而媒蘖之。丁酉，除端明殿學士、知汝州。告詞略曰：「文學風節，天下所聞。擢任大臣，本出朕意。事有可否，固宜指陳。而言或過中，引義非是。朕雖曲爲含忍，在爾自亦難安。原誠終是愛君，薄責尚期改過。」上批：「蘇轍引用漢武故事比擬先帝，事體失當，所進入詞語，不著事實。朕進退大臣，非率易也，蓋義不得已。可止以本官知汝〔一〕州，仍别撰詞進入。」制曰：「朕以眇躬，上承烈考之緒，夙夜祗飭，懼無以丕揚休功。實賴左右輔弼之臣，克承厥志。其或身在此地，倡爲姦言，怫於衆聞，朕不敢赦。太中大夫守門

〔一〕汝：《永樂大典》本作「洪」。據上文「除端明殿學士、知汝州」改。

下侍郎蘇轍頃被選擢，與聞事機，義當協恭，以輔初政。而乃忘體國之義，狥習非之私。始則密奏以指陳，終於宣言而眩聽。至引漢武上方先朝，欲以窮奢黷武之姿，加之經德秉哲之上。言而及此，其心謂何？宜解東臺之官，出守列郡之寄。尚爲寬典，姑務省循。可特授依前太中大夫、知汝州。」

四月壬戌，轍至汝州，有謝上表。是日以提舉杭州洞霄宮章惇爲尚書左僕射兼門下侍郎，右僕射范純仁罷爲觀文殿大學士、知潁昌府。丁卯，有《謝雨文》，有《汝州楊文公詩石記》。

五月癸卯，侍御史虞策、殿中侍御史來之邵、井亮采言：「轍近以論事失當，責守汝州，而吴安詩草制有『風節天下所聞』及『原誠本於愛君』之語，命詞乖刺如此！質之公議，難逭典刑。」又監察御史郭知章言：「安詩行蘇轍誥，重輕止狥於私情，褒貶不歸於公議，不加黜責，何以懲戒？」詔安詩罷起居郎。乙巳，虞策言：「太中大夫、知汝州蘇轍引漢武帝比先朝，止守近郡，請遠謫以懲其咎。」上曰：「已謫矣，可止也。」乙丑，有《龍興寺吴畫殿記》。

六月甲戌，右正言上官均言：「近具札子論奏前宰臣吕大防、門下侍郎蘇轍擅權欺君，竊弄威福，及前御史中丞李之純等朋邪誣罔，同惡相濟。乞明正典刑，以服中外。既及旬浹，未蒙施行。臣以爲人主之所以臨制天下，爲腹心之臣者莫重於執政，爲耳目之官者莫重於諫官。審詔誥、慎出納者莫重於舍人、給事。方大防、蘇轍擅操國柄，不畏公議，引用柔邪之臣如李之純輩，充塞要路，以固寵禄。又以張耒、秦觀撰次國史，曲明大防輩改變法度之功。是以人主賞罰私其好惡，其惡一也。同時執政如胡宗愈、許將、劉摯、蘇頌皆以與吕大防、蘇轍議論異同，轍陰諭諫官、御史死力排擊，卒皆斥罷。敢以姦謀轉移陛下腹心之臣，易於反掌，其罪二也。李之純頃在成都與吕大防相善，大防秉政，引用之純爲侍郎，又除知開封府。之純尹京無狀，又府舍遺火，延燒殆盡，法當譴責，反挾私愛擢爲御史中丞。楊畏、虞策、來之邵等皆任爲諫官、御史，是四人者，傾險柔邪，嗜利無耻，其所彈擊者皆受大防、蘇轍密諭，或附會風指，以濟其欲。是以天下耳目之官佐其喜怒，以塗蔽朝廷之視聽，其罪三也。舍人主出制命，給事主行封駁。命令有未善，差除有未當，皆許繳駁。如范祖禹、喬執中、吴安詩、吕希純四人者，皆附會吕大防、蘇轍好惡，隨意上下，不恤公論，其所繳駁者皆大防、蘇轍之所惡，其所掩蔽者皆大防、蘇轍之所愛。是以天子掌誥命出納之臣濟其好惡，其罪四也。吕大防自爲執政以至宰相，凡八九年，最爲歲久。蘇轍執政雖止三四年，而强狠狥私尤甚。如隳壞先帝役法、官制、學校科舉之制，士民失業。棄先帝經畫塞徼要害之地，招西戎侵侮，邊陲之患至今未弭，其罪五也。吕大防、蘇轍身爲大臣，義當竭忠盡公以輔佐人主，乃便辟柔佞，陰結宦官陳衍，伺探宫禁密旨，以固寵禄，其罪六也。大防、蘇轍同惡相濟，固非一日。李之純、楊畏、虞策、來之邵爲朝廷耳目，曾不糾察，反陰相黨附，以圖進用。御史黄慶基、董敦逸憤發彈奏蘇轍等專權之罪，罷斥爲轉運判官。李之純、楊畏、來之邵希附軾、轍等，反指慶基、敦逸以爲誣陷忠良，不當更除監司，遂謫守軍壘。陛下既親機務，洞分邪正，軾、轍既已斥罷，來之邵輩方始奏論。其朋邪罔上，趁時附勢，情狀明白，衆所共知，非臣之私言臆度也。李之純既已罷免尚書，謫守單州，今楊畏尚爲禮部侍郎，來之邵爲侍御史，虞策爲起居郎，喬執中爲給事中。范祖禹、吕希純雖出守外郡，皆尚除待制。

罪同罰異，此中外之所未喻也。議者以爲李之純柔懦無能，耑爲中丞，其所附吕大防、蘇轍指意彈擊，皆楊畏、來之邵朝夕説喻，脅持爲之。二子姦險，過於之純。之純既已斥謫，而二人尚居清要，哆然自得，曾不愧避。臣聞治國之要，莫先於辨邪正；欲辨邪正，莫若驗之以事。今楊畏輩邪險之情皆已明驗，若不加斥遠方，俾安要近，則是邪正兼容，忠佞雜處，蠹敗國政，理之必然。竊觀陛下自親機務，收還權會，大防、蘇轍黨人十已去七八。然楊畏等六人尚居清要，未快士論。伏望陛下考察吕大防、蘇轍擅權欺君姦邪不忠之罪，推究楊畏等朋邪害正趨時反覆之惡，譴責黜免，明正典刑，以示天下。」制曰：「事君者有犯勿欺，所以盡爲臣之節；無禮必逐，豈容逃慢上之誅？太中大夫、知汝州蘇轍父子兄弟，挾機權變詐之學，驚愚惑衆。轍昔以賢良方正對策于庭，專斥上躬，固有異志。有司言轍懷姦不忠，如漢谷永，宜在罷絀。我仁祖優容，特命以官。在神考時獻書縱言時事，召見詢訪，使與討論。與軾大倡醜言，未嘗加罪。仰惟二聖厚恩，宜何以報？垂簾之初，老姦擅國。置在言路，使詆先朝。以君父爲仇，無復臣子之義。愎忮深阻，出其天資。援引猥浮，盜竊名器。專恣可否，疇敢誰何？至與大防中分國柄，罔上則合謀取勝，狥私則立黨相傾。排嫉忠良，眩亂風俗。既洞察險詖，猶肆誕謾，假設虚詞，規喧朝聽。比雖薄責，未厭公言。繼覽奏封，交疏惡狀。維爾自廢忠順之道，而予務全終始之恩。甫屈刑章，尚假民社。往自循省，毋速後愆。可特降左朝議大夫、知袁州。」

七月丁巳，三省言：「近聞朝廷以吕大防、劉摯、蘇轍落職降官，黜知小郡。臣始以謂陛下慈厚，不欲盡言，姑示薄責而已。今覩制詞，在大防則曰睥睨兩宫，呼吸群助，誣累慈訓，包藏禍心。在劉摯則曰誣詆聖考，愚視朕躬，窺伺禁省，密爲離間。在轍則曰老姦擅國，肆詆先朝。以君父爲仇，無臣子之義。既及此矣，則罪重謫輕，情法相遠。伏望更加詳酌，以正其罪。」監察御史周秩言：「朝廷議吕大防、劉摯落職，降蘇轍三官，責知小郡，臣愚竊以爲未也。大防等罪尚可以爲民師帥乎？然大防與摯始責，姑易地再施行猶可也。轍之責已再三矣，而止於降官，則不若未責，而更容臣等極論之也。臣愚謂大防等罪不在蘇轍之下，大防、摯、轍是皆言之而又行之者也。蓋大防等所言所行，皆害先朝之事。彼得罪於先朝，而輕論之，它日有得罪於陛下者，而重論之，於義安乎？吕惠卿以沮難司馬光，罪至散官安置。則爲人臣者寧犯人主，勿犯權臣，爲得計也。且摯與轍譏斥先朝，不減於軾。大防又用軾之所謀所言，而得罪輕於蘇軾，天下必以爲非。」詔司馬光、吕公著各追所贈官并謚告，及追所賜神道碑額。降授左正議大夫、知隨州吕大防守本官行祕書監，分司南京，郢州居住。降授左朝議大夫、知黄州劉摯守本官，試光禄卿，分司南京，蘄州居住。降授朝議大夫、知袁州轍守本官，試少府監，分司南京，筠州居住。轍在郡有異政，既罷去，父老送者皆嗚咽流涕，數十里不絶。

八月，過真州，有《阻風》詩。行至江州彭澤縣，被筠州之命。

九月癸亥，至筠，有謝表。

二年乙亥

正月壬子，《次韻兄惠州上元見寄》詩。甲辰，有《曹溪卓錫泉銘》。

二月二十五日，有《古史後序》一首。

九月戊申，逍遥聰老卒，有塔碑。辛未，饗明堂，大赦天下，轍有賀表。

三年丙子

二月，有《盆中石菖蒲忽生九花》一首。

三月乙未，有《祭寶月大師文》并《送成都僧法舟西歸》詩。

四年丁丑

二月庚辰，三省言：「吕大防、劉摯、蘇轍爲臣不忠，朝廷雖嘗懲責，而罰不稱愆。其餘同惡相濟，幸免者甚衆，亦當量罪，示有懲艾。」詔：「大防責舒州團練副使、循州安置；劉摯鼎州團練副使、新州安置。又制曰：『朋姦擅國，責有餘辜。造訕欺天，理不可赦。其加顯黜，以正明刑。降授左朝議大夫、試少府監、分司南京、筠州居住蘇轍，操傾側孽臣之心，挾縱横策士之計。始與兄軾肆爲詆欺，晚同相光協濟險惡，造無根之詞而欺世，聚不逞之黨以蔽朝。謂邪説爲讜言，指善政爲苛法。矯誣太后，愚弄沖人。助成姦謀，交毁先烈。發怨懟於君臣之際，忘忌憚於父子之間。陰懷動揺，公肆排訐。粤予親政，尚爾撓權。持罔上之素心，爲怙終之私計。罪同首惡，法在嚴誅。而事久益彰，罰輕未稱。朕顧瞻嚴廟，跂念裕陵，義不敢私，恩難以貸。黜居散秩，投置遐陬。非徒今日知馭衆之威，亦使後世識爲臣之義。勉思寬憲，務蓋往愆。可責授化州别駕、雷州安置。』」

閏二月甲辰，軾責授瓊州别駕，昌化軍安置。

五月甲子，兄弟相遇於藤，相與同行。

六月丁亥，至雷州，有《謝到州表》。癸巳，軾與轍相別，渡海往昌化，有《和子瞻過南海》詩。

十月，軾有《停雲》詩寄轍，轍次韻答之。

十一月己卯，廣西經略安撫司走馬承受段諷言：「知雷州張逢周恤安置人蘇轍及軾兄弟，與之同行至雷州。請下不干礙官司按罪。」詔提舉荆湖南路常平董必具實狀以聞。

十二月癸未，新州安置劉摯卒。己亥，有《和陶詩集序》。

元符元年戊寅

二月，軾以轍生日，有《沈香山子賦》贈轍，轍和以答之。丙申，詔差河北路轉運副使吕升卿、提舉荆湖南路常平董必並充廣南東西路察訪。時有告劉摯在政府日謀廢立者，章惇、蔡卞欲因是起大獄嶺表，悉按誅元祐臣僚，故遣升卿等。戊申，長星見。

三月癸丑，詔吕升卿等差充廣南東西路察訪指揮更不施行。癸酉，提舉荆湖南路常平董必言：「朝請郎知雷州張逢於轍初到州日，同本州官吏門接。次日爲具召之，館於監司行衙，又令儬進見人吴國監宅居止，每月率一再移厨管待轍，差借白直七人。海康縣令陳某追工匠應副國監修宅。」詔轍移循州安置，逢勒停，謌衝替。

八月，轍至循州，寓居城東之聖壽寺。已乃哀橐中之餘鬻之，得五十千，以易民居大小十間。北垣有隙地可以毓蔬，有井可以灌，乃與遜荷鉏其間。州民黄氏，宦學家也，有書不能具，時假其一二讀之。題《白樂天文集》後。

二年己卯

有巢谷者自眉山徒步訪轍於循州，又將見軾於海南，行至新州而卒，年七十三，轍爲之傳。

四月二十九日，有《龍川略志序》。

七月二十二日，有《龍川别志序》。

閏九月丁丑，有《春秋傳後序》。戊寅重陽，有《與父老小飲四絶》。

十一月辛未，有《祭新〔一〕婦黄氏文》。

三年庚辰

正月己卯，哲宗崩，徽宗即位。庚辰，大赦天下。

二月癸亥，轍量移永州安置。轍有《次韻子瞻和陶淵明雜詩十一首》。

四月庚戌，元子生。辛亥，赦天下。丁巳，轍移嶽州，敕曰：「朕即祚以來，哀士大夫失職者衆。雖稍收叙，未厭朕心。兹者天祚予家，挺生上嗣。國有大慶，賚及萬方。解網卹辜，何俟終日？責授某官蘇轍，擢自先帝，與聞政機，坐廢累年，在約彌厲。漸還善地，仍畀兵團。可濠州團練副使，

〔一〕新：《永樂大典》作「孫」。據《欒城集》有《祭八新婦黄氏文》。此「新婦」指蘇遠之妻，黄寔之女。蘇轍南遷，蘇遠夫婦隨侍。

岳州居住。』轍歸至處州被命，有謝狀。

十一月癸亥朔，敕曰：「朕初踐祚，思赴治功，敷求俊良，常恐不及。念雖廢棄，不忍遐遺。轍富有藝文，嘗預機政。謫居荒裔，積有歲時。稍從内遷，志節彌厲。昭還故秩，仍領真祠。服我異恩，無忘報稱。可特授太中大夫、提舉鳳翔府上清宮，外州軍任便居住。」至鄂州被命，有謝表。有田在潁昌府，因往居焉。

徽宗建中靖國元年辛巳

正月己巳，中太一宮使范純仁卒，轍有挽詞。甲戌，欽聖憲肅皇后向氏崩，有慰表并挽詞三首。

三月丙子，有《祭東塋文》。戊寅，有《鮮于侁父母贈告跋》。

五月丙戌，欽聖憲肅皇后神主祔于廟室，轍有《慰表》二首。

七月丁亥，軾卒于常州。

九月癸亥，有祭文。

十月，有《追和軾歸去來詞》。

十一月庚辰，祀南郊，赦天下，轍有賀表。

十二月庚寅，王東美器之妻蘇氏卒，有墓誌。丙申，有《祭范子中朝散文》。

崇寧元年壬午

三月戊午，跋《巢谷傳》。

四月丁未，有《祭王氏嫂文》。

五月丁卯，有《祭兄文》。是月庚午，詔蘇軾追貶崇信軍節度行軍司馬，其元追復舊官告繳納。蘇轍更不叙職名。乙亥，詔蘇轍等五十餘人，令三省籍記姓名，更不得與在京差遣。

閏六月癸酉，葬軾于汝州郟城縣小峨眉山，有墓誌銘，有《再祭八新婦文》。戊寅，詔轍降爲朝請大夫，以銓品責籍之時差次不倫故也。有謝表。

八月丙子，詔司馬光等子弟並不得任在京差遣。太常寺太祝蘇适與外任合入差遣。

十一月十三日，有《雪》詩。

二年癸未

正月，補《子瞻謫居儋耳唐佐從之學》、《還居蔡州》詩。

二月，《寒食詩》。己巳，有《癸未生日》詩。

三月甲午，《跋楞嚴經》，有《六孫名字説》。辛丑，《春盡》詩。次日立夏。

四月戊午，有《夢中詠醉人》詞。

六月庚午，有《立秋偶作》。

九月乙酉，有《九日》詩，有《立冬聞雷》詩。

十月，有《罷提舉太平宫欲還居潁昌》詩。

十一月癸卯，有《次遲韻對雪》一首。

三年甲申

正月庚寅，還潁昌，有《甲申歲設醮青詞》。

三月丙子，有《上巳日久病不出示兒姪》詩。辛卯，有《葺東齋》詩并《初得南園》詩。

六月，詔頒元祐姦黨姓名三百九人刻石諸州。

七月丁酉，有《記夢》詩，有《抱一頌》，有《葺居五首》，有《歲暮口號二首》。

四年乙酉

正月戊寅，有《雪後小酌贈内》詩。

三月庚戌，有《喜雨》詩。

五月，《和遲田舍雜詩九首》。

七月甲寅，詔元祐宰執墳寺特免毀拆，不得充本家功德院，並別賜敕額，爲國焚修。《冬至雪》詩，有《歲暮》二首、《除夜》詩。

五年丙戌

正月戊戌，彗出西方。丁未，大赦天下，毀元祐姦黨石刻。

三月辛亥，提舉南京鴻慶宫范純禮卒，純禮字彝叟，轍有祭文。己未，姪孫元老中進士第，有《次遲韻贈陳元倪秀才并送元老歸鄉》詩。有《秋社分題》詩，有《築室示三子》詩，有《中秋無月》二首、《九日獨酌》三首。

九月，有《潁濱遺老傳》及《欒城後集序》。

十月庚戌，有《大雪》詩。是時行大錢當十，民以爲病，故詩中及之。

十一月八日，有《夢中反古菖蒲》詩，有《守歲》詩。

大觀元年丁亥

正月庚戌，詔應係籍宰執墳寺，會經放罷者並給還，轍有謝表。

二月，有《丁亥生日》詩。

七月乙酉朔，有《苦雨》詩，有《釀重陽酒》詩。有《九日》詩，有《初成遺老齋待月軒藏書室》三詩，有《送少子遜赴蔡州酒官》詩二首，有《論語拾遺》二十七章。

十一月乙丑，詔八寶初成，可於來年正月用之。

二年戊子

正月壬子，有《正旦》詩。是日，帝受八寶，赦天下。轍復朝議大夫，遷中大夫，皆有謝表并焚黄文。有《七十吟》。

二月，有《生日》詩，有《八璽》詩。有《夏至後得雨》詩。

八月癸巳，有《移花》詩。

十二月壬辰，有《伐雙穀》詩，有《除日詩》、《書老子解後》。

三年己丑

有《上元夜適勸至西禪觀燈》詩。

二月庚寅,有《望日雪》詩。遜自淮康歸覲,逾旬而歸,有《送行》詩二首。

八月,有《中秋新堂看月》詩。

九月,有《重九陰雨病中把酒示諸子》詩。有《己丑除日》詩。

四年庚寅

有《新春五絶》,有《上元雪》詩。

閏八月辛亥,有《兩〔一〕中秋》詩。辛酉,有《菊》,有《黄花》詩,有《除夜》二詩。

政和元年辛卯

有《正月十六日》一首。有《七十三歲作》一首,有《七夕》詩、《重九》詩。

十月戊午,有《雪》詩四首,有《冬至》詩、《除日》詩,有《欒城第三集序》、《卜居賦》、《再題老子解後》。

二年壬辰

有《壬辰年寫真贊》。

二月,有《壬辰生日記胸中所懷自作》一首。

〔一〕兩:《永樂大典》作「雨」,誤。據《欒城集》改,因大觀四年閏八月,故云「兩」。

五月十九日，有《喜雨》詩，有《送遲赴登封丞》詩。

八月辛亥，《題蔡幾先海外所集文後》。

九月庚申，有《墳院記》。是月壬午，中大夫轍轉太中大夫致仕。轍居潁昌十三年。潁昌當往來之衝，轍杜門深居，著書以爲樂，謝卻賓客，絶口不談時事。意有所感，一寓於詩，人莫能窺其際。

十月三日，轍卒，年七十四。

十一月乙丑，追復端明殿學士，特賜宣奉大夫。

七年三月二十五日，夫人史氏卒，同葬汝州郟城縣上瑞里。

三子：遲，字伯充，官至太中大夫，工部侍郎，徽猷閣待制，紹興二十五年卒。适，字仲南，官至承議郎，通判廣信軍，宣和四年卒。遜，字叔寬，官奉議郎，通判瀘州潼川府，靖康元年卒。五女，文務光、王適、曹焕、王浚明、曾縱其婿也。務光字逸民，適字子立，焕字子文，縱字〔一〕元矩。遲二子：簡、策。适三子：籀、範、築。遜四子：筠、箴、箱、簦。

轍有《詩傳》二十卷，《春秋集傳》十二卷，《老子解》二卷，《欒城集》、《後集》、《第三集》共八十四卷，《應詔集》十二卷。子瞻評其文，以爲「子由之文實勝僕，而世俗不知，乃以爲不如。其人深不願人知之，其文如其爲人。故汪洋澹泊，有一唱三歎之聲，而其秀傑之氣，終不可没」。

〔一〕《永樂大典》「字」後衍二「子」字，曾縱字元矩，曾肇子。

轍少讀《太史公書》，患其踈略。漢景、武之間，《尚書》古文、《詩毛氏》、《春秋左氏》皆不列於學宫，世能讀之者少，故其所記堯舜三代之事多不合聖人之意。戰國之際，諸子辯士各自著書，或增損古事以自信其説，一切信之，甚者至採世俗之語以易古文舊説。及秦焚書，戰國之史不傳於民間，秦惡其議己也，焚之略盡。幸而野史一二存者，遷亦未暇詳也。故其記戰國有數年不書一事者。於是因遷之舊，上觀《詩》、《書》、《春秋》，旁取《戰國策》及秦漢雜録，起伏羲、神農，訖秦始皇帝爲七本紀，十六世家，三十七列傳，謂之《古史》，凡六十卷。晚在海康，刊定舊解《老子》，寄子瞻。子瞻題其後曰：「昨日子由寄《老子新解》，讀之不盡卷，廢卷而歎：使戰國有此書，則無商鞅、韓非；使漢初有此書，則孔、老爲一；使晉、宋間有此書，則佛、老不爲二。不意老年見此奇特。」及歸潁昌，時方詔天下焚滅元祐學術，轍敕諸子録所爲《詩》、《春秋傳》、《古史》，子瞻《易》、《書》傳、《論語説》，以待後世君子。復作《易説》三章及《論語拾遺》，以補子瞻之闕。其論大衍之數五十，天地之數五十有五，盡掃古今學者增損附會之説，得其本真。既歿，籀等述其緒訓，爲《潁濱遺語》一卷。

紹興中，以遲貴，累贈太師，封魏國公，史氏楚國太夫人。

蘇籀

【欒城遺言】

籀字仲滋，眉州人，轍之孫，遲之子也。南渡後居婺州，官至監丞。籀年十餘歲時，侍轍於潁昌，首尾九載，未嘗去側，因録其所聞可追記者若干語以示子孫，故曰《遺言》。中間辨論文章流别，古今人是非得失，最爲詳晰，頗能見轍作文宗旨。其精言奥義，亦多足以啓發來學。惟籀私於其祖，每陰寓抑軾尊轍之意，似非轍之本心。又謂吕惠卿、王安石之隙起於《字説》及《三經義》，核之史傳，亦非事實。至謂轍母夢蛟龍伸臂而生轍，引孔子生時二龍附徵在之房爲比，又雜載轍崇寧丙戌夢見王介甫事，尤爲失之誕妄。特籀親承祖訓，耳濡目染，其可信者亦多，究非影響比也。

公言：春秋時先王之澤未遠，士君子重義理，持節操，其處死生之際，卓然凜然，非後世之士所及。蓋三代之遺民也，當時達者語三代遺事甚多，今捨此無以考證。

公爲籀講《老子》數篇曰：「高於《孟子》二三等矣。」

公言：伊周以道德深妙得之，管、葛、房、杜、姚、宋以才智高偉得之，皆不可窺測。公解《孟子》二十餘章，讀至浩然之氣一段，顧籀曰：「五百年無此作矣。」

公言：仲尼《春秋》，或是令丘明作傳以相發明。

公常云：在朝所見朝廷遺老數人而已，如歐陽公永叔、張公安道皆一世偉人。蘇子容、劉貢父博學强識，亦可以名世。予幸獲與之周旋，聽其誦説放失舊聞，多得其詳實。其於天下事，古今得失，折衷典據甚多。東坡與貢父會，語及不獲已之事。貢父曰：「充類至義之盡也。」東坡曰：「貢父乃善讀《孟子》歟！」

公試進士河南府，問：「三代以禮樂爲治本，刑政爲末，後世反之，儒者言禮樂之效與刑政之敝，其相去甚遠。然較其治亂盛衰，漢文帝、唐太宗海内安樂，雖三代不能加。今祖宗法令脩明，求之前世，未有治安若今之久者。然而禮樂不如三代，世之治安不在禮樂歟？」河南士人皆不能喻此意。司馬温公問：「如此發策，亦自有説乎？」公曰：「安敢無説。」温公默然。既而見文定，文定曰：「策題，國論也。蓋元豐間流俗多主介甫説而非議祖宗法制也。」

公言：歐陽文忠公讀書五行俱下，吾嘗見之。但近覷耳，若遠視何可當。

公曰：吾爲《春秋集傳》，乃平生事業。

公年十六爲《夏商周論》，今見於《古史》。年二十作《詩傳》。

公言：先曾祖晚歲讀《易》，玩其爻象，得其剛柔遠近喜怒逆順之情，以觀其詞，皆迎刃而解，作《易傳》未完疾革，命二公述其志。東坡受命，卒以成書。初二公少年皆讀《易》，爲之解説，各仕它邦。既而東坡獨得文王伏羲超然之旨，公乃送所解予坡。今《蒙》卦猶是公解。

公少年與坡公治《春秋》，公嘗作論，明聖人喜怒好惡，譏《公》《穀》以日月土地爲訓。其説固自得之。元祐間後進如張大亨嘉父亦攻此學，大亨以問坡，坡答書云：「《春秋》儒者本務，然此書有妙用，學者罕能領會，多求之繩約中，乃近法家者流，苛細繳繞，竟亦何用？惟丘明識其用，終不肯盡談，微見端兆，欲使學者自求之故。僕以爲難，未敢輕論也。」

公自熙寧謫高安，覽諸家之説，爲《集傳》十二卷。紹聖初再謫南方，至元符三易地，最後卜居龍川白雲橋，《集傳》乃成。歎曰：「此千載絶學也。」既而俾坡公觀之，以爲古人所未至。

公言：東坡律詩最忌屬對偏枯，不容一句不善者。古詩用韻必須偶數。

公曰：吾莫年於義理無所不通，悟孔子一以貫之者。

東坡幼年作《卻鼠刀銘》，公作《缸硯賦》，曾祖稱之，命佳紙脩寫裝飾，釘於所居壁上。公曰：子瞻之文奇，予文但穩耳。

公曰：吾讀《楚詞》，以爲除書。

公在諫垣，論蜀茶祖宗朝量收税。李杞、劉佑、蒲宗閔取息初輕，後益重，立法愈峻。李稷始議極力掊取，民間遂困。稷引陸師閔共事，額至一萬貫。陸師閔又乞額外以百萬貫爲獻。成都置都茶場，公條陳五害，乞放摧法，令民自作交易。但收税錢，不出長引，止令所在場務據數抽買博馬茶，勿失武備而已。言師閔百端凌虐細民，除茶遞官吏養兵所費所收錢七八十萬貫，蜀人泣血無所控告。公講畫纖悉曲折，利害昭炳，時小吕申公當軸，歎曰：只謂蘇子由儒學，不知吏事精詳至於如此。公論役法，尤爲詳盡。識者韙之。

公曰：李德裕謫崖州，著《窮愁志》，言牛僧孺將圖不軌。不意老臣爲此言也。

張十二病後詩一卷頗得陶元亮體。然余觀古人爲文，各自用其才耳。若用心專模倣一人，捨己徇人，未必貴也。

張十二之文波瀾有餘，而出入整理骨骼不足。秦七波瀾不及張，而出入徑健簡捷過之。要知二人後來文士之冠冕也。

元祐間公及蘇子容、劉貢父同在省中，二人各云，某輩少年所讀書老而遺忘。公亦云然。貢父云：「觀君爲文，强記甚敏。」公辭焉。二人皆曰：「某等自少記憶書籍，不免抄節，而後稍不忘。觀君家昆仲，未嘗抄節，而下筆引據精切，乃真記得者也。」

賈誼、宋玉賦皆天成自然，張華《鷦鷯賦》亦佳妙。子瞻諸文皆有奇氣，至《赤壁賦》髣髴屈原、宋玉之作，漢唐諸公皆莫及也。

公曰：余少年苦不達爲文之節度，讀《上林賦》如觀君子佩玉冠冕，還折揖讓，音吐皆中規矩，終日威儀，無不可觀。

公曰：予少作文，要使心如旋床，大事大圓成，小事小圓轉，每句如珠圓。

公曰：凡爲詩文不必多，古人無許多也。

公曰：余《黄樓賦》學《兩都》也，晚年來不作此工夫之文。

貢父嘗謂公所爲訓詞曰：「君所作强於令兄。」

公曰：申包胥哭秦庭一章，子瞻誦之。得爲文之法。

公曰：范蜀公少年，儀矩任真，爲文善腹藁作賦。場屋中，默坐至日晏，無一語，及下筆，頃刻而就。同試者笑之。范公遂魁成都。

公曰：莊周《養生》一篇，誦之如龍行空，爪趾鱗翼所及，皆自合規矩。可謂奇文。

唐儲光羲詩高處似陶淵明，平處似王摩詰。

歐公碑版今世第一。集中《怪竹辯》乃甚無謂，非所以示後世。

唐皇甫湜論朝廷文字，以燕、許爲宗，文奇則怪矣。

公曰：李方叔文似唐蕭李，所以可喜。韓駒詩似儲光羲。

陳正叔引《論語》，云南郊行事迴，不當哭温公。公曰：「古人但云哭則不歌，不曰歌則不哭。蓋朋友之故，何可預期？」

公曰：讀書須學爲文，餘事作詩人耳。

公曰：讀書百遍，經義自見。

族兄在廷，問公學文如何，曰：「前輩但看多做多而已，區以別矣。如瓜芋之區，自反而縮。如王祭不供，無以縮酒。

公曰：去陳言，初學者事也。

公讀一江西臨川前輩集曰：胡爲竊王介甫之説以爲己説。

公言：吕吉甫、王子韶皆解《三經》并《字説》，介甫專行其説，兩人所作皆廢弗用，王吕由此矛盾。

公曰：文貴有謂，予少年聞人唱《三臺》，今尚記得云云。其詞至鄙俚，而傳者有謂也。

公讀由余事曰：女樂敗人，可以爲戒。

公聞以螺鈿作茶器者云：凡事要敦簡素，不然天罰。

公曰：漢武帝所得人才皆鷹犬馳驅之才，非以道致君者也。

公曰：以伍員比管仲，猶鷹隼與鳳鸞。

王介甫用事，富鄭公罷政，過南京，謂張文定公曰：「不料其如此，亦嘗薦之。」文定操南音謂公曰：「富七獨不慚惶乎？」公問：「吾丈待之如何？」文定曰：「某則不然，初見其讀書，亦頗有意於彼，既而同在試院，見其議論乖僻，自此踈之。」

黄魯直盛稱梅聖俞詩不容口，公曰：「梅詩不逮君。」魯直甚喜。

晁無咎作《東臯記》，公見之曰：「古人之文也。」

姪孫元老呈所爲文一卷，公曰：「似曾子固少年時文。」陳恬《題襄城北極觀鐵脚道人》詩，詩似退之。公大稱。

任象先之文，以爲過其父德翁。

徐蒙獻書，公曰：「甚佳，但波瀾不及李方叔。」

公每語籀云：聞吾言，當記之勿忘，吾死，無人爲汝言此矣。

公曰：莊周多是破執，言至道無如五千文。

公言：班固諸叙，可以爲作文法式。

公曰：文郎作詩髣髴追前人，畫墨竹過李康年遠矣。

或問公陳瑩中，公曰：英俊人也，但喜用《字説》尚智。

公曰：李太白詩過人，其平生所享如浮花浪蘂，其詩云「羅幃舒卷，似有人開。明月直入，無心可猜」不可及。

公解《詩》時年未二十，初出《魚藻》《兔苴》等説，曾祖編札，以爲先儒所未喻。作《夏商周論》纔年十有六，古人所未到。

公讀《新經義》，曰：乾纏了濕纏，做殺也不好。謂介甫曰：色取仁而行違，居之不疑，乃仲尼所謂聞者也。

公曰：唐士大夫少知道，知道惟李習之、白樂天。喜《復性書》三篇，嘗寫《八漸偈》于屏風。《易》曰一陰一陽之謂道，坡公以爲陰陽未交，公以坡公所説爲未允。公曰：「陰陽未交，元氣也，非道也，政如云一龍一蛇之謂道也。謂之龍亦可，謂之蛇亦可。」

公曰：張文定死而復蘇，自言所見地位清高。又曰：吾得不做宰相氣力。

公論唐人開元燕許云：文氣不振，倔强其間。自韓退之一變復古，追還西漢之舊。然在許昌觀《唐文粹》，稱其碑頌，往往愛張蘇之作。又覽唐皇甫湜持正《諭業》云：所譽燕許文極當，文奇則涉怪，施之朝廷不須怪也。蓋亦取燕，許公。

公中歲歸自江南，過宋，聞鐵龜山人善術數，邀至舟中問休咎，云：「此去十年如飛騰升進，前十年流落已過，然尚有十年流落也。」後皆如其言。

曾祖母蜀國太夫人夢蛟龍伸臂而生公。王子年《拾遺記》，孔子當生之夜，二蒼龍亘天而下，來附徵在之房，誠吉兆也。

籀年十有四，侍先祖潁昌，首尾九年，未嘗暫去侍側，見公終日燕坐之餘，或看書籍而已。世俗藥餌玩好，公漠然忘懷。一日因爲籀講《莊子》二三段訖，公曰：「顔子簞瓢陋巷，我是謂矣。」所聞可追記者若干語，傳諸筆墨以示子孫。

公令籀作詩文五六年，後忽謂籀曰：「汝學來學去透漏矣。」嘗與文氏家姑言之亦如此。

公謂籀曰：蘇瓌訓頲，常令衣青布襦伏於床下，出其頸受榎楚，汝今懶惰可乎？

馬公知節《詩草》一卷，公跋云：「馬公子元，臨事敢爲，立朝敢言。以將家子得讀書之助，作詩蓋其餘事耳。蚤知成都，以抑强扶弱爲蜀人所喜。然酷嗜圖畫，能第其高下，成都多古畫壁，每至其下，或終日不轉足。蜀中有高士孫知微以畫得名，然實非畫師也。公欲見之而不可得，知微與壽寧院僧相善，嘗於其閣上畫《惠遠送陸道士》、《藥山見李習之》二壁。僧密以告公，公徑往從之，知微不得已擲筆而下，不復終畫。公不以爲忤，禮之益厚。知微亦愧其意，作《蜀江出山圖》，伺其罷去，追至劍門贈之。蓋公之喜士如此。陽翟李君方叔，公之外玄孫也，以此詩相示，因記所聞於後。辛巳季春丙寅眉山蘇轍子由題潁昌。李名豸。

潁昌吾祖書閣有厨三隻，《春秋説》一軸，解注以《公》《穀》《左氏》，其複卷末後題：丙申嘉祐元年冬，寓居興國浴室東壁第二位，讀《三傳》，次年夏辰時，坡公書名押字。少年親書。此卷壓積蠹簡中，未嘗開緘。籀偶開之，一一對擬今黄門《春秋集傳》，悉皆有指定之説。想爾時與坡公同學，潛心稽考，老而著述大成，遺書具在，當以黄門《集傳》爲證。據坡公晚歲謂《春秋傳》皆古人未至，故附記之於斯。

《大悲圜通閣記》公偶爲東坡作，坡云：「好箇意思。」欲别作而卒用公所著。《和陶詩擬古九首》亦坡代公作。

范淳父雒中問公求論題，公以《莊子》「孝未足以言至仁」令范作，范論詆斥莊子，公曰：「曾閔匹夫之行，堯舜仁及四海。」

公云：王介甫解佛經三昧之語用《字説》，示關西僧法秀，秀曰：「相公文章，村和尚不會。」介甫悻然。又問如何，秀曰：「梵語三昧，此云正定，相公用華言解之，誤也。」公謂坐客曰：「《字説》穿鑿儒書，亦如佛書矣。」

公與關西文長老相善，公晚年自政府謫官筠州，既而復責雷州，威命甚峻。時文老特來唁公，留宿所寓宅中。公被命，即登轎出郭外，文老亦相隨去，歎曰：「克文處之尚恐不能，公真大過人者。」

東坡病殁于晉陵，伯達、叔仲歸許昌，生事蕭然。公篤愛天倫，曩歲别業在浚都，鬻之九千數百緡，悉以助焉，囑勿輕用。時公方降三官，謫籍奪俸。

公言：吕微仲性闇，邊事河事皆乖戾，故子孫不達。

公言：《易》云精義入神以致用，不是要説脱空。

崇寧丙戌十一月八日四鼓，夢中及《古菖蒲詩》云「一人得飽滿，餘人皆不悦」之句，王介甫在側借觀，示之赧然，有愧恨之色。

公言場屋之敝曰：昔南省賦題官韻於字，舉子程文云：「何以加於？」其文中選。後詩韻有同者，或曰：「何以更加於？」大抵場屋多此類也。

公言：張文潛詩云「龍驚漢武英雄射，山笑秦皇爛漫遊」，晚節作詩，似稍失其精處。

公蚤歲教授宛丘，或者屢以房中術自鬻於前。公曰：「此必晚損。」止傳其養氣嗇神之法。

公言：近世學問濡染，陳俗卻人，雖善士亦或不免。蓋不應鄉舉，無以干禄，但當謹擇師友湔洗之也。

公讀《易》，謂人曰：「有合討論處甚多，但來理會。」籀輩弱齡駑怯，憚公嚴峻，不敢發問，今悔之無及。

東坡遺文流傳海内，《中庸論》上中下篇，墓碑云：公少年讀《莊子》，太息曰：「吾昔有見於中，口不能言。今見《莊子》，得吾心矣。」乃出《中庸論》，其言微妙，皆古人所未喻，今後集不載此三論，誠爲闕典。

公講《論語》，至「畏大人」曰：如文潞公亦須是加敬。所言當信重之。先王議事以制不爲刑辟，東坡有人法兼用之説，公以爲勅令不可不具。二公之論不同。坡外集有策題一首乃此意。

公云：《晋史》唐賢房杜輩所作，議論可據。籀思之，本朝《新唐書》歐宋諸公一代賢傑所作，以文字浩博，人不能該覽，惜哉，必有篤於此學者。

公語韓子蒼云：學者觀儒書，至於佛書，亦可多讀，知其器能也。

公妙齡舉，方聞見在朝兩制諸公書，云：「其學出於《孟子》，而不可誣也。」有解説二十四章。老年作詩云：「近存八十一章注，從道老聃門下人。」蓋老而所造益妙，碌碌者莫測矣。

公悟悦禪定，門人有以漁家傲祝生日及濟川者，以非其志也，乃賡和之：「七十餘年真一夢，朝來壽斝兒孫奉。憂患已空無復痛，心不動，此間自有千鈞重。蚤歲文章供世用，中年禪味疑天縱，石塔成時無一縫。誰與共，人間天上隨它送。」

箴眼醫王彦若在張文定公門下，坡公於文定坐上贈之詩，引喻證據博辯，詳切高深，後學讀之茫然。坡公敏於著述如此。先祖屢云。

坡撰《富公碑》以擬寇公，公稍不甚然之。作《德威堂銘》、《居士集叙》，公極賞慨其文，咨嗟不已。

公潁昌牡丹時多作詩，前後數四，云「潩上名園似洛濱。欲遣姚黄比玉真」之句。又曰：「造物不違遺老意，一枝頗似雒人家。」稱道雒家，慇懃不已。敬想富鄭公、文潞公、司馬温公、范忠宣公皆看花耆德偉人也，風流追憶不逮。後生茫然爾，先祖蓋歎前哲云。或曰，嵇康《廣陵散》亦歎也。

東坡求《龍井辯才師塔碑》於黄門，書云：「兄自覺談佛不如弟。」今此文見《欒城後集》。又《天竺海月塔碑》，以坡與之游，故銘云：「我不識師面，知其心中事。」儒者談佛，爲坡公所取。兵火失其書翰。

公言：秦火後漢叔孫通、賈誼、董仲舒諸人以詩書禮樂彌縫其闕。西漢之文。後世莫能髣髴。今朝廷求魁偉之才，黜謬妄之學，可以追兩漢之餘，漸復三代之故，後學當體此説。

（二）制詞奏議祭文

文彦博

【舉蘇轍札子熙寧六年六月】臣今復蒙聖慈從欲，均逸便藩，當求時才，助宣邦教。切見權留守推官蘇轍博通經術，深知治體，見任陳州州學教授。今已歲滿，欲望聖慈就差充河陽州學教授。如臣所舉不如狀，及犯正入己贓，甘當同罪。取進止。兼河陽累有前例奏差學官。近向經奏留教授陳安民再任，自後奏充國學直講，本州見今闕官。（《文潞公文集》卷三十八）

宋仁宗

【試賢良方正能直言極諫王介蘇軾蘇轍制策嘉祐六年八月二十五日】朕承祖宗之大統，先帝之休烈，深惟寡昧，未燭於理，志勤道遠，治不加進。夙興夜寐，於兹三紀。朕德有所未至，教有所未孚，闕政尚多，和氣或盭。田野雖闢，民多亡聊。邊境雖安，兵不得徹。利入已浚，浮費彌廣，軍冗而未練，官冗而未澄。庠序比興，禮樂未具。户罕可封之俗，士忽廉讓之節。此所以訟未息於虞芮，刑未措於成康。意在位者不以教化爲心，治民者多以文法爲拘。禁防繁多，民不知避。叙法寬濫，吏不知懼。纍繫者衆，愁歎者多。仍歲以來，災異數見，乃六月壬子日食於朔，淫雨過節，煖氣不效，江河潰決，百川騰溢。永思厥咎，深切在予，變不虚生，緣政而起。五事之失，六沴之作，劉向所傳，吕氏所紀。五行何修而得其性？四時何行而順其令？非正陽之月，伐鼓救變，其合於經乎？方盛夏之時，論囚報重，其考於古乎？京師諸夏之根本，王教之淵源，百工淫巧無禁，豪右僭差不度。治當先内，或曰何以爲京師；政在摘姦，或曰不可撓獄市。推尋前世，探觀治迹，孝文尚老子而天下富殖，孝武用儒術而海内虚耗。道非有弊，治奚不同？王政所由，形於詩道。周公豳詩，王業也，而係之《國風》；宣王北伐，大事也，而載之《小雅》。周以冢宰制國用，唐以宰相兼度支。錢穀大計也，兵師大衆也，何陳平之對謂當責之内史，韋賢之言不宜兼於宰相？錢貨之制，輕重之相權；命秩之差，虚實之相養。水旱蓄積之備，邊陲守禦之方。圜法有九府之名，樂語有五均之義。富人

强國，尊君重朝。弭災致祥，改薄從厚。此皆前世之急政而當今之要務，子大夫其悉意以陳，毋悼後害。（《東坡全集》卷四十五）

張方平

【準敕舉堪任陞擢官】準御史臺牒，準敕，奉聖旨於文臣内舉才行堪任陞擢官一員者。臣伏見秘書省著作佐郎、簽書應天府判官廳公事蘇轍，學識足以觀其才，風節足以信其行，進士及第，賢良登科，二十餘年。近出選調，在於士議，誠爲滯淹。臣今保舉堪任陞擢，即非兩府及自己親戚，如蒙陞擢後不如所舉，臣甘同坐。（《樂全集》卷三十）

李師中

【乞宣召司馬光蘇軾蘇轍奏熙寧七年五月】臣聞應天以實者見於行事，勤民以行者不以空言。天生愚臣，蓋爲聖世。文武之道，識其大者；簡易之理，求諸天地。陛下早用臣説，則太平之事略已施行。成康、文、景未足企慕，朝廷闕失，豈待人言而後知之，天難忱斯，帝命可畏，旱既太甚，民將失所。今日之事，非有勤民之行、應天之實，臣恐不足以塞天變，一切利害，曾何足數！伏望陛下詔求方正有道之士，召詣公車對策。如司馬光、蘇軾、蘇轍輩，復置左右，以輔聖德。如此而後，庶幾有敢言者。臣泣血雨淚而拜封章，陛下聞臣此言，忍不感悟！臣未嘗有一言及錢穀甲兵者，蓋知事君以道，直欲以伊尹致君之事爲師，不敢以近世有爲之君待陛下。及得罪去國，安於報效，并心一意，以望太平，五年於兹，而未免陛下焦心勞思，不有人患，誰興厲階？臣欲殺身，無益於事，長嘆大慟，昊天不聞。陛下承祖宗之基，求治如此。臣愚不肖，亦未忘舊學。陛下欲爲富國强兵之事，則有禁暴豐財之務；欲爲代工熙載之事，則有利用厚生之道。有臣如是，陛下其舍諸？（《續資治通鑑長編》卷二百五十三）

蘇　頌三則

【賜新除翰林學士朝奉郎知制誥蘇轍辭免恩命不允詔】敕蘇轍：省所札子，奏辭免恩命事，具悉。論思侍從之臣，翰林乃朕之極選；文章論議之美，當時則爾有重名。已歷職於詞垣，復試能於省部，良嘉敏譽，擢在禁嚴。況伯仲之代選，亦朝廷之榮觀。辭之以義，雖諒乃誠；用值其才，固無所避。所請宜不允。故兹詔示，想宜知悉。（《蘇魏公文集》卷二十二）

【宣召新除内翰蘇轍入院口宣】有敕：卿儒學名家，賢科特起。試之左户，已彰周敏之才；擢在内庭，更竚論思之益。亟趨嚴直，用副虛懷。（同上卷二十五）

【前權大名府推官蘇轍可西京留守推官制】敕具官某：富文敏學，早擢秀科；大對危言，繼膺清舉。方講圖於才畫，助寬析於計條，遽有開陳，願從補外，復優參於賓幕，且贊務於留都。既遂爾私，益思遠用。可。（同上卷三十）

劉攽

【朝奉郎試中書舍人蘇轍可户部侍郎制】敕：國賦之入，邦用之總。察其盈虚，乃可以調度；審其有無，則可以聚散。主計之任，司會之事，在文昌推爲劇曹，故朝廷用爲精選。具官某天材穎茂，儒學純備。敏於事而慎於言，志於道而輔以術。早繇方聞之舉，藉甚士林之譽。粤自諫垣，進陟詞掖。倜儻正論，沓沃者非一；潤色王猷，灝噩呼吹萬。以游刃之餘地，宜擢材而重任。是用進聯地宫，貳司邦計。夫六府三事，正德爲之本；經賦眩人，中正爲之法。爾後俊常以益上，志近而忘遠，則民生厚而王化隆矣。其慎之哉！（《永樂大典》卷七千三百三）

沈遘

【應才識兼茂明於體用科新授河南府澠池縣主簿蘇轍可試祕校充商州軍事推官】敕某：朕奉先聖之緒，以臨天下。雖夙寤晨興，不敢康寧，而常懼躬有所闕，羞於前人，日御便坐，以延二三大夫垂聽而問。而轍也指明其微，甚直不阿。雖文采未極，條貫靡究，亦可謂知愛君矣，朕親覽其獨嘉焉。其以轍爲州從事，以試厥功。克慎爾術，思永修譽。可。（《西溪文集》卷五）

林希

【蘇轍降官知袁州制紹聖元年六月甲戌】事君者有犯勿欺，所以盡爲臣之節；無禮必逐，豈容逃慢上之誅。太中大夫、知汝州蘇轍，父子兄弟，挾機權變詐之學，驚愚惑衆。轍昔以賢良方正對策於庭，專斥上躬，固有異志。有司言轍懷姦不忠，如漢谷永，宜在罷黜。我仁祖優容，特命以官。在神考時，獻書縱言時事，召見詢訪，使預討論，與軾大倡醜言，未嘗加罪，仰惟二聖厚恩，宜何以報？垂簾之初，老姦擅國，置在言路，使詆先朝。乃以君父爲仇，無復臣子之義。愎忮深阻，出其天資。援引儇浮，盜竊名器。專恣可否，疇敢誰何。至與大防中分國柄，罔上則合謀取勝，徇私則立黨相傾。排嫉忠良，眩亂風俗。朕既洞察險詖，猶肆誕謾，假託虛辭，規喧朝聽。比雖薄責，未厭公言。繼攬奏封，交疏惡狀。維爾自廢忠順之道，而予務全終始之恩，再屈刑章，尚假民社。往自循省，毋速後愆。可特降授左朝議大夫、知袁州。（《宋大詔令集》卷二百六）

上官均二則

【劾蘇轍奏元祐五年十二月】御史，耳目之任；中丞，風憲之長。轍當公是公非，別白善惡，乃愛憎任情，毀譽違衆，立黨怙勢，取必朝廷，彊險偏邪，上惑聖聽。願出轍等章疏付外朝，如許將有罪，乞加謫命；如無罪，願正轍等妄言之咎，以破姦邪朋黨之弊，收還威權，肅正綱紀。（《續資治通鑑長編》卷四

百五十二）

【再劾蘇轍奏元祐五年十二月】轍等合爲朋黨，動移聖意，以疑似不明細事，合謀並力，逐一執政，自此人不得安位矣。（同上）

朱　服

【乞選官充州學教授并録進蘇轍策題奏元豐六年七月】諸州學或不置教授，乞委長吏選見任官兼充。先以名上禮部，從本監體驗，可爲教授，即依所乞。其舊補差教授悉放罷。有筠州學策題三道，乖戾經旨，今録進呈。（《續資治通鑑長編》卷三百三十七）

王巖叟二則

【論劉摯蘇轍奏元祐六年十月】臣伏見右僕射劉摯以人言避位，于今累日，中外之議惶惑不寧。切以摯自陛下垂簾之初，首當言路，條陳政事，排斥姦邪，無所顧避。天下知其忠藎，故不次登用，天下之人莫不以爲當，而大姦在外，含怒蓄怨，欲食其肉者非一二矣。今朝廷清明，天下安静，固出于兩宫虚心求治、開誠納諫之效，然一時戮力盡忠之臣，摯居其最。實陛下同心一體，可保終始無變之人也。自非罪狀顯著，衆所不容，豈可因一二偏詞，輕示遐棄？臣恐適足快群姦之意，而失衆正之心，非所以爲國家計也。臣每患朝廷之上享陛下高爵厚禄者雖多，而與陛下同心協意者則少。今就少之中又將退斥，臣反復念慮，竊以爲憂。蘇轍素有時名，元祐以來排邪助正，竭力亦多。今若止因一舉官失當，便行罷逐，恐於陛下進退大臣之體有所未允。況言者别有所懷，未易可測。臣不知披肝瀝膽事陛下之日久者爲可信邪，足一踐言路，未得其腹心者爲可信邪？安知其間無朋邪挾私，而陰與群姦爲地者？陛下何不稍緩其事，試加考察，將必有所見，知臣言之不妄。古人有云：「天子重大臣，則人盡其力；輕去就，則物不自安。」願陛下曲加含忍，以全終始之遇，且使小人不能有以鬩陛下。臣遭遇陛下非常之知，不與衆人比，既有所見，不忍負恩默默自守。臣本欲候來日垂簾面奏，以當行事齋戒，不獲登對，須至冒昧天威，進此狂瞽。惟陛下裁擇，幸甚。

貼黄：臣度言者欲盡塞衆正之口，不過以朋黨加之，先惑聖意。然自古姦人之欲排陷善良者，莫不皆爲此無形之説，以肆誣罔。陛下博覽書史，必能深察。（《續資治通鑑長編》卷四百六十七）

【再論劉摯蘇轍奏元祐六年十月甲申】臣昨日面論劉摯等事，伏蒙聖恩，曲賜矜容，愚衷感厲，誓死不忘。然倉卒之間，方吐萬一，輒敢冒犯天威，罄所未盡。竊以爲天下國家者，必藉腹心之臣。腹心之臣非一日可得，得而用之，必加保全，勿使讒邪得以離間，則忠於事君者知所勸矣。腹心之舊，尚或不保，則後來之人何可倚信？況腹心既虚，外邪可入，乃必然之理也。臣之所憂實在于此。摯與邢恕通簡，及接見章惇子弟，蓋其思慮不周、防閑不嚴之罪也。謂牢籠爲後日之計，則願陛下更加體照。摯與蔡確不惟仇怨深切，非小小禮數施其黨人，可以宛轉收確之心。兼臣每每見摯感荷寵榮，常有以死報國家之意，豈復肯負陛下？此真陛下腹心之臣也。今大姦未死，人心危疑，朝廷之上與之爲敵者，摯爲首焉。一旦以小愆遂將疎棄，天下之人不知所以，必皆妄意陛下之心有所變易，謂反與大姦報仇也。前日陛下用摯作宰相，姦黨之氣自然消伏，今待罪累日，群邪相顧，已復增氣。蘇轍之進與摯大約相類，皆正人之所繫望，而姦黨日所忌嫉者也。顧其去就，豈不重哉？今所犯者小，而所繫者大，幸陛下於輕重之間，更賜較量，則陛下所得者多矣。夫姦謀難防，自古公患，莫不因人主意有所動，急爲傾擠，陛下於此不可不察。竊聞御史楊畏乃吕惠卿門人，及受張璪知遇最深，舒亶作中丞日，舉爲臺官，前日再除御史，公議沸騰，交章排斥，命遂不行。自此憤嫉正人，常有報復之志，後又因趙君錫無所執持，爲人所使，再三薦引，竟除此職。諫官虞策亦是張璪面上相知之人，嘗受璪特力論薦。陛下試將此本末考究，還可保其所懷無他意否？臣惓惓之心，常恐巧言有誤陛下，故不避煩瀆，委曲聞奏。願陛下聽言之際，加意鑑察，使不能以疑似之罪，誣陷善良，而陰與姦邪爲地，則不勝社稷天下之幸。且摯、轍之留，於臣無所利，而利在陛下；摯、轍之去，於臣無所害，而害貽國家。但臣忝聯近輔，久荷異恩，見聞所及，不敢不竭其愚。惟陛下貸臣狂直，亮臣赤誠，特垂采納，幸甚。

葉　濤

貼黄：稱舒亶亦王安石、惠卿等黨人，後以犯入己贓追削，坐廢于家。(同上)

【蘇轍散官安置制紹聖四年二月癸未】朋姦擅國，責有餘辜；造訕欺天，理不可赦。其加顯黜，以正明刑。降授左朝議大夫、試少府監、分司南京、筠州居住蘇轍，操傾側孽臣之心，挾縱橫策士之計。始與兄軾，肆爲抵巇；晚同相光，協濟險惡。搆無根之辭而欺世，聚不逞之黨以蔽朝。謂邪説爲讜言，指善政爲苛法。矯誣太后，愚弄沖人。助成奸謀，交毀先烈。發怨懟於君臣之際，亡忌憚於父子之間。陰懷動摇，公肆排訐。粤予親政，尚爾撓權。持罔上之素心，爲怙終之私計。罪同首惡，法在嚴誅。而事久益彰，罰輕未稱。朕顧瞻嚴廟，跂念裕陵，義不敢私，恩難從貸，黜居散秩，投置遐陬。非徒今日知馭衆之威，亦使後世識爲臣之義。勉思寬憲，務蓋往愆，可責授化州别駕，雷州安置。（《宋大詔令集》卷二百八）

楊康國二則

【乞追寢蘇轍尚書右丞新命奏元祐六年二月】中書省送到畫黄，蘇轍除尚書右丞。臣伏讀數四，爲陛下深思遠慮，且疑且懼，未測陛下選用執政之意，將欲垂衣拱手坐享安静乎？常欲煩瀆聖聰汩汩而不已乎？必欲安静，則不宜用轍，蓋與今執政相睽矣。臣愚以謂睽乖不共事，睚眥不同室，其勢然也。故自聖朝祖宗以來，官吏之有嫌隙不和者，率許相避。蓋其情終不可以强同，而適足以敗事故也。且以近事言之，昨賈易懷州上謝表言：蘇轍持密命以告人，志在朋邪而害正。後易爲殿中侍御史，轍爲御史中丞，不可以同處臺中，朝廷遂罷易出爲淮東提刑。如此之類甚衆，不可縷陳。近日中書侍郎傅堯俞、同知樞密院事韓忠彦因理會職事，而轍彈奏堯俞等，以謂無禮無儀，見欺自解，欲擅威權，互相紛争，而又旁及吕大防、劉摯、蘇頌。當時士論不平，皆謂彈奏不當，致使堯俞等居席不安，紊煩天聽，乞解機務。幸賴陛下體察，宣押堯俞等依舊供職。彈墨未乾，遽擢轍與堯俞等同參大政。且轍與易臺中尚不并處，況廟堂之上，動繫天下安危，豈可與堯俞等共事哉！有此未安，所繫甚大，所有畫黄未敢行下，謹具封還，伏望陛下再三反覆思之，精賜裁處。

貼黄：況轍天資很戾，更事不久，自長憲臺，前後言事，多不中理，若使同參大政，必致乖戾，紊煩聖聽。更望陛下深思，追寢新命，則天下幸甚。（《續資治通鑑長編》卷四百五十五）

【再彈蘇轍奏元祐六年二月】臣僚累具彈奏尚書右丞蘇轍不可爲執政者，其事有六，至今未蒙聽納。臣自惟遭遇陛下，不以臣不肖，擢臣置之諫垣者，度陛下必欲激臣懦衷，使之夙夜恐懼，日思所以圖報也。今豺狼當路，姦惡在朝，臣若持禄取容，畏憚緘默，不爲陛下言之，則是臣有負陛下任使矣，臣何面目復見陛下乎？此臣所以甯犯顔竭忠而死，不願箝口持禄而榮。萬一開悟聖聰，屏去姦惡，使朝廷清明，聽斷無惑，召來和氣，天下大安，豈獨愚臣惓惓之望，朝論上下，端人正士以朝廷爲憂者，莫不有此望也。轍有六事而陛下不以爲過，此恐陛下以轍兄弟並有文學，所以眷獎之厚，而用轍之堅也。果如此，則尤不可也。陛下豈不知王安石、章惇、吕惠卿、蔡確亦有文學乎？而所爲如此。若謂轍兄弟無文學則非也，蹈道則未也。其學乃學爲儀、秦者也，其文率務馳騁，好作爲縱横捭闔，無安静理致，亦類其爲人也。比王安石則不及，當與章惇、蔡確、吕惠卿相上下，其所爲美麗浮移、艷歌小詞，則並過之，雖轍亦不逮其兄矣。兄弟由此故，多得名於戚里中貴人之家。其學如此，安足爲陛下謀王體、斷國論，與共緝熙天下之事哉！王安石以文學進，而天下擾擾，此陛下之所知也。當時吕誨大奮忠義，屢疏安石，謂「亂天下者必此人也」，又曰「必無安静之理」，皆果如其言，此亦天下所共知也。陛下若悦蘇轍文學而用之不疑，是猶又用一安石也。轍以文學自負，而剛很好勝，則與安石無異矣。安石進而韓琦、富弼、司馬光不能並處，相繼罷去，何哉？蓋趨向不同而所見者異也。正人皆去，故安石得以援引同類，則吕惠卿、章惇、蔡確接迹居廊廟，故天下擾擾，此亦陛下之所知也。今陛下顧轍之厚而用轍之堅，臣恐宰執之間，自非貪榮苟禄，有如韓琦、富弼、司馬光之人，不能與轍並處，有相繼而去者矣，又況復有睚眦者乎？則轍於私計得行，援引朋邪，又如安石之引惠卿、惇、確共處廟堂，則天下之事又不可知也。此皆治亂所繫，非同尋常彈奏庶官違法害公之事而已。臣今所言，上可以繫朝廷安危，下可以繫生民休戚，此事甚大，不可不慮也。臣是以忘身捐命，不避禍患而爲陛下言之，惟望陛下深加省察，斷自宸衷，檢會臣前後章奏，降付三省，早賜罷轍，則天下幸甚。（同上）

宋神宗

【批蘇轍疏付中書詔熙寧二年三月】詳觀疏意，如轍潛心當今之務，頗得其要，鬱於下僚，無所申布，誠亦可惜。（《通鑑長編紀事本末》卷六十六）

賈易

【彈劾蘇轍蘇軾奏元祐六年八月戊子】臣讀唐史，見皇甫鎛姦邪，陰結權倖，以求宰相。崔群數言其不可用。既而入對，語及開元、天寶事，羣因推言其極曰：「安危在出令，存亡繫所任。明皇初得姚崇、宋璟、盧懷慎輔以道德，蘇頲、李元紘攻孜守正，則開元爲治。其後遠正士，昵小人，李林甫、楊國忠恃寵朋邪，則天寶爲亂。世謂禄山自范陽起兵，是治亂分時；臣謂罷賢相張九齡，專任奸邪李林甫，則治亂固已分矣。用人得失，所繫非小。」辭意激切，左右爲之感動。惜乎如憲宗剛明，猶且不悟，卒相鎛，以兆禍亂。臣愚伏思忠臣不顧其身，欲竭情盡智以安宗社，而忠未必見信，終以爲無補，可爲慟哭。臣於今日遭遇聖明，擢臣於仇怨忌嫉棄捐之中，任以紀綱之地，是臣效死報國之秋也，然則何所顧避而不言乎？又況豺狼當路，將肆其毒以害忠良，而啓危亂者，臣雖朝彈暮黜，死無所恨，伏冀聖慈幸聽而加省焉。謹按尚書右丞蘇轍，厚貌深情，險於山川，詖言殄行，甚於蛇豕。昔以制科召試，而程文謂不應格，仁宗顧其直言極諫之名，不欲罷黜，亦容濫進。其後因與兄軾誹謗先帝，放斥於外。元祐之初，例蒙湔滌，擢任司諫。是時亦嘗妄言浚治城壕，發掘骸骨遍野，及差官檢視，漫然無實。方二聖開廣言路之初，示天下以不諱，幸免其罪。任中書舍人日，因呂陶狹邪觀望，面欺同列，罷左司諫。轍當命辭，則密召呂陶至西省示之，相與出力，謀爲排陷正直之計，人皆嫉之。然其善爲詭譎，以諂交固黨，至於用巧，得爲御史中丞。於是肆其禍心，無所忌憚。所毁者皆睚眦之怨，所譽者皆朋比之私。以王覿爲附蔡確，則恨其嘗言蘇軾譏毁祖宗。論者皆爲王覿任諫官日，排擊衆邪，因以擊確、縝、惇、璪，播在人口，至今爲美談。其言豐稷爲非才，則怒其草王鞏告辭，斥言「中執法轍言汝」，又上官均告辭，止曰「言事失當」，而不深詆之也。論者皆謂稷之素履可爲搢紳矜式，博學可爲士人師仰。以范純禮爲無所建明，忿其封駮張耒不候朝參，先許供職，以苟俸給之事。論者皆謂純禮此舉，深明朝廷典禮，可使臣下廉敬無違。此其挾私怨、蔑公義之大略也。間有刼其屬官使言者，尤爲非義，不可悉數。陝西地界，識者皆知不與爲是，轍則助其蜀黨趙卨，徼幸私己之邪議，力非夏國經遠之公言。進議張利一軍帥，陛下察其不當，許將力陳，亦嘗争之不得。而轍則乘其同列不平之隙，陰使秦觀、王鞏往來奔走，道達音旨，出力以逐許將，既而遂竊其位。義士扼腕，仁人切齒，爲其背君父而營姦利也。知王鞏有罪，而假託司馬光方欲擢用之辭褒薦之，致誤陛下擢任，旋復罷免，則其欺罔之迹，不攻自破矣。其兄軾昔既立異以背先帝，尚蒙恩宥，全其首領，聊從竄斥，以厭衆心。軾不自省循，益加放傲。暨先帝厭代，軾則作詩自慶曰：「山寺歸來聞好語，野花啼鳥亦欣然。此生已覺都無事，今歲仍逢大有年。」書於揚州上方僧寺，自後播於四方。軾内不自安，則又增以别詩二首，换詩板於彼，復倒其先後之句，題以元豐八年五月一日，從而語諸人曰：「我托人置田，書報已成，故作此詩。」且置田極小事，何至「野花啼鳥亦欣然」哉？又先帝山陵未畢，人臣泣血號慕正劇，軾以買田而欣踴如此，其義安在？謂此生無事，以年逢大有，亦有何説乎？是可謂痛心疾首而莫之堪忍者也。後於策題，又形譏毁，言者固嘗論之。及作呂大防左僕射麻制，尤更悖慢，其辭曰：「民亦勞止，庶臻康靖之期。」識者聞之，爲之股慄。夫以熙寧、元豐之政，百官修職，庶事興起。其間不幸興利之臣希冀功賞，不無掊刻，是乃治世之失，何至比於周厲王之時《民勞》《板》《蕩》之詩，刺其亂也？軾之爲人，趨向狹促，以沮議爲出衆，以自異爲不群。趨近利，味遠圖，效小信，傷大道。其學本於戰國縱横之術，真傾危之士也。先朝行免役，則以差役爲良法。及陛下復行差法，軾則以免役爲便民。至敢矯稱先帝之意，欲用免役羡錢，盡買天下附郭良田，以給役人。向使朝廷輕信而用之，則必召亂。賴言事者排其謬妄，聖明察見其傾邪，故斥其説而不用也。其在杭州，務以暴横立威，故決配税户顔章兄弟，皆無罪之人，今則漸蒙貸免矣。既而專爲姑息，以邀小人之譽，兼設欺弊以竊忠藎之名。如累年災傷不過一二分，軾則張大其言，以甚於熙寧七八年之患。彼年饑饉疾疫，人之死亡者十有五六，豈有更甚於此者？又嘗建言，以興修水利者皆爲虚妄無實，而自爲奏請浚治西湖，乞賜度牒，賣錢雇役，聞亦不免科借居民什器畚插之類。虐使捍江厢卒，築爲長堤於湖中，以事遊觀，於公私並無利害。監司畏其强，無敢觸其鋒者，況敢檢按其不法耶？今既召還，則盛引貪利小人，相與倡言聖眷隆厚，必求外補，非首相不可留也。原軾、轍之心，必欲兄弟專國，盡納蜀人，分據要路，復聚群小，俾害忠良，不亦懷險詖覆邦家之漸乎？臣自被命以來，數使人以甘言誘臣者，或云軾深歎美，恨相知之晚；或云今之除授，轍有力焉。而臣之樸愚，不喜詭隨，不知爲身謀，故漠然未嘗答也。況蒙陛下天地大恩，未能捐糜以報萬一，嘗欲進忠若趨利，論政若訴寃，豈可見事虧聖德，政損清時，而惜身不言，仰屋歎息？是臣負陛下也。臣雖萬死，無以塞責。惟不顧禍患，盡誠極論，旁忤倖臣，上犯聖旨，以此獲罪，是陛下負臣也。臣雖死之日，猶生之年，無所愧憾也。伏望聖慈覽觀用人得失，所繫輕重，赫然發於睿斷，特行斥免，天下幸甚。

貼黄：神宗以不世出之資，勵精求治，追迹二帝、三王之盛德，樂與賢人君子共立太平之基，而聖鑑高明，察知軾、轍姦險，用之必爲天下患，故疏斥而不用。兩人者相與誹怨，無人臣禮。先帝以其文藝小才，猶且生全之。自元祐以來，寖歷清顯，蓋非一聖一日尊寵之，特異於先帝也，臣固知有以誤陛下聰明者。今其邪心悖志，見於事跡者如此，尚可忍乎？臣雖糜爛鼎鑊，膏血鍖鑕，不敢言也。」

又貼黄：軾、轍不仁，善謀姦利，交結左右，百巧多門。臣區區賤愚，激於忠義，列其邪惡，必有出力營救之者。臣獨仰恃天日照臨，無所回曲，庶幾公義可申爾。（《續資治通鑑長編》卷四百六十三）

周　秩

【乞再貶吕大防蘇轍等奏】已見孫汝聽《蘇潁濱年表》。

吴安詩

【端明殿學士蘇轍知汝州制紹聖元年三月】文學風節，天下所聞，擢任大臣，本出朕意。事有可否，固宜指陳，而言或過中，引義非是。朕雖曲爲含忍，在爾亦自難安。原誠終自愛君，薄責尚期改過。（《宋宰輔

編年録》卷十）

范祖禹

【賜大遼賀興龍節人使朝辭訖歸驛御筵口宣】卿等聘儀已事，辭謁言歸。少留舍館之安，特賜賓筵之寵。用將誠意，以慰勤勞。今差入内内侍省内侍殿頭王佐賜卿等御筵，兼差大中大夫、守門下侍郎蘇轍押伴，想宜知悉。（《范太史集》卷三十一）

陳　襄

【謫官未復職者·興國軍節度掌書記蘇轍】其學與文，若不逮軾，而静厚過之。轍自登第及中制科凡二十年，尚在選調，未蒙褒擢。（《古靈集》卷一）

劉安上

【大中大夫致仕蘇轍追復端明殿學士贈宣奉大夫制】朕紹述先猷，聿懷故老，凡刑章之罣誤，悉牽復以優容。矧獲令終，豈忘褒典？具官某夙稟直諒，逮事四朝，晚歷險艱，獨秉一節。處訏謨之地，非堯、舜不陳；居退食之私，以孔、孟自樂。宜永終譽，式介壽祺，欻爾訃聞，良深震悼。超進文階之峻，寵還名殿之榮，尚其幽靈，膺此顯命。（《劉給諫集》卷二）

宋哲宗三則

【吴安詩撰蘇轍知汝州制詞御批元祐九年五月】蘇轍引用漢武故事比擬先帝，事體失當，所進入詞語不着事實。朕進退大臣非率易也，蓋義不得已。可止散官知汝州，仍别撰詞。（《宋宰輔編年録》卷十）

【蘇轍罷門下侍郎制元祐九年三月丁酉】朕以藐躬，上承烈考之緒，夙夜祗飭，懼然以丕揚休功，實賴左右輔弼之臣，克承厥志。其或身在此地，倡爲姦言，怫於衆聞，朕不敢赦。太中大夫、守門下侍郎蘇轍頃被選擢，與聞事機，義當協恭，以輔初政，而乃忘體國之義，徇習非之私。始則密奏以指陳，終則宣言而眩聽，至引漢武，上方先朝，欲以窮奢黷武之姿，加之經德秉哲之主。言而及此，其心謂何？其解東臺之官，出守列郡之寄。尚爲寬典，姑務省循。可特授依前太中大夫、知汝州。（同上）

【知雷州張逢優禮蘇轍事詔紹聖五年三月癸酉】蘇轍移循州安置，張逢特勒停，陳諤特衝替。本路提點刑獄梁子美既與蘇轍係婚姻之家，不申明迴避，並其餘監司夫覺察，各罰金三十斤。（《續資治通鑑長編》卷四百九十六）

宋徽宗

【蘇轍等不得與在京差遣詔崇寧元年五月】應元祐并元符末今來責降人，除韓忠彦曾任宰臣，安燾係前任執政官、王覿、豐稷見任從官外，蘇轍、范純禮、劉奉世、范純粹、劉安世、賈易、吕希純、張舜民、陳次升、韓川、吕仲甫、張耒、歐陽棐、吕希哲、劉唐老、吴安詩、黄庭堅、黄隱、畢仲游、常安民、劉當時、孔平仲、徐常、王鞏、張保源、晁補之、商倚、張庭堅、謝良佐、韓跋、馬琮、陳彦默、李祉、陳祐、任伯雨、陳郛、朱光裔、蘇嘉、鄭俠、劉昱、魯君貺、陳瓘、龔夬、汪衍、余爽、湯馘、程頤、朱光庭、張巽、張士良、曾肅、趙約、譚扆、楊偁、陳恂、張琳、裴彦臣凡五十餘人，並令三省籍記，不得與在京差遣。（《通鑑長編紀事本末》卷一百二十一）

趙雄

【乞賜謚蘇轍札子淳熙三年】臣竊詳國朝故實，名臣既殁而不乞謚者，往往因臣寮建請，特賜徽稱。故楊徽之之謚文莊，宋綬實請之；宋祁之謚景文，張方平實請之；張方平之謚文定，蘇轍實請之。凡以尚賢報功，昭示無極。聖主之所以寵綏臣子者，於是至矣。臣伏見故門下侍郎蘇轍初以制舉對策，受知仁宗。乍起草萊，而鯁亮切直之聲，固已震耀天下。晚乃歷踐臺省，遂躋政途。其絶學長才，嘉言讜論，與夫進退終始大節，天下公論，可考不誣。而寥寥數十年，易名之恩未加，在於盛明之朝，總覆之政，誠爲闕典。況自頃歲，陛下加惠蘇軾，賜謚文忠，德音流行，天下傳誦。轍之平生梗概與軾略同，而宦達過之。臣愚欲望聖明依軾近例，特與蘇轍賜謚，以示褒勸。臣謬司拜禮，職所當言，況有宋綬、張方平建請故事，則區區僭越之罪，或可望於裁赦也。取進止。（《宋代蜀文輯存》卷六十六）

何萬

【蘇轍覆謚議淳熙三年五月】是非待謚而後定，謚於往者重也。數十年之後是非既定，命謚以寵之，謚之美惡以助勸沮，謚於來者亦重也。夫位足以經世，要有其學；才足以救時，要有其心。無其學，未發而所到可知已；無其心，禍福利害皆足以移之。傑然異於是蓋寡也。思其人可無以示勸哉？故門下侍郎蘇公轍闕不作謚。邇臣以爲請，有詔禮部太常其同定之，重是議也。按謚法，文之義十有八，道德博聞莫如公優；定之義有九，安民大慮莫如公稱，乃請謚文定。上其議考功，豈非謂其有經世之學，有救時之心，於公無愧歟？公索深綜微，得之於天；嚌真茹醇，無待乎外。上窮邃古，下至其時，廢興治亂、得失成敗之所以然，皆貫穿出入，如身歷目睹。少而對策，有愛君之言；已乃上書，陳治安之説。晚年黜不用，於是傳《詩》《春秋》《老子》，作《古史》，載之空辭。平生之所欲爲，與老而不得卒其所爲者，可以槩見。要其歸，在於治國平天下；遡其學，本末可考也。初，王荆公之以執政領三司條例也，公爲其屬，不爲屈，歷疏其不便，謝去。元祐初既爲諫官，取前日所爲弊與其人悉奏論之。然司馬温公爲相，欲盡變顧役法，文潞公繼之，又欲回河流於東。二公清德重望，最知公者，公亦不以爲便。蓋進退得喪，好惡怨德，一不以留胸中；而視百姓有繇此以重困失職，則愵焉若無以安也。爲侍從不粗辦一職，以塞責而止，以爲天子所使以論思天下事，當無不言。凡冬温大旱，水潦陰雪，必建言某政有闕失，某事當罷行，有罪而不誅幾人，無功而受賞又有幾。賞責已當，求言以開廣上意。及在政府，日至上前與宰相争用人邪正，邊議曲直，與行事當否。退而批語，有不如奏，對吏辯詰。雖休謁出，而見所舉或未善，必追論之。未嘗曰事不出于我，非吾咎，不顧也。勢移事異，猶狠狠論治道，至謫逐不悔。此其心豈擇所趨避委時，於危不救者？是以九年之間，朝廷尊，公路闢，忠賢相望，貴倖斂跡，邊陲綏靖，百姓休息。君子謂公之力居多焉，信也。自公之貶，紹聖以權臣用事，崇觀以姦臣執柄，皆公昔所累疏數言，不足倚以事者。使公不去，其言用，寧有後日之禍？公之去，天也。然公身雖屈，道愈高，籍雖錮於黨人，天下愈推爲正臣鉅德。渡江之後，旌録有詔。今距公死又六十有五年矣，猶詔易名以褒之。俾爾士大夫違實飾虚，貪近忘遠，知苟榮於一日，不顧遺臭於後世者，觀公邅迴困躓，顧不若鄉世好以爲身圖者之安。然而此等泯泯就盡，餘累汙逮孫子；而公休澤顯聞，乃垂懿無窮。是則名節苟全，爵禄不足驕，公議終在，邪説不能勝，其亦庶幾知勸也。夫文定二名，豐約惟允，請如博士議。謹議。（《欒城集》附録，上海古籍出版社一九八七年點校本）

章　謙

【蘇轍謚議淳熙三年四月】門下蘇公歿逾六十年矣，天子始從其鄉人大宗伯之請，詔禮部、奉常同議命謚。謹按謚法，道德博聞曰文，安民大慮曰定。請以是易公名。惟公挺生西蜀，毓秀山川，天材最高，資禀實厚。而又有父文安先生爲之師，有兄文忠公爲之師友。蓋其所學所行皆本原乎家傳，而文章事業卓乎可敬而仰也。嗚呼，公爲元祐名臣，行事在國史，聲名在天下，人其誰不知之？宜不待歷數以合文定之謚者。請粗陳其略。觀公少年擢兩科，與其父兄俱以文名世。而公之文汪洋澹泊，深醇温粹，似其爲人。文忠嘗稱之，以爲實勝己。其所爲詩、騷、銘、頌、書、記、論、譔，與夫代言之作，率大過人。蓋流傳於人間，散落於夷狄者，不知其幾，而所謂愛重其文則一也。嘗傳《詩》《春秋》，訓釋先儒之未達。又注《老子》，深窮道德之旨，而發明佛老之相類。其後作《古史》，所論益廣，以删補子長雜亂殘闕之失。書成撫之而歎，自謂得聖賢處身臨事之微意。末復論著歷代，大抵以考古今成敗得失爲要，不務空言。此其道德博聞之淵源者，如是可不謂文乎？本朝至仁皇世，可謂極盛。公對制策，方切切然以海内窮困生民愁苦爲憂，雖賈誼痛哭流涕之書不過也。青苗八使擾民之事，其施行甚明，公與王介甫、陳暘叔辯争之尤力。及元祐新政，公居言路，首陳神宗變法本欲利民，爲社稷長久之計，而民力顧因之以凋弊者，其原皆起於大臣蔽塞聰明之所爲，由是蔡、吕之徒竟皆貶竄。然新政既孚，事勢一定，大臣乃有欲引用熙、豐舊臣爲自全計者。公手疏千餘言，極論君子小人之不可並處而争，小人必勝，非朝廷安静之福。蓋是時公之所争議，大者唯黄河、西邊二事，次則差雇役法也。深知黨臣之撼摇在位者，幸四弊之不去，以藉口而已。故又爲之論奏，願詔大臣正己平心，無生事要功之意；因弊修法，爲安民静國之術。民心既得，異議自消。至論詩賦經義之兼行未可遽，合祭天地之禮所當復，三司利權之不可分，皆反覆精詳，未嘗不以謀國體，便人情爲慮也。此其安民大慮之深遠者。如是可不謂定乎？自後世去古既邈，好文之士侈辭相高，連篇累牘，不出風雲月露之狀，而體益以靡。文則文矣，非所謂道德博聞之文也。清談之士，高論性命，視天下利害恝然不屑以動心，殆若木偶人者。定則定矣，非所謂安民大慮之定也。而公則異於是，信其有功於治道，而有德於生民。文定之懿，今合以謚公，議者又何辭焉？謹議。（同上）

韓元吉

【蘇文定公祠碑】歙之績溪縣西隅，有亭曰「翠眉」，不知其何人作也。前則二小山對出，自亭而望，嫵然如眉，地勢平衍，林木茂蔚。元豐末，蘇文定公爲縣，愛其幽清，時往遊焉，賦詩其上。公去而邑人思之，即亭爲祠。中更黨籍禁錮之餘，書毁跡滅，重爲寇攘之厄，井邑蕩然，公之遺翰，了無在者。紹興中，好事者餙縣廨一堂，名以「景蘇」，後令曹訓刻公在績溪所爲詩三十六篇于石，而摹公之像于亭。歲月寖久，棟宇弗支，淳熙十年，公之曾孫祕閣修撰諤，爲江南東路轉運副使，按行邑中，來拜祠下，出俸錢付縣吏，曰修之，勿以煩民也。時奉議郎宣城虞儔方祇縣事，愧而謝曰：「此令之職也。昨爲令者，以頻歲救荒，故未能及。儔至甫幾月爾，固將及之，其敢用公之私錢？」某適以行役過縣，儔道其所以，且願得文以爲之記。其明年來曰，祠成久矣，闢亭爲四楹，得家廟本，別繪公像于中。前爲軒檻，以面兩山，後爲便舍，以待遊者。以公之愛其處，規制仍舊，不敢侈也。夫公之名滿天下，而文章誦于四夷，功烈論議且載信史，豈須記而後傳？蓋績溪在江左，巖邑也。公之爲令，僅以半載，而邑人至今乃不忘，則其道德所加，必有未施信而民信之者矣。雖然，公之對制策，當仁祖朝已負敢言之氣，而幾見黜于有司，驅馳州縣，不得用于臺閣者踰二十年。逮東坡先生以詩得罪，公亦坐貶于筠，起廢而來績溪，則既五十矣。自是始還，曾不數年，任言責、司翰墨，以翊政路，而登門下省。則向之忌嫉于公，而蹭蹬不偶者，未足爲公嘆也。昔公自蜀入京師，縱觀山河之雄，宫闕之壯，上書韓太尉，實自比司馬遷，欲求天下之奇聞壯觀以激發其志氣，顧以一縣之微，一亭之小，耳目所寓，未厭而樂之，何哉？公嘗有言曰：「天下之樂無窮，而以適意爲悦。方其得意，萬物無以易之。」其斯之謂歟？今虞君之政，惓惓慕公，而徇民之思，以志于公所遊之地，則績溪者，殆公之桐鄉也。故某摭民之謡，以爲祀神之章，俾歲時酹公而歌焉。其詞曰：「公之居兮岷峨西，懷欒坡兮家具茨，翠眉之山兮何足以嬉？公之來兮崑崙丘，大江注兮九河流，翠眉之水兮何足以游？嗟公視于天壤兮等于浮漚，擾擾萬類兮是惟蜉蝣。撫兹百里兮曾何異于九州，剖折獄訟兮亦吾廟謀，不爲此棄兮詎爲彼留！金闉兮玉堂，調神鼎兮輔巖廊。朝臨汝水兮暮棲海康，榮枯貴賤兮公以爲常。藐祠庭兮山之左，杉千章兮竹萬个。公之去來兮世莫可期，慘雲車兮斯人是思。（《南澗甲乙稿》卷十九）

蘇　過

【祭叔父黄門文】

嗚呼！天無意於世乎？曷爲畀之以人？夫既畀之，而又奪之，理何疑於大鈞？昔者仲尼、孟軻周流天下，皇皇乎求君。蓋欲拯生民於塗炭，救將喪之斯文。然身卒困於逆旅，志壹鬱而莫信。豈道大不容於世也，抑天未欲平治於斯民？烏乎哀哉！維我王父皇考，以及叔父，天祚有宋，篤生良臣。祖堯禹而陋秦漢，談王道於一門。公之在廟堂也，則壬人廢而蠻夷服，禮樂正而朝廷尊；排中商之充塞，非仁義而莫陳。庶幾乎虞夏之風，反樸而還淳矣。

屬世故之迫隘，乃一蕕而一薰。横江潭之鱣鮪，豈溝瀆之容身？竟中道而出走，罹此郵之紛紛。然公之脱身南荒而歸也，則澹然箕山之下，潩水之濱。友巢由於千載，追松喬於白雲。蓋與世而相忘，默淵潛而自珍。託《春秋》以見志，戮姦宄於灰塵。公雖不用也，而天下愈尊之如泰山，歸之如鳳麟。意造物之有待，使巋然而獨存。忽山頹而梁壞，何蒼蒼之不仁？豈吾宗之不祐，天實禍於搢紳。過也昔孤，而歸公於許，奉杖屨者十春。維二父之篤愛，推其餘於子孫。痛里門之一訣，哭來訃於并汾。恨易簀之不見，猶及拜其冠巾。恍高堂其如在，疑謦欬之或聞。誓不辱於教誨，期可見於九原。傾一奠而永已，不得執紼，挽公之歸葬於西岷也。（《蘇過詩文編年箋注》卷八，中華書局二〇一二年。）

張舜民

【祭子由門下文】嗚呼，請言其始。憶昔關中，嘗親伯氏。公佐宛丘，邈在千里。我掾岐府，熙寧初年。公與伯氏，免喪山川。連鑣而東，道出岐山。盤留累日，賞畫聽泉。人望入館，雅如登仙。無何南北，已困屢遷。遷仍未遠，止於江黄。不期江山，助長文章。文如綺繡，璀璨芬芳。行如珪璧，温潤而强。星霜十稔，江湖相望。直至元祐，再踐周行。入隨鷺序，出集僧房。桓珪雙植，白眉最良。已傾而晳，嶽峙堂堂。雲中日下，二陸三張。塤篪間作，旗鼓相當。每於文會，繆賜稱揚。未殫城府，已篚廟堂。一言道合，澤及萬方。蘭焚以臭，玉折以剛。丹霄一跌，徑落海康。險阻艱難，亦所備嘗。五年海嶠，一日許昌。跏趺密室，閉目面牆。妻孥罕進，棟宇發光。嬰兒可復，苦海坐航。豈期大數，分甘難量。尋常書來，歲或一再，止三數張。今歲書來，前後相望。既論養生，又閔存亡。亹亹不絕，十百成行。老伴凋零，墨色未荒。始疑魄兆，終底晝傷。嗚呼哀哉。傳聞治命，返葬眉陽。欲踐誓言，顛沛不忘。杜陵遺老，只影孤吭。寄哀千里，奠此一觴。明年未死，丹旐西來，再拜路傍。（《永樂大典》卷三千四百一）

王十朋

【國朝名臣贊·蘇潁濱】賢哉子由！賢哉子由！忠言嘉謀，聳動冕旒。横身政府，不避怨仇。棣蕚聯芳，皆第一流。才不逮兄，器識俱優。（《梅溪前集》卷十一）

二、經部(《詩集傳》《春秋集解》《論語拾遺》《孟子解》)

《詩集傳》

(一)目録序跋

紀　昀

【四庫全書總目提要】《詩集傳》二十卷内府藏本,宋蘇轍撰。其説以《詩》之《小序》反復繁重,類非一人之詞,疑爲毛公之學,衛宏之所集録,因惟存其發端一言,而以下餘文悉從删汰。案《禮記》曰:「《騶虞》者,樂官備也。《貍首》者,樂會時也。《采蘋》者,樂循法也。」是足見古人言《詩》,率以一語括其旨。《小序》之體,實肇於斯。王應麟《韓詩考》所載,如「《關雎》,刺詩也。《芣苢》,傷夫有惡疾也。《漢廣》,悦人也。《汝墳》,辭家也。《蝃蝀》,刺奔女也。《黍離》,伯封作也。《賓之初筵》,衛武公飲酒悔過也。」劉元世《元城語録》亦曰:「少年嘗記讀韓詩,案《崇文總目》,韓詩北宋尚存,范處義《逸齋詩補傳》謂韓詩世罕有之此語,不可信。蓋偶未考。有《雨無極》篇,序云:

正大夫，刺幽王也。首云『雨無其極，傷我稼穡』云云，是韓詩序。」又蔡邕書石經悉本魯詩，所作《獨斷》，載《周頌序》三十一章，大致皆與《毛詩》同，而但有首句，是《魯詩》序，亦括以一語也。轍取《小序》首句，爲毛公之學，不爲無見。史傳言詩序者，以《後漢書》爲近古，而《儒林傳》稱謝曼卿善《毛詩》，乃爲其訓。衛宏從曼卿受學，因作《毛詩》序，轍以爲衛宏所集録，亦不爲無徵。唐成伯瑜作《毛詩指説》，雖亦以《小序》爲出子夏，然其言曰：「衆篇之《小序》，子夏惟裁初句耳。《葛覃》，后妃之本也，《鴻雁》，美宣王也。如此之類是也。其下皆大毛公自以詩中之意，而繫其詞云云。」然則惟取序首，伯瑜已先言之，不自轍創矣。厥後王得臣、程大昌、李樗皆以轍説爲祖，良有由也。轍自序又曰：「獨採其可者見于今傳，其尤不可者皆明著其失，則轍于毛氏之學亦不激不隨，務持其平者。」而朱翌《猗覺寮雜記》乃曰：「蘇子由解詩不用詩序，亦未識轍之本志矣。」（卷十五）

焦竑二則

【刻兩蘇經解序】

余髫年讀書，伯兄授之程課，即以經學爲務，於古注疏，有聞必購讀。聞宋兩蘇氏分釋經、子，甚慕之，未獲也。弱冠得子由《老子解》，奇之。尋於荆溪唐中丞得子瞻《易》、《書》二解。己丑，檢中秘書，始獲《論孟拾遺》。壬辰奉使大梁，于中尉西亭所獲子由《詩》與《春秋解》。丁酉，侍御畢公裒而刻之，而子瞻《論語解》卒軼不傳。刻成，而予爲之序。序曰：《六經》者，先儒以爲載道之文也，而文之致極於經。何也？世無舍道而能爲文者也。無論言必稱先王，學必窺原本，即巧如承蜩，捷如轉丸，甘苦徐疾，如斲輪運斤，亦必有進於技者。技豈能自神哉？技進於道，道載於經。而謂舍經術而能文，是舍泉而能水，舍燧而能火，舍日月而能明，無是理也。兩蘇以絶人之資，刳心經術，沈浸涵泳之餘，妙契其微旨，若見夫六通四辟，無之而非是者。故發之爲文，如江河滔滔汩汩，日夜不已，衝砥柱，絶吕梁，歷數千里而放之於海，雖舒爲安流，激爲怒濤，變幻百出，要以道其所欲言而止。故世代遞更，好憎屢變，而二子之文卒與《六經》爲不朽。何者，彼誠有所自得也。不然，操觚之士，代不乏人，而灰飛烟滅，隨影響而盡，此其故可知已。二子既以文章顯於世，及其老而多難也，思深見定，始徘徊而詮次先聖之文。嘗伏而讀之，古之微言渺論，班班具在，蓋浮華剥而真實見，斯二子之至者也。世方守一家言，目爲文人之經而絀之，而傳者稀矣。夫道非一聖人所能究，前者開之，後者推之，略者廣之，微者闡之，而其理始著，故經累而爲六也。乃談經者欲暖暖姝姝於一先生之言，而以爲經盡在是也，豈不謬哉！此不知二子之文，又不知二子有進於文者故也。

畢公視鹺之暇，建精廬瀛海間，簡燕趙之雋而造之，而兼刻是書以行，豈第使燕趙多文士乎？余意通經學古以紹明先聖之道，必是編爲嚆矢矣。（《澹園續集》卷一）

【續刻兩蘇經解序】

眉山蘇氏兄弟，以絶人之才、博古之學，作爲文章，既已名一時而垂後世，至其憂患之久，閱歷深而見理明，始取遺經而闡繹之。讀其書誠足以發孔壁之精義，函洪都之鉅典，當與六籍並耀於亡窮，而世或不行，則有繇矣。熙寧初，荆國以經術得幸，下其説太學，凡置博士、試諸生，悉以新書從事，不合者罷絀之，而兩蘇之學廢。晚宋且目爲文人之經，而置之不省久矣。頃制舉盛行，古學崩壞，士守一先生之言，煖煖姝姝而不知其他。劉歆氏有言：「學者有禄利，尚不能明《易》。」蓋悲之也。蜀桐柏顧公持御史符來按豫章，貞軌肅度，靡廢弗舉。閔多士之蔽，而思以導之，乃刻《經解》以傳，而委余爲序。

窮謂聖祖開天建學，采古注疏與宋解並頒學宫；説之舛謬者，嘗一二指摘，以示群臣。觀所輯《書傳會選》、《春秋本末》，未嘗顓主一家。而士乃錮其聰明，不復能曲暢其理，抑已陋矣。兩蘇以垂老貶徙之餘，擺脱浮華，洞見真實，故能括綜經旨，浸漬聖奥，披體遺緒，撝衍微響。即陰陽異體，政教異術，褒貶異宜，以彼獨契於心，邀會其趣，引以旁通，何所不達？瞭然若游於千古，揭肝膽而行，何其盛也。當其初謫，梁國張公、涑水司馬公輩三十六人，得其文不以告，皆罰金，而兄弟連以貶黜，其爲顛跌頓撼，去死無幾。乃窮經著書，從容自得，直以俟諸百世而不惑，非深於道者，孰能之？是時孟氏既没，周程之説未行也，而得意忘言，奭然四解，往往漢、唐諸儒所未及聞者。余以爲斷斷乎非訓故家所能及也。

媿余寡昧，不能發古人之藴，姑述國之無偏主，與是書所以顯晦，令學者精心求之。其於待御公表章先喆，嘉與後學之意，庶幾其無負哉！（同上卷二）

（二）資料彙編

宋

朱翌 二則

【猗覺寮雜記卷上】余嘗疑蘇子由解《詩》不用《序》，以爲非子夏所作。子夏所作見《文選》。考《後漢·儒林傳》，衛宏作《毛詩序》得風雅之旨，於今傳於世。又隋《經籍志》，初毛公作《詩序》，衛宏益之，乃知子由亦有所本。王介甫《答韓求仁書》則云：序《詩》者不知何人，然非達先王之法言者，不能爲也。故其言約而明，肆而深，要當精思熟講之，不當疑其失。荆公亦不知爲衛宏作也。退之謂子夏不序《詩》，漢之學者籍之子夏，是已。

【同上卷上】世之大儒，有其論不可曉者。歐公以《繫辭》非孔子之言，詆之甚力。蘇子由解《詩》不用《詩序》，今用其説，尚解不行，乃去而不用以自己意解之。且如《七月》，陳王業也云云。故其詩陳農桑之事與《序》合，若子由不用《序》，陳王業一句不知一篇爲何而作，此易曉者。其他《詩》有未易曉者，若不用《序》，則尤更茫然。

朱熹八則

【答劉平甫八首之五（節録）】〔一〕蘇黄門併《載馳》詩中兩章四句作一章八句，文意亦似。《關雎》末後兩章「琴瑟友之」、「鐘鼓樂之」作一章八句，依故訓説亦得。（《晦庵集》卷四十）

【偶讀謾記（節録）】或云程邑在雍州之東二十里，王季所居。又引蘇黄門《詩説》：周之程邑，漢扶風安陵縣也。（《晦庵集》卷七十一）

【朱子語類卷八十】毛鄭，所謂山東老學究。歐陽會文章，故詩意得之亦多。但是不合以今人文章如他底意思去看，故皆局促了《詩》意。古人文章有五七十里不回頭者。蘇黄門《詩説》疏放，覺得好。振。

【同上卷八十】王德修云：「《詩序》只是『國史』一句可信，如『《關雎》，后妃之德也』。此下即講師説，如《蕩》詩自是説『蕩蕩上帝』，《序》卻言是『天下蕩蕩』；《賚》詩自是説『文王既勤止，我應受之』，是説後世子孫賴其祖宗基業之意，他《序》卻説『賚，予也』，豈不是後人多被講師瞞耶？」曰：「此是蘇子由曾説來，然亦有不通處。如《漢廣》『德廣所及也』，有何義理？卻是下面『無思犯禮，求而不可得』幾句卻有理。若某，只上一句亦不敢信他。舊曾有一老儒鄭漁仲更

〔一〕此標注方式依《全宋文》。其中「八首之五」爲編者記録方便後加。下同。

不信《小序》，只依古本與疊在後面。某今亦只如此，令人虚心看正文，久之其義自見。蓋所謂《序》者，類多世儒之誤，不解詩人本意處甚多。且如『止乎禮義』，果能止禮義否？《桑中》之詩，禮義在何處？」王曰：「他要存戒。」曰：「此正文中無戒意，只是直述他淫亂事爾。若《鶉之奔奔》、《相鼠》等詩，卻是譏罵可以爲戒，此則不然。某今看得《鄭詩》自《叔于田》等詩之外，如《狡童》、《子衿》等篇，皆淫亂之詩，而説《詩》者誤以爲刺昭公、刺學校廢耳。《衛詩》尚可，猶是男子戲婦人。《鄭詩》則不然，多是婦人戲男子，所以聖人尤惡鄭聲也。《出其東門》卻是個識道理底人做。」

【同上卷八十】「《詩序》，東漢《儒林傳》分明説道是衛宏作。後來經意不明，都是被他壞了。某又看得亦不是衛宏一手作，多是兩三手合成一序，愈説愈疏。」浩云：「蘇子由卻不取《小序》。」曰：「他雖不取下面言語，留了上一句，便是病根。」

【同上卷八十】「子由《詩解》好處多，歐公《詩本義》亦好。」

【同上卷八十一】子善問「鳌爾女士」，曰：「女之有士行者。」銖曰：「荆公作《向后册》云：『唯昔先王，鳌厥士女。』『士女』與『女士』，義自不同。蘇子由曾論及。」曰：「恐它只是倒用了一字耳。」

【同上卷一百二十一】問：「氣質之害，直是今人不覺。非特讀書就他氣質上説，只如每日聽先生説話，也各以其所偏爲主。如十句有一句合他意，便硬執定這一句。」曰：「是如此。且如《仲山甫》一詩，蘇子由專歎美『既明且哲，以保其身』二句，伯恭偏喜『柔嘉維則』一句。某問何不將那『柔亦不茹，剛亦不吐』以下四句做好？某意裏又愛這四句。」問：「這四句如何？」曰：「也自剛了。」問：「剛底終是占得分數多？」曰：「也不得，只是比柔又較争。」胡泳。

王應麟

【困學紀聞卷三（節録）】蘇子由、陳少南皆以十月爲陽月，朱文公從之。《宋書·禮志》載魏史官之言曰：「黄帝、顓頊、夏、殷、周、魯六曆，皆無推日蝕法，但有考課疏密而已。」《大衍曆議》云：「黄初已來，治曆者始課日蝕疏密，及張子信而益詳。」嘗考《通鑑》、《皇極經世》，秦始皇八年，歲在壬戌。《吕氏春秋》云：「維秦八年，歲在涒灘。」申。曆有二年之差，後之算曆者，於夏之辰弗集房，周之十月之交，皆欲以術推之，亦已疏矣。沈存中云：「日食正陽之月，先儒止謂四月，非也。正謂四月，陽謂十月。」子由《詩説》與存中同。

明

朱朝瑛

【讀詩略記卷六（節録）】蘇子由乃援秦漢五時之制，以爲天果有六天，鄭氏之説爲不謬，何其陋哉！

清

朱鶴齡

【詩經通義卷十(節録)】蘇子由因謂《小序》「蕩蕩」語與詩之「蕩蕩」不合，皆誤解詩義也。夫經典語同而美惡異者多矣，何此詩之「蕩蕩」，必欲從廣大解哉！

毛奇齡二則

【毛詩寫官記卷四】蘇子由曰：「此贈賢物也，下賢不宜倨。五之六之，自陳而益張，不可也。」〔一〕贈物不厭繁，五之六之，屢進而加盛可也。

【詩札卷二】蘇子由曰：「人苟知事之有命也，則不爲不義，安而俟之矣。」此時命之旨耳。若《韓詩外傳》云：「不肖者精化初具，而生氣感動，觸情縱欲，反施亂化。是以年壽亟夭，而性不得長也。」此生命之旨耳。

〔一〕編者按，蘇轍《詩集傳》無此語。

朱彝尊三則

【經義考卷九十九】朱翼曰：「蘇子由解詩不用《詩序》，今用其説，尚解不行，乃去而不用，以自己意解之。且如《七月》，陳王業也。故其詩陳農桑之事，一與《序》合。若不用《序》，不知一篇爲何而作，此猶易曉者。其他詩未易曉者，若不用《序》，則更茫然矣。」

【同上卷一百十五】諸九鼎曰：「吾杭沈無回先生，《詩》義妙絶時人。先生中萬曆癸卯舉人，《詩説通》自爲之序，其説存小序首句，與蘇子由同。」

【同上卷二百四十四（節録）】李泰伯疑《周禮》者一，歐陽公疑《周禮》者二，蘇子由疑《周禮》者三，猶曰：「今之《周禮》非周公之全書也。」

閻若璩二則

【尚書古文疏證卷五下】又按：《詩·小序》久而漸知其不安也，與《書序》同。蘇子由出取其首之一言爲有依據。後説《詩》者多宗之，以排擊紫陽，以復于古。愚嘗反覆詳考，而覺朱未盡非，毛未全是。至詩有不可解處，亦幾與春秋等。

【同上卷五下】又按：蘇子由曰：《小旻》《小宛》《小弁》《小明》四詩皆以「小」名篇，所以別其爲《小雅》也。其在《小雅》者，謂之小，故其在《大雅》者，謂之《召旻》《大明》，獨《宛》《弁》闕焉。意者孔子删之矣。雖去其大，而其小者猶謂之小，蓋即用其舊也。余謂此非爲孔子所删，蓋原編次成，後亡逸耳。即蘇説亦可證《詩》非孔門之舊本。

陳啓源 三則

【毛詩稽古編卷十一（節録）】宋蘇子由、李迂仲俱指爲洛則馮翊之水也。近世馮嗣宗祖其説，謂馮翊之漆、沮，地近焦穫，多産魚獸，宜爲漁獵之地，信矣。

【同上卷二十（節録）】蘇子由以爲：「行潦至薄，挹而注之，可以餴饎，見物皆可用。喻君子之於人才，彊教悦安，未嘗有所棄，猶父母之無棄子。」與《序》意全不相蒙。況民之父母，民之攸歸，民之攸塈。民字槩指士庶言，何得專目賢才，又求用吉士，是下篇立言本指，不當此詩豫及之也

【同上卷二十五（節録）】又案：蘇子由謂：「興者，是當時所見而有動乎其意，非後人可得而知，如《關雎》之類，乃比而非興。」噫！誤矣！朱子雖不純用其語，而所云全不取義者，實蘇語爲之厲階。

黄中松 二則

【詩疑辨證卷三（節録）】蘇子由曰：「君甚尊而由有民以安其居。」此解「自我人」人字爲順，而詩刺在位，何必言君乎？又以「究爲久，謂君之所以能久，於此者由有民也。」義更無据。

【同上卷六(節録)】蘇子由、李迂仲輩俱有「時祭」之説，考《周禮·司服》享先王以衮冕，享先公以鷩冕，則二享不同服，亦不同時矣。不知所謂「時祭」者各就其廟而祭之歟？抑合主於太廟而祭之與？

于　振

【經解(節録)】然唐太宗知其爲聖人之作，程子以爲有《關雎》《麟趾》之意，朱子謂周公運用天理爛熟之書，雖其間不無可疑，何至如何休、蘇轍輩所詬耶！(《皇清文穎》卷十二)

秦蕙田

【五禮通考卷二百二十三(節録)】蕙田案：蘇子由以爲王將起視朝，不安於寢而問夜之早晚。朱子《集傳》因之。然《國語》稱諸侯賓至，甸設庭燎。《周官·閽人》大祭祀喪紀之事，設門燎，賓客亦如之。則庭燎惟諸侯來朝乃設之，若每日視朝，辨色始入，不用庭燎也。當從傳箋爲是。

《春秋集解》

(一)目録序跋

紀昀

【四庫全書總目提要】《春秋集解》十二卷浙江吴玉墀家藏本，宋蘇轍撰。先是，劉敞作《春秋意林》，多出新意；孫復作《春秋尊王發微》，更舍傳以求經，古説於是漸廢。後王安石詆《春秋》爲斷爛朝報，廢之，不列於學官。轍以其時經傳並荒，乃作此書以矯之。其説以《左氏》爲主，《左氏》之説不可通，乃取《公》、《穀》、啖、趙諸家以足之。蓋以《左氏》有國史之可據，而《公》、《穀》以下則皆意測者也。自序稱，自熙寧間謫居高安爲是書，暇輒改之，至元符元年，卜居龍川，凡所改定，覽之自謂無憾。蓋積十餘年而書始成，其用心勤懇，愈於奮臆遽談者遠矣。朱彝尊《經義考》載陳宏緒《跋》曰：「《左氏》紀事，粲然具備，而亦間有悖於道者。《公》、《穀》雖以臆度解經，然亦得失互見。如『戎伐凡伯於楚丘』，《穀梁》以戎爲衛；『齊仲孫來』，《公》、《穀》皆以爲魯慶父；『魯滅項』，又皆以爲齊實滅之，顯然與經謬戾，其失固不待言。至如隱四年秋，翬帥師會宋公、陳侯、蔡人、衛人伐鄭。桓十有四年秋八月壬申，御廩災。乙亥，嘗。莊二十有四年夏，公如齊逆女。諸如此類，似《公》、《穀》之説，妙合聖人精微，而潁濱一概以深文詆之。因噎廢食，讀者掩其短而取其長可也。」其論是書頗允，此本不載，蓋刻在宏緒前也。《宋史・藝文志》稱是書爲《春秋集傳》，《文獻通考》則作《集解》，與今本合知《宋志》爲傳寫誤矣。（卷二十六）

朱彝尊

【經義考卷一百八十二】引《陳弘緒跋》：《春秋集解》十二卷，宋潁濱先生蘇轍撰。是時王介甫以《春秋》爲斷爛朝報，不列學官，故潁濱矯俗而作此書。其説一以《春秋左氏》爲主，而於《公羊》、《穀梁》二傳時多譏刺。潁濱之言曰：「凡《春秋》之事當從史。《左氏》史也，《公羊》、《穀梁》皆意之也。蓋孔子之作《春秋》，亦略矣，非以爲史也，有待乎史而後足也。以意傳《春秋》而不信史，失孔子之意矣。」十二卷中類皆發明此旨。然予謂聖人之爲經也，麗於事者必根柢於道，揆之道而不合，則雖其事之傳於久遠者，要亦未可盡信。《左氏》紀事，粲然具備，而亦間有悖於道者。政不妨博采之諸家，以求吾心之所安，子輿氏於《武成》亦僅取其二三策而已。況邱明之書乎？《公》、《穀》雖以臆度解經，然亦得失互見，如戎伐凡伯於楚邱，《穀梁》以戎爲衛；齊仲孫來，《公》、《穀》皆以爲魯慶父；魯滅項，又皆以爲齊實滅之。顯然與經謬戾，其失固不待言。至如隱四年秋，翬帥師會宋公、陳侯、蔡人、衛人伐鄭。桓十有四年秋八月壬申，御廩災。乙亥，嘗。莊二十有四年夏，公如齊逆女。諸如此類，似《公》、《穀》之説，妙合聖人精微，而潁濱一概以深文詆之，可謂因噎廢食。讀者舍其短而取其長焉可也。

（二）資料彙編

宋

韓元吉

【答林黄中别紙書】寵示《春秋新解》序文，得觀妙製，有以見考證之詳，恨未盡窺全編以發蒙陋也。然左氏丘明之辨，近年惟葉石林之説最備，蓋以其下及三晋之時推之爾。愚意猶謂吾兄今既窮經旨之奥，若丘明是非，似不必深究，不然則是杜元凱、蘇子由之襲也。頃嘗語學者，古人廉于取名，如左氏文學如此，竟不知其名字。近世士夫一詩一曲，纔佳句便欲揭榜四門，惟恐爲人所攘耳。

（《南澗甲乙稿》卷十三）

洪邁

【容齋五筆卷十】「公穀解經書日」：孔子作春秋，以一字爲褒貶，大抵志在尊王，至於紀年叙事，只因舊史……它釋時月者亦然，通經之士，可以默諭矣。沙鹿、梁山爲兩説，尤不然。蘇子由《春秋論》云：「《公羊》、《穀梁》之傳，日月土地，皆所以爲訓。夫日月之不知，土地之不詳，何足以爲喜怒！」其意蓋亦如此。

朱熹 四則

【朱子語類卷五十五】問：「胡文定《春秋解》如何？」曰：「説得太深。蘇子由教人看《左傳》，不過只是看他事之本末，而以義理折衷去取之耳。」

【同上卷八十三】《春秋》大旨，其可見者：誅亂臣，討賊子，内中國，外夷狄，貴王賤伯而已。未必如先儒所言，字字有義也。想孔子當時只是要備二三百年之事，故取史文寫在這裏，何嘗云某事用某法？某事用某例邪？且如書會盟侵伐，大意不過見諸侯擅興自肆耳。書郊禘，大意不過見魯僭禮耳。至如三卜四卜，牛傷牛死，是失禮之中又失禮也。如「不郊，猶三望」，是不必望而猶望也。如書「仲遂卒，猶繹」，是不必繹而猶繹也。如此等義，卻自分明。近世如蘇子由、吕居仁，卻看得平。閎祖。

【同上卷八十三】蘇子由解《春秋》，謂其從赴告，此説亦是。既書「鄭伯突」，又書「鄭世子忽」，據史文而書耳。定、哀之時，聖人親見，據實而書。隱威之世，時既遠，史册亦有簡略處，夫子亦但據史册而寫出耳。

【同上卷八十三】問：「今欲看《春秋》，且將胡文定説爲正，如何？」曰：「便是他亦有太過處。蘇子由教人只讀《左傳》，只是他《春秋》亦自分曉。且如『公與夫人如齊』，必竟是理會甚事，自可見。又如季氏逐昭公，畢竟因甚如此？今理會得一個義理後，將他事來處置，合於義理者爲是，不合於義理者爲非。亦有唤做是而未盡者，亦有謂之不是而彼善於此者。且如讀《史記》，便見得秦之所以亡，漢之所以興；及至後來劉項事，又知劉之所以得，項之所以失，不難判斷。只是《春秋》卻精細，都不説破，教後人自將義理去折衷。」文蔚。

謝采伯

【密齋筆記卷三（節録）】蘇潁濱言春秋時先王之澤未遠，士君子重義理，持節操，其處死生之際，卓然凛然，非後世之士所及。蓋三代之遺民也。當時達者語三代遺事甚多，今捨此無以考證。吕東萊推廣此意，考究《左氏》著書源流本於此。〔一〕

家鉉翁

【春秋集傳詳説卷二十五（節録）】胡氏解《春秋》，每每拈起「意誅」二字，謂止有忽君父之心，以爲篡弒之萌，故加以大惡而不得辭。此鞅斯腹誹之誅，流毒至於漢而未已。其非《春秋》垂訓之本旨與！蘇潁濱又引律文「和御藥不如法者死」，此必非堯舜三代之法。尤不可以證《春秋》。學者於歐陽

〔一〕編者按，蘇轍語出自《欒城遺言》。

公之言，胡文定、蘇潁濱之説，願加深思，以求聖人之意。

元

趙　汸

【春秋師説卷下（節録）】故［黄］澤於此每用先儒，取蘇子由《春秋説》之意，只據《左氏》事實，而參以《公》《穀》大義。其衆説不齊者，每虛心以求至當之歸。其不可彊通者，則勿忘勿助，以待理熟而自悟。

明

王　樵

【春秋輯傳卷三（節録）】蘇子由謂：鄭伯，子儀也。胡康侯謂：鄭伯，實厲公非子儀也。按，前年次于滑，鄭伯辭以難，杜預爲厲公在櫟故，則蘇説是矣。

馮時可

【左氏釋卷下(節録)】蘇子由謂:[公孫]翩求名而不得,是律之齊豹也。齊豹殺公族而欲以得鉏彄之名也。彼殺君者天下之惡,其誰甘心於是名哉! 子由之説失《左氏》之義矣。

卓爾康

【春秋辯義卷首三(節録)】:至于蘇子由之平雅,劉原父之總輯,鄭夾漈之博綜,呂大圭、吴萊之明快,則尤拔矣。

朱朝瑛

【讀春秋略記卷五(節録)】蘇子由宗《左氏》而曲爲之詞,亦非通義。

清

徐廷垣

【春秋管窺卷三(節録)】蘇子由以鄭伯爲子儀,非也。

朱彝尊 二則

【經義考卷一百八十二】葉夢得曰：蘇子由專據《左氏》言經，《左氏》解經者無幾，其凡例既不盡經所書，亦多違牾，疑自出己意爲之，非有所傳授，不若《公》、《穀》之合於經。故蘇氏但以傳之事釋經之文而已，傳事之誤者不復敢議，則遷經以成其説，亦不盡立凡例，於經義皆以爲求之過。

【同上卷一百八十二】張萱曰：轍以時人治《春秋》多師孫明復，盡棄三傳，后王安石解經，至《春秋》漫不能通，則詆以爲斷爛朝報，致學者不能復明《春秋》，故著此書，取諸家之説而裁之以義。

《論語拾遺》

(一)目録序跋

紀昀

【四庫全書總目提要】《論語拾遺》一卷江蘇巡撫採進本。宋蘇轍撰。轍有《詩傳》已著録，是書前有《自序》，稱少年爲《論語略解》，其兄蘇軾謫黄州時，撰《論語説》，取所解十之二三。大觀丁亥，閒居潁川，與其孫籀等講《論語》，因取軾説之未安者，重爲此書。軾書，《宋志》作四卷，《文獻通考》作十卷。今未見傳本，莫詳孰是，其説亦不可復考。此書所補凡二十七章，其以「思無邪」爲無思，以「從心不踰矩」爲無心，頗涉禪理。以「苟志於仁矣無惡也」爲有愛而無惡，亦寃親平等之見。以「朝聞道夕死可矣」爲雖死而不亂，尤去來自如之義。蓋眉山之學本雜出於二氏故也。其顯駁軾説者凡三條。「請討陳恒」一章，軾以爲能克田氏則三桓不治而自服，孔子欲借此以張公室。轍則以爲雖知其無益，而欲明君臣之義。「子見南子」及「齊歸女樂」二章，軾以爲靈公未受命者故可，季桓子已受命者故不可。轍則以爲諸侯之如衛靈公者多，不可盡去。齊間孔子，魯君大夫已受其餌，孔子不去則坐受其禍。「泰伯至德」一章，軾以爲泰伯不居其名，故亂不作；魯隱、宋宣取其名，是以皆被其禍。轍則以爲魯之禍始於攝，宋之禍成於好戰，皆非讓之過也。其説皆較軾爲長。他如以「剛毅木訥」與「巧言令色」相證，以「六蔽」章之不好學與「入孝出弟」章之學文互勘，亦頗有所發明。歷來著録，今亦存備一家焉。（卷三十五）

(二)資料彙編

宋

羅大經

【鶴林玉露・乙編卷六】「無思無爲」：袁和叔云：「非木非石，無思無爲。」楊敬仲深愛其語，故銘其墓曰：「和叔之覺，人所未知。非木非石，無思無爲。」蓋以爲造極之語也。然余觀蘇潁濱《論語解》云：「火必有光，心必有思。聖人無思，非無思也。外無物，内無我，物我既盡，心全而不亂。物至而知可否，可者作，不可者止。因其自然，而吾未嘗思，未嘗爲，此所謂無思無爲也。如使頑然不動，與木石爲偶，而謂之無思無爲，則亦何以通天下之故哉！」此説即和叔之説也，豈敬仲未之見耶？禪家去昏散病，絶斷常坑，蓋昏與斷，則如木如石矣；散與常，則妄思妄爲矣。又云：「貴真空，不貴頑空，蓋頑空，則頑然無知之空，木石是也。若真空，則猶之天焉，湛然寂然，元無一物，然四時自爾行，百物自爾生，粲爲日星，滃爲雲霧，沛爲雨露，轟爲雷霆，皆自虚空生，而所謂湛然寂然者，自若也。」潁濱深味禪説，故其論亦此意。

《孟子解》

（一）目録序跋

紀　昀

【四庫全書總目提要】《孟子解》一卷江蘇巡撫採進本，宋蘇轍撰。舊本首題「潁濱遺老」字，乃其晚歲退居之號，以陳振孫《書録解題》考之，實少年作也。凡二十四章。一章謂聖人躬行仁義而利存，非以爲利。二章謂文王之囿七十里，乃山林藪澤與民共之。三章謂小大貴賤，其命無不出天，故曰畏天樂天。四章引責難於君，陳善閉邪，畜君爲好君。五章謂浩然之氣即子思之所謂誠。六章論養氣在學，而待其自至。七章論知言，由知其所以病。八章以克己復禮解射者正已。九章論頁之未善，由先王草創之初，故未能周密。十章論陳仲子之廉，病在使天下之人無可同立之人。十六章論孔子以微罪行爲，上以免君，下以免我。十八章論事天立命。十九章論順受其正。二十二章論進鋭退速。二十四章論擴充仁義。立義皆醇正不支。二十章以周官八議駁竊負而逃。二十三章以司馬懿、楊堅得天下，言仁不仁不必論得失，亦自有所見。惟十一章謂學聖不如學道。十二章、十三章、十四章以孔子之論性難孟子之論性。十五章以智屬夷惠，力屬孔子。十七章以貞而不亮難君子不亮。二十一章以形色天性爲强飾於外。皆未免駁雜，蓋瑕瑜互見之書也。然較其晚年著述，純入佛、老者，則謹嚴多矣。（卷三十五）

（二）資料彙編

宋

員興宗

【辯言】蘇子由注《孟子》曰：「不仁而得國者有之矣，不仁而得天下者未之有也。」子由曰：「孟子之爲是説也，則是未見司馬懿、楊堅也。不仁而得天下也，何損於仁；仁而不得天下也，何益於不仁。」辯曰：「蘇子之爲是言也，亦充孟子之意云耳。是能充其類者也，惜也其言之未悉歟！蓋仁人之於天下也，計其道不計其功，今曰『仁而不得天下也，何益於不仁』。則是猶與不仁較夫損益者，非仁之至也。然則蘇子如之何其無訾也？當曰『仁而不得天下也，何愧於不仁斯可矣。』」

朱　熹

【答程允夫十三首之一（節録）】[一]

讀蘇氏書，愛其議論不爲空言，竊敬慕焉。

蘇氏議論切近事情，固有可喜處，然亦譎矣。至於衒浮華而忘本實，貴通達而賤名檢，此其爲害，又不但空言而已。然則其所謂可喜者，考其要歸，恐亦未免於空言也。

爲學之道，戛戛乎難哉！

爲學之道至簡至易，但患不知其方而溺心於淺近無用之地，則反見其難耳。

潁濱「浩然」一段，未知所去取。

反復讀《孟子》此章，則蘇氏之失自見。

《孟子集解》先録要切處一二事，如論養氣、論性之類。

《孟子集解》雖已具稿，然尚多所疑，無人商榷。此二義尤難明，豈敢輕爲之説而妄以示人乎？

來書謂此二義爲甚切處，固然。然學者當自博而約，自易而難，自近而遠，自下而高，乃得其序。今舍

[一] 此標註方式依《全宋文》。其中「十三首之一」爲編者爲記録方便依《全宋文》後加。下同。

七篇而直欲論此，是躐等也。爲學之序不當如此。而來書指顧須索，氣象輕肆，其病尤大。前所論蘇潁濱，正以其行事爲可法耳。（《晦菴集》卷四十一）

清

陸隴其

【四書講義困勉録卷三十七】蘇子由曰：「不仁而得天下也，何損於仁；仁而不得於天下也，何益於不仁。得國之於得天下也，何以爲異？君子之所恃以勝不仁者，上不愧乎天，下不愧乎人。而得失非吾之所知也。」按，子由是深一層説。

黄生

【義府卷上】「志至氣次」：孟志至焉，氣次焉。謂志之所至，而氣從之也。蘇子由作次舍之次，是本義。趙注爲亞次之次，朱因之，並誤。

三、史部（《古史》）

《古史》

（一）目録序跋[一]

紀昀

【四庫全書總目提要】《古史》六十卷副都御史黄登賢家藏本，宋蘇轍撰。轍以司馬遷《史記》多不得聖人之意，乃因遷之舊，上自伏羲、神農，下訖秦始皇，爲本紀七、世家十六、列傳三十七。自謂追録聖賢之遺意，以明示來世。至於得失成敗之際，亦備論其故。以今考之，如於《三皇紀》增入道家者流，謂「黄帝以無爲爲宗，其書與《老子》相出入」。於《老子傳》附以佛家之説，謂「釋氏視老子體道愈遠，而立於世之表」；於《孟子傳》謂「孟子學於子思，得其説而漸失之」，反稱譽田駢、慎到之徒；

[一] 此目録序跋部分輯自舒大剛、舒星、尤瀟瀟點校本《巴蜀全書·古史》附録部分。

又謂其爲佛家所謂鈍根聲聞者。班固論遷之失，首在「先黄老而後六經」，轍所更定，烏在其能正遷耶？《朱子語録》曰：「伯恭子約宗太史公之學，某嘗與之痛辨。子由《古史》言馬遷『淺陋而不學，疏略而輕信』，此二句最中馬遷之失。伯恭極惡之。《古史序》云：『古之帝王，其必爲善，如火之必熱，水之必寒；其不爲不善，如騶虞之不殺，竊脂之不穀。』此語最好。某嘗問伯恭：『此豈馬遷之所及？』然子由此語雖好，卻又有病處，如云『帝王之道以無爲爲宗』之類，他只説得個頭勢大，然下面工夫又皆空疏」云云。蓋與吕祖謙議論相激。故平日作《雜學辨》以攻轍，此時反爲之左袒。然其混合儒墨之失，亦終不能爲之掩也。平心而論，史至於司馬遷，猶詩至於李、杜，書至於鍾、王，畫至於顧、陸，非可以一支一節比擬其長短者也。轍乃欲點定其書，殆不免於輕妄。至其糾正補綴，如《史記》載堯妻舜之後，瞽瞍尚欲殺舜；轍則本《尚書》，謂妻舜在瞽瞍允若之後。《史記》載伊尹以負鼎説湯，造父即周穆王見西王母事，轍則删之。《史記》不載禱雨桑林事，轍則增之。《宋世家》，《史記》贊宋襄公泓之戰爲禮讓，轍則貶之。辨《管子》之書爲戰國諸子所附益；於《晏子傳》增入晏子處崔杼之變，知陳氏之篡，與諷諫數事；於宰我，則辨其無從叛之事；於子貢，則辨其無亂齊之事。又據《左氏傳》，爲柳下惠、曹子臧、吴季札、范文子、叔向、子産等傳，以補《史記》所未及。《魯連傳》附以虞卿，《刺客傳》不載曹沫，其去取之間，亦頗爲不苟。存與遷書相參考，固亦無不可矣。書中間有附注，以葉大慶《考古質疑》考之，蓋其子遜之所作。舊本不載其名，今附著焉。（卷五十）

李　壁

【蘇子由古史跋】士固有夙懷精識，自其少年便自超卓，至於終身不能以易者。觀蘇黄門應制五十篇之文，首論夏商周，考其年甫踰冠耳，而其辭已閎詣如此。逮晚謫官，續成《古史》，乃係以前論，止附益數言，豈非理之所到，初無老少之異乎？（《文獻通考》卷一百九十五）

焦　竑二則

【萬曆辛亥刊本古史序】古之爲史，創於馬遷，而萬世卒無以易者，其文至矣。乃其以一人馳騁數千載之上，又當秦焚滅之後，經典殘缺，不無疏脱舛誤於其間，其紀、傳、志、表，自相矛盾者，亦往往有之。蜀譙周嘗爲《古史考》二十五篇，皆憑舊典以糾其繆，而未備也。迨讀子由《古史》，益犂然有當於心。其自言「上古三代之遺意，史公之所未喻者，於此而明；戰國君臣得失之迹，史公之所脱遺者，於此而足」，誠篤論也。大中丞衛公出鎮豫章，撫循之暇，得是編而好之，檄所司校梓以傳，而屬余爲序。蓋子由之言曰：「聖人以無爲爲宗。其爲善，如火之必熱，水之必寒；其不爲不善，如騶虞之不殺，竊脂之不穀。」儒者稱之，而顧深詆其無爲之語，不知人之不自力於善，皆有之爲累。乃不自病，而以病子由，則過矣。記曰：「人生而静，天之性也。感於物而動，性之欲也。物至知，知然後好惡形焉。好惡無節於内，知誘於外，而大亂乃作。聖人獨持無爲之柄，而還民於樸。以謂樸者，性之固然，而爲之者之無以爲也。試觀五都之衢，好惡相傾，巧僞蜂起，而郡邑之小則樸矣；去而疏逖阻深，則又益樸矣。譬之於水，撓之則濁，而澄之則徐清；譬之於木，摇之則傷，而委之則日茂。聖人知其然，故因人性而遂之，體純素，尚寛簡，不眩聰察，不役智能，尸居而天下自化。即是編所載，歷世數十，作者非一，而其道卒無踰此。陵夷而至於秦，變亂極矣。漢承其後，休息之，至於文景，人人自重，耻言人過，而敝習爲之一變。固知書可燔，儒可坑，而惟民生厚者，不消鑠也。武帝恃其才力，極其所欲爲，而幾爲亡秦之續。夫有爲之與無爲，得失較然如此。學者失其性命之情，而徒爲舊聞所汩没，以論《古史》，鮮不失之。余故備言之，以信子由之説，蓋此書於道之大歸，三致意焉。非有識者，惡能重其書？得中丞而始盛行於天下，中丞之於斯道，所謂實允蹈之者也。萬曆辛亥春，瑯琊焦竑著。（又見《澹園續集》卷三）

【萬曆壬子刻本古史序】太史遷爲《史記》，馳騖今古上下數千載，而囊括於百三十篇之書，可謂盛矣！獨其言非出一手，爲後人所淆亂，往往有之。晋散騎常侍譙周作《古史考》二十五篇，以正其失，而未備也。宋蘇子由氏復加補正，大氏據《尚書》、《春秋》内外傳、《世本》、《國策》諸書，非臆决也。宫諭鑒湖孫公攝南雍事，文教大興，知雍有《古史》舊本，殘缺日甚，乃取而校梓之，以示多士。而見屬爲序。余謂史之難言久矣！馬《記》、班《書》，今昔罕麗，然班掾業訾遷，而范曄復詆固自論之譏，不能自解免也。子由是編，自謂無遺力矣，而發明聖人之無爲，尤非群史所可及。子由固有言，史者所以明夫治天下之道也。三代之作，非獨裁其行事，蓋並其深淵之意而傳之。漢承周衰，及秦滅學之餘，雜家與聖學並騖。如遷者，亦雋偉拔出之才矣，而不勝其務博好奇之意，雖其貫穿馳騁，極於閎闊，而不合於道者，固已多矣。子由於此書多所斥汰。闕者益之，繆者釐之，采摭於散亡殘脱之遺，根盤節解，條入葉貫，而聖人之爲治者，復暴著其樞要而見之於後，可以爲難矣。往者余靖之《刊誤》，倪思之《異辭》，亦有意是正。至劉知幾師心妄駁，肆筆横詆，乃工於繩人，而拙於用己。識者嘗深非之。如子由所緒，正援據精審，足以扶微學，存古義，此史公之功人，非其苟爲異而已。譙周之史録存亡，不少概見。此編之泯泯，且垂百年。鑒湖公於奥編遺事，靡不畢講，而《古史》始盛行於時。余以謂於此有三益焉。念文士多而史材少，欲以鐫磨後進，爲良史之儲，一益也；考見得失，即宏深奥衍如史公，不曲從而苟止，二益也；據經訂史，令英儒秀人壹歸雅正，而稗官雜説不汩於其中，三益也。多士方顒顒向風，詎必無感厲而興起者乎？輒亦揆爲之叙論以竢之。萬曆壬子元日，石渠舊史瑯琊焦竑書。（同上）

孫如游

【萬曆壬子刻本古史序】嘗讀蘇子由《古史》，其持論頗與道合，乃全書不行於世。或曰南雍藏有舊本，予署雍事，索之籍中，不得。太史淡園焦先生富於書，求得其鈔本，悉先生手自讎校。遂繕寫命梓。子由謂史遷之書，於堯舜三代皆未得聖人之意，故因遷之舊，參考《詩》、《書》、《春秋》、秦漢雜録，爲《古史》。夫古今之變不可勝窮，窮則變，變則通，通則久。聖人知其勢之不得不變，故觀其會通，垂之久遠，然不能必其久而不變也。上古之世渾沌未開，自伏犧畫八卦，黄帝、堯、舜垂衣裳而文治興焉。商之質已不能如夏之忠，及周之時，風氣日開，人情厭質而趨文，故爲之綢繆潤色，若曰時異世變，第因之，惟不至太甚已爾。此聖人意也。子由謂生民以來，天下未嘗一日不趨於文，乃勢之必然，雖聖人不能違也。至於無爲爲宗之旨，世多深詆，獨焦太史氏亟稱之。然此非子由之言也。子由得之老子，老子之道本於黄帝。《易》言黄帝、堯、舜之治，蓋取諸乾坤，乾坤變化而無爲也。而《魯論》亦曰：「無爲而治者，其舜也與？」古之聖人豈盡無爲？然未嘗有爲之意。蓋勢之不得不變，變之不得不通者也。由春秋而下，皆務有爲，遂至紛紜膠轕不可救。漢興，平陽用黄帝、老子之道而齊國治，文帝遂用以治天下。夫以大亂之後，與民休息，亦聖人無爲之意也。子由自謂得聖人之意，蓋上下數千載，得其所爲窮變通久者而已。學者考世變，而不求諸聖人之意，猶循江河而不溯其源也。讀是書者，因子由而溯遺意於千古之上，斯得之矣。萬曆壬子上元日，賜進士第、奉訓大夫、右春坊右諭德、掌南京翰林院、署國子監事、東越孫如游書。

汪定國

【古史序】識如飈輪，材若鱗萃；胸等蟹筐，眸鮮比極。千載之運，渺矣莽矣；六合之迹，紛矣賾矣。予舌不解作聲，寄人語而爲喉。縱日陳廿一史，句字而莊誦之，其眯蕪日益，況乎追論疏仡循蜚之化。馮執我臆，往而律昔之人，如吹螢尾之寒焰而照彼嵩華，如操蚊足之渺毫而度茲四遠。前人比之以網乘風，事爲實難者也。雖然，此非定義也。夫盲欲御盲，則不能致所趣矣。有人言構兹牛角，得幾斛乳，則爲非所問矣。何也？理之不存，有其事，不必文也；有其文，不必從也。我心纖溷，非常尋可以爲繩。是則宛丘之帝，坂泉之王，雖心驚其異，不信其以目求乳，以耳向明也。又況近牒有紀載之可讀者乎？蘇子由之作《古史》也，其言曰：「古之帝王，皆聖人也。其爲善，如水必寒，火必熱。其不爲不善也，似騶虞之不殺，竊脂之不穀，積之於中而推之天下，皆可得而知也。」子由此言，予以爲足御古今之史矣。《語》曰：「許由不盜鉤，終不利封侯。」又曰：「以鐵出金，誰當信者？」推此之論，瞽瞍殺人，大舜盜父，古實無之，而今可以斷其有也；宰我作亂，田嘗是殺，古或有之，而今可以斷以無也。删其文以核事，驅其事以受理。若是者，龍門之眸可剜，班、范之指可削，魏、沈之牘可焚，歐、李之著可詆。是則我兄柏持，更出此卷以懸諸天下，其意蓋謂：讀史者借此爲司南也夫。盟弟汪定國拜撰。

張孔法

【古史序】文定公居許州，所著《詩傳》、《春秋傳》、《老子解》及《古史》。後罹黨籍，而其書毀。嗚呼！黨之名，寧獨國家衰盛所關？抑亦人才興廢於斯，而文章之幸不幸於斯也。作之難，傳之難，傳之歷千百年不湮滅而尤難，則其責在後之君子。六經之壽天地也，史則經之佐矣。然龍門而後，史才寂如，間有數家，不盡登作者之室。非勿登也，才之不劭，而又附黨好誣，聞見不確，參考不真。草率爲之，則亦草率傳之。故以昌黎起八代衰，猶謂無所承受取信，不敢草草作傳記，況淺陋者？史而勿信，僞史耳，作猶無作。文定公當青苗新法之時，痛蔑先王之制，懷忠不納，謫處潁濱。負一代著作才，不能嘿以自老，而又不敢蹈草率淺陋之所爲，既信且慎。取子長《史記》，論斷折衷，引經摭典，相與異同。自羲、軒、三代，以迄於秦，號曰《古史》。不知劉漢，何論李唐，而況趙宋？深哉！深哉！《古史》之命名與？爲述不爲作，示信也。右古不右今，尊先也。徵文諷諫，詩人忠厚之旨，奚以過兹？乃吾於此有疑焉。嬴秦暴取天下，焚書坑儒，深法督責。古乎！今乎！而以秦終乎！曰終秦者，以終周也。傷周之祖宗，以仁厚開基，而其後竟食於秦也。且憫秦之祖宗，亦以忠勤懋績，顯稱西戎；而始皇大變古法，不二世而亡乃忽焉也。習古惡其始今，秦蓋古之終，今之始也。《詩》有「風」，《書》有「誓」，則宜乎史之有秦也。獨是黨籍既興，陷毁蘇氏諸文，疑此史不傳人間久矣。幾千載而其書炳若日星，非其有尊經奉古之學，爲先聖功臣，不至此也；非其有好古之儒爲文定公肖嗣，不至此也。信乎！作之難，傳之難，傳之歷千百年不湮滅，爲尤難也。則其庸在後之君子矣。我天子動法古制，力追唐虞，知國家轉移氣運之故，惟人與文。破藩籬之見，黜陟惟明，立賢無方，洵不專美。至於文章，褒正放邪，闡《孝經》、整小學，扶翼古聖，亶其茂矣。然而申之者再三，奉之者萬不獲一。嗟乎！士方窮檐受讀，少弄柔翰；騁井窺之智，破裂舊章，一唱百和，幾無經矣。矧云史乎？一日出身，幸得遇主，胸無全史，製作變更，彼皆所謂小有才者耳。甚至殺軀罔悔，不知國家之壞，實基於此。夫國家亦甚無負士耳。乃以不學之身，釀極亂之勢，不知妄作，罪何如哉？我盟柏持深慨於此，而凛乎世道之憂也。見今人號丘明，家稱司馬，江河滔滔，誰其有極？起衰扶敝，表章聖賢。搜文定公《古史》再新之，而以「八書」、《儒林》諸篇附其後。更采雜録，稽古鎔今，於以廓清文風，敦榮人品，翊輔皇運，厥功偉哉！夫以文定公之不作，而述《古史》以教天下，以柏持之篤信好學，而纂集《古史》以教天下，等庸也，序以彰烈。同邑盟弟張孔法去高甫拜題。

楊守敬

【宋刊元明遞修本古史跋】北宋本《古史》六十卷，大題在下，每半葉十一行，行二十二三四五字不等。前有自序，卷後有自跋，題「紹聖二年三月二十五蘇轍子由志」。左右雙邊。避宋諱至哲宗止，蓋即紹聖原刻。按此書余舊有元刊本，每半葉十四行，行廿四字。又有明初刊本，半葉十八行，行二十四字。元刊本已刻入《留真譜》。

孫毓隆

【古史跋】庚子歲，扈從西安，無意中得宋槧《古史考》十二册，是芥航河帥所藏。潢治古雅，頗資覽觀。辛丑十月回京，君直世兄僑居舍下，暇時出以相質，君直激賞，以爲的是北宋槧本。余固弇陋，不解寶藏。既遭青眼，不欲聽其沉埋，固遂舉而贈之。

曹元忠

【古史跋】庚子中孟秋，聯軍入都，聖駕奉太后西狩。吾友紹岑學士麻鞋間道，奔赴行在。辛丑季秋，扈蹕北歸，贈余在陝所得潁濱《古史考》槧本十二册。云是張芥航河帥故物。前明爲菉竹堂舊藏。余按《冬心隨筆》云：《古史》六十卷，宋蘇轍纂著。宋咸淳刻本也。冬心徒毛斧季得見全書，所言必有依據。特表出之。壬寅正月，元忠。

（二）資料彙編

宋

汪應辰

【御史中丞常公墓誌銘（節録）】又嘗親校柳文，創刻于柳，校蘇子由《古史》及編《宛丘張先生集》，併刊于衢，以淑後學。（《文定集》卷二十）

蘇籀二則

【校讐古史二首之一】炎犧分紀到先秦，散脱前聞待發明。處士妄談紛戰國，專門阿黨蔽西京。塵沙滌蕩川歸海，故實符同史與經。夢奠老人遺意得，摩天巨刃不留行。

【同上之二】貌從周孔譏誣僞，臆斷詩書悉牴牾。悟鑒精明原本末，討窮商略較錙銖。所存偶免隨秦火，不喻遺忘笑漢儒。理勝凜然詞旨達，知音儻遇聖人徒。

胡仔

【漁隱叢話後集卷三十】苕溪漁隱曰：子由《古史》云：「二世屠戮諸公子殆盡，而後授首於劉項。」余按《史記》，二世爲趙高所殺，子嬰立，降漢王，漢王以屬吏，項王至斬之。則授首於劉項者，乃子嬰，非二世也。又云：「陸遜之於孫權，高熲之於隋文，言聽計從，致君於王伯矣。而忮心一起，二臣不得其死，可不哀哉！」余按《吴志》，陸遜上疏諫孫權，不宜易太子，權不聽，因憤恚卒。又按《北史》，煬帝以高熲謗訕朝政，誅之。二人非孫權、隋文所殺，其牴牾如此。子由譏司馬遷作《史記》，淺近而不學，疎略而輕信，故因遷之舊而作《古史》，乃反若是，寧不畏後人之譏乎？

洪　邁二則

【容齋四筆卷十二】「譏議遷史」：大儒立言著論，要當使後人無復擬議，乃爲至當。如王氏《中説》謂：「陳壽有志於史，依大議而削異端，使壽不美於史，遷、固之罪也。」又曰：「史之失自遷、固始也，記繁而志寡。」王氏之意，直以壽之書過於《漢》《史》矣，豈其然乎？《元經》續《詩》、《書》，猶有存者，不知能出遷、固之右乎？蘇子由作《古史》，謂：「太史公易編年之法，爲本紀、世家、列傳，後世莫能易之，然其人淺近而不學，疏略而輕信，故因遷之舊，別爲《古史》。」今其書固在，果能盡矯前人之失乎？指司馬子長爲淺近不學，貶之已甚，後之學者不敢謂然。

【容齋續筆卷十五】「宰我作難」：《史記》稱宰我爲齊臨菑大夫，與田常作難，以夷其族，孔子恥之。蘇子由作《古史》，精爲辯之，以爲子我者闞止也，與田常争齊政，爲常所殺，以其字亦曰子我，故戰國之書誤以爲宰予。此論既出，聖門高第，得免非義之謗。東坡又引李斯《諫書》，謂曰：「常陰取齊國，殺宰予於庭。」是其不從田常，故爲所殺也。予又考之，子路之死，孔子曰：「由也死矣。」又曰：「天祝予。」哭於中庭，使人覆醢，其悲之如是，不應宰我遇禍，略無一言。《孟子》所載三子論聖人賢於堯、舜等語，疑是夫子没後所談，不然，師在而各出意見議之，無復質正，恐非也。然則宰我不死於田常，更可證矣。而《淮南子》又有一説，云：「將相攝威擅勢，私門成黨，而使道不行，故使陳成、田常、鴟夷子皮得成其難，使呂氏絶祀。」子皮謂范蠡也。蠡浮海變姓名遊齊，時簡公之難已十餘年矣。《説苑》亦云：「田常與宰我争，宰我將攻之，鴟夷子皮告田常，遂殘宰我。」此説尤爲無稽，是以蠡爲助田氏爲齊禍，其不分賢逆如此。

朱　熹二十則

【答程允夫十三首之一】蘇黄門謂之近世名卿則可，前書以顔子方之，僕不得不論也。今此所論，又以爲行事可法，本朝人物最盛，行事可法者甚衆，不但蘇公而已。大抵學者貴於知道，蘇公早拾蘇、張之緒餘，晚醉佛老之糟粕，謂之知道，可乎？《古史》中論黄帝、堯、舜、禹、益、子路、管仲、曾子、子思、孟子、老聃之屬，皆不中理，未易概舉，但其辨足以文之，世之學者窮理不深，因爲所眩耳。僕數年前亦嘗惑焉，近歲始覺其繆。（《晦菴集》卷四十一）

【答吕子約下】所論「《五帝紀》所取多《古文尚書》及《大戴禮》爲主，爲知所考信者」，然伏羲、神農見《易》《大傳》，乃孔聖之言，而八卦列於六經，爲萬世文字之祖，不知史遷何故乃獨遺而不録，遂使《史記》一書如人有身而無首？此尚爲知所考信者耶？「太史公之洋洋美德，即蘇黄門之騶虞竊脂」，觀其下文，全書不知還撑柱得此數句起否？學者於聖人之道徒習聞其外之文而不考其中之實者，往往類此。王介父所以惑主聽而誤蒼生，亦只是此等語耳。豈可以此便爲極摯之談而躋之聖賢之列，屬以斯道之傳哉？以此等議論爲極至，便是自家見得聖賢道理未曾分明，被他嚇倒也。以史遷能貶卜式與桑羊爲伍，又能不與管仲、李克爲深知功利之爲害，不知《六國表》所謂「世異變，成功大」、「議卑易行」、「不必上古」，《貨殖傳》譏長貧賤而好語仁義爲可羞者，又何謂邪？《伯夷傳》辨許由事固善，然其論伯夷之心，正與求仁得仁者相反。其視蘇氏之《古史》，孰爲能考信於孔子之言邪？謂遷言公孫弘以儒顯爲譏弘之不足爲儒，不知果有此意否？彼固謂儒者博而寡要，勞而少功，是以其事難盡從。然則彼所謂儒者，其意果何如邪？所示數條，不暇悉辨。若以馬遷與班固並論，則固不無優劣。而其書數十萬言，亦豈無好處？但論其大旨，則蘇氏兩語，恐史遷復生不能自解免也。今乃諱其所短，暴其所長，以爲無一不合聖人之意，推尊崇奬，至與六經比隆，聞有議其失者，則涥然見於詞色，奮拳攘臂，欲起而扔之，一何所見之低矮邪！此事不唯見偏識淺，去取差謬，爲明眼人所笑，亦正犯子惡苗碩之戒。大爲心術之害，不可不知。（同上卷四十八）

【答趙幾道二首之二】昔時讀史者不過記其事實，摭其詞采，以供文字之用而已。近世學者頗知其陋，則變其法，務以考其形勢之利害、事情之得失。而尤喜稱史遷之書，講説推尊，幾以爲賢於夫子，寧舍《論》、《孟》之屬而讀其書。然嘗聞其説之一二，不過只是戰國以下見識。其正當處，不過知尊孔氏，而亦徒見其表，悦其外之文而已。其曰折衷於夫子者，實未知所折衷也。後之爲史者又不及此，以故讀史之士多是意思粗淺，於義理之精微多不能識，而墮於世俗尋常之見，以爲雖古聖賢，亦不過審於利害之算而已。唯蘇黄門作《古史序》，篇首便言古之聖人其必爲善，如火之必熱，水之必寒；不爲不善，如騶虞之不殺，竊脂之不穀，於義理大綱領處見得極分明，提得極親切。雖其下文未能盡善，然只此數句，已非近世諸儒所能及矣。惜其從初爲學功夫本無次序，不曾經歷，不能見得本末一一諦當，只其資質恬静，無他外慕，故於此大頭段處窺測得個影響。到此地位，正好著力，卻便墮落釋老門户中去，不能就聖賢指示處立得修己治人正當規模，以見諸事業，傳之學者，徒然説得此個意思，而其意之所重終止在文字言語之間。其徒雖極力推尊之，然竟不曾有人能爲拈出此箇話頭以建立宗旨者，亦可恨也。其論史遷之失兩句，亦切中其膏肓，不知近日推尊《史記》者曾爲略分解否耳。今日已作書，偶思得此語，聊復奉告，不審以爲如何也。（同上卷五十四）

【讀蘇氏紀年】

程弟允夫雅好蘇學，蓋嘗以講於余，而終不能無異同之論。故其爲此書也用心甚苦，而獨不以見視。比其既没，乃得見之，則有甚陋而可愧者，恨不及與之反復其説也。姑掇其尤者一二論之，以爲死者有知，尚當有以識余之意爾。

蘇黄門言：「吾暮年於義理無所不通，蓋悟孔子『一以貫之』之旨。」又曰：「夫子之道一以貫之，惟一爲能萬變而不窮。故諸弟子之問，或仁或孝，或從政，或事君，所問不同而夫子答之亦無窮者，一以貫之故也。然夫子不以一貫者告人，何哉？夫子中道而立，彼由此而悟，如顔子者，其所得亦不過於問仁、問爲邦爾，而終與聖人交臂。其它雖未大有所得，苟日從事於仁孝從政事君之間，亦不失爲士君子。故曰下學而上達，蓋其所學者此而其所達者亦此，非有二也。衆人未達，疑夫學之外别有形而上者，故曰夫子之不可及也，猶天之不可階而升也。夫子之道，豈果若登天之難哉？」又曰：「君子之教人，不可以同科也。譬諸草木，大者使之遂其大，小者使之成其小，區别使各極其分量斯足矣。

故中人以下，姑使之從事於洒掃應對進退可也。苟比其大小而同乎一科，使學者躐等以爲進，相誣以爲高，豈善教者哉？若乃聖人，則其開端便自遠大。及其至也，亦不過是而已。故曰有始有卒者，其唯聖人乎。有始有卒，非自始以至終，言唯聖人然後能始終一致也。」《古史》曰：「善乎，子夏之教人也！始於洒掃應對進退而不急於道，使其來者自盡於學，日引月長而道自至。故曰百工居肆以成其事，君子學以致其道。譬如農夫之殖草木，既爲之區，溉種而時耨之，風雨既至，大小甘苦莫不咸得其性，而農夫無所用巧也。孔子曰：『君子上達，小人下達。』達之有上下，出乎其人而非教者之力也。異哉！今世之教者聞道不明而急於夸世，非性命道德不出於口，雖禮樂政刑有所不言矣，而況於洒掃應對進退也哉？教者未必知而學者未必信，務爲大言以相欺，天下之僞自是而起。此子夏所謂誣也。」

又曰：「公言每夜熟寐至五鼓初，即攬衣起坐，此即所謂天下何思何慮之時也。蓋天下本自無思慮，但人不具此眼目，不能識之爾。《古史》曰，道有不可以名言者，古之聖人命之曰一，寄之曰中。舜之禪禹曰：『人心惟危，道心惟微。惟精惟一，允執厥中。』聖人之欲以道相詔者，至於一與中盡矣。昔者孔子與諸弟子言，無所不至，然而未嘗及此也。蓋嘗與子貢言之矣，曰：『賜也，汝以予爲多學而識之者歟？』曰：『然非歟？』曰：『非也。予一以貫之。』雖與子貢言之，而孔子之言之也難，而子貢之受之也未信。至於曾子不然。孔子曰：『參乎，吾道一以貫之。』曾子曰唯。曾子出，門人問，曾子曰：『夫子之道，忠恕而已矣。』蓋孔子之告之也不疑，而曾子之受之也不惑，則與子貢異矣。然曾子以一爲忠恕，則知門人之不足告也夫。及孔子既没，曾子傳之子思，子思因其説而廣之曰：『喜怒哀樂之未發謂之中，發而皆中節謂之和。中者，天下之大本也。和者，天下之達道也。致中和天地位焉，萬物育焉。』子思之説既出，而天下始知一之與中在是矣。然子思以授孟子，孟子又推之以爲性善之論。性善之論出，而一與中始枝矣。烏乎！孔子之所以不告諸弟子者，蓋爲是歟！」前兩段《紀年》所載，皆其門人所記，語意闕略，恐於蘇公之言有不能無失者，不足以極余之辨，故考諸《古史》以足之如此云。

聖人之所謂道者，天而已矣。天大無外，造化發育皆在其間，運轉流行，無少間息。雖其形象變化有萬不同，然其爲理一而已矣。聖人生知安行，與天同德，其於天下之理，幽明巨細，固無一物之不知，而日用之間應事接物，動容周旋，又無一理之不當。然非物物而思之，事事而勉之也，故曰「吾道一以貫之」。固非塊然以守一物於象罔之間，如所謂五鼓振衣，何思何慮者，遂指以爲妙道之極而陰秘藏之，不以告人，而時出其餘，以愚學者之未達，使姑爲善人君子而已也。然夫子之告子貢，蓋以知而言；其告曾子，則以行而論。至於夫子言之之難易，二子聞之之得失，則《古史》之言雖若近之，然謂曾子以門人不足告，而姑以忠恕爲言，則是不知忠恕之相爲體用，正所以明夫一貫之實矣。至於游夏之論洒掃應對之云云者，乃謂小子之學所當由此而漸進，非謂一告以此，而遂一聽其所爲，終身無復有所告語也。觀夫子之與顔淵言至於終日，而淵歎之以爲善誘循循，博文約禮，則聖人之所以教人，有始有卒，蓋亦可見，但不躐等而已。今曰教不可以同科，姑使之從事於此，而教者遂不復有所與，則固昧於教學之序。又謂顔子平生所問止於《論語》所記爲仁、爲邦之二條，則其考之又可謂不詳矣。夫子之言下學而上達，正謂下學於人事之卑近而上達於天理之精微爾。今曰所學者此而其所達者亦此，則是終身下學而未嘗上達也。

又以子貢爲未達，而疑夫學之外別有形而上者，以病其猶天不可階之言，則夫形而上下者雖不可以二物言，然謂學之外別無形而上者，則是但有事而無理，但有下學而無可上達也。雖曰人皆可以爲堯舜，然謂其必可至而無難，則是顔子「末由也已」之歎，孟子「大而化之」之語皆爲未達也。其言不急於道而待其自至，如農夫區種而無所用巧，皆非是。獨其譏當世言道之失，蓋指王氏而言，則爲近之。然所謂道者，已亦莫之識而未免於誣也。蓋王氏之誣人，以其言者誣之也。蘇氏之誣人，以其不言者誣之也。二者雖殊，其失則均矣。凡此皆其學之所不及而妄言之，故其失如此。至於天下何思何慮，正謂雖萬變之紛紜，而所以應之各有定理，不假思慮而知也。今以中夜起坐斯須之頃當之，則是日出事生之後，此何思何慮者遂爲閑廢之物而無所用矣。彼所謂得一貫之旨者，殆不過此，豈不陋哉？《古史》所引舜禹授受之言，亦非本義。蓋「惟精惟一，允執厥中」，亦言精一別於人心道心之間，而守其道心，始終不貳，則其所行自無過不及而合中道耳，非以一名道而寄之於中也。又謂孟子爲性善之論而一與中始枝，尤爲謬妄。今未暇辨，後章詳之。（同上卷七十）

【古史餘論】

近世之言史者，唯此書爲近理，而學者忽之。予獨愛其序言：「古之帝王，皆聖人也。其於爲善，如水之必寒、火之必熱；其於不爲不善，如騶虞之不殺，竊脂之不穀。」，非近世論者所能及。而所論史遷之失，以爲「淺近而不學、疏略而輕信」，亦中其病。顧其本末，乃有大不相應者。竊以爲於此有以識之，則其達於聖賢不遠矣。作《古史餘論》。

本紀

蘇子曰：「古之帝王，皆聖人也。其道以無爲宗，萬物莫能嬰之。」予竊以爲此特以老子浮屠之説論聖人，非能知聖人之所以聖者也。故其爲説，空虚無實，而中外首尾不相爲用。若削其「其道」以下而更之曰「其心渾然，天德完具，萬事之理無一不備，而無有一毫人欲之私焉」，則庶乎其本正而體用可全矣。印本皆作「以無爲爲宗」，而蘇子嘗云：「佛書言以無爲法者，謂以無而爲法耳，非謂有無爲之法也。僧徒拙於文義，乃以佛法爲無爲之法，誤矣。」其言如此。而其爲《黄帝紀》，亦但言「以無爲宗」，而「爲」字不再出，不應此序「無」字之下獨得有兩「爲」字也。蘇子之言，雖非至論，而於佛書文義猶爲得之。今復并失其指，故略爲之辨云。至其所謂「其積之中者有餘，故推以治天下，有不可得而知者」，則雖非大失，而「積」與「推」者終非所以言聖人。不若易之曰「默而該之者既溥博而淵泉，故其揮而散之者自以時出而無不當」，則庶乎輕重淺深之間，亦無可得而議也。其曰「管仲、子産、叔向之流，皆不足以知者」，是則然矣。至謂孔子知之至而未嘗言，孟子知其一二而人不信，則是以夫子之言爲有隱、孟子之知爲未盡也。且其謂數子之所未知、孟子之所未盡與孔子之所知者，皆果爲何事耶？若但曰「以無爲宗，萬物莫能嬰之」而已，則數子之未知也不足恨。而孔、孟之所知，吾恐其非此之謂也。其必易之曰「至於孔子，蓋全體焉。而孟子之知，亦足以至乎其極」，則庶乎數子之所未知者，可得而言耳。「時以告人」，「時」字亦未當，當改作「然每」字。嗚呼！秦漢以來，史册之言近理而可觀者，莫若此書。而其所未合猶若此，又皆義理之本原而不可失者，豈其學之所從入者既已未得其正，而其所以講磨體蹈之者又有所未精，是以雖既其文而未既其實，雖聞其號而未燭厥理也歟？嗚呼，聖學不傳，其害可勝言哉！

《黄帝紀》云：「其師岐伯明於方，世之言醫者宗焉。然黄帝之書，戰國之間猶存，其言與老子相出入，以無爲宗。其設於世者與時俯仰，皆其見於外者也。」予謂此言尤害於理。竊意黄帝聰明神聖得之於天，其於天下之理無所不知，天下之事無所不能，上而天地陰陽、造化發育之原，下而保神練氣、愈疾引年之術，以至其間庶物萬事之理，巨細精粗，莫不洞然於胸次，是以其言有及之者。而世之言此者因自託焉，以信其説於後世。至於戰國之時，方術之士遂筆之書以相傳授，如《列子》之所引與夫《素問》、《握奇》之屬，蓋必有粗得其遺言之仿佛者，如許行所道神農之言耳。《周官》外史所掌三皇五帝之書，恐不但若此而已也。今蘇子乃獨指其與老子相出入者爲黄帝之本真，而其前所叙載制作征誅、開物成務之大法，下至醫方灸刺之屬，皆以爲設於世、見於外而與時俯仰者，則是聖人之内外心跡判然兩途，而其文章事業之見於世者，皆不出於其中心之實然矣，而可乎哉？

《舜紀》所論三事，其一許由者是已。然當全載史遷本語，以該卞隨、務光之流，不當但斥一許由而已也。然太史公又言「箕山之上有許由冢」，則又明其實有是人，亦當世之高士，但無堯讓之事耳。此其曲折之意，蘇子亦有所未及也。其一瞽、象殺舜，蓋不可知其有無。今但當知舜之負罪引慝，號泣怨慕，象憂亦憂，象喜亦喜，與夫小杖則受，大杖則走，父母欲使之，未嘗不在側，欲求殺之，則不可得而已爾。不必深辨瞽、象殺舜之有無也。其一舜、禹避朱、均,而天下歸之,則蘇子慮其避之足以致天下之逆。至益避啓而天下歸啓,則蘇子又譏其避之爲不度而無耻。於是凡孟子、史遷之所傳者,皆以爲誕妄而不之信。今固未暇質其有無,然蘇子之所以爲説者,類皆以世俗不誠之心度聖賢,則不可以不之辨也。聖賢之心,淡然無欲,豈有取天下之意哉? 顧辭讓之發,則有根於所性而不能已者。苟非所據,則雖卮酒豆肉,猶知避之,況乎秉權據重而天下有歸己之勢,則亦安能無所惕然於中而不遠引以避之哉? 避之而彼不吾釋,則不獲已而受之,何病於逆? 避之而幸其見舍,則固得吾本心之所欲,而又何耻焉? 唯不避而彊取之,乃爲逆;偃然當之而彼不吾歸,乃可耻耳。如蘇子之言,則是凡世之爲辭讓者,皆陰欲取之而陽爲遜避,是以其言反於事實至於如此而不自知其非也。舜、禹之事,世固不以爲疑,今不復論。至益之事,則亦有不能無惑於其説者。殊不知若太甲賢而伊尹告歸,成王冠而周公還政,宣王有志而共和罷,此類多矣。當行而行,當止而止,而又何耻焉? 蘇子蓋賢共伯,而尚何疑於益哉? 若曰受人之寄,則當遂有之而不可歸,歸之則爲不度而無耻,則是王莽、曹操、司馬懿父子之心,而楊堅夫婦所謂騎虎之勢也,乃欲以是而語聖賢之事,其亦誤矣!

《夏紀》與賢、與子之論,孟子言之盡矣。彼以好異期聖人者固妄,而謂聖人畏天下後世喜名失實之弊,而後不敢與賢以爲異,至累數十百言以辨之者,亦淺乎其知聖人矣。序文所謂水寒火熱、騶虞竊脂者,又安在哉? 且於篇首即以「苟」字爲言,則其簡慢徇情之意勝;又以不求爲異爲主,則其同流合汙之願深。大抵不知天命人心爲義理本原之正,而横斜曲直,唯其意之所欲。此則蘇氏膏肓沉痼之疾，凡其父子兄弟少日之言，若此類者不可勝舉。而少公資禀稍爲静厚，故其晚歲粗知省悟，而意聖賢之心不徒若是其卑也，是以特序此書，以救前失。然舊習已安，未易猝拔，而本原綱領，終未明了，故其平日之邪論，乘間竊發，而一時正見之暫明者不足以勝之也。若長公之《志林》，則終身不能有以少變於其舊，又不逮其弟遠矣。

《周論》之云似矣，然細考之，有不能無失者。請試言之：夫民生之初，固未始有禮義之文也。然自其相生養而有父子，則知有相愛之恩矣；自其相保聚而有君臣，則知有相敬之義矣。是則禮義之實，豈可謂之無哉？今曰「民生之初，父子無義，君臣無禮」，此其不知道體之言一也。父子言義，君臣言禮，亦非是。今以此等處多，皆不暇辨也。夫人唯其本有禮義之心也，是以凡所作爲，有所準則而知其安與不安，所謂「民之秉彝，好是懿德」者也。今曰無禮義矣，則觸情而行，從欲而動，乃其當然，無所不可，而又謂其戚然有所不寧，而後反求諸心以得所安，則未知其何所準則而知之也？此其不知道體之言二也。且人心固有禮義之實矣，然非有聖人全體此心以當君師之寄，因其有是實者而品節之，則禮義之文亦何自而能立？其品節之也，雖非彊之以其所不欲，然亦非苟徇其私意之所便也。今味蘇子之言，乃若以爲天下之人自能爲禮，而無待於聖人，又以爲人之爲禮，但求以即其所安而不論其所安之準則，則其末流之弊必將反有至於裸袒踞肆而後已者。此又其不察事理之言也。若夫古今之變，極而必反，如晝夜之相生，寒暑之相代，乃理之當然，非人力之可爲者也。是以三代相承，有相因襲而不得變者，有相損益而不可常者。然亦唯聖人爲能察其理之所在而因革之，是以人綱人紀得以傳之百世而無弊。不然，則亦將因其既極而横潰四出，要以趨其勢之所便，而其所變之善惡，則有不可知者矣。若周之衰，文極而弊，此當變之時也。而聖王不作，莫有能變周用夏、救僿以忠，如孔子、董生、太史之言者，是以文日益勝，禮日益繁，使常人之情有所不能堪者，於是始違則作僞以赴之。至於久而不堪之甚，則遂厭倦簡忽，而有横潰四出之患，若秦之掃除二帝三王之迹，而專爲自恣苟簡之治。以至於今，遂有如蘇子所謂「冠婚喪祭不爲之禮，墓祭而不廟，室祭而無所」者，正坐此也。而蘇子固謂生民以來，天下未嘗一日不趨於文，即是又謂禮俗之變，皆唯衆人之所自爲，而聖人之通其變者爲無所與於其間也。且曰日趨於文矣，則又安有秦之苟簡與今之無禮，如蘇子之所病，而秦之苟簡與今之無禮，又豈爲治者真有革薄從忠之意，而故爲不文，以從唐、虞、夏、商之質，如彼之所譏者耶？其言反覆，自相矛盾，此又不察時變，不審物情之甚者也。然則有聖賢出而欲爲今日之禮者，宜奈何？曰：行夏時，乘殷輅，服周冕，樂《韶》舞，此吾夫子之言，萬世不易之通法也。今以繼周而言，則固當救之以忠，更以適時而慮，亦恐其未能遽及夫文也。亦曰躬行以率之，講學以開之，厚其實而粗品節之，使其文雖未備而不至於鄙野，大綱略舉而不至於難行，則亦庶乎其有移風易俗之漸矣。

蘇子論戰國之勢，以爲當是之時，雖有桓、文之君假仁義、挾天子以令之，其勢將有所不行。必得至誠之君子，自脩而不争，如商、周之先王，庶幾可以服之。其爲秦計，則曰：「因秦之地，用秦之民，按兵自守，修德以來天下之民。彼將襁負其子而至，誰與共守？」此其言皆善矣。其視史遷《六國年表》之云，不啻美玉之視碔砆也。然其爲六國計，但以齊、魏之不受兵爲驗，則是不知文侯之時，秦方以戎翟見擯於中國，固未能窺兵於山東，君王后之時，秦方用遠交近攻之術，日以三晉、荆楚爲事，故爲二國者得以少安而無患。若孝公、商鞅之後，始皇、李斯之時，則如楚用子蘭，齊用后勝，召之會則會，劫之朝則朝，今日割五城，明日獻十邑，其事秦豈不甚謹而不争哉？而卒以危亡之不暇，蘇子之策，亦不足以支矣。然則宜奈何？曰：其亦彊於自治，厚於養民，博求聖賢之佐以自輔，使德之脩於己者，秦一己百，秦十己千，固守四方，交鄰以道，使其勢出可以征而入可以守，汲汲乎以一世生民塗炭陷溺爲己任，而不專以求利於吾國爲心焉，則亦庶乎其可也。若姑以自脩者藉口，而實專主於不争以事秦，則所謂自脩者，吾恐區區之杯水，不足以救焦邑滅都之火，而所謂不争者，乃所以稔子蘭、后勝之禍也。彼孟子所以告齊、梁之君者，其本末次第之詳爲如何，而其終也，又未嘗不以無敵於天下爲效。豈若蘇子苟簡備數之言而已哉！

《始皇紀》論封建之不可復，其説雖詳，而大要直謂無故國之可因而已。嘗試考之，商、周之初，大賚所富，已皆善人，而其土地廣狹，隨時合度，無尾大外彊之患。王者世世修德以臨之，又皆長久安寧而無倉卒傾摇之變。是以諸侯之封，皆得傳世長久而不可動，非以有故國之助而然也。秦至無道，決無久存之理，正使采公卿之議，用淳于越之説，並建子弟，以自藩屏，不過爲陳、吴、劉、項魚肉之資，雖有故國之助，亦豈能以自安也哉？至若漢、晉之事，則或以地廣兵彊而逆節萌起，或以主昏政亂而骨肉相殘，又非以無故國之助而亡也。蘇子之考之也，其已不詳矣。至於又謂後世之封建者，舉無根之人寄之吏民之上，君民不親，一有變故，則將漂卷而去，亦與秦之郡縣何異？若使秦能寬刑薄賦，與民休息而以郡縣治之，雖與三代比隆可也。夫以君民不親而有漂卷之患爲不異於郡縣，是固以封建爲賢於郡縣，但後世之封建不能如古之封建，故其利害無以異於郡縣耳。而又必曰以郡縣善而治之，猶可以比隆於三代，至於封建，則固以爲不可，豈封建則不可以善治，而必爲郡縣乃可以善治耶？若以無根爲慮，則吾又有以折之：夫天生烝民，有物有則，君臣之義根於情性之自然，非人之所能爲也。故謂之君則必知撫其民，謂之民則必知戴其君。如夫婦之相合、朋友之相求，既已聯而比之，則其位置名號，自足以相感而相持，不慮其不親也。如太公之於齊，伯禽之於魯，豈其有根？而康叔之於衛，又合其再世之深仇而君之。然皆傳世數十，衛乃後周數十年而始亡，豈必有根而後能久耶？至於項羽初起，即戰河北，其爲魯公，未必嘗得一日臨涖其民也。而其亡也，魯人猶且爲之城守不下，至聞其死，然後乃降。以至彭越之於梁、張敖之於趙，其爲君也亦暫耳，而欒布、貫高之徒争爲之死。以至漢、魏之後，則已爲郡縣久矣，而牧守有難，爲之掾屬者猶以其死捍之，是豈有根而然哉？君臣之義固如此也。若秦之時，六國彊大，誠不可以爲治。既幸有以一之矣，則宜繼續其宗祀而分裂其土壤以封子弟功臣，使之維持參錯於其間。以義言之，既得存亡繼絶之美；以勢言之，就使有如蘇子之所病，則夫故國之助、根本之固者，又可於此一舉而兩得之，亦何爲而不可哉？但秦至無道，封建固不能待其久而相安，而爲郡縣，亦不旋踵而敗亡。蓋其利害得失之算，初不繫乎此耳。蘇子乃以其淺狹之心、狃習之見率然而立論，固未嘗察乎天理民彝本有之常性，而於古今之變、利害之實，人所共知而易見者，亦復乖戾如此，是則不惟其窮理之學未造本原，抑其暮年精力亦有所不逮而然也。或曰：然則爲今之計，必封建而後可以爲治耶？而度其勢，亦可必行而無弊耶？曰：不必封建而後可爲治也。但論治體，則必如是，然後能公天下以爲心，而達君臣之義於天下，使其恩禮足以相及，情意足以相通，且使有國家者各自愛惜其土地人民，謹守其祖先之業以爲遺其子孫之計，而凡爲宗廟社稷之奉、什伍閭井之規、法制數度之守，亦皆得以久遠相承，而不至如今日之朝成而暮毁也。若猶病其或自恣而廢法，或彊大而難制，則雜建於郡縣之間，又使方伯連帥分而統之，察其敬上而恤下與其違禮而越法者以行慶讓之典，則曷爲而有弊耶！（同上卷七十二）

【朱子語類卷三十四】孔子論伯夷，謂：「求仁而得仁，又何怨？」司馬遷作《伯夷傳》，但見得伯夷滿身是怨。蘇子由《伯夷論》卻好，只依孔子説。文蔚。

【同上卷六十一】或問：「孟子云『逃墨必歸於楊，逃楊必歸於儒』，蓋謂墨氏不及楊氏遠矣。韓子卻云：『孔墨必相爲用。』如此，墨氏之學比之楊朱又在可取。」曰：「昌黎之言有甚憑據？且如《原道》一篇雖則大意好，終是疏。其引《大學》只到『誠意』處便住了。正如子由《古史》引孟子自『在下位不獲乎上』，只到『反諸身不誠』處便住。又如温公作《通鑑》，引孟子『立天下之正位，行天下之大道』，卻去了『居天下之廣居』，皆是掐卻一箇頭，三事正相類也。」文蔚。

【同上卷八十四】或問：「《禮書》所引伊川言『古者養士，其公卿大夫士之子弟，固不患於無養，而庶人子弟之入學者，亦皆有以養之』，不知是否？」曰：「恐不然。此段明州諸公添入，當删。不然，則注其下云：『今按，程子之言，未知何所據也。古者教士，其比閭之學，則鄉老坐於門而察其出入。

其來學也有時，既受學，則退而習於其家。及其升而上也，則亦有時。春夏耕耘，餘時肄業，未聞上之人復有以養之也。夫既給之以百畝之田矣，又給之以學粮，亦安得許多糧給之耶！周禮自有士田可攷。《史記》言孔子養弟子三千人，而子由《古史》亦遽信而取之，恐不然也。』」

【同上卷八十四】胡兄問禮。曰：「『禮，時爲大。』有聖人者作，必將因今之禮而裁酌其中，取其簡易易曉而可行，必不至復取古人繁縟之禮而施之於今也。古禮如此零碎繁冗，今豈可行！亦且得隨時裁損爾。孔子從先進，恐已有此意。」或曰：「禮之所以亡，正以其太繁而難行耳。」曰：「然。蘇子由《古史》説『忠、質、文』處，亦有此意，只是發揮不出，首尾不相照應。不知文字何故如此。其説云『自夏、商、周以來，人情日趨於文』；其終卻云『今須復行夏、商之質，乃可』。夫人情日趨於文矣，安能復行夏、商之質乎！其意本欲如『先進』之説，但辭不足以達之耳。」僩

【同上卷八十六】直卿曰：「府、史、胥、徒，則是庶人在官者，不知如何有許多？」曰：「嘗看子由《古史》，他疑三事：其一，謂府、史、胥、徒太多。這箇當時卻都是兼官，其實府、史、胥、徒無許多。」

【同上卷八十六】「子由《古史》論得也忒煩，前後都不相照。淳録作：「子由論封建，引證又都不著。」想是子由老後昏眩，説得恁地。某嘗作説辨之，得四五段，不曾終了。若東坡時，便不如此。他每每兩牢籠説。他若是主這一邊説時，那一邊害處都藏著不敢説破。如子由便是只管説後，説得更無理會。」因曰：「蘇氏之學，喜於縱恣疏蕩。東坡嘗作某州學記，言井田封建皆非古，但有學校尚有古意。其間言舜遠矣，不可及矣，但有子産尚可稱。他便是敢恁地説，千古萬古後，你如何知得無一

箇人似舜！」義剛。淳録作數條。

【同上卷一百二十二】孔子説伯夷「求仁得仁，又何怨」！他一傳中首尾皆是怨辭，盡説壞了伯夷！子由《古史》皆删去之，盡用孔子之語作傳，豈可以子由爲非，馬遷爲是？可惜子約死了，此論至死不曾明！聖賢以《六經》垂訓，炳若丹青，無非仁義道德之説。今求義理不於《六經》，而反取疏略淺陋之子長，亦惑之甚矣！僴。

【同上卷一百二十四】論子由《古史》言，帝王以無爲宗。因言：「佛氏學，只是任它意所爲，於事無有是處。」德明云：「楊敬仲之學是如此」。先生曰：「佛者言：『但願空諸所有，謹勿實諸所無。』事必欲忘卻，故曰『但願空諸所有』；心必欲其空，故曰『謹勿實諸所無』。楊敬仲學於陸氏，更不讀書，是要不『實諸所無』；已讀之書，皆欲忘卻，是要『空諸所有』。」德明

【同上卷一百三十】看子由《古史序》説聖人「『其爲善也，如水之必寒，火之必熱；其不爲不善也，如騶虞之不殺，竊脂之不穀。』此等議論極好。程、張以後文人無有及之者。蓋聖人行事，皆是胸中天理，自然發出來不可已者，不可勉强有爲爲之。後世之論，皆以聖人之事有所爲而然。《周禮》纖悉委曲去處，卻以聖人有邀譽於天下之意，大段鄙俚。此皆緣本領見處低了，所以發出議論如此。如陳君舉《周禮説》有『畏天命，即人心』之語，皆非是聖人意。」因説：「歐公文字大綱好處多，晚年筆力亦衰。曾南豐議論平正，耐點檢。李泰伯文亦明白好看。」木之問：「老蘇文議論不正當。」曰：「議論雖不是，然文字亦自明白洞達。」木之。

【同上卷一百三十】子由《古史》論，前後大概多相背馳，亦有引證不著。是他老來精神短，做這物事，都忘前失後了。淳

【同上卷一百三十】近見蘇子由語録，大抵與《古史》相出入。它也説要「一以貫之」，但是他説得別。他只是守那一，説萬事都在一外，淳録有「外」字。然而又不把一去貫。説一又別是一個物事模樣。義剛

【同上卷一百三十四】義剛曰：「藺相如其始能勇於制秦，其終能和以待廉頗，可謂賢矣。但以義剛觀之，使相如能以待廉之術待秦，乃爲善謀。蓋柔乃能制剛，弱乃能勝强。今乃欲以匹夫之勇，恃區區之趙而鬬强秦。若秦奮其虎狼之威，將何以處之？今能使秦不加兵者，特幸而成事耳。」先生曰：「子由有一段説，大故取它。説它不是戰國之士，此説也太過。其實它只是戰國之士。龜山亦有一説，大概與公説相似，説相如不合要與秦争那璧。要之恁地説也不得。和氏璧也是趙國相傳以此爲寶，若當時驟然被人將去，則國勢也解不振。古人傳國皆以寶玉之屬爲重，若子孫不能謹守，便是不孝。當時秦也是强，但相如也是料得秦不敢殺他後，方恁地做。若其它人，則是怕秦殺了，便不敢去。如藺相如豈是孟浪恁地做？它須是料度得那秦過了。戰國時如此等也多。黄歇取楚太子，也是如此。當時被他取了，秦也不曾做聲，只恁休了。」義剛。

【同上卷一百三十五】漢儒董仲舒較穩，劉向雖博洽而淺，然皆不見聖人大道。賈誼、司馬遷皆駁雜，大意是説權謀功利。説得深了，覺見不是，又説一兩句仁義。然權謀已多了，救不轉。蘇子由《古

史》，前數卷好，後亦合雜權謀了。

【同上卷一百三十七】《原道》中舉《大學》，卻不説「致知在格物」一句。蘇子由《古史論》舉《中庸》「不獲乎上」後，卻不説「不明乎善，不誠乎身」二句。這兩個好做對。司馬温公説儀、秦處，説「立天下之正位，行天下之大道」，卻不説「居天下之廣居」。看得這樣底，都是個無頭學問。

【同上卷一百三十九】道夫因問黄門《古史》一書。曰：「此書儘有好處。」道夫曰：「如他論西門豹投巫事，以爲他本循良之吏，馬遷列之於滑稽，不當。似此議論，甚合人情。」曰：「然。《古史》中多有好處。如論《莊子》三四篇譏議夫子處，以爲決非莊子之書，乃是後人截斷《莊子》本文攙入，此其考據精密。由今觀之，《莊子》此數篇亦甚鄙俚。」道夫。

吕祖謙

【左氏傳續説卷十（節録）】良臣將死，天命不祐。此醫和所以責文子。蓋古者大臣之職，保君體，養君德，此正是大臣職事。凡君之壽夭，古人皆歸之大臣。如《無逸》戒成王，周公數曰「或五六年，或四三年」。如漢昭帝之夭，蘇子由《古史》卻責霍光皆此意。

真德秀

【西山讀書記卷六(節録)】按,蘇氏曰:「伯夷,叔齊之出也。父子之間,必有間言焉。而能脱身以遠於亂,安於喪亡不以舊惡爲怨,故凡言伯夷之不怨,以讓國言之也。」問:「蘇氏閒言之説果可據乎?」先生曰:「伯夷既長且賢,其父無故舍之,而立叔齊,此必有故,故蘇氏疑之。觀子貢問怨乎之義,似或有此意。然聖賢之心,志於求仁,便有甚死讎,亦消融了。何怨之有?」

葉大慶二則

【考古質疑卷二(節録)】《尚書·微子篇》曰:「微子若曰,父師少師,殷其弗或亂正四方。」孔安國注:「父師,太師,三公,箕子也;少師,孤卿,比干也。」乃《史記·殷紀》乃云:「紂淫亂不止,微子數諫不聽,與太師、少師謀,遂去。」比干曰:「爲人臣者,不得不以死爭。」乃强諫。紂剖比干心,箕子懼,乃佯狂爲奴,紂又囚之……又本朝蘇子由作《古史》,乃從安國説,劉道原作《通鑑外紀》,又從史遷説。二公乃我宋巨儒,各主一説,未知孰爲至當歟。

【同上卷三(節録)】然則列子與子陽乃繻公時人,劉向以爲繆公,意者誤以繻爲繆歟?雖然,大慶未敢遽以向爲誤,姑隱之于心。續見蘇子由《古史·列子傳》,亦引辭粟之事,以爲禦寇與繻公同時。又觀吕東萊《大事記》云,「安王四年,鄭殺其相駟子陽」,遂及列禦寇之事,然後因此以自信。蓋列與莊相去不遠，莊乃齊宣、梁惠同時，列先于莊，故莊子著書多取其言也。

趙彦衛 二則

【雲麓漫鈔卷二】子由《古史·商紀》有曰：「自夏殷以來，天子雜稱帝，至夏去帝號，稱王，與殷周爲三王。」按，《禮記》：「措之廟，立之主曰帝。」則是商以前，生曰王，立之主曰帝，非是生稱帝也。如李唐生曰帝，措之廟曰宗，後人追記前事亦曰某宗，非生稱宗也。《虞書》稱堯曰：「惟帝其難之。」亦此類。

【同上卷五】蘇子由作《古史》有云：「《史記》《家語》二書既不可偏廢，而琴張、陳亢又見於《論語》。」此言爲當，故並録之，凡七十九人。

王　柏

【續國語序（節録）】至我本朝，蘇黄門始曰太史公淺近而不學，疎略而輕信，朱子屢稱此言最中其病。及觀黄門之《古史》，又上及於三皇，以伏羲、神農、黄帝充之，若與《大傳》同；以少昊、顓頊、帝嚳、唐、虞謂之五帝，終與《大傳》異。其輕信何躬自蹈之乎！（《魯齋集》卷四）

林　駉

【古今源流至論前集卷二】「古史」：裴駰之《集解》所以釋遷史之疑，褚少孫之《續書》所以補遷史之闕，小司馬之《索隱》又所以救遷史之訛。夫釋其疑，補其闕，固有賴裴、褚之功，而正救舛訛，若非司馬之《索隱》，則是非有謬於聖人也不少。嗚呼！孰知小司馬之後，潁濱先生出於千百載之後，作爲《古史》，糾謬救失，隱然小司馬之用心。昔人有言，杜征南、顏秘書乃丘明、孟堅之忠臣，特其所謂將順者。而小司馬、蘇潁濱乃太史公正救之忠臣，其功尤多。噫！旨哉是言乎！愚嘗紬繹《古史》，而知潁濱之有功於遷史也深矣。遷紀首黄帝而遺羲昊，蓋未見孔安國《尚書》而言也。《古史》於是有三皇五帝之説，則遷之舛者始定。遷紀之言高辛生而神靈，黄帝迎日推策，蓋輕信秦漢間異説也。《古史》於是削其虚誕之言，則遷之訛者始正。琴牢、陳亢此聖門之高弟，遷則略之，不有《古史》，孰能明其實乎？蘇秦從約之書入秦而函關閉，此説客之浮語，遷則書之，不有《古史》，孰能規其正乎？荆軻刺客之靡爾，遷史乃有不欺其志之美，使《古史》之論不明，則軻果爲信義者乎？西門豹循吏之流耳，遷乃抑於滑稽之列，使無《古史》之説，則西門豹果徒滑稽者乎？《史記》謂獻子有陰德於趙，則韓晋同祖，謂非周武之後乎？《古史》所謂必辨也。遷史以莊子作《盗跖》篇詆孔子之徒，故明其術，不知莊子蓋助孔子，《古史》所以必明也。遷之述宰我也，曰宰我常從田常，噫！以宰我之智，而爲僭逆之舉乎？蘇公辨之宜矣！遷之述子貢也，曰子貢一出而變易五國，噫！以子貢之達而有變詐之謀乎？蘇公訂之當矣！傳穰苴而不知考據之乖次，蘇則删之而不存；記虞卿而不知履歷之先後，蘇則考之而不舛。噫！遷之所以有誤者，非短也；潁濱之所以詳辨者，非苛也。蓋嘗推原其故，史遷當經籍既灰之日，野史雜出之後，故聞見寡陋，紀録疎略。則其有誤也，固宜潁濱當學官已立之餘，諸儒訂正之久，故採摭無遺，稽考悉備，則其詳辨也亦宜。昔潁濱嘗謂漢景武間，《尚書》古文、《詩》毛氏、《春秋左傳》皆不列於學官，世讀之者少，則其意惜遷未及見聖人之全書。此《古史》之作所以惜遷也，非所以詆遷也。又謂秦焚古書略盡，幸而野史一二存者，遷亦未暇詳，則其意又憫遷出於煨燼之餘，其諸子世俗以易古文之語，此《古史》之作所以憫遷也，非所以疑遷也。愚觀《古史》一叙，有咨嗟嘆息之意，此執燭者愛曾子之見也，而豈曰求以揜其實而專其美者乎！嗟夫！潁濱之於馬遷，其用心特相先後；《古史》之於《史記》，其立論特相表裏。察遷之意，必不以操戈入室者爲忌；諒蘇之心，亦必不以吹毛求疵者爲嫌。末學淺識，殆未可以文人相輕者議之也。不然蘇老泉之論遷史曰：「其與善也隱而彰，其懲惡也直而寬者，豈爲歆向之説哉！」愛而知其惡，憎而知其善，此蘇氏之家學也。故愛漢史者，刊漢史之誤；愛唐史者，糾唐史之謬。當以是而求潁濱之用心。

張　淏

【雲谷雜紀卷二】蘇子由《古史》曰：「田恒之亂，本與闞止争政，闞止亦子我也。田恒既殺闞止、弑簡公，則尚誰族宰我者，事蓋必不然矣。」子由又曰：「李斯言田恒陰取齊國，殺宰予于庭，因弒簡公。」又劉向《别録》：「田成子與宰我争，宰我夜伏卒，將以攻田成子，令于卒中曰：『不見旌節毋起。』鴟夷子皮聞之，告田成子。成子因爲旌節，以起宰我之卒以攻之，遂殘宰我。」信如此説，則宰我乃田恒之仇，爲齊攻田恒者，非與恒作亂矣。要之，由闞止亦曰子我，故戰國諸子誤以爲宰予，皆不足信也。考諸家所言，《索隱》則以其字同闞止，遂至于誤。東坡則援李斯之言，以宰予不從田常，故爲常所殺。子由固以爲闞止而未免，以李斯劉向之言爲惑。然劉向所謂鴟夷子皮者，范蠡也。田常之亂，在周敬王三十九年，是時范蠡方在越，與句踐謀伐吴後八年，吴滅，蠡始浮江湖。變名易姓適齊爲鴟夷子皮。《國語》及蠡傳可考其妄，已不待言。李斯之言，正由一時承襲之誤爾。《索隱》《古史》謂爲闞止，然無確然之證，終不能祛人之疑而破人惑也。

王應麟

【困學紀聞卷七】：或問：「《論語》首篇之次章，即述有子之言。而有子、曾子獨以子稱，何也？」曰：「程子謂此書成於有子、曾子之門人也。」曰：「柳子謂孔子之没，諸弟子以有子爲似夫子，立而師之。其後以不能對諸子之問，乃叱避而退，則固常有師之號，是以稱子。其説非歟？」曰：「非也此。太史公采雜説之謬，宋子京、蘇子由辨之矣。」

黄　震

【黄氏日抄卷五二】〔一〕：

蘇子既爲《古史》，而又自序之曰：「古之帝王，其道以無爲爲宗，故其推之以治天下者，有不可得而知。孔子知之至矣，而未嘗言；孟子知其一二，時以告人，而天下亦莫能信。太史公始記五帝三王以來，然其爲人淺近而不學，疏略而輕信，故其記堯舜三代之事，皆不得聖人之意。余竊悲之。因遷之舊，追録聖賢之遺意，以明示後世。」愚謂蘇子之志則大矣，而蘇子之説則尚有可疑者。且道以無爲爲宗，此戰國處士好高無實之言，聖人未嘗以是言道，姑勿論也。既曰推之以治天下，則其迹顯然，安有不可得而知？孔子正以此道詔天下萬世，何嘗不言？孟子明王道而黜伯功，正提其綱要以示人，所知何止一二？而可厚誣哉！且既謂不可得而知，又欲以明示後世，其説亦自背馳矣。惟其謂史遷不得聖人之意，而自謂追録聖賢之遺意，則非參考不可見，故即《古史》與大史公所記，參而録之下方。

《五帝紀》：大史公《黄帝紀》，記載頗詳，《古史》節略者大半，反增入醫家之説，謂其師岐伯，既鄙矣；又增入道家之説，謂黄帝之書，與老子相出入，以無爲爲宗。其設施於世者，皆其見於外者也。

〔一〕本部分標點依舒大剛教授點校本《古史》。

然則蘇子正惟不以聖人之施於治者爲道，而必欲他求其道於荒忽無形之中，不以太史公載聖人之治爲足，而必自指其荒忽無形者，爲得聖賢之遺意，此《古史》之所以作歟？

《史記》曰：「諸侯咸尊軒轅爲天子，代神農氏，是爲黄帝。」《古史》曰：「諸侯咸尊軒轅，代神農氏，爲黄帝。」以文法言之，「爲天子」三字，與「是爲」之「是」字，恐皆不可去。

《史記》曰：「官名皆以雲命，爲雲師。」《古史》曰：「爲雲師而雲名。」文雖本《左傳》，反不若《史記》尤明白。其他類此甚衆。以是知文不可以省字爲工，文而可省，太史公省之久矣。

《堯紀》：太史公不載茅茨土階之説，而《古史》增之。愚意茅茨土階，殆墨氏藉以言儉，而形容浮實之言，恐非盛帝垂衣裳氣象。《史記》於堯舜全述二《典》，而間易古爲今，如以「疇咨若時」爲「誰可順此事」，已非二《典》之比。《古史》剿而裁之，似又非《史記》比矣。

《史記》載堯妻舜之後，瞽叟尚欲殺舜。《古史》本《尚書》瞽亦允若，堯聞其賢，然後妻之。於理爲長。合從《古史》。

《夏本紀》：《史記》謂禹名文命，《古史》删之。按諱名而用謚法，始於周。以堯、舜、禹皆爲謚，而反用《尚書》，所謂放勳、重華、文命爲三聖之名，蓋漢儒之未考。《古史》删之爲是。《史記》又以鯀爲顓頊之孫，《古史》以其世太促，而祖班固《律曆志》，以禹父鯀爲顓頊五世孫，亦當從《古史》。

《史記》載禹全用《禹貢》等編，而《古史》删之。或者史遷之世，書未盡出，故須兼載。至《古史》之作，則事在《尚書》，不必重述也，兩皆無害。

《史記》載太康失國，太康崩，弟仲康立。《古史》載羿逐太康，而立其弟仲康。按薛常州士龍説《書》，謂仲康乃在五子之數，竢於洛汭，不在禹河北舊都，非羿所立。愚意若果逐太康而立仲康，則不待太康之既崩。太康崩，而後仲康立。蓋傷宗國之墜祀，而兄弟在外者，自以次續之。於義爲順，於經亦合。當從《史記》。

《史記》止載仲康崩，子帝相立。帝相崩，子少康立。《古史》載羿既放太康，羿又爲寒浞所奪，浞滅帝相，相後逃歸有仍，生少康。少康既長，誘殺浞二子，而後中興。愚按二史，詳略不同，豈史遷之世，未有寒浞滅夏之説耶？抑未備耶？《古史》可以補遺。

《殷本紀》：《史記》稱契封商，《古史》作封殷。按初封本商也，《古史》不必改爲殷。《史記》載伊尹以負鼎説湯，《古史》去之。《史記》不載禱雨事，《古史》增之，皆當從《古史》。武丁學於甘盤，既乃遁於荒野，《史記》不載，而《古史》載之。舊説遁於荒野者爲甘盤，而《古史》指爲武丁，曰：「欲以習知民事。」與《無逸》書及近世朱文公《書説》合。此其於義爲精。西伯陰修德，《古史》止云修德，足明聖人之心。斬紂之事，《古史》不載，其亦爲賢者諱耶？

《周本紀》：《史記》載堯命弃爲農師，舜封弃於邰，號曰后稷。《古史》改云：堯舉以爲后稷，封之於邰，佐禹治水。愚按，禹言「曁稷播奏」，乃治水後種穀，未聞佐禹治水之事。封邰亦在播奏艱食有功之後，非封邰而後播奏。未詳《古史》何見而改。然於經不合。《史記》載公劉復修后稷之業，自漆沮度渭取材，行者有資，居者有畜積。《古史》改云：用兵征伐，斥大豳土。然猶處於複穴，無宫室之美。愚按《詩》咏公劉遷豳，有曰：「弓矢斯張，乃遷豳。」時衛儀有曰：「其軍三單。」乃遷豳後生聚，公劉初無征伐之事。又「陶復陶穴」，乃太王事，非公劉事。公劉既卒，子孫中微，故詩人形容太王復興之初，艱難如此。安有公劉遷豳，止基乃理，國家方興，而身處複穴之間者？未詳《古史》何見而改。然於經不合。蘇子謂《史記》疏略，而作《古史》，而乃如此，何也？《戰國策》載齊求九鼎之說，謂顔率稱周伐殷得九鼎，凡一鼎九萬人挽，九九八十一萬人。齊王乃止。此遊士飾虚之言，殆類小說。《史記》不載，而《古史》增入，又何取乎？

《秦本紀》：《古史》於《史記》載昭襄十一年，六國攻秦之事，即其未書之年衰爲據，改爲齊、韓、魏三國攻秦。雖世遠難知其詳，然即《史記》攻《史記》，史遷若在，亦自無辭。又其贊論，謂戰國苟能自修而不争，如商、周先君，庶可服之。且以魏文侯、齊君王后爲證，是可垂訓，兼足輔孟子仁義之説。

《秦始皇紀》：《史記》載始皇正月生於邯鄲，及生，名爲政。《古史》作：「正月旦生於邯鄲，因名政。」語簡而意益明，特未知增「旦」之一字，何所據，豈因其名而意之歟？其餘多襲《史記》之舊，無以議爲。惟太史公贊論全載賈生之語，宏肆駿逸，而蘇子去之，乃特爲李斯雪「不師古始使秦孤立」之譏。謂秦已削平諸侯，雖建子弟，君民不親，如措舟滄海之上，大風一作，漂卷而去。愚謂秦劫天下而帝之，自無可久之理耳。向使不至於甚失天下心，則安有天子爲民置君，而民不親者？乃謂已削諸侯，難建子弟耶？且其謂秦若能與民休息，可與三代並隆，此又史遷責子嬰之遺論。漢明帝嘗闢其不然者也。秦之得天下何如而可以三代望之哉？

《吴太伯世家》：《史記》載太伯、仲雍，知太王欲立王季，乃奔荆蠻，文身斷髮，示不可用，以避季。《古史》據《左傳》，謂太伯端委而治，至仲雍而後文身斷髮。愚按《古史》之駁《史記》，多以《左傳》爲據。然去古既遠，安知《左傳》者必爲是，而《史記》者必爲非耶？若據《論衡》之言，則曰：「太伯知太王欲立王季，入吴采藥，斷髮文身以隨吴俗。太王薨，太伯還，王季辟主，太伯再讓，王季不聽，三讓。曰：『吾之吴、越，吴、越之俗斷髮文身，吾刑餘之人，不可以爲宗廟社稷主。』王季始知其不可，而受之。」此其所載頗詳。且與吾夫子「三以天下讓」之説合。恐必有自來，況太伯兄弟遠入吴，若不容不從俗，則太伯即斷髮文身矣。若我可以易俗，則太伯既嘗端委以治，仲雍亦將端委以繼之，不應於國家既立、君臣既定之後，復入斷髮文身，自同於民庶也。大率《古史》之作，實祖《索隱》，《索隱》不敢輕議史遷，而特以異同者隨事疏其下，竢來者擇。使蘇子亦如之，則盡善矣。

夫差二十一年，《史記》惟繼上文句踐伐吴之語，書曰：「遂圍吴。」《古史》則增「公子慶忌驟諫於王曰：『不改必亡。』遂適楚。聞越將伐吴，請歸平越，遂歸。欲除不忠者以説於越，吴人殺之。」按公子慶忌者，王僚之子，《吴越春秋》載闔閭二年已刺殺之，今方於夫差二十一年稱越人殺之，而《史記》不載，未詳孰是？若夫差之死，《史記》以爲自剄，《吴越春秋》以爲伏劍，伏劍亦自剄也。《古史》改曰縊，亦未知何據。

夫差與晋會黄池，越乘虚伐之也。《史記》載曰：「夫差惡其聞也，或泄其語。吴王怒斬七人於幕下。」《古史》易之曰：「王惡其聞也，自剄七人於幕下。」雖本《左傳》，不若元文明白。此類極衆。

《齊太公世家》：《史記》載太公以漁釣干西伯，《古史》去之，而載「聞西伯善養老，往歸之」，善矣。然下文即綴以「隱於漁者，西伯因獵得之」，乃與上文「往歸之」説正相反。何自背馳之速耶？《史記》於太公歸周之後，復兼述或者數説以存疑。規模宏衍，非《古史》可望矣。呂伋爲周虎賁，《古史》據經增入爲是。《史記》載桓公之入，先表以桓公元年，而後追叙其事。《古史》連叙桓公之立於公子無知見殺之下，桓公遂無元年，法殆未然，文亦不及。《史記》載「雍林人殺無知」，《古史》改爲「雍廩」，此亦據《左氏》以改《史記》。實則當兩存，以考異耳。餘多類此。

《魯周公世家》：《史記》首載周公輔翼武王耳。《古史》載其迨文王世，任以國事，邑之於周。凡周之内治，始於室家，而至於國人者，屬之周公。凡周之外治，所以交接四鄰，至於江漢之國者，屬之召公。故《詩》有《周南》、《召南》。此不惟周公之始事了然，其所以發明二南之義甚明。太史公未之及也。獨其以既獲仁人爲指周、召，則未必然耳。周、召何竢於獲也哉？《史記》以成王出郊爲改葬周公，而《古史》易之。此其授經而得之者也。《史記》不載僖公治兵、牧馬，修泮宫、閟宫，而《古史》增之，此則信經而未之詳者也。《詩》乃歌頌之詞，豈必有其事？果有之，《春秋》書之久矣，何竢《古史》。

《燕召公世家》：《古史》比《史記》頗多增修。其考訂《史記》之誤，蘇子自注本文之下。其論燕、吴皆起於僻陋之中，而奮於諸侯之上，非如商、周先王以德服人，故皆爲禍。其説亦當。

《蔡曹世家》：《古史》視《史記》微有損益，然皆於大誼無關。惟《古史》論贊謂聖人雖與世同處，而其中浩然，彼其食粟衣帛，蓋有不得已耳。此卻異乎所聞。蓋食粟衣帛，人事之常，聖人豈有異於人？蘇子平生服氣求真，想自視以爲不得已耳。而以誣聖人乎？

《陳杞世家》：《古史》據《左傳》改《史記》者二處。《史記》以佗爲蔡出，蔡爲佗殺五父子，太子免而立佗。《左傳》謂佗即五父，非蔡出。蔡出者乃躍也。佗殺太子免自立。蔡爲殺佗而立躍，是爲厲公。《史記》載靈公死，太子午奔晉，徵舒自立爲陳侯。《左傳》靈公死，明年，陳侯盟辰。是太子未嘗奔晉，而征舒未嘗爲君。

《衛世家》：《古史》比《史記》增入衛武公年九十五，猶箴儆於國之事；及衛文公大布衣、大帛冠之事，皆是也。惟增入滅邢得雨，似不足爲訓。討有罪可也，滅人之國不可也。雨特偶然耳，豈以興師殺滅之故哉！

《宋世家》：《史記》先載微子數諫，紂不聽，欲死之，未決。謀及太師、少師，而後叙太師箕子以及少師比干；又然後再合其事於微子。舒徐明盡，萬世如見。《古史》乃裁節而總言之，首曰：「微子，紂之庶兄也，其父師曰箕子，少師曰比干。」文意不白。幾若以箕子爲微子之父師，餘亦文窒而意不全。其不迨《史記》遠矣。乃自疏其說，以爲《史記》所載，徒見三人，各以其意行，而未見其所處之義。不知所行即其義之所在也，事具而義見，尚何事他求哉？惟太史公贊宋襄公泓之師爲禮讓，蘇子辨之，謂襄公「凌虐小國，至使邾人用鄫子於社，雖桀、紂有不爲，乃欲以不鼓不成列、不禽二毛求爲文王，不亦過甚矣哉！」此其剖析了然，太史公不及也。

《晉世家》：平王命晉文侯爲諸侯伯，《史記》不載，《古史》據《尚書》增入，是也。餘多以《左傳》之文而黜《史記》之文，則是非相半焉。如《史記》載獻公私謂驪姬，欲廢太子，立奚齊。驪姬泣曰：「太子之立，諸侯皆已知之，而數將兵，百姓附之。奈何以賤妾之故，廢適立庶？君必行之，妾自殺也。」驪姬佯譽太子，而陰令人譖惡太子，此事正足以見驪姬之奸。而《古史》據《左傳》以删之。又《史記》載驪姬謂太子祭齊姜，歸釐於君，獻公時出獵，驪姬使人置毒藥胙中。居三日，公還，欲饗之。驪姬從旁止之曰：「胙所從來遠，宜試之。」然後及祭地地墳等語，方有理脈。今《古史》直曰：「公至，毒而獻之。公祭之地，地墳。」文雖省，而失事情矣。晉悼公之立，《史記》載誓衆之語，極有理而文。《古史》所易，亦淺薄少味。他多類此。惟太史公論晉之衰，由御下失道，而推其原於忘介子推，似未得晉事之要領。《古史》論晉文公靖以待其自集，悼公二合諸侯，未嘗一與楚戰，子孫長久，終必賴之。其説殆過史遷。夫晉以諸侯伯天下，則晉之卿以私門强公室，其勢則然。而介推特從亡中一碌碌者，禄未及而忿然自絶，狷僻如此，其人亦可知矣。據《左氏傳》注，謂推爲文公微臣，此亦何至傷晉文大體，而遽謂晉之御臣失道始此耶？然以文論，則史遷之贊，山峭冰潔，不可尚也矣！

《楚世家》：《古史》比《史記》，多用《左傳》《國語》增入。如《史記》以楚之先爲重黎；《古史》謂重黎爲二人：重，少昊之後，爲南正，司天以屬神；黎，高陽之後，爲火正，司地以屬民。楚之先實黎而非重。至帝嚳之世，始以黎兼重，是《史記》稱重黎本無害，《古史》辨釋之則明矣。《古史》以《左傳》爲據，改楚文王十三年爲十五年，堵敖五年爲三年，二書不同，固未詳其孰是。《史記》載簡王八年，周以韓、趙、魏爲諸侯；《古史》據《世家》、《年表》而改入靈王之五年。《史記》載懷王二十年合齊，《古史》據《年表》而改入二十二年，此《史記》一書而自爲牴牾。合從考異之例，若《史記》以懷王十一年六國攻秦爲蘇秦，而《古史》删之，則此時蘇秦已爲齊人所殺也。《史記》以考烈王六年爲遣景陽救趙；而《古史》改稱春申君，則春申、平原《傳》與《年表》皆言春申也，此可改之而無疑。

《鄭世家》：鄭桓公友者，周宣王庶弟。宣王立二十二年，而友封鄭。封三十三年，百姓愛之，而幽王以爲司徒，周民説之。爲司徒一歲，幽王以褒氏故，諸侯畔之。而桓公謀於太史伯，始言於王，遷民雒東。《史記》之所載如此。《古史》皆節略之，止曰宣王二十三年封鄭，幽王八年爲周司徒，幾於没桓公之賢矣。又鄭人欲立靈公弟去疾，去疾讓曰：「必以賢則去疾不肖，必以順則公子堅長。」堅者靈公庶弟，去疾之兄也。於是乃立子堅，是爲襄公。《史記》之所載如此。《古史》亦節略之，止曰「諸大夫欲立公子去疾，去疾辭曰：『公子堅長。』乃立堅長，爲襄公」，又幾於没公子去疾之賢矣。其他類此甚衆，不可枚舉。大抵《史記》《古史》二書，單看《古史》自成一家，參看《史記》，即《古史》如草茅自用之士立乎風流藴藉貴公子之側矣。太史公何可當也，蘇子輕以疏略目之哉！

《古史》贊曰：「鄭桓武之後，惟莊公爲賢。然叔段之亂，明足以制之，釋而不問，竢其惡成，加以大戮。此非不忍，忍之至也。孔子深探其心，書曰：『克段於鄢。』而丘明謂之鄭志。」愚按莊公叛周，射王中肩，何賢之有？封段乃迫於母命，段之罪未形，莊公不敢輕動。蓋亦母子之間有難處者，固非不忍，亦豈可言「忍之至」？書「克段」者，克者，勝之名，兄弟之惡自見，孔子書其實，非探其心。而爲《春秋》傳者，又非丘明之《左氏》也。近世吕東萊祖此説爲《博議》。蓋東萊最年少時所作，亦未暇平心而深考。

《越世家》：句踐，其先禹之苗裔，少康封於會稽，以奉禹祀。《古史》改「以奉禹祀」之語爲「謂之越子」，殊非本旨。豈以奉祀非支庶事耶？記句踐射傷闔閭於檇李，《史記》止數句，而語潔意明。《古史》雖增多，不迨遠甚。句踐平吴，誅太宰嚭，《史記》吴、越兩《世家》所載同；《古史》據《左傳》而盡删之，是亦主一而廢一。《史記》贊句踐、范蠡臣主之盛，而《古史》反以立國東南爲不可有爲，至下取六朝蔡謨之説。夫事變無常，成敗在人，烏可以六朝爲鑑，而概謂東南不可立國，且以遠證事哉？

《趙世家》：造父御穆王，見西王母。《史記》載而《古史》删之。按此《列子》寓言也，删之爲是。程嬰杵臼脱趙孤，《史記》載而《古史》删之。按，屠岸賈何人？敢搜及公宫之姬，殆俗傳也，删之亦是。簡子夢遊帝所未寤，而扁鵲能預知，《史記》載於《世家》，而《古史》止存其載《扁鵲傳》者。按，此妄誕無理，殆好事者爲之。《古史》姑以備伎術之異聞，亦庶幾乎是。《史記》載張孟談爲張孟同，此避父史談之名也，《古史》改之曰「談」，皆是。

《魏世家》：《史記》以畢爲周同姓，《古史》據《左氏》以爲文王之子，又據《尚書》增入畢公相康王及保釐成周，足補《史記》之缺。《古史》謂魏文侯可比漢文帝，卻恐不同。

《韓世家》：《史記》載聶政刺俠累在烈王三年，韓嚴弑哀侯又後二十六年，本是兩事，不同時也。

《古史》據《戰國策》「嚴遂使聶政刺俠累，并中哀侯」一語，而盡反之。且自謂嚴遂是時去韓已久，而今書嚴遂弑哀侯者，亦《春秋》書「趙盾弑君」之義。愚按，聶政刺俠累於相府，非刺於君所也，何緣并中哀侯？弑哀侯者，韓嚴也，何以知即誘使聶政之嚴遂？《史記》載事之書，而《戰國策》乃游士之夸辭，類多架虚，非載事書也。何所考而可主彼以廢此？且《史記正義》、《紀年》亦載韓山堅賊其君哀侯，而立韓若山，《大事記》謂韓山堅即韓嚴。是權臣弑一而立一，非刺其相而及其君也。蘇子去之千載之下，輒書曰「嚴遂弑哀侯及相韓傀」，亦太果矣。又自謂用《春秋》書趙盾之法，果合乎？否耶？然《史記·韓世家》載烈侯三年聶政殺俠累，而《刺客傳》乃載嚴仲子事哀侯，與俠累有隙，使聶政刺之，亦自牴牾。此則東萊《大事記》嘗考之，以《刺客傳》爲誤。

太史公贊謂韓以存趙而興，固未必然。蘇子又以爲后稷濟飢之報，尤覺遼邈。大抵有德則興，否則亡，豈可專指一事以求合報應之説哉！

《齊世家》：太史公紀載之法，非蘇子所可改既明矣。田氏，齊之賊也，而又每事輒爲之辨。如《史記》書田乞樹黨於諸侯，則爲删去之，而爲之辨曰「非樹黨」；《史記》書陳成子弑簡公，懼諸侯誅己，盡歸之侵地，則亦删去之，而爲之辨曰「本非成子自完之計」；《史記》書成子通賓客出入，生子七十餘人，則又删去之，而爲之辨曰「成子必不爲此失行」。嗚呼，何其黨賊至此耶！

《伯夷傳》：太史公載伯夷采薇首陽之歌，爲之反覆嗟傷，遺音餘韻，拱挹莫盡。君子謂此太史公託以自傷其不遇，故其情到而辭切。然非伯夷「怨是用希」之心也，故後世高其文而非其旨。今蘇子易之，録其讓國、叩馬二事，謂夫子言其不怨，以讓國言；言其不辱，以去周言。雖夫子發言之意未必盡然，而旨義則過史遷矣。

《管晏傳》：《管仲傳》先叙管、鮑之交，語精意婉，讀之令人三歎，蘇子全祖史遷而不敢易，是矣。然史遷本祖《列子》之文，而節其後語。若參以《列子》全文，則史遷所述尚有未盡者。蘇子雖併增入之可也。《史記》叙仲之行事，歸之因禍爲福，轉敗爲功，蓋指仲以權術成伯業。而蘇子易之，謂其來之以禮，服之以義，不以力勝，幾於過其實。惟其闢管仲之書爲戰國諸子之所增益，多申、韓之言，非管子之正，足爲管子辨誣，真公論也！

《晏子傳》：增入晏子處崔杼之變，知陳氏之奸，諫煩刑，諫誅祝史，與言梁丘據同而非和數事，亦足補遺。

《柳下惠》《曹子臧》《吴季札》《范文子》《叔向》《子産》諸傳，於《史記》無之，皆蘇子據《左氏傳》增立，始末備具，不以年隔，殆《左氏》類書之要者，可觀也。惟其於季札《贊》有曰：「所以養心者至矣」，「雖禄之天下，將有所不受。」愚謂此異端之所謂養心，非吾儒之所謂養心。於《子産贊》有曰「孟子言子産惠而不知爲政，非子産之實」。愚謂此世俗之所以謂政，非吾儒之所以論政。

《孔子傳》：太史公作《孔子世家》，以次三代諸侯之列，若曰古昔聖王之後，以位顯者如彼，以德顯者如此，故本所自來而表異之也。孔子雖不待此而尊，而太史公之知尊孔氏爲可知。蘇子乃降之爲列傳，以居叔向、子産之後，則異乎太史公之心矣。太史公之於孔子，自少至老，歷叙其出處之詳，必各記之曰時孔子年若干歲；至其卒也，則又叙其葬地，叙其弟子之哀痛，叙其魯人之從冢而聚居，叙其世世相傳之祠祭，叙高皇帝過魯之祠，以至諸侯卿大夫先謁然後從政，若曰夫子生而關世道之盛衰，没而爲萬世之典刑，故其反覆惻怛若此。孔子雖不待此而尊，而太史公之知尊孔子爲可知。蘇子乃略之，止斷以欲居夷、浮海非其誠言，亦異乎太史公之心矣。太史公之贊，謂：「高山仰止，景行行止，雖不能至，然心鄉往之。余讀孔子書，想見其爲人。適魯，觀夫子廟堂，低回留之，不能去。天下君王至賢人衆矣，當時則榮，没則已焉。惟夫子常無窮，可謂至聖矣！」若曰自開闢以來，惟孔子一人，故其尊慕稱誦如此。孔子雖不待此而尊，而太史公之知尊孔子爲可知。蘇子乃反之，獨以其求用於世而不已爲孔子之所獨，又異乎太史公之心矣。嗚呼！夫子，天地也，若之何形容？夫子，日月也，若之何繪畫？若叙其出處以傳後世，則太史公爲庶幾。獨其信齊東野人之語，謂夫子由野合而生，爲可鄙耳。蘇子不能本《家語》「顏氏擇壻」之事以易之，而徒紛紛亂其不可易者。蓋蘇子雖假夫子之説以發身，而實則老子之學，故其失若此。

《孔子弟子傳》：蘇子辨宰我無從叛之事，辨子貢無亂齊之事，皆有功聖門。至其贊子夏則曰：「異哉！今世之教者，聞道不明，而急於夸世，非性命道德不出於口。教者未必知，而學者未必信，務爲大言以相欺。天下之僞，由是而起。」此則陰詆程氏之學。而後來僞學之禁，殆本此也。若夫傳首舉孔子「四科」之説，而斷之曰：「其賢者凡十人而已。」此語亦未然。其傳有若也，常斥太史公載有若貌類孔子，而弟子師事之説，至采商瞿四十而生五子之説，以爲此卜祝之事，而鄙儒以論孔子，其説正矣。及其傳梁鱣也，正載夫子言商瞿過四十當有五丈夫，其事乃太史公之所未嘗載者，何其自相矛盾耶？《老子申韓傳》：太史公作《老莊傳》，辭簡意足，曲盡老、莊之本旨，而又即以申、韓附之，若曰清净無爲，其勢必不足以治；及其不治，其勢必不得不以法繩之。而老子之無爲，常欲自利；其藏於心者，已有陰術。莊子之寓言，破壞尋常，其矢於口者，已無忌憚，以陰術之心，行肆無忌憚之説，而處不得不以法繩之勢，慘刻不道，尚復何疑！此申韓之出於老、莊，而惟太史公能窮極源委而言之。嗚呼！可謂卓識已。蘇子於其傳多所增損，已不知太史公之本旨，而又於老子之贊曰：孔子之爲人也周，故示人以器而晦其道；老子之自爲也深，故示人以道而略其器。三代之後，釋氏與孔、老並行，其所以異者，體道愈遠而立於世之表，其説又老氏之眇也。嗚呼，異哉！是何言歟？於列子之贊曰：「今觀穆王與化人游，若清都、紫微、鈞天、廣樂，帝之所居，而夏革所言四海之外、天地之表，無極無盡，此固後世仙佛之常言，理之當然，而漢之儒者未聞焉耳。」嗚呼，異哉！是何言歟？班孟堅譏太史公先黄老而後六經，愚謂太史公本未有此失也，蘇子《古史》則不惟有此失，而又甚焉。《孟子荀卿傳》：太史公略叙孟子遊説不遇，退而著書。即開説當時餘子之紛紛，然後結以荀卿之尊孔氏，明王道。及其名傳，獨以孟、荀，而餘子不及焉。其布置之高，旨意之深，文辭之潔，卓乎不可尚矣！蘇子取而焚之，已不知其用心之所在。至其論贊，獨以仁義爲可化强暴，又於孟子之言仁義獨取「不嗜殺人」一語，殆所謂窺豹一斑者耶？若其謂孟子學於子思，得其説而漸失之，反稱譽田駢、慎到之徒，而又謂其爲佛家所謂鈍根聲聞者，且謂曰駢之徒既死，而後荀卿得爲祭酒。何哉，蘇子之立言也！

《伍員傳》：《史記》載伍員事詳，而《古史》裁之，蘇子不及史遷。《史記》贊伍員棄小義，雪大恥，而《古史》罪之，史遷不及蘇子。

《孫武吴起傳》：蘇子於《孫吴傳》全祖史遷，惟據《左傳》無燕、晉伐齊之事，而删《穰苴傳》。

《范蠡大夫種傳》：太史公屈范蠡於《貨殖傳》，而功名則附之《越世家》，蘇子擷之《世家》，參之《吴越春秋》，作《種蠡傳》，補史遷之不及矣。

《葉公傳》：葉公，《史記》無傳，蘇子采《左傳》而增立之，葉公有存國之功，而不享存國之利，是不可以不傳。

《商君傳》：《古史》傳商君，皆本《史記》，惟贊文易其舊。然視《史記》費辭矣。

《蘇秦傳》：《蘇秦傳》亦本《史記》，而贊不及其高古。

《張儀傳》：張儀、陳軫、公孫衍同傳，文皆因《史記》。然以二史之贊參之，文章之高下瞭然矣。

《樗里子甘茂傳》：《古史》視《史記》多省文，《史記》曰：「母，韓女也。樗里子滑稽多智。」《古史》曰：「母，韓女也。滑稽多智。」似其母爲滑稽矣。然則「樗里子」之文其可省乎？《史記》曰：「甘茂者，下蔡人也。事下蔡史舉，學百家之説。」《古史》曰：「下蔡史舉，學百家之説。」似史舉自學百家矣。然則「事」之一字其可省乎？省其文而增入《戰國策》，按《史記》、《戰國策》兩各成書，雖不混爲一，亦可若蘇子此贊，特借以譏人，視《史記》贊之雅潔又遠矣。

《穰侯傳》：《古史》視《史記》微有損益，然不必損益亦可也。《史記》贊蓋有所託，以歎君臣始終之難；《古史》贊責范雎則正論，然甚矣，滿盈之不可不戒也。

《白起王翦傳》：《古史》多因《史記》，蓋其紀攻戰之事工矣。《史記》贊謂二人各有所短，《古史》贊二人持論之不妄。然其殺戮之慘，開闢以來所未有，尚忍言之而惜其死耶？

《孟嘗君傳》：孟嘗君自滅其家，自削其國，太史公謂其閭里多暴桀，蓋譏之矣。而《古史》誇其與韓、魏伐秦爲壯。

《平原君傳》：《古史》不改《史記·平原君傳》，贊亦推衍其説，皆是。而改同傳之虞卿以附魯仲連，尤善區別。

《公子無忌傳》：《古史》傳無忌，文皆因《史記》，而論斷尤精白：「無忌之名發於侯生，而全於毛、薛。侯生之奇，毛、薛之正，廢一不可，而正之所全者多矣。」

《春申君傳》：《古史》此傳亦因《史記》，而贊不同，然亦因《史記》，並言吕不韋亂秦之微意而發之耳。

《范雎蔡澤傳》：《古史》於《范雎蔡澤傳》不敢易《史記》之舊，惟於范雎憂懼事，增入《戰國策》所載雎亡封邑，欺昭王謂不憂，而爲蒙驁探得其情一事耳。然昭王之疏雎，本由雎殺白起，而用鄭安平、王稽敗事，昭王憂及楚患，雎計無所出，遂爲蔡澤乘間。昭王亦以語言之不慎，遽疏母舅也。《史記》載雎之亡入秦也，謂秦謁者王稽問：「魏有賢人可與俱西游者乎？」《古史》節之曰：「魏有賢人，可與俱遊者乎？」去二「西」字，失其本意矣。《史記》載雎之所見逐也，謂昭王「欲以激勵應侯，應侯懼不知所出」。《古史》節之曰「欲以激勵雎，懼不知所出」，省一「雎」字，無所分句矣。他多類此。太史公頗稱二子羈旅遭遇，而《古史》罪其自爲身謀，於秦無益，其説過史遷。然范雎遠交近攻之説，雖發於間穰侯之取無奇，實於秦之兼并最爲要術，未可盡謂無益於秦。若蔡澤，真以口舌攘攫富貴，又豈可與范雎同日語？顧其以此而得，以此而失，則螳螂、黄雀之勢，啓之者范雎。

《樂毅傳》：《古史·樂毅傳》多遵《史記》，時節略一二字，似不必也。毅一舉而下齊七十城，齊爲無道，毅乘諸侯共怒之心也。毅五歲而不能下莒、即墨二城，毅自爲無道，適以堅齊人必死之心也。二史乃皆譽毅。

《廉頗藺相如傳》：太史公作《廉頗藺相如傳》，而附之趙奢、李牧，趙之興亡著焉。一時烈丈夫英風偉概，令人千載興起。而史筆之妙，開合變化，又足以曲盡形容，真奇事哉！《古史》因之，不敢易一字，亦宜矣。

《田單傳》：《古史》用《史記·田單傳》，而增入《戰國策》所載田單三事。惟魯仲連教之攻翟一事，可垂訓後世爲將者。

《屈原傳》：太史公先叙屈原以讒見疏於懷王，作《離騷》，而發明其所以作《離騷》之意；復叙屈原勸懷王殺張儀，不從；諫懷王毋入秦，不從；而又發明其惓惓宗國，以及人君知人之難；然後叙其見放，作《漁父問》與《懷沙賦》，而終之以自投汨羅。此必有得於屈原行事次第之實，而文亦宛轉有餘味矣。

《古史》謂作《離騷》當在懷王末年，故以其見讒及勸殺張儀、諫勿入秦三事連叙，方述太史公形容作《離騷》之説。至其形容屈原惓惓宗國與人君知人之難者，則删之。太史公文章之妙，破碎不全矣！

《虞卿傳》：太史公先叙虞卿謀趙事，而後及其棄趙相印，赴魏齊之急，困於大梁，作《虞氏春秋》以終焉。《古史》反之，謂先困大梁而後謀趙，是虞卿相趙既棄去，後窮而復歸相趙，似非虞卿烈丈夫之氣。且太史公嘉其謀趙之工，責其以匹夫窮交，而一旦棄趙，當矣。蘇子反贊其爲義俠，亦各有見歟？

《魯仲連傳》：《古史·魯仲連傳》襲用《史記》，間删其字耳。太史公謂「魯連指意雖不合大義」，蘇子謂「戰國一人而已」。愚按魯連不肯帝秦，最合大義；射聊城，則聊城人實由之而死。二史之贊，可以參考。若以其無一毫利心其間，則信乎戰國之士無與並者。

《吕不韋傳》：吕不韋，大賈也，以君之子爲奇貨而居之，竊寵利既多，禍敗乃宜。太史公以爲此孔子之所謂「聞者」，誤矣！蘇子斷以嬴氏先亡，蓋亦一説，而傳則全用《史記》。

《李斯傳》：《史記》責李斯不能輔君，否則且與周、邵列，殆於失言。《古史》謂國破家滅，非其不幸，此爲近之。趙高雖熏腐之餘，實包藏逆謀。方其殺扶蘇，立胡亥，已爲身計，至殿欲壞者三，然後以歸子嬰耳。李斯不知其心，而與之争，見殺，不亦宜乎？斯教秦殺奪，餘二十年以一天下，高之殺斯，又司造者假手耳。尚何足論云？

《蒙恬傳》：蒙氏於秦，世以凶德參會，誅死已晚矣。太史公責以人臣之常理，似非所宜施。而《古史》亦費辭。

《扁鵲傳》：《古史》謂於《趙世家》删所記簡子妖夢，而歸之《扁鵲傳》，然《史記》於《扁鵲傳》固自兼載其事，《古史》特去一而存一耳。

《刺客傳》：太史公傳刺客五人，稱其立意較然，名垂後世。蘇子非之，謂考之《春秋》，無曹沬劫盟之事，而四人者亦皆非賢，於《春秋》法皆當書盗而不名。嗚呼，偉哉！惜不併四人者删之耳。彼凶愚小人，狂惑輕生，何足垂世而以傳爲？雖曰豫讓志在報君，然所事智伯者何人？其執迷至死！晏子有言：「君爲社稷死則死之。」

《滑稽傳》：太史公傳滑稽者三人，皆伎工、優戲耳。西門豹，古之良吏，東方朔亦漢之名臣。褚氏例取而附之優戲之列，何哉？褚氏不足責也。蘇子明言西門豹非滑稽，而不與分置列傳，然則何以改作《古史》爲？

附抄：

初縣秦武公十年，伐邽、冀戎，初縣之。

納粟秦始皇初立三年，蝗，百姓納粟千石，拜爵一級。

私學秦始皇三十四年，李斯言私學相與非法殺人。

追刺衛武公作《抑》，追刺厲王。

焚尸衛出公之亂，掘褚師定子之墓而焚之。

韈而登席褚師比有足疾，韈而登席，公怒欲斷其足。

立子立弟《宋世家》涇口謂：殷人立弟，周人立子。立弟者，太子死則立太子之弟；立子者，太子死則立太子之子。近世誤以爲立時君之子弟。

臧孫謂御説有恤民之心御説者，宋桓公也。嘗大水對魯之弔，故云及立未嘗有恤民之事。

疾日晋師曠云：辰在子卯，謂之疾日，君撤宴。

鄭突與祖同名《索隱》謂鄭掘突。厲公名突，豈有與祖同名者。愚恐二名不偏諱，時質或然耳。

中山中山無世家，散見《史記》者三處。趙獻侯十年云中山武公初立。魏文侯十七年去伐中山，使子擊守之，樂毅傳云樂羊取中山，其後中山復國至趙武靈王時復滅。中山魏惠王二十八年，又云中山君相魏。一戰國策又云：犀首立五王，齊王羞與中山並王。

秀才趙公子成諫武靈王胡服書云俗辟者民易，則是吴、越無秀才也。

陘陘者山絶之名，見《趙世家》徐廣注。

刑棄灰李斯傳。

堯舜三代之事，可爲萬世法者，孔子於定《書》備矣。東遷而後之事，可爲萬世戒者久，約之而作《春秋》矣。太史公取孔子已棄而不載者，復爲《史記》，殆不過博聞，於義理似無責。然太史公生長於黄老荒唐謾語中，乃能推尊孔子，黜黄帝乘龍上天之事不載，而極老、莊流弊，使與申、韓同傳，可不謂豪傑之士哉？蘇子悲其不得聖人之意，爲改作《古史》，意其果有得於聖人者。及今參考，乃不過於《帝紀》增入道家者説，謂黄帝以無爲爲宗，其書與《老子》書相出入耳。於《老子傳》附以佛家者説，謂釋氏視老子體道愈遠，而立於世之表耳。太史言申不害學本黄老，蘇子則諱而改之曰緣飾以黄老。太史公言韓非其歸本於黄老，蘇子則諱而改之曰借老子爲説。凡其論贊之間，又往往顯斥孟子，而陰詆正學。嗚呼！以是爲得聖人之意，《古史》不若不作之愈也。此儒者之學，必先於致知歟？

咸淳六年庚午八月二十二日，後學慈溪黄震敬書於紹興府貢闈。

祝穆

【古今事文類聚别集卷二】「評蘇子古史」：蘇黄門《古史》儘有好處，如論《莊子》三四篇，譏議夫子處，以爲決非莊周之書，是後人截斷《莊子》本文攙先入此。其考据甚精密，但今觀之，《莊子》此數篇亦甚鄙俚。又曰伯恭子約，宗太史公之學，以爲非漢儒所及。某嘗痛與之辯。子由《古史》言馬遷「淺陋而不學，踈略而輕信。」此二句最中馬遷之失，伯恭極惡之。如《伯夷傳》，孔子正説求仁得仁，又何怨。他一傳中都是怨辭，盡説壞了伯夷，子由《古史》皆删去之，盡用孔子之語作傳，豈可以子由非馬遷爲不是。

章如愚

【群書考索卷十二】蘇子由《古史》因遷之舊，上觀詩書，下考春秋，及秦漢雜録，記伏羲、神農訖秦始皇帝，爲七十紀，十六世家，三十七列傳，謂之古史。

金

王若虚二則

【論語辨惑】東坡曰：「或謂楚子西，非也。昭王之失國，微子西，楚不國矣。」潁濱曰：「公孫夏無足言者，非所以當問。此蓋楚子西也。昭王欲用孔子，子西知孔子之賢，而疑其不利楚國，遂沮之，使聖人之功不見於世。世之不知孔子者衆矣，皆未嘗疾之，而獨於子西者，以其知我而疑我耳。」潁濱以公孫夏不足問，固似有理，然其自爲説亦未當也。夫子之論人，毁譽抑揚，一以至公，爲無容心焉。今以沮己而遂短之，是其言出於私怨也，聖人恐不如是。（《滹南遺老集》卷六）

【同上】子夏曰：「君子之道，焉可誣也？」潁濱《古史》論曰：「善乎子夏……此子夏之所謂誣也。」蘇氏之言深切時病，予故表而出之。（同上卷七）

元

戴表元

【孔子弟子傳（節録）】某按，《古史考》疑公伯寮爲讒愬夫子之人，夫子不責而委諸天命，以爲不當預弟子數。而蘇子由《古史》修《孔子弟子傳》非太史公紀載，多所糾正，乃亦不遺公伯寮，而盡録其語。竊嘗考之，公伯寮者，魯人也。夫子之居魯，魯人雖不能盡知其道，而凡爲儒者，則希不及夫子之門矣。（《剡源文集》卷二十二）

許謙

【詩集傳名物鈔卷四】蘇子由《古史》及《皇王大紀》，鄭漁仲《通志》諸書多從《史記》。

明

王行

【郡庠公試策題（節録）】蘇轍作《古史》，以讁遷之非是，已然有古之名，而未能復古之體。（《半軒集》卷二）

王原采

【送章輝遠之永州序(節録)】昔蘇子由稱太史公行天下，周覽四海名山大川，與燕趙間豪傑交游，故其文疏蕩頗有奇氣，人或病之。以爲世之行天下者，其足跡之所及，固有多於太史公者矣；其身之所接，亦有賢於燕趙豪傑者矣。然而鮮有能變其氣質，而發爲文章者，遂以子由之言爲浮誇之説。予嘗驗之，尋常出入於鄉里之間，遇污渠穢壤與夫凶人俗子，則胸中爲之愠悶湮鬱而不舒。時登高丘，臨清壑，及見可與言論之人，則心目爲之開朗，意氣爲之激揚。然後信子由之言爲不妄，而知彼游天下而無增益者，特世之庸人耳。(《静學文集》卷一)

何喬新

【策府十科摘要·史科·諸史】蘇子由之《古史》，所以正遷史之訛舛也。遷紀首于黄帝，而遺伏羲、少昊，《古史》則增之；遷傳孔門弟子，而略琴牢、陳亢，《古史》則載之；荆軻刺客之靡爾，遷有不欺其志之美，《古史》則辨之；西門豹循吏之流也，遷史抑於滑稽之列，《古史》則正之；遷謂宰我從田常，《古史》則訂其誤；遷謂子貢變易五國，《古史》則辨其非；傳穰苴而不知考據之乖次，《古史》則删之而不存；記虞卿而不知履歷之先後，《古史》則考之而不舛。且其序首言聖人之於爲善，如火之必熱，水之必寒；不爲不善，如騶虞之不殺，竊脂之不穀，又有得於聖心焉。(《椒邱文集》卷二)

程敏政

【伍員論（節録）】伍奢見殺，而子員復讐是也。處變之定理，蓋不易此。而蘇轍乃譏員逆天傷義，是豈復有人心者哉！（《篁墩文集》卷十一）

陸　深二則

【續停驂録中】蘇黄門《古史》序曰：「古之帝王，其必爲善，如火之必熱，水之必寒；其不爲不善，如騶虞之不殺，竊脂之不穀。」晦翁極歎服之，以爲非子長所及。東坡《范文正公集》序亦曰：「其於仁義禮樂，忠信孝弟，蓋如饑渴之於飲食，如火之熱，水之濕，蓋其天性。有不得不然者。」其言如出一轍，若其名理，則當以「水之濕」爲勝，世有温泉湯泉，寒固不足以盡水也。（《儼山外集》卷十六）

【中和堂隨筆上】洪武二十三年，福建布政使司進《南唐書》、《金史》，蘇轍《古史》，初上命禮部遣使購天下遺書，令書坊刊行，至是，三書先成進之。（《儼山外集》卷二十二）

楊　慎

【論文・古人多譬況（節録）】太史公信戰國游士之説，載子貢一出，存魯、亂齊、破吴，强晋而霸越，其文震耀，其辭辯利，人皆信之。雖朱文公亦惑之，獨蘇子由作《古史》考而知其妄。（《升菴集》卷五十二）

王世貞

【書慕容盛載記後（節録）】獨蘇子由之持論，以世之言爲周公之事，無以異于伊尹。然天下之人，舉皆疑而不信……是以其後雖有管蔡之亂，而天下不摇，蘇氏辨矣，然亦非能善論……然後稽首而歸之。若信蘇氏之論，則七年之内將以攝爲真，而天子之名不歸之成王，而歸之周公。此新莽之所妄引以成其簒者也。而謂周公爲之乎？且蘇氏之所疑于不能服者，即霍光之于昭帝，諸葛亮之于後主也。（《讀書後》卷三）

王　衡

【列國史補序（節録）】蘇子由歎前事之拙，而其所自爲《古史》，於《左氏》、二國之外，卒無一語短長，以發新難而訂宿訛，則又何也？（《明文海》卷二百二十二）

黄淳耀

【史記評論・宋微子世家（節録）】蘇子由曰：「聖人雖與人同處，而其中浩然與天地同量，彼其食粟衣帛，蓋有不得已耳。而況與人争利哉！」此爲周公而發，余最愛此論，以爲非坡公所及。蓋封武庚於殷，封微子於宋，舉蔡叔之子胡爲卿士，周公之心與堯舜一也。坡公非武論，直是敢於背誕。又，

《路史》云：「以微子之賢，吾君之子，而商人父師之。顧乃使之代商后而邦之宋。宋爲故亳，商之舊都，民之被商之澤者，固未忘也。使微子少異其志，則全商之地亦非周矣。成王周公方且晏然命之，不少爲疑，卒以安堵，非聖人之盛德能如是乎？」此論可與子由相發。（《陶菴全集》卷四）

陳子龍等

【重訂古史全本】陳仁錫曰：子由《古史》，史中經也！〔一〕

清

紀昀

【四庫全書總目提要・路史提要】劉恕之《通鑑外紀》，其學淺狹不足取信；蘇轍《古史》，第發明《索隱》之舊，未爲全書。因著是編，餘論之首釋名書之義，引《爾雅》訓路爲大，所謂《路史》。（卷五十）

〔一〕編者按，《重訂古史全本》一書天頭地脚批校甚多，可單獨成書，此《彙編》不再過録。四川大學古籍所舒大剛教授有整理本《古史》，最爲精覈，其中各分傳附録處多録此書校語，讀者可參看。

馮　班三則

【鈍吟雜録卷四】《伯夷傳》云：「學者載籍極博，必取信於六藝。」此一言也，鄭漁仲、蘇子由皆不知觀。子由《古史》直似未嘗全讀《史記》者，可怪也。

【同上卷四】漢時有《公羊》《穀梁》外傳，今皆不知所言何事。太史公當時豈《左傳》之外便無所據乎？蘇子由言太史公不學，正以其專信六經，不取異説耳。至於此輩事，又必以《左傳》駁之，甚矣，太史公之不爲後人所容也。

【同上卷八】太史公識見極高，從百世之後，論百世以前之事，而曰某事可信，某事不可信，非愚則誣矣。一本於六藝則無失，雖有疎略亦史闕文之義也。蘇子由《古史》全不解此意。

魏裔介

【吾齋説（節録）】吾齋之中，除四書、五經、孝經、小學外，其次應覽之書曰《左傳》也，《史記》也，《前漢書》也，《後漢書》也，《五代史》也，蘇子由《古史》也，司馬温公《資治通鑑》也，朱文公《通鑑綱目》也，《皇明通紀》也，皆史之要者也。（《兼濟堂文集》卷十五）

汪琬

【題小兒語（節録）】蘇子由本不知道，遂謂道有不可名言者。及其論子夏之教人也，則又善其始於洒埽應對，進退而不急急於道。審如是也，豈道之於洒埽應對，果有截然爲二者邪！夫亦支離悖謬，失子夏之本意矣。（《堯峰文鈔》卷三十八）

朱彝尊二則

【胡氏皇王大紀跋（節録）】孔子序《書》，斷自《堯典》。始屈平之言曰：「邃古之初，誰傳道之？」而譙周、蘇轍撰《古史》，梁武帝撰《通史》，胡衛撰《通史緣起》，羅泌撰《路史》。（《曝書亭集》卷四十五）

【書十五·王氏充耘讀書管見（節録）】不啻蘇黄門《古史》之有功於子長也。（《經義考》卷八十六）

陸隴其二則

【四書講義困勉録卷十四】蘇子由云：「點之狂，必不可施於世。夫子之與點，以其自知之明。」此蓋因同時程明道甚稱點，有意抑之。又一説也。

【同上卷十六】蘇子由以許行看樊遲甚妙，則似不當以近利目之，但究其實，則亦是近利而已。

何焯

【義門讀書記卷三十八】「以孔子之學……宜其失之多也」數語可謂通人之論，蘇子由不知此，而復爲《古史》，其亦謬矣。

王懋竑

【白田雜著卷三】蘇子由作《古史》於《伯夷傳》獨載孔子之説，而於史所傳則盡去之。朱子嘗取其論，以爲知所考信。余蓋放《古史》之例以斷屈子之事，後之君子其必有取於吾言也夫。

顧棟高

【春秋大事表卷四】蘇子由謂史遷「淺陋而不學，疎略而輕信。」而于地里尤疎舛。余既据其説作《越封疆論》，復附識他書所見，于此以俟後之博學者考焉。

杭世駿二則

【史論（節録）】大抵《三史》有得有失，《三志》有短有長，「淺陋而不學，疎略而輕信」，此遷之失也。蘇子由譏之。見識有限，體致局弱，此曄之失也。（《皇清文穎》卷十）

【同上(節録)】梁武《通史》事備而例疎，王通《元經》義嚴而詞短，蘇轍《古史》掘腐遷之舊科，李燾《長編》煩史館之編審，事如積薪，理同懸鑑，非能明於得失，孰能平愛憎以評其優劣乎？(同上)

四、子部（《老子解》《龍川略志／别志》）

《老子解》

（一）目録序跋[一]

紀昀

【四庫全書總目提要】《道德經解》二卷内府藏本，宋蘇轍撰。轍有《詩傳》，已著録。蘇氏之學本出入於二氏之間，故得力於二氏者特深，而其發揮二氏者亦足以自暢其説。是書大旨主於佛、老同源，而又引《中庸》之説以相比附。蘇軾跋之曰：「使漢初有此書，則孔、老爲一；使晉、宋有此書，則佛、老不爲二。」朱子謂其援儒入墨，作《雜學辨》以箴之。然二氏之書，往往陰取儒理而變其説，儒者説經明道，不可不辨别毫釐，剖析疑似，以杜學者之岐趨。若爲二氏之學而注二氏之書，則爲二

[一] 此序跋輯自舒大剛教授校點本《巴蜀全書·老子解》附録，標點一依此書。謹致謝忱。

氏立言，不爲儒者立言矣。其書本不免援儒以入墨，注其書者又安能背其本旨哉？故自儒家言之，則轍書爲兼涉兩歧；自道家言之，則轍書猶爲各明一義。《雜學辨》所攻四家，攻其解《易》、解《中庸》、解《大學》者可也，攻及此書，則不揣其本而齊其末，不如徑攻老子矣。（卷一百四十六）

蘇　軾

【跋子由老子解後】昨日子由寄《老子新解》，讀之不盡卷，廢卷而歎。使戰國時有此書，則無商鞅、韓非；使漢初有此書，則孔、老爲一；晉、宋間有此書，則佛、老不爲二。不意老年見此奇特。（《蘇文忠公全集》卷六十六）

史少南

【道德經注跋】右潁濱《老子解》四卷，蘇文定公所著也。張亭泉先生嘗得蘇公手本刻石寘老翁泉，今尚無恙。此書之奇，自東坡公、黄蘗全俱已云然，無待晚輩贅贊矣。葛仙王尊師伯修既録諸木，又求少南爲發其義，因記《老子》二篇自文始先生河上公以降，傳之者亦已衆多，有注解，有傳疏，有正義，有章句，略之則爲略論，廣之則爲廣義，其他想爾、指歸、纂微、詣指之類，未可遽數。伯修不是之取，而顧取《蘇解》，殆有意焉。少南憂患之餘，久廢佔畢，因伯修之請，乃取《蘇解》閲之，至第十四章，作而曰：「伯修之意或在此歟？」鄉者老自老，佛自佛，各守封隅，而儒者猶末如之何。今乃合瞿曇、老聃爲一人，所恨黄冠者流未之省耳。伯修表而出之，嘻，可畏也！因書以歸之，且以志吾之懼。伯修名道立，常從佛者禮獨山范無準游，今西澧趙一齋先生嘗贈以詩，稱其有莊老學云。寶祐三年臘月既望，眉山史少南書于凌雲寓舍。

牟冲道

【道德經解跋】《道德經》，古書也，自授受以來，注者不下四百餘氏，漢儒假河上公所分章句以注是經，尤爲舛駁，世俗不知，遂列於五子之目，以示來世，深爲扼腕。至若眉山蘇氏，天資粹美，學識古濬，特起乎［千載］之下，超出乎千載之上，造大道之徑庭，啓玄門之關鑰，使□□之士如夢而覺，如醉而醒者，公之力也。鄉先生王君伯修擅老、莊之學，問答如響，舊嘗讎較此本而刊行之，偶因回禄，遂成灰燼。文昌宫主者侯大中，伯修之孫也，自儒入道，年未而立而慕乃祖之志，得所傳舊本於乃師夏君性仲，積有年矣，一旦割鷺股而刊成是書，以與同志者共，其用心又豈淺識者之所能測哉！經板既成，爲書其梗概于篇首。至元庚寅二月真元節，資中羽士可軒牟冲道謹書。

李載贄

【老子解序】食之於飽一也，南人食稻而甘，北人食黍而甘，此一南一北者未始相羨也。然使兩者易地而食焉，則又未始相棄也。道之於孔、老，猶稻黍之於南北也，足乎此者雖無羨於彼，而顧可棄之哉！何也？至飽者各足，而真饑者無擇也。蓋嘗北學而食於主人之家矣，其初蓋不知，其美也天寒，大雨雪三日，絶糧七日，饑凍困踣，望主人而向往焉。主人憐我，炊黍餉我，信口大嚼，未暇辨也。撤案而後問曰：「豈稻粱也歟？奚其有此美也！」主人笑曰：「此黍稷也，與稻粱埒且今之黍稷也，非有異於向之黍稷者也。惟甚饑，故甚美；惟甚美，故甚飽。子今以往，更不作稻粱想，亦不作黍稷想矣。」予聞之，慨然而歎：使予之於道若今者之望食，則孔、老暇擇乎？自此發憤學道窮，日夜不寢不食。而時獲子由《老子解》於焦弱侯氏。解《老子》者衆矣，而子由最高。子由之引《中庸》曰「喜怒哀樂之未發謂之中」，夫未發之中萬物之奥。宋自明道以後，遞相傳授，每令門人弟子看其氣象爲何如者也。子由乃獨得微言於殘篇斷簡之中，宜其善發《老子》之藴，使五千餘言爛然如皎日。學者所斷乎不可以一日去手也。《解》成示道全當道全意，寄子瞻又當子瞻意。今去子由五百餘年，不意復見此奇特。嗟夫！亦惟真饑而後能得之也。萬曆二年冬十有二月二十日，宏甫題。（明萬曆乙卯刊《寶顔堂秘笈》本《老子解》）

吴昌綬

【明錢穀鈔本老子注跋】光緒戊戌、己亥間，昌綬居吴中，書估老友楊君馥嘗携錢叔寶手抄四册見示，册各百餘葉，多宋節故事，或前人詩文斷句。惟欒城《老子注》爲完書。當日以有刻本，不甚置意。

四册之值，只索三十金耳。忽忽廿餘年，於沅叔先生案頭見此，如遘故人。沅叔以校讎精敏，用《寶顔》本略勘之，增改八百餘字，名抄之可貴固有勝於舊槧。異日蜀賢叢書，足可多一善本。書此以旌昌綬向之日之不學之過。戊午六月，仁和吴昌綬記。

羅振常 二則

【老子注跋】《蘇子由注老子》二卷，錢罄室手録本。有叔寶「文嘉」、「文彦可」、「謝林邨氏珍藏書畫」、「沿州」、「沿州和印」諸記。案，罄室生平遇奇書必手抄。嘗客文待詔門下，故此册爲文氏所藏。曩見吾鄉范氏天一閣藏書，亦有寫本《子由注老子》，蓋焦弱侯未刻以前，此書傳本固甚少也。此本與焦刻未知有無異同，惜篋中無《兩蘇經解》，不得取而校讎。其所據本必甚古，更惜畢氏作《老子故》，異時亦未見此本也。丁巳閏二月十九日。

【老子注再跋】焦刻題名作《老子解》，此本無「解」字。案書中署名作某注，本不云解。然子由自跋中亦有《老子解》之語，《直齋書録解題》同，則書名當作《老子新解》，其曰「新」者，蓋子由本已作《老子解義》，未愜意，而更定之，故東坡以《新解》目之。葉石林亦有《老子解》，顧石林後於欒城，其非加「新」字以别於葉《解》可知。天一閣本、《四庫目》，則均作《道德經解》。振常記。

傅增湘四則

【潁濱先生道德經解跋】：潁濱《老子注》，余昔年曾收得錢叔寶寫本，以《寶顔堂秘笈》本對勘，補正頗閎。嗣又得舊寫本，以核此刻，僅數葉而輟。頃南中書友以明抄兩册見寄，因命忠兒就此明刻續校之。此本分二卷，明抄通爲一卷；此本每章後爲注，明抄則注在逐句下，兹其大異也。至其文字，第四十二章末脱注八十三字，第五十八章首脱注十七字，咸據明抄補之。其他小小差異，不能悉記，無關閎旨也。然明抄字句亦頗有奪誤，世無宋本，傳録往往沿襲成訛，閲者擇是而從，勿株守一家可耳。壬申小雪節，藏園老人記。

【錢叔寶手抄潁濱老子注跋】此錢罄室手寫本，分上下卷。册式正方，半葉十六行，每行二十字。戊午歲，友人羅子經自上海寄至，結體寬博，筆意古雋，雖未署款，望而知爲真蹟。鈐「叔寶」印一方，又有「文嘉」、「文彦可」、「謝林邨氏珍藏書畫」、「淞洲」諸記。取《寶顔堂廣秘笈》本對勘，凡改正二百一十三字，增補三百九十七字，删落一百七十九字，乙轉三十四字，綜計訂正得八百二十三字，可謂夥矣。此書宋元刻久不得見，惟皕宋樓藏有至元本耳，明代則焦弱侯《兩蘇經解》本外，惟此寶顔堂刻，而奪失閎多，至於如此。一旦得此名抄，舉歷來榛莽奮掃而廓清之，心衿爲之一快，又不獨前賢遺翰之足貴矣。辛巳五月十一日病起書，藏園老人。（又見《藏園群書題記》卷十《子部·道家類》）

【明存誠書館鈔本道德真經注跋】《道德真經注》四卷，眉山蘇轍撰。明鈔本，烏絲闌，每半葉九行，行十六字，版心下方有「存誠書館」四字。以焦氏《兩蘇經解》本校之，第四十二章末「物或損之而益」注文脱「世以柔弱爲損」以下八十三字。第五十八章脱注文十七字，鈔本皆不脱。其他文字異同尚多，不能悉舉。焦本於經文略分段次，每節後低一格全録此節注文；鈔本則每節約分數段，注文則分附每段之後，其不同一也。焦本分《道經》爲上卷、《德經》爲下卷；鈔本則分作四卷，其不同二也。焦本上下卷，其經文皆連接而下，不分章次；鈔本則分爲八十一章，第一至十七爲卷一，第十八至三十七爲卷二，第三十八至六十爲卷三，第六十一至八十一爲卷四，其不同三也。以是觀之，此書當有二刻，兩本不同如是者，以其所出之源異耳。按陸氏《皕宋樓藏書志》，藏元刊本，有寶祐三年眉山史少南序，及至元庚寅資中羽士牟冲道跋。據牟氏跋言，寶祐本爲鄉人王君伯修校梓，偶爲回禄所毁，其孫大中乃重刊之。余因是推之，此四卷本實爲宋刊之舊第，視焦刻所據爲古，故其勝異遠過於俗本如此也。此書舊爲羅雪堂所藏，余以鄉賢遺著，從之假校，君遂輟以相贈。今君没以期年，頃檢書及此，頓興感逝之懷，因粗志卷尾，俾後世有所考焉。辛巳五月初十日書，藏園。（同上）

【校潁濱老子解跋】蘇子由所撰《道德真經注》，元至元刊本作四卷，焦弱侯本作二卷，明鈔本又作一卷，其差異如此，未知孰爲原第？然考至元本乃從宋寶祐刊本覆梓，其根源較古，意四卷者其原第耶！昔張亨泉嘗得蘇公手書本，刻石置老翁泉，若得此石本勘之，當可瞭然矣。余昔年得錢叔寶手寫二卷本，以校《寶顔堂秘笈》所刻，訂正至八百餘字。旋得明人存誠書館寫四卷本，其勘正所得與錢本略同。嗣又由南中寄來明鈔本通作一卷者，乃令兒子忠謨取焦刻校之，糾正亦殊不鮮，大抵焦刻與《寶顔堂秘笈》本爲近。按《瞿目》載有菉竹堂鈔本，亦分二卷，意焦、陳二刻均從此出，故與宋刊四卷本文字大有差殊也。辛巳五月十二日，藏園老人識。（同上）

（二）資料彙編

宋

洪 邁 二則

【容齋隨筆卷三】「忠恕違道」：老子曰：「上善若水，水善利萬物而不爭，處衆人之所惡，故幾於道。」蘇子由解云：「道無所不在，無所不利，而水亦然。然而既已麗於形，則於道有間矣。故曰幾於道。然而可名之善，未有若此者。故曰上善。」其説與此略同。

【容齋續筆卷九】「生之徒十有三」：《老子·出生入死章》云：「出生入死，生之徒十有三，死之徒十有三，人之生，動之死地十有三，夫何故？以其生生之厚。」王弼注曰：「十有三，猶云十分有三分取其生道，全生之極，十分有三耳；取死之道，全死之極，十分亦有三耳。而民生生之厚，更之無生之地焉。」其説甚淺，且不解釋後一節。唯蘇子由以謂「生死之道，以十言之，三者各居其三矣，豈非生死之道九，而不生不死之道一而已乎？《老子》言其九不言其一，使人自得之，以寄無思無爲之妙。」其論可謂盡矣。

周必大

【與程泰之侍郎大昌札子九首之六(節録)】:某比辱誨翰,示以《老子解》。既佩勤眷,且知深窮性理,真欲揖袂浮丘,不但結緣香火,良切嘆服。未審全書可得見乎? 蘇黄門所著,學者共傳之,兄當無靳也。方圖其謝,洊枉著筆,意愛深厚,舉世少雙,感幸謂宜如何?(《文忠集》卷一百九十)

朱熹 六則

【楚辭辯證卷下】至於近世,而蘇子由、王元澤之説出焉。則此二人者平生之論,如水火之不同,而於此義皆以魂爲神,以魄爲物。而欲使神常載魄以行,不欲使神爲魄之所載。洪慶善之於此書,亦謂陽氣充魄爲魂,能運動則其爲全矣。則其意亦若蘇、王之云,而皆以載爲以車承人之義矣……以此推之恐其於上文義之鄉背,亦未免如蘇氏、王氏之云,爲自下而載上也。大抵後人讀前人之書,不能沈潛反覆求其本義,而輒以已意輕爲之説,故其鹵莽有如此者。

【答程泰之三首之三(節録)】獨記舊讀「儼若容止」作「容」字,而蘇黄門亦解爲「修容不惰」之意,嘗疑此或非老子意。後見一相書引此,乃以「容」字爲「客」字,於是釋然。(《晦庵集》卷三十七)

【答丘子服二首之二(節録)】蘇子由乃以忘身爲言,是乃佛家夢幻泡影之遺意,而非老氏之本真矣。(同上

卷四十五）

【蘇黄門老子解】

蘇侍郎晚爲是書，合吾儒於老子，以爲未足，又並釋氏而彌縫之，可謂舛矣。然其自許甚高，至謂當世無一人可與語此者。而其兄東坡公亦以爲「不意晚年見此奇特」！以予觀之，其可謂無忌憚者歟？因爲之辨。而或者謂蘇氏兄弟以文義贊佛乘，蓋未得其所謂。如《傳燈録解》之屬，其失又有甚焉，不但此書爲可辨也。應之曰：予之所病，病其學儒之失而流於異端，不病其學佛未至而溺於文義也。其不得已而論此，豈好辯哉？誠懼其亂吾學之傳而失人心之正耳。若求諸彼而不得其説，則予又何暇知焉！

蘇曰：「孔子以仁義禮樂治天下，老子絶而棄之，或者以爲不同。《易》曰：『形而上者謂之道，形而下者謂之器。』」愚謂道、器之名雖異，然其實一物也。故曰「吾道一以貫之」，此聖人之道所以爲大中至正之極，亘萬世而無弊者也。蘇氏誦其言，不得其意，故其爲説無一辭之合。學者於此先以予説求之，使聖人之意曉然無疑，然後以次讀蘇氏之言，其得失判然矣。

「孔子之慮後世也深，故示人以器而晦其道。」愚謂道器一也，示人以器，則道在其中。聖人安得而晦之？孔子曰「吾無隱乎爾」，然則晦其道者，又豈聖人之心哉？大抵蘇氏所謂道者皆離器而言，不知其指何物而名之也。

「使中人以下守其器，不爲道之所眩，以不失爲君子。」愚謂如蘇氏此言，是以道爲能眩人，而使之不爲君子也。則道之在天下，適所以爲斯人之禍矣。

「而中人以上自是以上達也。」愚謂聖人所謂達，兼本末精粗而一以貫之也。蘇氏之所謂達，則舍器而入道矣。

「老子則不然，志於明道而急於開人心。」愚謂老子之學以無爲爲宗，果如此言，乃是急急有爲，惟恐其緩而失之也。然則老子之意，蘇氏亦有所不能窺者矣。

「故示人以道而薄於器，以爲學者惟器之知，則道隱矣。故絶仁義、棄禮樂以明道。」愚謂道者仁義禮樂之總名，而仁義禮樂皆道之體用也。聖人之修仁義，制禮樂，凡以明道故也。今曰絶仁義、棄禮樂以明道，則是舍二五而求十也，豈不悖哉？

「天道不可言，可言者皆其似者也。達者因似以識真，而昧者執似以陷於僞。」愚謂聖人之言道，曰君臣也，父子也，夫婦也，昆弟也，朋友之交也。不知此言道耶？抑言其似者而已耶？執此而行，亦有所陷者耶？然則道豈真不可言？但人自不識道與器之未嘗相離也，而反求之於昏默無形之中，所以爲是言耳。

「故後世執老子之説以亂天下者有之，而學孔子者無大過。」愚謂善學老子者，如漢文、景、曹參，則亦不至亂天下。如蘇氏之説，則其亂天下也必矣。學孔子者所得亦有淺深，有過無過，未可概論。且如蘇氏，非不讀孔子之書，而其著書立言以惑誤天下後世如此，謂之無過，其可得乎？

「因老子之言以達道者不少，而求之於孔子者嘗苦其無所從。」愚謂因老子之言以達道者不少，不知指謂何人？如何其達而所達者何道也？且曰不少，則非一二人而已。達道者果如是之衆耶？孔子循循善誘，誨人不倦，入德之途坦然明白。而曰常苦其無所從入，則其未嘗一日從事於此，不得其門而入可知矣。宜其析道與器而以仁義禮樂爲無與於道也。然則無所從入之言非能病孔子之道而絶學者之志，乃所以自狀其不知道而妄言之實耳。

「二聖人者，皆不得已也。」愚謂以孔子老聃並稱聖人，可乎？世人譏太史公先黄老後六經，然太史公列孔子於《世家》而以老子與韓非同傳，豈不有微意焉？其賢於蘇氏遠矣。

「全於此必略於彼矣。」愚謂有彼有此，則天下當有二道也。

蘇氏《後序》云：「六祖所云『不思善，不思惡』，即喜怒哀樂之未發也。」愚謂聖賢雖言未發，然其善者固存，但無惡耳。佛者之言似同而實異，不可不察。

又云：「蓋中者佛性之異名，而和者六度萬行之總目也。」愚謂喜怒哀樂而皆中節謂之和，而和者天下之達道也。六度萬行，吾不知其所謂。然毁君臣，絶父子，以人道之端爲大禁，所謂達道，固如是耶？

又云：「天下固無二道，而所以治人則異。君臣父子之間，非禮法則亂；知禮法而不知道，則世之俗儒不足貴也。居山林，木食澗飲而心存至道，雖爲人天師可也。而以之治世則亂。古之聖人中心行道而不毁世法，然後可耳。」愚謂天下無二道，而又有至道、世法之殊，則是有二道矣。然則道何所用於世，而世何所資於道耶？王氏有「高明處己，中庸處人」之論，而龜山楊公以爲如此明是道常

無用於天下，而經世之務皆私智之鑿。愚於蘇氏亦云。（《晦庵集》卷七十二，又見《雜學辨》）

【朱子語類卷一百三十】問：「二蘇之學得於佛老，於這邊道理，元無見處，所以其説多走作。」曰：「看來只是不會子細讀書。它見佛家之説直截簡易，驚動人耳目，所以都被引去。聖賢之書，非細心研究不足以見之。某數日來，因間思聖人所以説個『格物』字，工夫盡在這裏。今人都是無這工夫，所以見識皆低。然格物亦多般，有只格得一兩分而休者，有格得三四分而休者，有格得四五分、五六分者。格到五六分者已爲難得。今人原不曾格物，所以見識極卑，都被他引將去。二蘇所以主張箇『一』與『中』者，只是要恁含糊不分別，所以横説豎説，善作惡作，都不會道理也。然當時人又未有能如它之説者，所以都被他説動了。故某嘗説，今人容易爲異説引去者，只是見識低，只要鶻突包藏，不敢説破。纔説破，便露脚手。所以都將『一』與『中』蓋了，則無面目，無方所，人不得而非之。」僩。

【同上卷一百三十七】因又説《老子》「載營魄」。「昨日見温公解得揚子『載魄』没理會，因疑其解《老子》，亦必曉不得。及看，果然。但注云：『「載營魄」闕。』只有此四字而已。潁濱解云：『神載魄而行。』言魄是箇沈滯之物，須以神去載他，令他外舉。其説云：『聖人則以魄隨神而動，衆人則神役於魄。』據他只於此間如此强解得，若以解《揚子》，則解不得矣。又解魄做物，只此一句便錯。耳目之精明者爲魄，如何解做物得！又以一爲神，亦非。一正指魄言，神抱魄，火抱水也。温公全不理會修養之學，所以不曉。潁濱一生去理會修養之術，以今觀之，全曉不得，都説錯了。河上公固是胡説，如王弼也全解錯了。王弼解載作處，魄作所居，言常處於所居也，更是胡説！據潁濱解《老子》，全不曉得《老子》大意。他解神載魄而行，便是箇剛强外舉底意思。老子之意正不如此，只是要柔伏退步耳。觀他這一章盡説柔底意思，云：『載營魄，抱一，能無離乎？專氣致柔，能如嬰兒乎？天門開闔，能爲雌乎？』《老子》一書意思都是如此。它只要退步不與你争。如一箇人叫哮跳躑，我這裏只是不做聲，只管退步。少間叫哮跳躑者自然而屈，而我之柔伏應自有餘。老子心最毒，其所以不與人争者，乃所以深争之也，其設心措意都是如此。閑時他只是如此柔伏，遇著那剛强底人，它便是如此待你。張子房亦是如此。如云『推天下之至柔，馳騁天下之至堅』，又云『以無爲取天下』，這裏便是它無狀處。據此，便是它柔之發用功效處。又，《楚詞》也用『載營魄』字，其實與潁濱解《老子》同。若《楚詞》恐或可如此説。以此説《老子》，便都差了。」

佚　名〔一〕

【群書會元截江網卷三十四】蘇子由亦爲《老子》注解，其有不合於吾道者，亦還就而爲之辭。

〔一〕此書著者及時代未定。《四庫全書總目提要》曰：「不著撰人名氏。首題太學增修。中有淳祐、端平年號，蓋理宗時程試策論之本也。元時麻沙刻本，前有至正七年東陽胡助序。黄虞稷《千頃堂書目》遂指爲助撰，誤矣。」暫置於此。

元

牟巘

【杜南谷老子原旨序（節録）】至蘇子由，直以是謂襲明，爲釋氏之傳燈，《老子》亦豈意其末流之至此也。（《陵陽集》卷十二）

明

崔銑

【答薛考功君采書（節録）】王弼、蘇轍古人稱其知老，予謂二子高才逸抱，不獲於時，託於方外之言以自雄耳。（《洹詞・休集》卷六）

楊慎

【丹鉛餘録卷十三】河上公、李軌、蘇子由、林希逸、劉會孟諸家解此，不特失《老子》之旨。

【擬過秦（節録）】蘇子由之言曰：「天厭喪亂，假手于秦，秦亦淫虐，無以受之。於是不韋乘隙納妾于秦，以亂其後，六國未亡，而嬴氏先亡矣。及至二世，戮諸公殆盡，而後授首劉、項。老子曰：『天網恢恢，疎而不漏。』不觀其微，孰知其故哉！」以此推之秦初未始得也。（《升菴集》卷七十）

《龍川略志/別志》

（一）目録序跋

紀昀

【四庫全書總目提要】《龍川略志》十卷、《別志》八卷內府藏本，宋蘇轍撰。轍有《詩傳》已著録。案晁公武《讀書志》載《龍川略志》六卷，《別志》四卷，稱轍元符二年夏居循州，杜門閉目，追維平昔，使其子遠書之於紙。凡四十事，其秋復紀四十七事。此本《龍川略志》作十卷，《別志》作八卷，《略志》凡三十九事，較晁公武所紀少一事。《別志》則四十八事，較晁公武所紀又多一事。蓋商維濬刻本離析卷帙，已非其舊。又誤竄《略志》中一事入《別志》中，並轍序所稱十卷之文亦濬所追改也。《略志》惟首尾兩卷，紀雜事十四條，餘二十五條皆論朝政，蓋是非彼我之見，至謫居時猶不忘也。然惟記衆議之異同，而不似王安石、曾布諸《日録》，動輒歸怨於君父。此轍之所以爲轍歟。《別志》所述，多耆舊之餘聞。朱子生平以程子之故，追修

洛、蜀之舊怨，極不滿於二蘇，而所作《名臣言行録》，引轍此志幾及其半。則其説信而有徵，亦可以見矣。（卷一百四十）

傅增湘

【校影宋本龍川略志别志跋】

鄉人李香嚴廉訪舊藏宋刊本《龍川略志》、《别志》，號爲孤本秘笈。廉訪身後，篋藏盡散，是書爲吴門顧鶴逸所得。辛亥以還，余數數往來吴中，因識鶴逸於怡園，或覯是書，昨歲更影寫一本相寄，將以入吾《蜀賢遺書》中。按宋本《略志》六卷，《别志》四卷，各冠以序。《略志》序於元符二年孟夏二十九日，《别志》則其年孟秋之二十二日也。半葉十一行，每行二十二、三字不等，黑口，左右雙欄，板心下方記人名。刊工可辨者有楊儀、吴祐、何澄、仝一、陸祐、朱信諸名。各卷無標目，《略志》序云凡四十事，今《百川學海》本標目祇三十九，然宋本論青苗下，鹽法鑄錢乃别爲一則，是仍四十事也。《别志》序云四十七事，今《稗海》本爲五十一事，然「丁謂逐李迪」條下，與王沂公傾丁謂事爲一；「章獻皇后崩」條下，與發章懿喪爲一，「元昊既叛」條下，與下元昊久叛邊兵屢屈爲一；「元祐中蔡確坐弟碩事」一條下，至彰州之禍云云，《稗海》本誤分爲二，是仍四十七事也。《提要》因卷數事目今本與《晁志》所載不合，遂疑商刻有離析卷帙、誤竄條文之謬，不知《百川》、《稗海》兩志分刻，固未嘗紊也。近人夏君敬觀校勘此書，又疑今之《略志》爲宋人删節《龍川志》及《别志》兩書爲之，而今之《别志》則掇於《略志》所遺，不出宋人之手云云，益復枝蔓百出。其實宋本《略志》六卷、《别志》四卷，所列事目與序文適合，證之《晁志》，初無差異，斷然爲公武所見之本。後人不得見宋刻，又誤於《百川》本之析六卷爲十卷，《稗海》本之併四卷爲二卷，又失去序文，於是糾紛益起，不可爬梳矣。至其卷第之異，則今本卷一、二及卷十爲宋本第一卷，今本卷三、四爲宋本第二卷，今本卷五爲宋本第三卷，今本卷六爲宋本第四卷，今本卷七爲宋本第五卷，今本卷八、九爲宋本第六卷。《别志》次第不紊，惟析上、下卷爲四卷耳。

若其文字之脱逸，殆不可勝數，兹舉其大者：《略志》卷三，論摧河朔鹽利害，末行「竟聽議」下，脱「者摧之，至元祐而罷，今又復摧矣」十三字。卷四「議賣官麴」條，「同幹酒事」下，脱「者不下三人，三八二十四人乃能辦此課利，今議罷摧酒」二十二字。卷六「皇后外家推恩」條，「入宫故事」下，脱「章獻、章懿、章惠三家近親李用」十二字；「西夏請和」條，「趙高姻家」下，脱「故爲此議。一日宰相既入尚書省，予與子功韓師朴劉」二十一字。卷七「議修河决」條，「所以且用安持。某曰」下，脱「水官一頭項利害不小，奈何以小人主之？《易》曰：『開過承家，小人勿用』，未聞小人有可用之地也。此後是非終不能决。會宣仁晏駕，九年正月，都水監乞塞河梁村口，縷張包决口，開清豐口以東雞爪河。八日，某祈穀宿齋，朝廷即指揮吴安與北京留守許將相度施行。是時，微仲爲山陵使，范堯夫爲中書相。堯夫舊不直東流議，予告之，曰：『當與微仲議定，乃令西去。』即與二相議，再降朝旨，令都水監與本路安、提舉同議，即一面施行，有異議疾速聞奏。既而許將乞候過漲水，河果東即閉西口，果西即閉東口，東西雙行，即徐觀其變。趙偁乞開鬬村河門及澶州故道。二十六日，崇政殿進呈，堯夫曰：『許將之言事理稍便，或令與吴安持同議，一面施行。』某曰：『大河之勢，本東高西下，去年北京留守蒲宗孟以都城危急，奏乞於西岸增築馬頭二百步，約水向東。朝廷指揮水官與安撫、提轉司保明，如委得北流東流，上流别無疏虞，然後施行。遂乞減馬頭一百步。然是秋漲水爲馬頭所激，轉射東岸，漂蕩德清軍第一埽，爲害最大。及漲』」三百四十七字。卷十「鄭仙姑」條，「然處女也。予」下，脱「曰：『室家人理之常』」七字。

《别志》卷上，「柴后」條「河陽守」下，脱「見其神色不少變」七字；張永德條，「輒以獻。藝祖」下，脱「深德之，而不知其故也。其後太宗當娶符氏，后謀於藝祖曰：『符氏大家，而吾家方貧，無以爲聘，奈何？』藝祖」四十字；周顯德末年條，「既見」下，脱「太祖質曰：『先帝養太尉如子，今身未冷，奈何如此？』」二十九字；「契丹既受盟而歸」條，「每有自多之色」下，脱「雖上亦以自得也」七字；「則與天瑞無異也」下，脱「上久之乃可。然王旦方爲相，上心憚之，曰：『王旦得無不可乎？』欽若曰：『得以聖意喻旦，宜無不可。』乘間爲旦言，黽俛而從。然」四十六字；「上由此意決」下，衍「詩旦」二字，脱「遂召王旦飲酒於内中，歡甚，賜以樽酒，曰：『此酒極佳，歸與妻孥共之！』既歸，發之乃珠子也。由是天書、封禪等事旦不復異議」四十七字；「内侍雷允恭既有力於謂」條，「吾不於汝惜差遣」下，脱「顧汝少而寵幸，不歷外任，今官品已高，近下差遣難以與汝，若近上名目」二十八字；「李文定與吕文靖同作相」條，「吕公爲沂公言曰」下，脱「『孝先求復用，公能容之否？』許公許諾。宣獻曰」十七字。《别志》卷下「劉從愿妻」條，「出入内庭」下，脱「或云得幸於上，外人無不知者」十二字，「英宗皇帝」條，「或言」下，脱「治平中京師置福田左右院，養丐者千人，或由此故也」二十字；小注「帝疾甚」下，脱「時有不遜語」五字；「慈聖意不釋」下，脱「曰：『皇親輩皆笑太后欲於舊渦尋兔兒』」十五字；「獨琦不動」下，脱「曰：『太后不要胡思亂量』」九字；「治平中韓魏公建議」條，「光終不敢信」下，脱「非獨光不敢」五字；「曹瑋之守秦州」條，「招來蕃族」下，脱「獻寨中地，置弓箭手，古渭孤絶之患則除。蕃族」十八字。

其餘單詞隻字，增訂改易者，《略志》以《百川》本校正，通得一千二百七十二字；《别志》以《稗海》本校正，通得六百五十五字。而宋本脱文漏句亦偶一、二見，更賴《百川》、《稗海》兩本以正之。嗟乎！此帙戔戔不盈百葉，經後人一再傳刻，而卷帙紊亂，文字漏訛，使學者莫尋其端緒，至因陋儒之妄改，翻疑及《晁志》記録之誤差，設非余親見得宋本，將無以閒執悠悠之口。然則古今著作，剥落於隸史削公之手者，可勝計哉！可勝歎哉！（《藏園群書題記》卷八《雜家類・雜考》）

（二）資料彙編

宋

洪　邁

【容齋隨筆卷八】寇公免相四十日，周懷政之事方作，温公《記聞》、蘇子由《龍川志》、范蜀公《東齋記事》，皆誤以爲因懷政而罷，非也。予嘗以《錢録》示李燾，燾采取之。又誤以召晏公爲寇罷之夕，亦非也。

朱　熹

【朱子語類卷一百三十】《龍川志序》所載，多得之劉貢父。

李心傳二則

【舊聞證誤卷二】章懿之崩，晏殊撰志文曰：「生女一人，早卒。無子。」仁宗恨之。及親政，内出志文以示宰相，吕文靖解之，上默然，乃命殊出守金陵。如許公保全大臣，真宰相也。及殊作相，八王疾革，上往問疾。王曰：「叔久不見官家，不知今誰作宰相？」上曰：「晏殊也。」王曰：「此人名在圖讖，胡爲用之？」上并記志文事，欲重黜殊。宋祁草麻力争之，乃降二官，知潁州。詞曰：「廣營産以殖私，多役兵而規利。」以他事罪之，殊免深譴，祁之力也。出蘇轍《龍川别志》按《國史》，明道二年三月，章獻崩。四月乙未，宰相呂夷簡判澶州，執政晏殊等五人皆遷一官。罷恐非緣志文事也。是時，許公例罷去，安得救解元獻耶？慶曆四年正月，燕王薨。九月，晏公乃罷相，實用蔡君謨、孫之翰章疏也。「殖私」「規利」亦章疏中語。文定所記二事皆誤。

【同上卷二】曾布云，晏元獻當國，宋子京爲翰林學士，晏愛宋之才，雅欲旦夕相近，遂税一第於旁近，遷居之。遇中秋啓宴，召宋，出妓，飲酒賦詩，達旦方罷。翌日，晏罷相，宋當草詞，頗極詆斥，至有「殖私」「規利」之語。方子京揮毫之際，宿酲尚在，左右觀者亦駭歎。闕書名。出魏泰《東軒筆録》按「殖私」「規利」章疏中語也。元獻實以九月十二日罷，去中秋遠矣。蘇子由謂景文救解元獻，曾子宣謂景文詆斥晏公，二者皆誤。

俞　琰二則

【席上腐談卷上】蘇子由云：「古説左腎，其腑膀胱；右命門，其腑三焦。丈夫以藏精，女子以繫胞。以理推之，三焦皆如膀胱，有形質可見。而王叔和言三焦有名無狀，不亦謬乎！」曾虎臣云：「按，《白虎通·性情篇》謂上焦若竅，中焦若編，下焦若瀆。」據此則三焦有形質矣，叔和既不察，而子由亦偶忘之耶！

【周易參同契發揮下篇】蘇子由晚年問養生之説於鄭仙姑，仙姑曰：「君器敗矣，難以成道。」蓋藥材貴乎早年修煉，若至晚景行持，則老來精虧氣耗，鉛枯汞少，縱能用力，惟可住世安樂爾。《翠虛篇》云：「分明只在片言間，老少殊途有易難。」蓋謂此也。

金

王若虛

【議論辨惑】《子由雜誌》記道人犯罪，不可加刑事。其言甚鄙，非惟屈法容姦，有害正理，而區區妄意于神仙，殊爲可笑。蓋蘇氏議論闊疎者非一，而此等又其尤也。（《滹南集》卷三十）

明

鄧伯羔

【藝彀卷中】「蘇氏檮杌」：蘇子由《龍川志》載程琳獻章獻太后《武后臨朝圖》，刺其阿附也。其裔孫敏政辨其非阿附，直隱諷耳。事在正史不詳，忠佞未可知。而敏政仇之至，作《蘇氏檮杌》以詆三蘇父子，其用意過矣。夫子瞻與程氏不相能，曲不盡在子瞻也。即程氏不肯分過，而左袒者率爾同聲。文章節義，日星並朗，誰能爲子瞻掩乎？敏政之言曰：「先文簡公，伊川之從伯父也，蘇氏所以誣之也，是以小人之心度君子之腹也。其摭琳知開封時，論王蒙正不法事，以爲不附太后之證。世之人豈無色厲内荏者乎？豈無外離中合者乎？又豈無始正終邪者乎？此一事政不足爲琳重也。」春秋復九世之讐，而敏政修數百年以前睚眦之怨，其用意誠過矣！過矣！

清

于敏中

【御製文初集卷二十二】「記載」：記載之失實，雖正史不能免，而莫甚於稗野之剌謬……如《聞見録》《龍川志》之紀范仲淹、富弼，論晁仲約之事……邵伯温吾不惜，而獨惜蘇轍。尚稱具正知卓識者，亦爲此卑謬之論，豈其未之思乎？抑或未曾質諸其兄以爲何如乎？

五、集部（《欒城集》）

《欒城集》

（一）目録序跋

紀　昀

【四庫全書總目提要】《欒城集》五十卷、《欒城後集》二十四卷、《欒城三集》十卷、《應詔集》十二卷

内府藏本，宋蘇轍撰。轍有《詩傳》，已著録。按晁公武《讀書志》、陳振孫《書録解題》載《欒城諸集卷目並與今本相同。惟《宋史·藝文志》載《欒城集》八十四卷、《應詔集》十卷、《策論》十卷、《均陽雜著》一卷。焦竑《國史·經籍志》則又于《欒城集》外别出《黄門集》七十四卷，均與晁、陳二家所紀不合。今考《欒城集》及《後集》、《三集》共得八十四卷，《宋志》蓋統舉言之。《策論》當即《應詔集》，而誤以十二卷爲十卷，又複出其目。惟《均陽雜著》未見其書，或後人掇拾遺文、别爲編次而佚之歟？至竑所載《黄門集》，宋以來悉不著録，疑即《欒城集》之别名，竑

不知而重載之。《宋志》荒謬，《焦志》尤多舛駁，均不足據，要當以晁、陳二氏見聞最近者爲准也。其正集乃爲尚書左丞時所輯，皆元祐以前之作。《後集》則自元祐九年至崇寧四年所作。《三集》則自崇寧五年至政和元年所作，《應詔集》則所集策論及應試諸作。轍之孫籀撰《欒城遺言》，於平日論文大旨叙録甚詳，而亦頗及其篇目。如紀辯才塔碑，則云見《欒城後集》，于《馬知節文集跋》、《生日漁家傲詞》諸篇之不在集中者，則並爲全録其文，以拾遺補闕。蓋集爲轍所手定，與東坡諸集出自他人裒輯者不同。故自宋以來，原本相傳，未有妄爲附益者。特近時重刻甚稀。此本爲明代舊刊，尚少訛闕。陸游《老學庵筆記》稱，轍在績溪贈同官詩，有歸報仇梅省文字，麥苗含穟欲蠶眠句，譏均州刻本輒改作仇香之非。今此乃作仇梅，則所據猶宋時善本矣。

（卷一百五十四）

鄧　光〔一〕

【淳熙刻本序】右欒城先生家集，校閩、蜀本篇目，間有增損。從郡齋紬繹其故，蓋復官謝表後所附益章疏稿有所削也。於政事書、條例司狀，見公入朝之始，揆事中遠，如漢賈誼。議河流、邊事、茶、役法，分别君子小人之黨，反復利害，深入骨髓，竊比之陸宣公贄。歌詩千數百篇，曾無幾微見用舍廢

〔一〕以下六篇輯自《欒城集》曾棗莊，馬德富點校本，上海古籍出版社。

興之異。晚歲杜門潁川,《喜秋稼》句曰:「我願人心似天意,愛惜老弱憐孤貧。」仁民愛物,可謂「中心藏之,何日忘之」矣。伏讀斂袵,請事斯語。淳熙六年七月望日,從政郎充筠州州學教授鄧光謹書。

蘇　詡

【淳熙刻本序】《太師文定欒城公集》刊行于時者,如建安本,頗多缺謬;其在麻沙者尤甚,蜀本舛亦不免,是以覽者病之。今以家藏舊本前後并第三集合爲八十四卷,皆曾祖自編類者。謹與同官及小兒輩校讎數過,鋟版於筠之公帑云。時淳熙己亥中元日,曾孫朝奉大夫權知筠州軍州事詡謹書。

蘇　森

【開禧刻本序】先文定公《欒城集》,先君吏部淳熙己亥守筠陽日,以遺稿校定,命工刊之。未幾被召到闕,除郎。因對,孝宗皇帝玉音問曰:「子由之文平淡而深造於理。《欒城集》天下無善本,朕欲刊之。」先君奏曰:「臣假守筠陽日,以家藏及閩蜀本三考是正,鏤板公帑,字畫差太粗,亦可觀,容臣進呈。」對畢得旨:「速進來。」翌朝,上詣德壽宮,起居升輦之際,宣諭左右催進。後聞丞相魯國正公、丞相鄭國梁公云:「上置諸御案上,日閱五板。」森無所肖似,濫承人乏,到官之初，重念先君所刊家集遭際乙夜之觀，實爲榮遇。其板以歲久，字畫悉皆漫滅，殆不可讀，今撙節浮費，迺一新之。昔文忠、文定二祖，筠實舊遊之地，邦人建祠祝之。又況先君嘗守是邦，遺愛在人，此集之再刊，亦從邦人之請也。開禧丁卯上元日四世孫朝奉郎權知筠州軍州事蘇森謹書。

崔廷槐

【蜀藩刻本序】《欒城集》暨《欒城後集》、《三集》凡八十四卷，宋蘇文定公潁濱先生所著。我皇明蜀王殿下所刻也。巡撫臺東阜劉公、監察侍御合川王公胥有論撰，弁之首簡。金輝玉潤，光映縹緗。廷槐睹而歎曰：嗟乎，可以傳矣！夫文章與世運，相爲流通者也。六籍以還，作者相繼，春秋、戰國、先秦、兩漢、魏、晋、齊、梁之間，屈、宋、班、馬、荀、楊、董、賈、曹、劉、沈、謝、嵇、阮之徒，下逮盛唐李、杜、韓、柳諸公，郁郁彬彬，號稱極盛。雖其體裁、風格、律調、音響，抑揚變化，言人人殊，要之發舒道德之光，闡明鬼神之秘，窮探天地之變，左右典墳，羽翼《風》、《雅》，則異世而同符焉。嗚呼，至矣！宋興，文教炳蔚，詞人輩出。嘉祐以後，眉山三蘇，名擅天下。而一代文宗歐陽文忠公輩，極力爲之延譽。一時學士大夫，聞談三蘇氏，罔弗斂衽敬服，蓋當世之絶倡也。乃文定公以沈静簡潔之資，席家庭師友之訓，平生著作與東坡相上下，而氣充才贍，自成己格。議者謂爲汪洋澹泊，有秀傑之氣。究其所至，蓋已闖李、杜、韓、柳之門，窺古人堂室之奥矣。乃其時有稱述之曰蘇黄，曰歐蘇，曰歐曾蘇，云云然者，類指東坡。而東坡自謂則云：「子實勝我。」豈其兄弟自相標榜耶，抑當時之人，以其父兄之故，而軋之使後耶？今天下之士，崇治理者嘉唐虞，敦行誼者師周孔。鴻名偉績，後先相望。至其發軔之始，文藝之場，無弗躡李、杜、韓、柳、歐、蘇而進焉。則斯集之刻也，固天下之士所願見者。乃歷宋至今，幾數百載，而全編始出。又得博雅諸公崇尚而表章之，謂非斯集斯文之大幸與！廷槐不敏，不足與論古今作者之意。乃幸遊公之鄉，與聞刻集事，而又猥以不腆之辭，附諸群玉之後，故不靳摭拾如右。因長史高君鵬爲王誦焉，若王樂善好禮，崇古右文，賢明之懿，太宰玉溪公校録之勞，通政石川公詡贊之力，暨我東皋公、合川公屬王刻集之故，則前序見之，兹弗敢贅也。嘉靖辛丑夏六月朔四川按察司提督水利帶管提學僉事膠東崔廷槐書。

劉大謨

【蜀藩刻本序】物之顯晦，各有其時。故荆山之玉，俟卞和而始獻；豐城之劍，待雷焕而始出；鹽車之驥，須伯樂而始重。況文章爲天地間至寶，弗遇其人，則空歷年所，湮没無聞，曾謂顯晦不有時乎？有宋文運弘開，五星再聚，故三蘇並出於眉山。若文定者天性高明，資稟渾厚。既有父文安以爲之師，又有兄文忠以爲之友。故其文章，遂成大家。議者謂其汪洋澹泊，深醇温粹，似其爲人。文忠亦嘗稱之，以爲實勝於己，信不誣也。夫何老泉、東坡全集盛行，獨公所著雖附

《三蘇集》，而采輯未備，雖有《潁濱集》，而脱誤實多，君子未嘗不三歎焉。玉溪家有《欒城集》善本，謀諸石川。以公眉人也，故托合川欲刻之眉州。合川能以是書爲己任，謀諸藩臬，謂公蜀産也，故命有司欲刻之蜀省。蜀王殿下聞之，毅然曰：「文定，三蜀之豪傑也，其文章，三蜀之精華也，孤忝主蜀，可諉之他人乎？」於是令高長史鵬、舒教授文明校正鋟梓，以廣其傳。噫，文定之文，固無終晦之理。然匪玉溪則夜光藴於石，匪石川、合川則龍精沉於獄；匪蜀殿下則驊騮緑耳混於駑駘款段，又烏能有今日之顯哉？玉溪乃張公名潮，吏部左侍郎，四川内江人。石川乃張子名寰，通政司右參議，直隸崐山人。合川乃王子名珩，巡按四川監察御史，直隸交河人。蜀殿下則號適庵，實我太祖高皇帝七葉孫，其樂善好古，率多類此云。嘉靖二十年歲在辛丑五月吉日儀封劉大謨書。

王　珩

【蜀藩刻本序】

余庚子被命按蜀，數月得吾師玉溪公所録《欒城集》八十四卷。通政張子石川亦以書道公意，謂文定眉之文英，其所爲文與詩宜刻於眉，庶先賢精華不至淪没。此公意也。是時適秋試士，未暇付之有司。既而撤闈，又聞蜀王殿下素被服禮義，學閑詩書，常于寒士爲忘勢之交，尤好蓄古今書籍。迺與巡撫東阜公以其集詢之王。王大悦，謂三蘇西蜀豪傑，宋興文運之盛，以文鳴於世，與歐陽公並稱者，蘇之外無聞焉。文定之文與詩，又素稱沖雅，不事艷麗，今幸得睹其全集，即命付諸鋟，不必眉也。復令長史高鵬與教授等官司其事。余時亦以地方少歉，南歷嘉眉。公暇即詣蘇祠訪其遺跡，亦以夙仰其風也。有指其池以相告者曰：「此東坡所浚蓮池，即其讀書處也。」近有生徒剗荷爲畹，樹以稻，其人夜夢三蘇公令人笞之。既而司道來謁，詰之得其狀，怒而重責之，禁不得再藝。衆皆異之，謂東坡之精靈未泯也。有指其樹以相告者曰：「此者，老泉手所植榆也。」大數十圍，中枯有罅，可容數人，牧童往往攀入戲蹂。近以塵飛雨注，罅漸以合，而枝葉復生。衆皆異之，謂老泉之精靈未泯也。嗚乎，池開於東坡，樹植於老泉，數百年之後猶能使盜者被譴，枯者起榮；況其所爲文與詩，發乎性情，會乎神景，才思精緼，盡在于斯，使其淪没不傳於世，彼文定者其在天之靈又當何如也邪！

或又曰：眉舊有《三蘇集》，迺前大巡朱雨崖檄其州守所刻也，謂三蘇眉人，而眉無集刻，亦所以重其里也。但板已昏漶，而詩體未備，終爲缺典也。然則今日斯集之刻，是又不但補蘇集之未備，而文定公數百年才思所發，得以流布天下，垂諸不朽。其視東坡之蓮，老泉之榆，水木花草，一物之微，尚克永世者，豈可同年語邪？歸成都，適集刻告成，因以所聞者爲王言之。王喜其說，謂此正不忘先賢遺澤之意也。遂書以爲序。嘉靖辛丑夏五月巡按四川監察御史前翰林起士交河王珩序。

（二）尺牘題記

宋

蘇　軾　一百五十九則〔一〕

【與子由弟十首之一】（以下俱黄州）：或爲予言，草木之長，常在昧明間。早起伺之，乃見其拔起數寸，竹筍尤甚。夏秋之交，稻方含秀，黄昏月出，露珠起於其根，纍纍然忽自騰上，若推之者，或綴於莖心，或綴于葉端。稻乃秀實，驗之信然。此二事，與子由養生之説契，故以此爲寄。

【同上之二】子由爲人，心不異口，口不異心，心即是口，口即是心。今日忽作禪語，豈世之自欺者耶？欲移之於老兄而不可得。如人飲水，冷暖自知，死生可以相代，禍福可以相共，惟此一事，對面相分付不得。珍重！珍重！

【同上之三】〔二〕：任性逍遥，隨緣放曠，但盡凡心，無別勝解。以我觀之，凡心盡處，勝解卓然。但此

〔一〕此部分卷數標示以《蘇文忠公全集》七十五卷本爲依據。

〔二〕《全宋文》校記云：《外集》卷四十四題作《書子由答孔平仲二偈後》，趙刻《志林》題作《論修養帖寄子由》。

勝解，不屬有無，不通言語，故祖師教人，到此便住。如眼翳盡，眼自有明，醫只有除翳藥，何曾有求明方？明若可求，即還是翳。固不可於翳中求明，即不可言翳外無明。而世之昧者，便將頽然無知，認作佛地。若如此是佛，貓兒狗子，得飽熟睡，腹摇鼻息，與土木同，當恁麽時，可謂無一毫思念，豈可謂貓兒狗子已入佛地？故凡學者，但當觀心除愛，自麤及細，念念不忘，會作一日，得無所除，弟以教我者是如此否？因見二偈警策孔君，不覺悚然，更以問之。書至此，牆外有悍婦與夫相毆，詈聲飛灰火，如猪嘶狗嘷。因念他一點圓明，正在猪嘶狗嘷裏面。譬如江河鑑物之性，長在飛沙走石之中，尋常静中推求，常患不見。今日鬧裏忽捉得此子，如何！如何！元豐六年三月二十五日夜，已封書訖，復以此寄子由。

【同上之四】〔一〕：某近絶少過從，賓客知其衰懶，不能與人爲輕重，見顧者漸少，殊可自幸。昨日偶見子華，歎老弟之遠外久之。蒙見囑，聞過必相告。近者舉劉太守一事，體面極生，不免有議論。吾弟大節過人，而小事或不經意，正如作詩高處可以追配古人，而失處或受嗤於拙目。薄俗正好點檢人，小疵，不可不留意也。

【同上之五】（在杭州）：明日，兄之生日。昨夜夢與弟同自眉入京，行利州峽，路見二僧，其一僧，鬚髮皆深青，與同行。問其向去災福，答云：「向去甚好，無災。」問其京師所須，「要好朱砂五六錢」。

〔一〕《全宋文》校記云：此首又見《七集·續集》卷六，爲《答王定國三首》之第三首。待考。

又手擎一小卵塔，云：「中有舍利。」兄接得，卵塔自開，其中舍利粲然如花。兄與弟請吞之。僧遂分爲三分，僧先吞，兄與弟繼吞之，各一兩掬，細大不等，皆明瑩而白，亦有飛進空中者。僧言：「本欲起塔，卻吃了。」弟云：「吾三人肩各置一小塔便了。」兄言：「吾等三人，便是三所無縫塔。」僧笑，遂覺。覺後胸中噎噎然，微似含物。夢中甚明，故閑報爲笑耳。

【同上之六】（赴定州）：某爲迫行事冗，不及作孫子發書，乞爲致意。近者奏辟，吏部胥子初妄執言，本官係合入遠人，礙辟舉條，及反復詰之，乃始伏云。若今年九月二十七日本官成資後別無遺闕，即不該入遠，可以奏辟。某尋有公文申部，乞會問本州，即見得成資已前有無遺闕。凡争數日，乃肯據狀會同。請與孫子發言，略説與本州官員，言早與果决分明，回一成資無遺闕文字來，免爲猾胥妄生枝節。或更孫宣德與一願就及本州官員及所填替非有服親一狀，尤佳。京師，大抵官不事事而吏横也。

【同上之七】（在惠州）〔一〕：惠州市井寥落，然猶日殺一羊，不敢與仕者争買。時囑屠者買其脊骨耳。骨間亦有微肉，熟煮熱漉出，不乘熱出，則抱水不乾。漬酒中，點薄鹽炙微燋食之。終日抉剔，得銖兩於肯綮之間，意甚喜之。如食蟹螯，率數日則一食，甚覺有補。子由三年食堂庖，所食芻豢，没齒而不得骨，豈復知此味乎？戲書此紙遺之，雖戲語，實可施用也。然此説行，則衆狗不悦矣。

〔一〕《全宋文》校記：此首别見《外集》卷六十一，題作《食羊脊骨説》。

【同上之八】（以下俱北歸）：子由弟：得黄師是遣人賫來二月二十二日書，喜知近日安勝。兄在真州，與一家亦健。行計南北，凡幾變矣。遭值如此，可歎可笑。兄近已决計從弟之言，同居潁昌，行有日矣。適值程德孺過金山，往會之，并一二親故皆在坐。頗聞北方事，有决不可往潁昌近地居者。事皆可信，人所報，大抵相忌安排攻擊者衆，北行漸近，决不静耳。今已决計居常州，借得一孫家宅，極佳。浙人相喜，决不失所也。更留真十數日，便渡江往常。逾年行役，且此休息。恨不得老境兄弟相聚，此天也，吾其如天何！然亦不知天果於兄弟不相聚乎？士君子作事，但只於省力處行，此行不遂相聚，非本意，甚省力避害也。候到定叠一兩月，方遣邁去注官，迨去般家，過則不離左右也。葬地，弟請一面果决。八郎婦可用，吾無不可用也。更破千緡買地，何如？留作葬事，千萬勿徇俗也。林子中病傷寒十餘日，便卒，所獲幾何，遺恨無窮，哀哉！哀哉！兄萬一有稍起之命，便具所苦疾狀力辭之，與迨、過閉户治田養性而已。千萬勿相念，保愛保愛！今託師是致此書。

【同上之九】程德孺兄弟出銀二百星相借，兄度手下尚未須如此，已辭之矣。德孺兄弟意極佳，感他！感他！數日熱甚，舟中揮汗寫此，不及作諸姪書，且伸意。夫人晚年，更且慎護，勿令少有疾，副子孫意。五郎婦，更與照管慰安之，便令五郎往般挈也。八郎續親極好，但吾儕難自言，可託人與説。今師是已除太僕卿，恐遂北行，兄不能見。又恐其省母蘇州，若見，當令人探其意也。少留真，欲葺房緡，令整齊也。五娘、七娘近皆得書，與孫皆安。胡郎亦有書來，甚安，行見之矣。文九作書寫字精好，無勞問訊。伯翁可喜，符亦卓卓，報二姊知。

【同上之十】〔一〕：吾兄弟俱老矣，當以時自娱，此外萬端皆不足介懷。所謂自娱者，亦非世俗之樂，但胸中廓然無一物。即天壤之内，山川草木蟲魚之類，皆吾作樂事也。（《蘇文忠公全集》卷六十）

【答劉巨濟書（節録）】天下近世進人以名，平居雖孔孟無異，一經試用，鮮不爲笑。以此益羞爲文。自一二年來，絶不復爲。今足下不察，猶以所羞者譽之，過矣。舍弟差入貢院，更月餘方出。家孟侯雖不得解，卻用往年衣服，不赴南省，得免解。（同上卷四十九）

【與范元長十三首之十二（節録）】（北歸）同貶先逝者十人，聖政日新，天下歸仁，惟逝者不可及，如先公及少游，真爲異代之寶也。徒存僕輩，何用，言之痛隕何及？某即度庾嶺，欲徑歸許昌與舍弟處。必遂一見昆仲。未間，惟萬萬强食自重。（同上卷五十）

【與劉貢父七首之三】（徐州）某啓：示及回文小闋，律度精緻，不失雍容，欲和殆不可及，已授歌者矣。王寺丞信有所得，亦頗傳下至術，有詩贈之，寫呈，爲一笑。老弟亦稍知此，而子由尤爲留意。淡於嗜好，行之有常，此其所得也。吾儕於此事，不患不得其訣及得而不曉，但患守之不堅，而賊之者未净盡耳。如何？子由已赴南都，十六日行矣。（同上）

【答范蜀公書十一首之七（節録）】（翰林）某碌碌無補，久竊非據，又舍弟繼進，皆以疏愚處必争之地。公議未厭，豈可久安。非遠，當乞一郡以自效，或得過謁，少聞誨語，大幸也。（同上）

〔一〕《全宋文》校記：此首即前卷《與子明兄》一首中「吾兄弟」至「樂事也」一段。姑留以俟考。

【與范子功六首之三】(揚州還朝)見舍弟説,知得雍信,幼孫夭逝,聞之怛然。便欲往見,從者已散去。竊想慈念之深,不能無動,然竟亦何益。惟千萬以理照遣,旦夕面究。(同上)

【同上之五】(揚州還朝)宿來起居佳勝。已馳簡邀伯揚,來日會啓聖,公能枉轡,甚幸。子由明日奠酹後,便往啓聖,公可到彼早食也。某略到押賜處,便往。(同上)

【與范純夫十一首之三】(揚州)到潁半年,始此上問,懶慢之罪,踧踖無地。中間辱書及承拜命貳卿,亦深慶慰。然公議望公在禁林,想即有此拜也。春暖,起居何如?某移廣陵,甚幸。舍弟欲某一到都下乞見,而行路既稍迂,而老病務省事,且自潁入淮矣。不克一别,臨書惘惘。(同上)

【同上之八(節録)】(揚州)公議所屬,想公有以處之矣。私意但望公不力辭,若又力辭,乃似辭難矣。餘亦見子由書中。乍熱,起居如何?乍遠,千萬爲道自愛。(同上)

【同上之十(節録)】(惠州)某謫居瘴鄉,惟盡絶欲念,爲萬金之良藥。公久知之,不在多囑也。子由極安常,燕坐胎息而已。有一書,附納。長子邁自宜興挈兩房來,已到循州,一行並安。過近往迎之,得耗,旦夕到此。某見獨守舍耳。次子迨在許下。子由長子名遲者,官滿來筠省覲,亦不久到。恐要知。六婦與二孫並安健。(同上)

【與司馬温公書五首之二(節録)】(徐州)彭城嘉山水,魚蟹侔江湖,争訟寂然,盜賊衰少,聊可藏拙。但朋遊闊遠,舍弟非久赴任,益岑寂矣。(同上)

【與李公擇十七首之一(節録)】(杭倅)某雖未得即替,然更得於西湖過一秋,亦自是好事。景色如此,

去將安往，但有著衣喫飯處，得住且住也。但恨舍弟相遠，然亦頻得信，亦甚好，恐要知。（同上卷五十二）

【與李公擇十七首之二】（離杭倅）某頓首。某忝命皆出推借，知幸！知幸！始者深欲一到吴興，緣舍弟在濟南，須一往見之，然後赴任。濟南路由清河，而冬深即當凍合，須急去乃可行，遂不得一去别。所懷千萬，非書所能盡也。（同上）

【同上之五（節録）】（徐州）邁往南京，爲舍弟此月十一日嫁一女與文與可子，呼去幹事。憲局尋常少事，何爲乃爾紛紛，想不常如此也。（同上）

【同上之六】（徐州）某再拜。舍弟得信，無恙。但因議公事，爲一倅所怒，日夜欲傾之，念脱去未能爾。子由拙直之性，想深知之，非公孰能見容者，然實無他爾。而人或不亮。牢落如此，爲一農夫而不可得，豈復有意與人争乎？亦不足言，聊可一笑而已。（同上）

【同上之七】（徐州）子由近爲棲賢僧作《僧堂記》，讀之凜然，覺崩崖飛瀑，逼人寒冽也。（同上）

【同上之十三】（黄州）某啓。杜門謝客，甚安適。氣術又近得其簡妙者，早來此面傳，不可獨不死也。子由無恙，十月喪其小女，三歲矣。屢有此戚，固難爲情，須能自解爾。所諭曹光州親情，與卑意會，已作書問子由，次第必成也。皃膵納少許去，然終未知其實，不知所諭果然否，猶賴不曾經服食也。效劉十五體，作回文《菩薩蠻》四首寄去，爲一笑。不知公曾見劉十五詞否？劉造此樣見寄，今失之矣。得渠消息否？莘老必時得書，在徐樂乎？（同上）

【同上之十五】（黄州）與可之亡，不惟痛其令德不壽，又哀其極貧，後事索然。而子由婿其少子，頗有及我之累。所幸其子賢而文，久遠卻不復憂，唯目下不可不助他爾。（同上）

【與錢穆父二十八首之三（節録）】（翰林）惠茶既豐且精，除寄與子由外，不敢妄以飲客，如來教也。然細思之，子由既作臺官，亦不合與喫。薛能所謂「賴有詩情」爾。呵呵。公久外，召還當在旦夕，掃榻奉候矣。不宣。（同上）

【同上之五】（翰林）某近得家報，王郎子立暴卒於奉符，爲之數日悲慟，在告亦緣此也。此君受知於公，想亦爲之悽惋。子由遠使歸來，聞之，煩惱可知。子立只一女子，竟無兒，可傷可傷！冗中，來使告迴。不一一。（同上）

【與滕達道六十八首之二】（密州）某再啓：東武今歲蝗災尤甚，而官吏多方繩以微文，蠲放絶少。自到任，不住有人户告訴，既非檢覆之時，已奏乞體量減放，仍已申聞去訖，或更得明公一言，尤幸也。新法，隊伍已團結次，然有州縣不得干預之説，自古豈有郡守而不得管兵者？其他不便，未可以一二數也。咫尺無緣一見，以盡所懷。昨日得舍弟書，王殿丞又恐卻赴任，果爾，則辟命又未可知也。窮塞圖事，無適而不齟齬，好笑！　好笑！（同上）

【同上之五】（密州）某再拜。舍弟仰玷辟書，荷恩至深。不唯得所託附以爲光寵，又兄弟久别，得少相近，私喜殊深，但未知可決得否。渠朝中更無人，可與問逐，明公憐之，少爲留意，當不難得也。久違左右，所懷千萬，非書所能盡也。（同上）

【同上之十五】（黄州）某再啓：蜀僧遂獲大字以歸，不肖增重矣。感怍之至。蕭相樓詩固見之，子由又説樓之雄傑，稱公之風烈。記文固願掛名，豈復以鄙拙爲解。但得罪以來，未嘗敢作文字。《經藏記》皆迦語，想醖釀無由，故敢出之。若此文，當更俟年載間爲之，如何？仲殊氣訣，必得其詳，許傳授，莫大之賜也。此道人久欲游廬山，不知有行期未？若蒙他一見過，又望外之喜也。數年來，覺衰，不免回嚮此道矣。不一一。（同上）

【同上之二十一】（黄州）某閑廢無所用心，專治經書。一二年間，欲了卻《論語》、《書》、《易》，舍弟亦了卻《春秋》、《詩》。雖拙學，然自謂頗正古今之誤，粗有益於世，瞑目無憾也。又往往笑不會取快活，真是措大餘業。聞令子手筆甚高，見其字，想見其人超然者也。（同上）

【同上之二十二】（黄州）某啓：專使至，遠辱手誨累幅，伏讀感慰。所喜比來起居康勝，不足云也。某凡百如常，杜門謝客已旬日矣。承見教，益務閉藏而已。近得筠州舍弟書，教以省事，若能省之又省，使終日無一語一事，則其中自有至樂，殆不可名。此法奇秘，惟不肖與公共之，不可廣也。晝本亦可摹，爲省事故，亦納去耳。今卻付來使，不罪。吴畫謾附去。冬至後，齋居四十九日，亦無所行運，聊自反照而已。願公深自愛養。區區難盡言，想識此意也。（同上）

【同上之三十八】（離黄州）某到此，時見荆公，甚喜，時誦詩説佛也。公莫略往一見和甫否？餘非面莫能盡。某近到筠見子由，他亦得旨指射近地差遣，想今已得替矣。吴興風物，足慰雅懷。郡人有賈收耘老者，有行義，極能詩，公擇、子厚皆禮異之，某尤與之熟，願公時一顧，慰其牢落也。近過文肅

公樓，徘徊懷想風度，不能去。某至楚、泗間，欲入一文字，乞於常州住。若幸得請，則扁舟謁公有期矣。（同上）

【同上之四十七】（趙登州）某啓：前蒙惠建茗，甚荷。醉中裁謝不及，愧悚之極。登州見闕，不敢久住，遠接人到，便行。會合邈未有期，不免悵惘。舍弟召命，蓋虚傳耳。君實恩禮既異，責望又重，不易！不易！某舊有《獨樂園》詩云：「兒童誦君實，走卒知司馬。持此將安歸，造物不我捨。」今日類詩讖矣。見報，中憲言玉汝右揆，當世見在告，必知之。京東有幹，幸示諭。（同上）

【同上之五十二】（登州）某啓：入春來，連日雨，今日忽晴快。所居江山爽秀，悵然懷公，不知頗作樂否？近得安道公及張郎書，甚安健。子由想已過矣。青州資深，相見極歡。今日赴其盛會也。閑恐要知。（同上）

【同上之五十六】（登州）某干求累子，已蒙佳惠，又爲别造朱紅，尤爲奇妙。物意兩重，何以克當。捧詑，感愧無量。舊者昨寄在常州，令子由帶入京。俟到，不日便持上也。（同上）

【同上之六十】（登州）某屏居如昨，舍弟子由得安問，此外不煩遠念。久不朝覲，緣此得望見清光，想足慰公至意。其他無足云者。貴眷令子，各計安勝。月中前，急足遠寄，必已收得。略示諭。（同上）

【同上之六十七】（翰林）某再啓：瀛州之命，既以先諱爲辭，想當易地耶？所云杭，已除元素，計必聞之矣。佳夢，豈特公愛我之深，發於想念爾。批示黨人，甚堪一笑而已。子由除户侍，方欲辭免也。閑恐知之。孔經甫外制，顧將軍夕拜，張仲舉待制，皆恐要知。廣大格豈敢望李愸子耶？然亦有

一長從來，不敢使倅及賴耳，想當一笑。寄惠地黄煎，感服厚念。（同上）

【與文與可三首之一（節録）】（徐州）彭門無事，甚可樂。但未知今夏得免水患否。子由頻得書，甚安。示諭秋冬過親，甚幸甚幸！今嗣昆仲各計安勝，爲學想皆成就矣。（同上）

【與王定國四十一首之五（節録）】（黄州）在彭城作黄樓，今得黄州；欲换武，遂作團練。皆先讖。因來書及之，又得一笑也。子由不住得書，必已出大江，食口如林，五女未嫁，比僕又是不易人也。奈何奈何！（同上卷五十二）

【同上之十二】（黄州）來詩要我畫竹，此竟安用，勉爲君作一紙奉寄。子由甚安。吾儕何嘗不禪，而今乃始疑子由之禪爲鬼爲佛，何耶？丹砂若果可致，爲便寄示。吾藥奇甚，聊以爲閑中詭異之觀，决不敢服也。（同上）

【同上之十五】（黄州）某啓：昨日遞中得子由書，封示定國手簡，承已到江西，尊體佳健。忠信之心，天日所照，既遂生還，晚途際遇，未可量也。容采老少比舊不帶黄茅氣色否？呵呵。前此發書，并令子由轉去，必達。來教云，此月五六可到九江，而子由書十一月方達。今且謾遣人，不知猶及見否？無緣一的爲賀。引領神馳，惟萬萬自愛。速遣此人，書不能盡言，遞中續上問也。不宣。（同上）

【同上之二十】（翰林）數日卧病在告。不審起居佳否？知今日會兩壻，清虚陰森，正好劇飲，坐無狂客，冰玉相對，得無少澹否？扶病暫起，見與子由簡大駡，書尺往還，正是擾人可憎之物，公乃以此爲喜怒乎？仙人王遠云，得此書，當復劇口大駡之，固應爾。然而不可以徒駡也。知公澹甚，往發

一笑。張十七必在坐，幸伸意。（同上）

【同上之三十五（節録）】（赴定州）某啓：示教，承起居佳勝。子由疾少間，惠藥，感刻。二方謹秘之。五方續寫得，納上。（同上）

【同上之四十（節録）】（惠州）書中所諭，甚感至意，不替疇昔而加厚也。幸甚！幸甚！子由不住得書，極自適，道氣有成矣。餘無足道者。（同上）

【與趙德麟十七首之四】（潁州）别後思仰不可言。竊計起居佳勝。得舍弟書，奉太夫人久服藥，近已康復，伏惟懽慶。到郡兩月，公私勞冗，有稽上問，想未深責。會合未期，惟冀侍奉外，千萬保重。（同上）

【同上之十七】（揚州還朝）辱教，承台候佳勝。拙疾猶未退，尚潮熱惡寒也。來日必赴盛會，未得，後日猶恐當謁告也。辱意甚寵，適會如此，非所願。幸千萬加恕。子由固當馳赴也。穆公且喜漸安。卧病，書此不謹。（同上）

【答張文潛四首之一（節録）】（惠州）蒙遠致兒子書信，感激不可言。子由在筠，甚自適，養氣存神，幾於有成，吾儕殆不如也。聞淳父、魯直遠貶，爲之悽然。此等必皆有以處之也。（同上）

【答李端叔十首之五（節録）】（北歸）今已到虔州，即往淮浙間居，度多在毗陵也。子由聞已歸許，秉燭相對，非夢而何。一書乞便送與。餘惟自愛。（同上）

【同上之六】（北歸）子由近得書，度已至岳矣。養錬極有功，可喜可喜！三兒子在此，甚安健，不敢令拜狀。黄魯直、張文潛、晁無咎各得信否？文潛舊疾，必已全愈乎？（同上）

【同上之十（節録）】（北歸）某本以囊裝罄盡，而子由亦久困無餘，故欲就食淮浙。已而深念老境，知有幾日，不可復作多處。又得子由書，及見教語，尤切至，已決歸許下矣。但須少留儀真，令兒子往宜興，刮刷變轉，往還須月餘，約至許下，已七月矣。（同上）

【與陳傳道五首之三】某啓：知日課一詩，甚善。此技雖高才，非甚習不能工也。聖俞昔嘗如此。某近絶不作詩，蓋有以，非面莫究。獨神道碑、墓誌數篇，碑蓋被旨作，而誌文以景仁丈世契不得辭。欲寫呈，又未有暇，聞都下已開板，想即見之也。某頃伴虜使，頗能誦某文字，以知虜中皆有中原文字，故爲此碑，謂富公碑也。欲使虜知通好、用兵利害之所在也。昔年在南京，亦嘗言此事，故終之。李六丈文集引，得閑當作。向所示集古文留子由處，有書令檢送也。（同上卷五十三）

【與歐陽仲純五首之二（節録）】伯仲、叔弼昆仲，各計安勝。楊掾行速，未及拜書，乞道下懇。子由在南都，時得書，無恙。（同上）

【與陳季常十六首之十五（節録）】（翰林）某局事雖清簡，而京輦之下，豈有閑人，不覺劫劫過日，勞而無補，顔髪蒼然，見必笑也。子由同省，日夕相對，此爲厚幸。公小疾雖平，不可忽。（同上）

【與錢濟明十六首之十二】（北歸）居常之計，本已定矣，爲子由書來，苦勸歸許，以此胸中殊未定，待面議決之。（同上）

【與劉壯輿六首之二】某昨夜苦熱減衣，晨起得頭痛病，故不出見客，然疾亦不甚也。方令小兒研墨爲君寫數大字。旋得來教及紙，因盡付去。恐墓表小字中亦有題目，則額上恐不當復云墓表，故别寫

四大字，以備或用也。舍弟所作詞，當續寫去。人還，怱怱。（同上）

【與程正輔七十一首之二（節録）】（惠州）德孺、懿叔久不聞耗，想頻得安問。八郎、九郎亦然。令子幾人侍行？若巡按必同行，因得一見，又幸。舍弟近得書云，在湖口見令子新婦，亦具道尊意，感服不可言。（同上卷五十四）

【同上之十三】（惠州）某睹近事，已絶北歸之望。然中心甚安之。未話妙理達觀，但譬如元是惠州秀才，累舉不第，有何不可。知之免憂。詩屢和，韻嶮又已更老手，殆難措辭也，亦苦痔無情思爾。惠黄雀，感愧感愧！子由一書，告早入皮筒，幸甚幸甚！（同上）

【同上之十六（節録）】（惠州）前後惠詩皆未和，非敢懶也。蓋子由近有書，深戒作詩，其言切至，云當焚硯棄筆，不但作而不出也。（同上）

【同上之二十一（節録）】（惠州）某啓：近鄉僧法舟行，奉狀必達。惠州急足還，辱手教，且審起居佳勝，感慰交集。寵示詩域醉鄉二首，格力益清茂。深欲繼作，不惟高韻難攀，又子由及諸相識皆有書，痛戒作詩，有説不欲詳言。其言切甚，不可不遵用。（同上）

【同上之二十三】（惠州）少懇冒聞。向所見海會長老，甚不易得。院子亦漸興葺。已建法堂甚宏壯，某亦助三千緡足，令起寢堂，歲終當完備也。院旁有一陂，詰曲群山間，長一里有餘。意欲買此陂，屬百姓見説數十千可得。稍加葺築，作一放生池。囊中已竭，輒欲緣化。老兄及子由齊出十五千足，某亦竭力共成此事。所活鱗介，歲有萬數矣。老大没用處，猶欲作少有爲功德，不知兄意如何？如

可，便乞附至，不罪不罪！（同上）

【同上之六十八】（惠州）河源事，上下繆悠而已。有一信篭并書，欲附至子由處，輒以上干，然不須專差人，但與尋便附達，可轉託洪、吉間相識達之。其中乃是子由生日香合等。他是二月二十日生，得前此到爲佳也。不罪不罪！（同上）

【與楊元素十七首之七（節録）】（黄州）筆凍，寫不成字，不罪不罪！舍弟近得書，無恙，不知相去幾里，但遞中書須半月乃至也。奇方承録示，感戴不可言，固當珍秘也。（同上卷五十五）

【與章子厚二首之二（節録）】（黄州）舍弟自南都來，挈賤累繚繞江淮，百日至此，相聚旬日，即赴任到筠。不數日，喪一女，情懷可知。碎累滿眼，比某尤爲貧困也。荷公憂念，聊復及之耳。其餘，非尺書所能盡也。（同上）

【與章子平十二首之七】（杭州）某再啓：叠蒙示諭，但得吾兄不見罪，幸矣，豈復有他哉！某自是平生坎坷動致煩言者，吾兄不復云爾，讀之不覺絶倒也。舍弟孤拙，豈堪居此官，但力辭不得免爾。承諭及，感怍感怍！船子甚荷留念，已差人咨請，知之。（同上）

【與蹇授之六首之二（節録）】（黄州）適苦目疾，上問極草草，不罪！不罪！舍弟每有書來，甚荷德庇。尊丈待制，必頻得信，因家書爲道區區。（同上）

【同上之三】（黄州）欲一奉見，豈徒然哉，深有所欲陳者，而竟不遂，可勝歎耶！子由在部下，甚幸，但去替不遠耳。輒有一書及少信，煩從吏，甚不當爾。恃眷故，必不深責。季常可勸之一起，深欲圖

其見坐處也。一噱。（同上）

【與楊康功三首之三（節録）】（赴登州）某有三兒，其次者十六歲矣，頗知作詩，今日忽吟《淮口過風》一篇，粗可觀，戲爲和之，并以奉呈。子由過彼，可出示之，令發一笑也。（同上）

【與張元明四首之三】（南遷）前日承追餞南都，又送子由至筠，風義之厚，益增感慨。比日，具審起居佳勝。萬里之别，後會杳未有期。伏乞善加保練。（同上卷五十六）

【與周開祖四首之二（節録）】（密州）寄示山圖，欲尋善本而不可得者。新詩清絶，輒和兩首取笑。浩然亭欲續和寄去。今日大雪，與客飲於玉山堂，適遣人往舍弟處，遂作此書。手冷，殊不成字，惟冀自重而已。（同上）

【與杜子師四首之四】（北歸）某啓：泗上爲别，忽已八年，思企深矣。專人辱手書，承起居佳福，至慰。某已到儀真少幹，當留旬日。舍弟欲同居潁昌，月末遂北上矣。非久會面，欣愜之極。人還，謹奉啓。不宣。（同上）

【與王敏仲十八首之六（節録）】（惠州）數日，又見自五羊來者，録得近報，舍弟復貶西容州，諸公皆有命，本州亦報近貶黜者，料皆是實也。聞之，憂恐不已，必得其詳，敢乞盡以示下。（同上）

【同上之十七（節録）】（惠州）又有少懇，見人説舍弟赴容州，路自英、韶間，舟行由端、康等州而往，公能與監司諸公言，輟一舟與之否？今又有一家書，欲告差人賫往嶺上與之。罪大罰輕，數年行遣不已，屢當患禍，老矣，何以堪此。恃公舊眷，必能輿哀。恐悚恐悚！（同上）

【與孫子思七首之六】（湖州）近辱軒從，雖屢接奉，既別，思仰無窮。人事衮衮，未遑上問，先枉寵訊。伏審起居佳勝，感慰兼深。仲通來，知在府中，計與子由輩游從甚樂。未緣再會，惟萬萬以時自重。（同上）

【與程德孺四首之三（節録）】（北歸）某此行本欲居淮、浙間，近得子由書，苦勸來潁昌相聚，不忍違之，已決從此計，泝汴至陳留出陸也。（同上）

【與孫志康二首之二（節録）】（惠州）海上窮陋，又謫居貧病，無一物報謝，慚負無量。見戒勿輕與人詩文，謹佩至言。如見報出都日所聞，虛實不可知，慎勿以告人也。舍弟筠州甚安，時時得書。兒姪輩或在陳，或在許，兩兒子在宜興，某獨與幼子過在此。明年長子邁，當挈他一房來此指射差遣，因般過房下來。見憂之深，恐欲知其詳。（同上）

【答吴子野八首之二（節録）】僕所恨近日不復作詩文，無緣少述高致，但夢想其處而已。子由不住得書，無恙。（同上卷五十七）

【與蘇伯固四首之一（節録）】（北歸）同貶死去太半，最可惜者，范純父及少游，當爲天下惜之，奈何奈何！子由想已在巴陵，得宫觀指揮，計便沿流還潁昌。某行無緣追及。昨在途中，風聞公下痢，想安復矣。（同上）

【同上之二（節録）】（北歸）住處非舒則常，老病唯退爲上策。子由聞已歸至潁昌矣。會合何日，萬萬保嗇。（同上）

【與黄師是五首之一】(北還)行計屢改。近者幼累舟中皆伏暑,自愍一年在道路矣,不堪復入汴出陸。又聞子由亦窘用,不忍更以三百指諉之,已決意旦夕渡江過毗陵矣。荷憂愛至深,故及之。子由一書,政爲報此事,乞蚤與達之。塵埃風葉滿室,隨掃隨有,然終不可廢掃,以爲賢於不掃也。若知本無一物,又何加焉。有詩録呈:「簾卷窗穿户不扃,隙塵風葉任縱横。幽人睡足誰呼覺,欹枕床前有月明。」一笑一笑! 某再拜。(同上)

【同上五首之三】(北還)子厚得雷,聞之驚歎彌日。海康地雖遠,無瘴癘,舍弟居之一年,甚安穩。望以此開譬太夫人也。(同上)

【與杜幾先(節録)】(黄州)既蒙聖恩寬貸,處之善地,杜門省愆之外,蕭然無一事,怳然酒醒夢覺也。子由特蒙手書累幅,勞問至厚,即欲裁謝,爲一老乳母病亡,而舍弟亦喪一女子,悼念未衰,復聞堂兄之喪,憂哀相仍,致此稽緩,想未訝也。承六月中官滿赴闕,不知今安在？托子駿求便達此書爾。未由會面,萬萬以時自重。不宣。(同上卷五十八)

【與游嗣立二首之二】(惠州)某啓:使人久留海豐,裁謝稽緩,想不深責。舍弟謫居部中,尤荷存庇。家書已領,併增感作。餘非筆墨可究。(同上)

【與曹子方五首之一】〔一〕(惠州)某啓:奉别忽三年,奔走南北,不暇附書。中間子由轉附到天門冬

〔一〕《全宋文》校記曰:《七集·續集》卷四、《永樂大典》題作《與廣西憲曹司勳五首》。

煎，故人於我至矣。日夜服食，期月遂盡之。到惠州，又遞中領手書，懶廢益放，不即裁謝。死罪死罪！（同上）

【同上之三】（惠州）某啓：公勸僕不作詩，又卻索近作。閑中習氣不除，時有一二，然未嘗傳出也。今録三首奉呈，覽畢便毁之，切祝！切祝！惠州風土差善，山水秀邃，食物粗有，但少藥耳。近報有永不叙復指揮，正坐穩處，亦且任運也。子由頻得書，甚安。某惟少子隨侍，餘皆在宜興。見今全是一行脚僧，但吃些酒肉爾。此書此詩，只可令之邵一閲，餘人勿示也。（同上）

【與孫正孺二首之二（節録）】（杭州還朝）古碑惟石上有書字耳，少着花草欄界，便俗狀也。不罪不罪！偶與子由飲半盞酒，便大醉，不成字。（同上）

【與程彝仲六首之二】（密州）得聖此行，得失必且西歸，計無緣過我。而東武任滿，當在來歲冬杪，亦無緣及見於京師矣。此任滿日，舍弟亦解罷，當求鄉里一任，與之西還。近制既得連任蜀中，遂可歸老守死墳墓矣。心貌衰老，不復往日，惟念斗酒隻雞，與親舊相從爾。星橋别業，比來更增葺否？因便，無惜一二字。（同上）

【同上之六（節録）】（黄州）軾與幼累皆安。子由頻得書無恙。元修去已久矣，今必還家。所要亭記，豈敢於吾兄有所惜，但多難畏人，不復作文字，惟時作僧佛語耳。千萬體察，非推辭也。（同上）

【與李端伯寶文三首之一（節録）】（杭州還朝）蜀中本易治，而或者擾之，公既深識民情，而民亦素服公政。切想下車以來，談笑無事，行春之樂，無由託後乘陪賓客之末，但深想望。舍弟鎖宿殿廬，未及

奉狀。（同上）

【與朱康叔二十首之二】（黄州）某啓：武昌傳到手教，繼辱專使墮簡，感服併深。比日尊體佳勝。節物清和，江山秀美，府事整辦，日有勝遊，恨不得陪從耳。雙壺珍貺，一洗旅愁，甚幸！甚幸！佳果收藏有法，可愛！可愛！拙疾，乍到不諳土風所致，今已復常矣。子由尚未到真，寸步千里也。未由展奉，尚冀以時自重。（同上卷五十九）

【同上之三（節録）】（黄州）仍審比日起居佳勝，爲慰。舍弟已部賤累到此，平安，皆出餘庇，不煩念及。珍惠雙壺，遂與子由屢醉，公之德也。隆暑，萬萬以時自重。行膺殊相，人還，上謝。（同上）

【同上之四】（黄州）某再拜。近奉書并舍弟書，想必達。胡掾至，領手教，具審起居佳勝。兼承以舍弟及賤累至，特有厚貺羊麵酒果，一捧領訖，但有慚怍。舍弟離此數日，來教尋附洪州遞與之。（同上）

【同上之十四（節録）】（黄州）令子必在左右，計安勝，不敢奉書。舍弟已到官。傳聞筠州大水，城内丈餘，不知虚的也。屏贊、硯銘，無用之物，公好事之過，不敢不寫，裝成送去，乞一覽。（同上）

【同上之十五】（黄州）與可船旦夕到此，爲之泫然，想公亦爾也。子由到此，須留他住五七日，恐知之。前曾録《國史補》一紙，不知到否？因書，略示諭。蒙寄惠生煮酒四器，正濟所乏，極爲珍感。生酒，暑中不易調停，極佳。然閔仲叔不以口腹累人。某每蒙公眷念，遠致珍物，勞人重費，豈不肖所安耶！所問菱翠，至今虚位，雲乃權發遣耳，何足掛齒牙！呵呵。馮君方想如所諭，極煩留念。又蒙傳示秘訣，何以當此。寒月得暇，當試之。天覺亦不得書。此君信意簡率，乃其常態，未可以

疎數爲厚薄也。酒法，是用緑豆爲麯者耶？亦曾見説來。不曾録得方。如果佳，録示亦幸。鱘鮓極珍極珍！（同上）

【與楊濟甫十首之四（節録）】（除喪還朝）某近領臘下教墨，感服眷厚，兼審起居佳勝。某此與賤累如常。舍弟差入貢院，更半月可出。都下春色已盛，但塊然獨處，無與爲樂。（同上）

【同上之六】（除喪還朝）近領來書，喜知眠食佳安。某此與賤累皆安。陳州舍弟並安，不煩念及。久客都下，桂玉所迫，囊裝並竭。今冬積雪四五尺，僦居湫陋，殊無聊，惟日望一差遣出去耳。末由披奉，千萬珍重。（同上）

【同上之七（節録）】（杭倅）某此安健。官滿本欲還鄉，又爲舍弟在京東，不忍連年與之遠别，已乞得密州。風土事體皆佳，又得與齊州相近，可以時得沿牒相見，私願甚便之。但歸期又須更數年。瞻望墳墓，懷想親舊，不覺潸然。未緣會面，惟冀順時自重。（同上）

【答李秀才元（節録）】（徐州）寵惠皆奇筆雅制，刻荷無已。仁者之惠，誠足慰彼黎庶。然不知者，以爲見教，以是摇之，呵呵。安道、舍弟，當具道盛意。乍遠，萬乞保重，即復顯用，以慰士望。（同上）

【答吕熙道二首之二】（湖州）南都住半月，恍然如一夢耳。思企德義，每以悵然。舍弟朴訥寡徒，非長者輕勢重道，誰肯相厚者。湖州江山風物，不類人間，加以事少睡足，真拙者之慶。有幹，不外。（同上）

【與楊子微二首之二】（北歸）某與舍弟流落天涯，墳墓免於樵牧者，尊公之賜也。承示諭，感愧不可言。

聞井水嘗竭而復溢，信否？見今如何，因見，細喻。（同上）

【答王幼安三首之二】某初欲就食宜興，今得子由書，苦勸歸潁昌，已決意從之矣。舟已至廬山下，不久當獲造謁。未間，冀若時保嗇。不宣。（同上）

【與胡郎仁修三首之一（節録）】（北歸）某啓：得彭城書，知太夫人捐館，聞問，哀痛不已。行役無便，未由奉疏。人至，忽辱手書。伏審攀慕之餘，孝履粗遣，至慰！至慰！某本欲居常，得舍弟書，促歸許下甚力，今已決計泝汴至陳留，陸行歸許矣。旦夕到儀真，暫留，令邁一到常州欵見矣。（同上卷六十）

【與千乘姪（節録）】（黄州）家門凋落，逝者不可復，如老叔固已無望，而子明、子由亦已潦倒頭顱，可知正望姪輩振起耳。念此，不可不加意。末由會合，千萬自愛。（同上）

【與千之姪二首之一（節録）】（離黄州）尋奏乞居常，見邸報，已許。文字必在南都。此行略到彼葬卻老妳二姨。子由乾妳也。住一二十來日，卻乘舟還陽羨。（同上）

【與子明兄（節録）】（黄州）弟亦欲如是，但先人墳墓無人照管，又不忍與子由作兩處。（同上）

【與子安兄七首之三（節録）】（登州還朝）子由亦有司諫之命，想不久到京。東塋芟松，甚煩照管。如更合芟，間告兄與楊五哥略往覷，當分明數點根樬，交付佃户，免致輒便偷砍也。（同上）

【與鄉人】（登州還朝）某去鄉十八年，老人半去，後生皆不識面，墳墓手種木已徑尺矣，此心豈嘗一日忘歸哉！久放山澤，乍入朝市，張皇失次，觸目非所好也。但久與子由别，乍得一處，不無喜幸。然

此郎君乃作諫官，豈敢望久留者。相知之深，故詳及一二。（同上）

【與聖用弟三首之一（節録）】（揚州還朝）小十甚安健，日夕相見，不用憂。未相會間，千萬保愛。子由爲朝陵去，未及奉書。（同上）

【與惠州都監】（惠州）君南來，清節幹譽，爲有識所稱，皆曰：「此東坡弟子由門下客也。」兩漢之士，多起於游徼卒史，至公卿者多矣。願君益廣問學，以期遠對。（同上）

【與參寥子二十一首之四（節録）】（黄州）又聞今年剃度，可喜。太虚只在高郵，近舍弟過彼相見，亦有書來。題名絶奇，辯才要書其後，復寄一紙去，然不須入石也。黄州絶無所産，又窘乏殊甚，好便不能寄信物去，只有布一疋作卧單。懷悚懷悚！（同上卷六十一）

【同上之十三（節録）】（南遷）某垂老再被嚴譴，皆愚自取，無足言者。事皆已往，譬之墜甑，無可追。計從來奉養陋薄，廩入雖微，亦可供麤糲。及子由分俸七千，邁將家大半就食宜興，既不失所外，何復掛心，實翛然此行也。已達江上，耳目清快，幸不深念。（同上）

【同上之十六】（惠州）海月真贊，許他二十餘年矣，困循不作。因來諭，輒爲之。不及作慧浄書，幸付與此本也。《表忠觀記》及辯才塔銘，後來不見入石，必是僕與舍弟得罪，人未敢便刻也。此真贊更請參寥相度，如未可，且與藏公處也。（同上）

【與大覺禪師三首之一】（杭倅）錢塘景物，樂之忘歸。舍弟今在陳州，得替，當授東南幕官，冬初恐到此，亦未甚的。詩筆計益老健，或借得數首一觀，良幸。到此，亦有拙惡百十首，閑暇當録上。（同上）

【與辯才禪師六首之三】（翰林）某有少微願，須至仰煩，切料慈照必不見罪。某與舍弟某捨絹一百疋，奉爲先君霸州文安縣主簿累贈中大夫、先妣武昌郡太君程氏，造地藏菩薩一尊，並座及侍者二人，菩薩身之大小，如中形人，所費盡以此絹而已。若錢少，即省鏤刻之工可也。乞爲指揮選匠便造，造成示及，專求便船迎取，欲京師寺中供養也。煩勞神用，愧悚不已。（同上）

【與南華辯老十三首之一（節録）】（惠州）蒙致子由往來書信，異鄉隔絶，得開近耗，皆法慈垂卹，知幸知幸！未由面謝，惟冀千萬爲衆保練。不宣。（同上）

【同上之二】（惠州）筠州書信已領足，兼蒙惠麫粉瓜薑湯茶等，物意兼重，感怍不已。柳碑、庵銘，並佳貺也，《卓錫泉銘》已寫得，並碑樣並附去。鐘銘，子由莫終當作，待更以書問之。紫菜石髮少許，聊爲芹獻。陋邦乃無一物，愧怍。卻有書一角，信篭三枚，竹筒一枚，封全，並寄子由。不免再煩差人送達，慚悚之至。（同上）

【同上之四】（惠州）程憲近過此，往來皆款見。程六、程七皆得書，甚安。子由亦時得書，無恙。又遷居行衙，極安穩。有樓臨大江，極軒豁也。知之。（同上）

【同上之八】（惠州）張惠蒙到惠，幾不救，近卻又安矣。不煩留念。寄拄杖，甚荷雅意。此木體用本自足，何用更點綴也。呵呵。適會人客，書不盡所懷，續奉狀也。正輔提刑書，告便差人達之，内有子由書也。（同上）

【同上之十（節録）】（惠州）荒州無一物可寄，只有桄榔杖一枚，木韌而堅，似可采，勿笑！勿笑！舍弟

及聽師等書信領足。此自有人去，已發書矣。（同上）

【與王定國八首之一（節録）】謫居六年，無一日不樂，今復促令作郡，坐生百憂。正如農夫小人，日耕百畝，負擔百斤，初無難色，一日坐之堂上，與相賓饗，便是一厄。公之意可復勸令周旋委曲以求售乎？子由赴闕之命，亦是虚傳耳。（《五百家播芳大全文粹》卷六十四）

【同上之二（節録）】方欲乞移南都，往見之，今復何及！尚賴定國在彼，差慰其臨没之意。聞屬纊之際，猶及某與舍弟，痛哉！（同上）

【同上之五（節録）】近奏事多蒙開允，想必莘老之力。更乞應副此一事，便西湖一旦盡復有唐之舊，際山爲界，公他日出守此邦，亦享其樂，切望痛與留意。近説與子由，令爲老兄力言，而此人懶慢謬悠，恐不盡力，故以托定國，彼此非爲身事，力言何嫌也。（同上）

【與錢穆父二十九首之四】會稽平日欲乞，豈易得哉。小生奉羨之意，殆不可言，然亦行當繼公也。舍弟差闕下試官，不及奉啓，計其出，公未行也。餘非面莫罄。（《五百家播芳大全文粹》卷六十四）

【同上之七】子由試院，來日出，或能一見。子容諸公欲二十日出餞，公已出城，莫須少留否？（同上）

【同上之九（節録）】東來絶不作詩，公必富作，何不寄示？聞公今年造茶奇甚，願分絶品少許。子由遂作北扉，甚不遑，方辭免也。兩小兒迨過此，邁此月當替，非久亦此來。承問及，感感！四郎及諸季各安，未及書也。（同上）

【同上之十一（節録）】時登中和東廡望西興，屋瓦可數，相思何窮。子由本欲請外，覬得公處，今又北

扉，此殆謬悠矣。公簡上心，豈能久外耶？餘熱，千萬爲國自重，不宣。（同上）

【石鼎銘并叙】張安道以遺子由，子由以爲軾生日之餽。銘曰：石在洛書，蓋隸從革。矢砮醫砭，皆金之職。有堅而忍，爲釜爲鬲。居焚不炎，允有三德。（《蘇文忠公全集》卷十九）

【代黄檗答子由頌】子由《問黄檗長老疾》云：「五藴皆非四大空，身心河嶽盡圓融。病根何處容他住，日夜還將藥石攻。」不知黄檗如何答。東坡老僧代云：「有病宜須藥石攻，寒時火燭熱時風。病根既是無容處，藥石還同四大空。」（同上卷二十）

【十八大阿羅漢頌跋（節録）】軾家傳十六羅漢像，每設茶供，則化爲白乳，或凝爲雪花桃李芍藥，僅可指名。或云：羅漢慈悲深重，急於接物，故多現神變。儻其然乎？今於海南得此十八羅漢像，以授子由弟，使以時修敬，遇夫婦生日，輒設供以祈年集福，並以前所作頌寄之。子由以二月二十日生，其婦德陽郡夫人史氏，以十一月十七日生。是歲中元日題。（同上）

【書李志中文後】元豐七年，軾舟行赴汝海，自富川陸走高安，別家弟子由。五月九日，過新吴，見縣令李君志中，同謁劉真君祠，酌丹井飲之。明日夏至，遊寶雲寺此君亭，觀李君之文，求其本而去。眉陽蘇軾書。（同上卷六十六）

【書子由君子泉銘後】孟君名震，鄆人，及進士第，爲承議郎。子由既爲此文，余欲刻之泉上。孟君不可，曰：「名者，物之累也。」乃書以遺之。元豐六年十一月九日題。（同上）

【書子由超然臺賦後】子由之文，詞理精確，有不及吾，而體氣高妙，吾所不及。雖各欲以此自勉，而天

資所短，終莫能脱。至於此文，則精確、高妙，殆兩得之，尤爲可貴也。（同上）

【書李邦直超然臺賦後】世之所樂，吾亦樂之，子由其獨能免乎？以爲徹絃而聽鳴琴，卻酒而御芳茶，猶未離乎聲、味也。是故即世之所樂，而得超然，此古之達者所難，吾與子由其敢謂能爾矣乎？邦直之言，可謂善自持者矣，故刻於石以自儆云。（同上）

【書子由黄樓賦後】子城之東門，當水之衝，府庫在焉。而地狹不可以爲甕城，乃大築其門，護以塼石。府有廢廳事，俗傳項籍所作，而非也。惡其淫名無實，毀之，取其材爲黄樓東門之上。元豐元年八月癸丑，樓成。九月庚辰，大合樂以落之。始余欲爲之記，而子由之賦已盡其略矣，乃刻諸石。（同上）

【跋子由棲賢堂記後】子由作《棲賢堂記》，讀之便如在堂中，見水石陰森，草木膠葛。僕當爲書之，刻石堂上，且欲與廬山結緣，他日入山，不爲生客也。（同上）

【題僧語録後】佛法浸遠，真僞相半。寓言指物，大率相似。考其行事，觀其臨禍福死生之際，不容僞矣。而或者得戒神通，非我肉眼所能勘驗，然真僞之候，見於言語。吾雖非夔、曠，聞絃賞音，粗知雅曲。子由欲吾書其文，爲題其末。（同上）

【記子由詩】八月四日與子由同來，留小詩三首：「葱蒨門前路，行穿翠密中。卻來堂上看，嵓谷意無窮。」「夭矯庭中柏，枯枝鵲踏消。瘦皮纏鶴骨，高頂轉龍腰。」「窈窕山頭井，泉通伏澗清。欲知深幾許，聽放轆轤聲。」子由和云：「苕蕘山上寺，近在古城中。苦恨河流遠，長教眼力窮。」「盤曲山前路，流年向此消。興亡須一吊，范叟卧山腰。」「孤絶山南寺，僧居無限清。不知行道處，空聽暮鐘

聲。」子由詩過吾遠甚。熙寧十年八月四日，子瞻。（同上卷六十八）

【書子由金陵天慶觀詩】「興廢不可必，治城今静祠。松聲聞道路，竹色浄軒墀。江近風雲改，庭深草木滋。孤墳弔遺直，銘暗閔元規。」元豐三年四月，家弟子由過此留詩，七年七月十六日，爲書之壁。（同上）

【書子由絶勝亭詩】「夜郎秋漲水連空，上有虚亭縹緲中。山滿長天宜落日，江吹曠野作驚風。爨煙慘澹浮前浦，漁艇縱横逐釣筒。未省岳陽何似此，應須子細問南公。」蜀州新建絶勝亭，舍弟十九歲作。（同上）

【題别子由詩後】「先君昔愛洛城居，我今亦過嵩山麓。水南卜築吾豈敢，試向伊川買修竹。又聞緱山好泉眼，傍市穿林瀉水玉。想見茅簷照水開，兩翁相對清如鵠。」元豐七年，余自黄遷汝，往别子由於筠，作數詩留别，此其一也。其後雖不過洛，而此意未忘，因康君郎中歸洛，書以贈之。元祐元年三月十六日，軾書。（同上）

【書子由夢中詩】元豐八年，正月旦日，子由夢李士寧相過，草草爲具。夢中贈一絶句云：「先生惠然肯見客，旋買雞豚旋烹炙。人間飲酒未須嫌，歸去蓬萊卻無喫。」明年閏二月六日爲予道之，書以遺遲云。（同上）

【書黄魯直詩後】每見魯直詩文，未嘗不絶倒。然此卷語妙，殆非悠悠者所識，能絶倒者也，是可人。元祐元年八月二十二日，與定國、子由同觀。（同上）

【題憩寂圖詩（並魯直跋）】元祐元年正月十二日，蘇子瞻、李伯時爲柳仲遠作《松石圖》。仲遠取杜子美詩「松根胡僧憩寂寞，龐眉皓首無住着。偏袒右肩露雙脚，葉裏松子僧前落」之句，復求伯時畫此數句，爲《憩寂圖》。子由題云：「東坡自作蒼蒼石，留取長松待伯時。只有兩人嫌未足，兼收前世杜陵詩。」因次其韻云：「東坡雖是湖州派，竹石風流各一時。前世畫師今姓李，不妨題作輞川詩。」文與可嘗云：「老夫墨竹一派，近在徐州。吾竹雖不及，石似過之」此一卷公案，不可不令魯直下一句。或言：子瞻不當目伯時爲前身畫師，流俗人不領，便是詩病。伯時一丘一壑，不滅古人，誰當作此癡計。子瞻此語是真相知。魯直書。（同上）

【題張安道詩後】「因嗟萍梗才名客，自歎匏瓜老病身。一榻從兹還倚壁，不知重掃待何人。」元豐三年，家弟子由謫官筠州。張安道口占此詩爲別，已而涕下。安道平生未嘗出涕向人也。元祐六年十二月薨於南都。將屬纊，問後事，但言仲意子瞻兄弟。是月十一日，舉哀薦福禪院，録此詩留院中。（同上）

【書出局詩】「急景歸來早，濃陰晚不開，傾杯不能飲，待得卯君來。」今日局中早出，陰晦欲雪，而子由在户部晚出，作此數句。忽記十年前在彭城時，王定國來相過，留十餘日，還南都。時子由爲宋幕，定國臨去，求家書，僕醉不能作，獨以一絶與之。云「王郎西去路漫漫，野店無人霜月寒。泪濕粉牋書不得，憑君送與卯君看。」卯君，子由小名也。今日情味雖差勝彭城，然不若同歸林下，夜雨對床，乃爲樂耳。元祐三年十月二十三日。（同上）

【記里舍聯句】幼時里人程建用、楊堯咨、舍弟子由會學舍中，天雨，聯句六言。程云：「庭松偃仰如醉。」楊即云：「夏雨淒涼似秋。」余云：「有客高吟擁鼻。」子由云：「無人共喫饅頭。」坐皆絶倒，今四十餘年矣。（同上）

【書彭城觀月詩】「暮雲收盡溢清寒，銀漢無聲轉玉盤。此生此夜不長好，明月明年何處看？」余十八年前中秋夜，與子由觀月彭城，作此詩，以《陽關》歌之。今復此夜宿於贛上，方遷嶺表，獨歌此曲，聊復書之，以識一時之事，殊未覺有今夕之悲，懸知有他日之喜也。（同上）

【書聖俞贈歐陽閎詩後】「客心如萌芽，忽與春風動。又隨落花飛，去作江南夢。我家無梧桐，安可久留鳳。鳳棲在桂林，烏哺不得共。無忘桂枝榮，舉酒一以送。」右，宛陵先生梅聖俞詩。行君與聖俞游時，余與子由年甚少，世未有知者，聖俞極稱之。家有老人泉，聖俞作詩曰：「泉上有老人，隱見不可常。蘇子居其間，飲水樂未央。泉中若有魚，與子同徜徉。泉中苟無魚，子特玩滄浪。歲月不知老，家有雛鳳凰。百鳥戢羽翼，不敢呈文章。去爲仲尼歎，出爲盛時翔。方今天子聖，無滯彼泉傍。」聖俞没，今四十年矣。南遷過合浦，見其門人歐陽晦夫，出所爲送行詩。晦夫年六十六，予尚少一歲，須鬢皆皓然，固窮亦略相似。於是執手大笑，曰：「聖俞之所謂鳳者，例皆如是哉！」天下皆言聖俞以詩窮，吾二人者又窮於聖俞，可不大笑乎？元符三年月日書。（同上）

【書摹本蘭亭後】「外寄所托」改作「因寄」，「於今所欣」改作「向之」，「豈不哀哉」改作「痛哉」，「良可悲」改作「悲夫」，「有感於斯」改作「斯文」。凡塗兩字，改六字，注四字。「曾不知老之將至」，誤作

「僧」、「已爲陳跡」，誤作「以」、「亦猶今之視昔」，誤作「由」。舊説此文字有重者，皆構別體，而「之」字最多，今此「之」字頗有同者。又嘗見一本，比此微加楷，疑此起草也。然放曠自得，不及此本遠矣。子由自河朔持歸，寶月大師惟簡請其本，令左綿僧意祖摹刻于石。治平四年九月十五日。（同上卷六十九）

【跋所書清虚堂記】世多藏予書者，而子由獨無有。以求之者衆，而子由亦以余書爲可以必取，故每以與人不惜。昔人求書法，至拊心嘔血而不獲，求安心法，裸雪没腰，僅乃得之。今子由既輕以余書予人可也，又以其微妙之法言不待憤悱而發，豈不過哉！然王君之爲人，蓋可與言此者。他人當以余言爲戒。（同上）

【記潘延之評予書】潘延之謂子由曰：「尋常於石刻見子瞻書，今見真迹，乃知爲顔魯公不二。」嘗評魯公書與杜子美詩相似，一出之後，前人皆廢。若予書者，乃似魯公而不廢前人者也。（同上）

【書歸去來詞贈契順】：余謫居惠州，子由在高安，各以一子自隨。余分寓許昌、宜興，嶺海隔絶。諸子不聞余耗，憂愁無聊。蘇州定慧院學佛者卓契順謂邁曰：「子何憂之甚，惠州不在天上，行即到耳，當爲子將書問之。」紹聖三年三月二日，契順涉江度嶺，徒行露宿，僵仆瘴霧，黧面繭足以至惠州。得書徑還。余問其所求。答曰：「契順惟無所求，而後來惠州。若有所求，當走都下矣。」苦問不已。乃曰：「昔蔡明遠鄱陽一校耳，顔魯公絶糧江淮之間，明遠載米以周之。魯公憐其意，遺以尺書，天下至今知有明遠也。今契順雖無米與公，然區區萬里之勤，倘可以援明遠例，得數字乎？」

余欣然許之，獨愧名節之重，字畫之好，不逮魯公。故爲書淵明《歸去來詞》以遺之，庶幾契順托此文以不朽也。（同上）

【再跋醉道士圖】熙寧元年十二月二十九日，再過長安，會正父於毋清臣家。再觀《醉士圖》，見子厚所題，知其爲予噱也。持耳翁余固畏之，若子厚乃求其持而不得者。他日再見，當復一噱。時與清臣、堯夫、子由同觀。子瞻書。（同上卷七十）

【題雲安下巖】子瞻、子由與侃師至此，院僧以路惡見止，不知僕之所歷有百倍於此者矣。丁未正月二十日書。（同上卷七十一）

【書贈楊子微】故人楊濟甫之子明字子微，不遠數千里，來見僕與子由。會子由有汝海之行，僕亦遷嶺表，子微追及僕於陳留，留連不忍去。欲作濟甫書，行役倦甚，不果。可持是示濟甫，此即書也，何必更作。子微篤學有文，自言知數術，云僕必不死嶺表。若斯言有徵，當爲寫《道德經》相償，此紙所以志也。紹聖元年閏四月十八日，新英州守蘇軾書。（同上）

【子由幼達】子由之達，蓋自幼而然。方先君與某篤好書畫，每有所獲，真以爲樂。唯子由觀之，漠然不甚經意。今日有先見，固宜也。（同上卷七十二）

【題子由蕭丞相樓詩贈王文玉】元豐三年五月，家弟子由過池，元發令作此詩，到黄爲軾誦之也。七年六月，軾從文玉兄登斯樓，因爲録出贈文玉。時子由在筠州，將復過此。汝州團練副使蘇軾書。

（《寶真齋法書贊》卷十二）

黄庭堅七則

【寄蘇子由書四首之一】庭堅頓首再拜。誦執事之文章而願見，二十餘年矣。宦學匏繫一州輒數歲，迄無參對之幸。每得於師友昆弟間，知執事治氣養心之美，大德不踰，小物不廢，沈潛而樂易，致曲以遂直，欲親之不可媟，欲疏之不能忘，雖形迹闊疏，而生平咏嘆，如千載寂寥，聞伯夷、柳下惠之風而動心者。然惟小人不裕於學，彷徉塵垢之外，樸拙無所可用，既已成就，雖造物之鑪錘不能使之工也。得邑極南，幸執事在旁郡，且當承教，爲萬金良藥，使痼疾少愈。而到官以來，能薄不勝事劇，陸沈簿領中，救過不暇，筆墨不足以寫心之精微，故欲作記而中休。時因過賓高安行李，必問動静。以其所言，參其所不能言，承典司管庫之鑰，率職不怠，懷璧混貧，舍者争席，良以自慰。比得報伯氏書詩，過辱不遺，緒言見及。敢問不肖既全於拙矣，於事無親疏，不干人之愛憎，人謂我疏愚非所恤，獨不知于道得少分否？恭惟聞道先我，爲世和扁，有病於此，初固聞而知之，因來尚賜藥石之誨，抱疾呻吟，仁者哀憫。秋冷，不審體力何如？惟强飯自重。

【同上之二】流落七年，蒙恩東歸，至荆州，病幾死。失一弟一妹及亡弟二子，早衰氣索，非復昔時人也。性本疏懶，鞭策不前，以是未嘗得附動静。忽奉十二月二十四日所賜教，存問勤重。伏審憂患之餘，台候萬福，開慰無量。端明二丈，人物之冠冕，道德文章足以增九鼎之重，不謂遂至於此，何勝殄瘁之悲！况手足之情，平生師友之地，荼毒刲割之懷，何可堪忍，奈何！所賴諸子有所立，而季子文學，幾於斯人之不亡也。庭堅病起荒廢，恐不能辨事，欲引去而未敢。太平遂請，義當一往。來夏秋間若病不再作，尚可祈見。無階承教，臨書懷仰。

【同上之三】伏承端明二丈窀穸有期，天下失此偉人，何勝霣涕！石刻得三丈論撰，無憾矣。不審幾時得刻石，託誰書丹？若未有人，不肖輒爲託名其上；若自有人，即已矣。萬一不用不肖書，則用家弟尚質所篆蓋，别託一相知人名可也。三兩日即拏舟下巴陵，出陸至雙井，六日爾。至，即令家弟書篆，携至荆渚，二月末可復來也。小子相娶石諒之女，蒙齒記，感激感激！（以上三首《山谷集》卷十九）

【同上之四】〔一〕啓。去遠門牆，積有歲月。棄捐漂没，不當行李，修敬無階，惟深瞻仰。謹具狀。月日，某狀。（《山谷别集》卷十五）

【與李端叔三首之二】（節録）承官暇，每從蘇黄門，引領欽歎，何時預此清集？（《山谷别集》卷十三）

【題蘇子由黄樓賦草】銘欲頓挫崛奇，賦欲宏麗。故子瞻作諸物銘，光怪百出；子由作賦，紆餘而盡變。二公已老，而秦少游、張文潛、晁無咎、陳無已方駕於翰墨之場，亦望而可畏者也。（同上卷六）

【跋東坡蔡州道中和子由雪詩】此字和而勁，似晉宋間人書。中有草書數字極佳，每能如此，便勝文與可十倍，蓋都無俗氣耳。（同上卷十一）

〔一〕本篇《全宋文》作《答蘇黄門（一）》

李之儀二則

【與蘇黄門子由手簡】久不獲修記師門，雖在窮途，然竊借餘光，不忘自振。惟是耳壅目枯，求一毫髮洗濯增新，無復可得，以故系詠拳拳，不忘鑑寐。秋深，江上猶有暑氣。不審燕居卻掃，尊體動止何似？恭惟神聽冥符，日有勝趣。萬事既不復經意，則御風騎氣，遂與造物者游矣。不腆一介，尚冀投老餘息，猶及款侍。不勝係吝之私，更祈加愛。(《姑溪居士前集》卷十八)

【跋東坡書多心經】蘇少公嘗爲其先公書是經，施人以薦冥福。長公則因張安道述夢中事，作《楞伽經》，已鏤板矣，今在金山。其他皆未嘗見也。在中山時，謂予曰：「早有意寫《華嚴經》，不謂因循，今則眼力不逮矣，良可惜者。子能勉之否？」予亦僅分黑白，每有愧於斯言也。後偈近似郭功甫家《張長史帖》。(同上卷三十八)

秦　觀三則

【與蘇子由著作簡二首之一】某頓首再拜，著作先生：頃過南都，幸一拜清重。扁舟東下，迫於同行，不獲款聽緒言，以厭所願，但增於悒耳。比日苦寒，伏惟尊候動止萬福。某受性庸昧，與世異馳，昨迫於衣食，彊出應書，僥倖萬一之遇，既而擯棄，乃理之當然，無足道者。顧親已老，田園之入，殆不足以給朝夕之養，犬馬之情，不能無堙鬱耳。此外亦復何恨？惟先生不棄，時教之以書，使無聊之

中，有以自慰，幸甚幸甚。未緣侍坐，伏乞爲國自頤，以副輿願。不宣。（《淮海集》卷三十）

【同上之二】某再拜。不肖之迹，雖復爲世所棄，而杜門謝客，頗得專意讀書衡茅之下，有以自適。古語有之：「蘭生幽宫，不爲莫服而不芳。」某雖不敏，竊事斯語。但鄉間士子，類皆從事新書，每有所疑，無從考訂。而先生長者，皆在千里之外，以此良悒悒耳。比因冬後，輒爲古詩一首，寄獻下執事，繕寫以呈。雖詞意鄙迫，不足以道盛德之萬一，然區區之慕望，庶幾於此少見之。伏惟少賜覽閲，幸甚幸甚。（同上）

【與孫莘老學士簡】（節録）蘇黄州雖不得書，然昨蘇子由著作過此，及南來士大夫具云，在黄甚能自處，了不以遷謫介意，日但杜門蔬食，誦經讀書而已。（同上）

李昭玘

【上蘇黄門書】月日，具位某謹齋心服形，裁書寄獻於筠州宣德先生閣下。某成童時已聞先生文章道德，光耀震發，驚撼天下耳目。于今二十年，公卿大夫閭巷之士，講服傳道者嘗竊聞之矣。自以賢不肖尊賤勢不相及，復至出處乖隔，無緣趨伏門下。譬猶景星一出，高者先見，三尺之童行於稠人廣市之中，欲引頸而望光彩，未可得也。守官東徐數月，先生之壻王子中惠然肯顧，不以不肖無可與語，寓學舍幾一年，數道先生議論風趣，頗熟於耳。前者稍獲銘誦，日夜感躍，如窮乏久饑之人，乍食粱肉，縱未得大嚼，聊使染指搶鼻，亦足自慰，幸甚幸甚。後於王子中處得先生《筠州東軒記》

讀之，其意欲歸伏田里，追求顏氏之樂。又於高郵先生處得《棲賢法堂記》讀之，以謂士苟一日聞道，則死無餘事。未幾，黄州先生以書見復，云：「舍弟子由學道三十年，今粗始聞道，考其言行，信與昔有間矣。」某獲是三説，敬拜避席，斂容以思，雖未能造先生之門，上其堂而窺其室，正猶牧羊之子，方散亂失箠於多岐之間，行大道者忽出手而一招之也。嗚呼！士之困於俗習，易己逐物，頹靡不反，失其本心，而不知學道之可樂者久矣。非高明君子篤好而特立，以振擢其昏憊欲死之質，則聖人之門何賴焉？此天下想望先生風采者，非獨某一人也。薄禄所縻，未能脱然以去屈膝請教於下風，而願爲洒掃之列，不勝慙恨。伏乞爲道自重，下慰士望。不宣。再拜。（《樂静集》卷十）

惠　洪三則

【跋蘇子由與順老帖】子由每多疾病則學道宜，多憂患則學佛宜。常坐黨人，兩謫高安，多與山林有道者語，知其爲排遣憂患者也。順老，予時拜之，又吾雲庵賢之，潸然流涕而書云。（《石門文字禪》卷二十七）

【冷齋夜話卷七】「夢迎五祖戒禪師」：蘇子由初謫高安時，雲菴居洞山，時時相過。聰禪師者，蜀人，居聖壽寺。一夕，雲菴夢同子由、聰出城迓五祖戒禪師，既覺，私怪之。以語子由，未卒，聰至。子由迎呼曰：「方與洞山老師説夢，子來亦欲同説夢乎？」聰曰：「夜來輒夢見吾三人者，同迎五戒和尚。」子由拊手大笑曰：「世間果有同夢者，異哉？」良久，東坡書至，曰：「已次奉新，旦夕可相見。」三人大喜，追筭輿而出城，至二十里建山寺，而東坡至。坐定無可言，則各追繹向所夢以語坡。

坡曰：「軾年八九歲時，嘗夢其身是僧，往來陝右。又先妣方孕時，夢一僧來託宿，記其頎然而眇一目。」雲菴驚曰：「戒，陝右人，而失一目，暮年棄五祖來游高安，終于大愚。」逆數蓋五十年，而東坡時年四十九矣。後東坡復以書抵雲菴，其略曰：「戒和尚不識人嫌，强顔復出，真可笑矣。既法契，可痛加磨礪，使還舊規，不勝幸甚。」自是常衣衲衣。

【禪林僧寶傳卷二十九】「雲居佛印元禪師」：東坡嘗訪弟子由於高安，將至之夕，子由與洞山真浄文禪師、聖壽聰禪師連牀夜語，三鼓矣，真浄忽驚覺曰：「偶夢吾等謁五祖戒禪師，不思而夢，何祥耶？」子由撼聰公，聰曰：「吾方夢見戒禪師。」於是起，品坐笑曰：「夢乃有同者乎？」俄報東坡已至奉新，子由携兩衲候於城南建山寺。有頃，東坡至，理夢事問：「戒公生何所？」曰：「陝右。」東坡曰：「軾十餘歲時時夢身是僧，往來陝西。」又問：「戒狀奚若？」曰：「戒失一目。」東坡曰：「先妣方娠，夢僧至門，瘠而眇。」又問：「戒終何所？」曰：「高安大愚。今五十年。」而東坡時年四十九。後與真浄書，其略曰：「戒和尚不識人嫌，强顔復出，亦可笑矣。既是法契，願痛加磨勵，使還舊觀。」自是常著衲衣。故元以裙贈之，而東坡酬以玉帶，有偈曰：「病骨難堪玉帶圍，鈍根仍落箭鋒機。會當乞食歌姬院，换得雲山舊衲衣。」

蘇　籀二則

【跋任氏東坡詩及所書黄門記】嗚呼！二祖道德之範，見於筆墨，傳示來世。不容擬議，觀其述二大

夫樂賢之意，炳然著矣。辨書真贋，僕粗能焉。古人謂辭之不可已，故黽勉而題。是歲九月丙辰。（《雙溪集》卷十一）

【跋伯時二馬圖】先祖黄門喜顧、陸、王、韓遺跡，龍眠集三馬見貽，效之者三人。其風儀雄傑，皆可任雙鉞，三槐所馭，殆天廐之龍也。兵火後，粉繪羽化，惟絲字賡唱在櫝。今觀此髣髴間，感舊屢慨而已，紹興辛未秋孟，蘇籀跋。（同上）

張元幹

【跋蘇黄門帖】蘇黄門頃自海康歸許下，安居云久。政和二年，晚生猶及識之，衣冠儼古，語簡而色莊，真元祐鉅公也。已而與其外孫文驥德稱相遇澶淵，出書帖富甚。今觀史侯所藏數幅，蓋中年筆札也，兵火之餘，豈易得哉。是宜什襲，遺諸子孫，不妨模以墨本，流傳於世。（《蘆川歸來集》卷九）

周必大 六則

【題蘇文定公批答二稿】右元祐四年，蘇文定公撰丞相已下批章二稿。首尾以「省覽」、「允許」爲兩宫之别，蓋定制也。家藏久矣，比貳夏官，適公曾孫謂爲同舍郎，出以示之，乃謂公子遲代書。熟視信然，蓋字畫太真謹爾。淳熙庚子三月乙亥講筵退，置酒學士院，與侍讀史少傅、侍講王尚書、説書崔著作同觀。某題。（《文忠集》卷十五）

【跋蘇子由和劉貢父省上示座客詩】集中觀詩難爲詩，猶群姝中觀色難爲色也。吾友陸務觀，當今詩人之冠冕，數勸予哦蘇黄門詩。退取《欒城集》觀之，殊未識其旨趣。甲申閏月辛未，郊居無事，天寒，踞爐如餓鴟。劉友子澄忽自城中寄此卷相示，快讀數過，温雅高妙，如佳人獨立，姿態易見，然後知務觀于此道真先覺也。掖垣故事，最重省上及題名禮。頃予綴蛾眉班後，會張夔州真父初拜正字，老吏持供職牒請舍人署。舍人涉筆從之，次則府史以狀交展而已。開宴既無近事，題名初未具石，而憂責叢併，唱酬亦廢。我思古人，豈獨在筆力間哉！（同上卷十六）

【跋喻仲遷所藏蘇黄門翰林詔草】國朝内制非一種，吏具檢往往列舊作於前，今猶如此，私號屏風兒。某頃跋汪氏所藏王岐公《謝承旨學士表》併及陶翰林依本葫蘆之語，正謂是也。按元豐雜壓同知密院，雖在丞轄之下，然二府迭居，固不計此。韓儀公實自左丞除授，豈應取序進加等之人以爲式？吏輩刻舟記劍，當發蘇公之笑。淳熙甲辰十二月中澣。（同上卷十八）

【跋劉提刑家六帖・蘇黄門】右蘇文定公與劉忠肅公父子四帖，紹熙癸丑臘日，周某敬觀。（同上卷十九）

【跋蘇黄門在筠州施楞嚴標指】蘇文定公以元豐二年己未乞納官贖兄文忠公罪，旋自南京簽判謫監筠州鹽酒税，明年至官。又明年四月，僧惟盛刻《楞嚴標指要義》十卷成，公時年四十三，史夫人四十一，其九月印，施十本贈機長老，卷末親題名氏。嘉泰甲子，筠幕玉牒彦璋南夫得之，求誌歲月。觀公文集，後二十二年歲在癸未，復題此經云：「十年來漸悟佛法，經歷憂患，真心不亂。今翻覆熟讀，乃知諸佛惠我無生法忍、無漏勝果，願心心護持，勿令失墜。」蓋與頃年求福田利益之意異矣。

二月辛丑，平園老叟周某子充書。（同上卷五十一）

【蘇文定公遺言後序】記諸善言，孝子慈孫門人弟子之任。然門弟子非一，先後或不齊，傳授或不審。如元城劉忠定公於本朝故實洞達該貫，無毫釐差，而馬永卿録造薰籠語，猶以元豐後官制爲太祖時官制。夫易知者尚爾，況言之要、德之奥乎？蘇文定公晚居許昌，造道深矣，避禍謝客，從有門人亦罕與言，其聞緒論者，子孫而止耳。然諸子宦遊惟長孫將作監丞仲滋，諱籀，年十有四，才識卓然，侍左右者九年，記遺言百餘條，未嘗增損一語。既老，以授其子郎中君詡，郎中復以授其子道州使君森。予嘗與道州同僚，故請題其後。昔人疑《黄樓賦》非出公手，東坡蓋親爲之辯。今公自謂此賦學《兩都》，晚年不復作此工夫之文。至《和陶擬古九首》則明言坡代作，識者當自得之。又云：「讀書須學爲文，餘事作詩。」然公詩自工。謂儲光羲高處似陶淵明，平處似王摩詰，而以韓子蒼比之，子蒼由是知名。公素不作長短句，今《漁家傲》一篇雖用禪語，而句法極高，乃知公非不能，直不爲耳。此皆學者所宜知也。惟公道德文章，國有史，家有集，所學在《古史》，所得在經解，平生議論復載於此。若予者何足以窺其端，徒見公善者機而已。慶元戊午正月乙卯。（同上卷五十二）

樓　鑰二則

【跋李光祖所藏蘇黄門帖】蘇少公謫居筠陽，今有雜著一編別行于世。吾鄉李光祖一日携其曾祖屯田所傳《筠陽唱和集》見示，時在元豐間，毛維瞻度支爲守，屯田字君績爲倅，與潁濵及一時士夫唱和甚衆。余既假而録之，光祖又携此一帖及二刺字。來考之《遺老傳》，少公以著佐爲簽書南京判官，長公以詩得罪從坐，而謫監税居五年，移知績溪縣。此帖云已離洪州，正赴績溪時也。餘帖既歸蘇氏，此尤當寶藏之。舒中丞誌屯田公墓，謂雖老，翰墨篇章益遒贍可喜，然則宜其與少公相好也。（《攻媿集》卷七十一）

【跋東坡備水帖】蘇少公序《黄樓賦》，謂長公之備水有三焉：水至而民不恐，水大至而民不潰，水既去而民益親。此帖言得旨見役七千餘人，蓋水去之後，請增築徐城，以木堤捍水衝之時。熙寧七年七月，河决澶淵。九月，水至城下。帖稱二月十日，則其明年，元豐元年戊午也。坡時年四十三，筆雖未老，而精彩照人，可寶也。（同上卷七十八）

朱熹

【跋蘇文定公直節堂記】右《南康軍治直節堂記》，欒城蘇文定公爲郡守，徐君師回望聖作，又手書而刻石焉。自元豐乙丑距今淳熙己亥，凡九十有五年，而新安朱熹來領郡事。問堂所在，則既無有，而杉亦不存。求其記文，則又非復故刻而委之他所矣。於是歷訪郡之老人，竟無有能言其處者。蓋自元豐以至今，其間世故亦多變矣。然建炎群盜於今纔五十年，舊迹蕪滅，未應至此。意者斯堂之毁，其在紹聖黨論之時乎？撫事興懷，慨然永嘆。顧郡方貧而民已病，正使堂之故基尚在，勢亦不能有以復於其舊。獨聽事之西有堂無額，而庭中有老柏焉，焚斵之餘，生意殆盡，而屹立不僵，如志士仁人更歷變故而剛毅獨立，凜然不衰者。因取「直節」之號寓之此堂而輦記石陷壁間。且欲盡去庭之凡木而雜植杉柏，以彷彿前賢之遺意，則既非時，而熹亦以病告歸矣。嗚呼，後之君子其尚有以成予之志也夫！是歲八月丁亥識。（《晦庵集》卷八十一）

陳傅良

【跋蘇黄門論章子厚疏】余每讀章氏《論役法札子》，言温公有愛君愛國之心，而不知變通之術，嘗嘆息於此。使元祐君子不以人廢言，特未知後事如何耳。至讀黄門諫疏，又未嘗不壯其決也。（《止齋集》卷四十二）

吕祖儉

【書東坡訪子由倡酬詩送子長弟行題其後慶元三年二月】欒城謫居此邦，東坡自黄移汝，由興國迂道來訪欒城，爲十日留。兄弟叔姪倡和之詩，具皆可考。今相距百餘年，父老猶相傳以爲盛事，固以人爲重，亦以至情所感，自有所不能忘也。予自廬陵蒙恩徙筠，子長第南康秩滿，疋馬相過，適會予還居大愚，相與周覽二蘇墨刻。顧予之兄弟，雖未能仰企前修，然當中和佳時，無官事以相縈，得以携手近郊，而其所留之日，復踰兩旬，則其幸會，視昔人益有過焉。其返也，既不能作爲詩章以追前作，姑手書東坡來途《自興國歸途至奉新》及子由所賦以送之，子由送東坡詩有云：「此行千里隔江河，何人更問維摩疾」。自念衰病，寄迹江鄉，生還之期，未敢有覬。第歸先廬，洒掃松楸，扶持門户，時以尺書訪予死生，庶篤一時相見之情，且慰别後相思之意云。慶元三年二月二十一日，東萊吕子約父書于大愚僧舍。（《永樂大典》卷九百七）

魏了翁 二則

【跋二蘇送宋彭州迎視二親詩】開禧二年秋，余以侍養不便，由館職丐漢嘉以歸。明年春，僅至蜀口，聞逆曦之變，倉卒議還荆州，盡違始願。會新安慶守趙景魯亦歸自西和，即約與俱。見其二子焉，其一巖叟也，自蜀中得二蘇公送宋彭州詩真蹟及諸賢題識，袖以相示。方塵沙眯目，岷峨悽愴，而余留滯南服，白雲眇邈，何當負弩前驅、平反加餐，如彭州之樂也！覽詩慨然。（《鶴山集》卷五十九）

【跋蘇文定公帖】蘇氏兄弟平生大節在於臨死生利害而不可奪，其厚於報知己，勇於疾非類，則歷熙、豐、祐、聖之變如一日，而後知世之以文詞知二蘇者末也。此祭文、書、疏凡八紙，距今一百三十有四年，一時風誼尤可想慕。撫卷太息，書而歸之番陽張氏。（同上卷六十二）

王庭珪

【跋二蘇帖】兩蘇公醉墨斷藁，不自愛惜，求者輒與，往時士大夫多有之。近歲有力者喜奪人所好，藏書者至不敢示人。趙從季所藏甚富，何以能然？蓋所謂廉者不求，貪者不與，能如是，所以得久存

也。年月日，王某書。〔一〕（《盧溪文集》卷四十九）

楊　椿

【跋二蘇送宋彭州詩】宋史君以奉親丐便郡，出守天彭，二蘇先生作詩祖送。一時人物與夫歌詠之美，逮今五六十年矣，蓋所謂尚有典刑也。世固有忘親徇利，顛沛於名宦之途，老死而不知監者，聞史君之風，誦先生之詩，亦可以少愧矣。（《國朝二百家名賢文粹》卷一百九十二）

汪應辰

【書陶靖節及二蘇先生和勸農詩示鄭元制】吾鄉風俗，大抵以貧富爲疏戚，以躬耕稼爲恥，今晚出益媮矣。鄭元制始而富，富而侈，侈而貧，貧既甚而始悟，乃敺諸子，使從事農圃。抑天將空乏其身，使復其本真耶？然而貧未必非福也。雖然，貧而力農，特勢使然，使愈于迷而不復者耳。元制其勢必復富，要當他日常不忘本，則可以長處樂矣。故書陶靖節、二蘇先生《勸農詩》以勸之。既躬行之，更擇可告語者告語之，使知今人之所恥，昔人之所重，庶幾可復乎！（《文定集》卷十二）

〔一〕「年月日王某書」四庫本《珊瑚網》卷四作：「乾道乙酉冬至後二日盧溪王庭珪書」。

樂備

【題二蘇帖】我思古人，起於峨岷。瑞我昭代，鳴鳳儀麟。揮毫落紙，天葩吐芬。端拜拭目，我思古人。乾道三年冬至後二日，樂備書。（《式古堂書畫彙考》卷十）

劉克莊

【二蘇公中秋月詩】二蘇公彭城中秋月倡和，七言可拍謫仙之肩。坡五言清麗者似鮑、庾，閑雜者似韋、柳。前人中秋之作多矣，至此一洗萬古而空之。詩既高妙，行書又妙絶一世，諸家所收坡帖皆在下風，子善其深藏之，十五城勿易也。吴才老猶以二公所用韻平仄反切爲疑，前人亦以此議昌黎公。才老以字學名家，未免爲沈約四聲束縛。余謂韓、蘇皆大儒也，語出流傳，人人肝脾，萬世珍誦，豈若場屋舉人規規然檢《禮部韻略》，唯恐其不合格乎？（《後村題跋》卷十二）

黄必昌

【蘇潁濱先生祠記嘉熙二年】黄門公謫雷後百二十四年，毛侯當時始即故居祀之，未幾復壞。又二十年，永嘉薛侯實來。一日訪遺址，則檟棘生焉，瓦礫聚焉，乃慨然曰：「是地勢硉兀，風蕩水齧，弗能支宜也。」北行數十步，得貢闈舊址，延袤百丈，曰：「是足以奉我公矣。」嘉熙戊戌之冬，乃築而還焉。建樓百丈，祠公其下，列老蘇、長蘇及公神主於樓之上爲三。翼以兩廡，位以四職，更衣有舍，齋居有室，庖湢浣濯各有次。聚九經百代書，備籩豆簠簋之器。門之外甃以巨沼，跨以長橋，繚以垣牆，植以花竹。沼之外爲重門。登樓遐眺，則環城樓觀，如拱如揖，規模宏偉，氣象軒豁，而基址堅密。是可久矣，而侯猶以爲未也，首捐俸二十萬買田積園。郡僚屬及州人咸踴躍趨之，積二百萬，歲得租約三十萬，凡月朔謁祠、春秋釋菜，與職掌之廩、葺理之費皆給焉。是祠千載猶一日，而侯之德亦與之無窮矣。噫嘻，並建聖哲，立之風聲，此爲治之先務，而世俗罕有知之者。黄門公氣節文章，師表一世，去此百餘年矣，更幾守而後建祠，又作新修壞，至今侯而後能爲久遠之計，聚書蓄器，掌以學者，春秋之祀，弗替引之，使人常有興起愛慕之心，是則難矣。雖然，公方立朝屹然，一有不合，卿相之位、萬鍾之禄，不屑顧也。使肇是祠者一拂於民，有愧於心，公豈屑享之歟！今侯之爲州，大略類長公之記，蓋公嘗論齊相所治齊者。此歲穀賤民紓，節縮用度之餘，因人心所同慕者而爲之，以是奉百世之祀，吾知公其享之必矣。（嘉慶《雷州府志》卷十八）

袁　燮

【跋胡文恭草稿後】胡公外和而中剛，平居温温，不動聲氣，謹重不輕發，發亦不可回，此歐陽公所以有取也。蘇子由以直言對策，指陳闕失，批逆鱗而不顧，可謂忠讜矣，而堅欲黜之，何哉？雖然，公非惡直醜正者。内侍楊懷敏勢動中外，既以罪斥，未幾召復故官。公時知制誥，極論其不可，不爲草制，亦可謂有守矣。論人物者，毋以一眚掩其他美可也。（《絜齋集》卷八）

明

李東陽

【蘇子由告身跋】右宋蘇文定公轍告身一通，乃大觀二年徽宗造八寶成肆赦加授中奉大夫者，藏於霍山裔孫文斌。景泰元年，文斌卒，妻仵氏守節不嫁，撫其三歲孤虎底於成。成化四年，以舊業爲鄰人所侵，携虎持誥愬於巡撫都御史王公竑。王公見其卷軸斷裂，惟故綾誥詞及三省官名尚書省全印尚存。謂仵曰：「此爾家世澤，不可棄也。」仵以匹絹屬六安衛張千户爲之裝飾，張誣爲質物，責貸金若干兩。有所赴愬，輒遣人遮止。之後仵死，虎孱不能置。張亦貧甚，以誥予范千户易穀六斛。指揮使張時頗涉書史，掩而得之。弘治十三年，過廬州爲知府馬君金道其事，遂以遺馬。馬携至南京，裝飾復完，訪蘇氏後，無所得，至十八年始得虎，乃取而歸之。嗟夫！故家文獻，惟制誥爲重，蓋國之典命在焉。然唐之中世，已有以告身易一醉者。若宋之盛時，此詔方下，不數年，所謂八寶者，幾爲俘物。至於歲久代易，子孫墳墓皆失其故里。是物之存，乃屢經於喪亂之變，累脱於攘竊之手而後得，可不謂難哉！然則物之存亡得喪，固有數焉。而馬君之希古好德，

公天下之物而不爲私者，亦不可泯也。故既記所建三蘇祠，又爲題其卷尾。蘇之後人，其自今永寶之哉！（《懷麓堂集》卷七十四）

何喬新

【跋蘇潁濱帖】右潁濱先生《答司法廬陵曾君安强書》一通，先生歸自嶺表，道廬陵而北，司法君兄弟見之，且致書求教，此先生之書所爲答也。書中稱温夫之清高，并及移忠之《禾譜》。温夫諱肅，嘗舉進士不第，歸而讀書教子，不復仕。司法君之父也。移忠諱安，止登進士第，爲彭澤令。嘗著《禾譜》，東坡先生讀而喜之，司法君之兄也。父兄之賢如此，司法君之賢蓋有自矣。然而三復此書，而有感焉。先生見忌於時，宰臺諫乘風排擊，遠竄瘴癘必死之鄉，當是時門生故吏，皆畏黨禍，無敢通音問者。而司法君迺能欵接無所顧，誠哉，所謂賢者也！世之爲士者，勤學好問，爲利禄計耳！一登第則視故所業若敝屣，然其習至今猶然也。司法君登第且有官矣，而知王氏新學之非，猶欲求益於先生，不賢而能如是乎？即是二事，可見其卓乎不可及也。司法君之裔孫望宏，爲刑部主事，寶藏此書，不啻崇磬離鼎。然間持以示予，請識之，予既感曾氏先世之多賢，又喜其後裔趾美承休，不墜其家聲也。因識而歸之。（《椒邱文集》卷十八）

程敏政

【跋廬陵曾君所藏潁濱蘇公手帖】予被召北上，道出毘陵，太守廬陵曾君望宏見訪舟中，出其所藏宋潁濱蘇公帖一紙相閲。蓋潁濱歸自嶺表，過廬陵與其上世司法公者。帖中言温夫受知山谷，移忠受知東坡，司法之父兄也。温夫名肅，移忠名安止，司法名安强，父子兄弟當諸公放斥時，不畏黨禍，禮見請益惟恐後。宛然家風可想見也。彼據高亨大仇視忠賢，擠扼下石，惟恐不力者，何人哉！而好賢秉義，乃出於地遠位下之人，於此可觀世變矣！東坡字刻，徧海内流傳至今，潁濱字少見於世，殆專於文而不數數於此耶！潁濱嘗爲徽之績溪宰，親書詩刻尚存，較此亦有不侔者。豈以老壯而異耶？太守君能寶之三百年餘，將俾其後人考觀，世好可謂賢子孫矣，豈在書法哉？（《篁墩文集》卷三十九）

（三）蘇轍遺事

宋

蘇　洵

【名二子説】輪輻蓋軫，皆有職乎車，而軾獨若無所爲者。雖然，去軾，則吾未見其爲完車也。軾乎，吾懼汝之不外飾也。

天下之車莫不由轍，而言車之功者，轍不與焉。雖然，車仆馬斃而患亦不及轍。是轍者善處乎禍福之間也。轍乎，吾知免矣。（《嘉祐集》卷十五）

張方平

【唐太尉趙公祠堂記（節録）】熙寧三年，余守淮陽，州學教授蘇轍爲余言，趙太尉有畫像在開元寺東廡僧院，以聞之不早，尋被代，不及見。（《樂全集》卷三十三）

張舜民

【畫墁録】神廟博涉多識，聞一該十。每發疑難，迥出衆人意表。故講官每以進講爲難，退而相語曰：「今日又言行過也。」黄履見蘇子由以手捫其腹曰：「予腹每趨講，未嘗不汗出也。」

蘇　軾五則

【東坡志林卷二】「論修養貼寄子由」：任性逍遥，隨緣放曠，但盡凡心，别無勝解。以我觀之，凡心盡處，勝解卓然。但此勝解不屬有無，不通言語，故祖師教人到此便住。如眼翳盡，眼自有明，醫師只有除翳藥，何曾有求明藥？明若可求，即還是翳，固不可於翳中求明，即不可言翳外無明。而世之昧者，便將頽然無知認作佛地，若如此是佛，猫兒狗兒得飽熟睡，腹摇鼻息，與土木同，當恁麽時，可謂無一毫思念，豈謂猫狗已入佛地？故凡學者，觀妄除愛，自麤及細，念念不忘，會作一日，得無所住。弟所教我者，是如此否？因見二偈警策孔君，不覺聳然，更以聞之。書至此，牆外有悍婦與夫相毆詈，聲飛灰火，如豬嘶狗嘷，因念他一點圓明，正在豬嘶狗嘷裏面，譬如江河鑒物之性，長在飛砂走石之中。尋常静中推求，常患不見，今日鬧裏忽捉得些子。元豐六年三月二十五日。

【同上卷二】「記子由夢塔」：明日兄之生日，昨夜夢與弟同自眉入京，行利州峽，路見二僧，其一僧鬚髮皆深青，與同行。問其向去災福，答云：「向去甚好，無災。」問其京師所需，「要好硃砂五六錢。」又手擎一小卯塔，云：「中有舍利。」兄接得，卯塔自開，其中舍利燦然如花。兄與弟請吞之。僧遂分爲三分，僧先吞，兄弟繼吞之，各一兩，細大不等，皆明瑩而白，亦有飛迸空中者。僧言：「本欲起塔，卻喫了。」弟云：「吾三人肩上各置一小塔便了。」兄言：「吾等三人，便是三所無縫塔。」僧笑，遂覺。覺後胸中噎噎然，微似含物。夢中甚明，故閑報爲笑耳。

【同上卷二】「陸道士能詩」：陸道士惟忠字子厚，眉山人，好丹藥，通術數，能詩，蕭然有出塵之姿，久客江南，無知之者。予昔在齊安，蓋相從游，因是謁子由高安，子由大賞其詩。會吴遠之過彼，遂與俱來惠州，出此詩。

【同上卷三】「修身曆」：子由言：有一人死而復生，問冥官如何脩身，可以免罪？答曰：「子宜置一卷曆，晝日之所爲，暮夜必記之，但不記者，是不可言不可作也。無事静坐，便覺一日似兩日，若能處置此生常似今日，得至七十，便是百四十歲。人世間何藥可能有此效！既無反惡，又省藥錢。此方人人收得，但苦無好湯，使多嚥不下。」晁無咎言：司馬温公有言：「吾無過人者，但平生所爲，未嘗有不可對人言者耳。」予亦記前輩有詩曰：「怕人知事莫萌心」。皆至言，可終身守之。

王辟之

【同上卷三】「記筮卦」：戊寅十月五日，以久不得子由書，憂不去心，以《周易》筮之，遇《涣》之三爻，《初六》變《中孚》，其繇曰：「用拯馬壯吉。」《中孚》之《九二》變爲《益》，其繇曰：「鳴鶴在陰，其子和之。我有好爵，吾與爾靡之。」《益》之《初六》變爲《家人》，其繇曰：「益之，用凶事，無咎。有孚中行，告公用圭。」《家人》之繇曰：「《家人》利女貞。」象曰：「風自火出，《家人》。君子以言有物，而行有常也。」吾考此卦極精詳，口以授過，又書而藏之。

【澠水燕談録卷六】真宗朝，錢希白賢良方正擢第，慶曆中，子明逸子飛、彦遠子高相繼制舉登科；嘉祐末，蘇軾子瞻、弟轍子由同年制策入等，衣冠以爲盛事。故子高謝啓云：「兩朝之間，相繼者父子；十年之間，並進者兄弟。」

吕希哲二則

【吕氏雜記卷上】元祐初，以蘇子由爲直舍人院，有司檢舉，自官制行，舍人院廢，今舍人職事乃在中書後省，於是改權中書舍人，遂爲故事。

【同上卷下】初，歐陽文忠公舉蘇子瞻，沈文通舉蘇子由應制科，兄弟皆中選。時王介甫知制誥，以子由對策專攻上身及後宫，封還詞頭，乃喻文通爲之，詞曰：「雖文采未極，條貫靡究，朕知可謂愛君矣。」蓋文與介甫意正相反，子由謝啓云：「古之所謂鄉愿者，今之所謂中庸，常行之行；古之所謂忠告者，今之所謂狂狷，不遜之徒。」又云：「欲自守以爲是，則見非者皆當世之望人；欲自訟以爲非，則所守者亦古人之常節。」

孔平仲 二則

【孔氏談苑卷一】蘇子瞻隨皇甫僎追攝至太湖鱸香亭下，以柁損修牢。是夕風濤傾倒，月色如晝，子瞻自惟倉卒被拉去，事不可測，必是下吏，所連逮者多，如閉目窣身入水，頃刻間耳。既爲此計，又復思曰：「不欲辜負老弟。」弟謂子由也，言已有不幸，則子由必不獨生也。由是至京師，下御史獄，李定、舒亶、何正臣雜治之，侵之甚急，欲加以指斥之罪。子瞻憂在必死，嘗服青金丹，即收其餘，窨之土中，以備一旦當死，則併服以自殺。有一獄卒，仁而有禮，事子瞻甚謹，每夕必然湯爲子瞻濯足。子瞻以誠謁之曰：「軾必死，有老弟在外，他日託以二詩爲訣。」獄卒曰：「學士必不至如此。」子瞻曰：「使軾萬一獲免，則無所恨。如其不免，而此詩不達，則目不瞑矣。」獄卒受其詩，藏之枕中。其一詩曰：「聖主寬容德似春，小臣孤直自危身。百年未了先償債，十口無依更累人。是處青山可藏骨，他年夜雨獨傷神。與君世世爲兄弟，更結人間未了因。」後子瞻謫黄州，獄卒曰：「還學士此詩。」子由以面伏案，不忍讀也。子瞻好與子由夜話，對榻卧聽雨聲，故詩載其事。子瞻既出，又戲自和云：「卻對酒杯渾似夢，試拈詩筆已如神。」子瞻以詩句被劾，既作此詩，私自罵曰：「猶不改也。」

【同上卷二】蘇軾以吟詩有譏訕，言事官章疏狎上，朝廷下御史臺差官追取。是時李定爲中書丞，對人太息，以爲人才難得，求一可使逮軾者，少有如意。於是太常博士皇甫僎被遣以往。僎携一子二臺卒倍道疾馳。駙馬都尉王詵與子瞻游厚，密遣人報蘇轍。轍時爲南京幕官，乃亟走介往湖州報軾，而僎行如飛不可及。至潤州，適以子病求醫留半日，故所遣人得先之。

王鞏

【甲申雜記】元祐中，册孟后，議備六禮，議成，皇太后於文德殿垂簾發册。子由招余，託密語吕微仲。余曰：「公爲中執法，私通意宰相，可乎？」子由曰：「此國事，若露章陳之，恐壞事爾。」余遂造相府，方語：「蘇中丞有少意，俾白相公。」微仲色甚厲，曰：「某忝位宰相，豈可與中丞通私意。」余曰：「國事也。若露章，恐壞國事，后意恐不能甘也。」迺曰：「何事？」「蘇以文德天子正衙殿，母后坐而發册，此事不可啓。」微仲曰：「奈何。」余曰：「崇政可乎？」微仲曰：「容密啓。」既而因奏事，微仲留白：「文德殿正衙殿也，居嘗太皇太后惟事謙抑，若只御崇政殿，蓋所以示盛德也。」宣仁曰：「亦何必就崇政，只就本殿發册可也。」明日詔下，止遣内謁者傳命大臣，於内東門承旨持節成禮。二公防微杜漸之意，宣仁謙沖之德，時無知者。

何薳

【春渚紀聞卷六】「贋换真書」：先生元祐間，出帥錢塘。視事之初，都商税務，押到匿税人南劍州鄉貢進士吴味道，以二巨捲作公名銜，封至京師蘇侍郎宅。顯見僞妄。公即呼味道前，訊問其捲中果何物也。味道恐蹙而前曰「味道今秋忝冒鄉薦，鄉人集錢，爲赴都之贐。以百千就置建陽小紗，得二百端。因計道路所經，場務盡行抽税，則至都下不存其半。心竊計之，當今負天下重名而愛奬士類，唯内翰與侍郎耳。縱有敗露，必能情貸。味道遂僞假先生台銜，緘封而來。不知先生已臨鎮此邦，罪實難逃，幸先生恕之。」公熟視，笑呼掌牋奏書史，令去舊封，换題細銜，附至東京竹竿巷蘇侍郎宅。并手書子由書一紙付示，謂味道曰：「先輩這回將上天去也無妨，來年高選，當卻惠顧也。」味道悚謝再三。次年果登高第，還具牋啓謝殷勤，其語亦多警策，公甚喜，爲延款數日而去。

邵博六則

【邵氏聞見後録卷九】牛僧孺自伊闕尉試賢良方正，深詆時政之失。宰相李吉甫忌之，泣訴於憲宗，以考官爲不公，罷之。考官，白樂天也，故并爲吉甫父子所惡。予謂牛、李之黨基於此。嘉祐中，蘇子由制策，上自禁省，歷言其闕不少避，至謂宰相不肖，思得婁師德、郝處俊而用之。宰相魏公亟以國士遇之，非但不忌也。嗚呼，賢於李吉甫遠矣！

【同上卷十四】子由云：「子瞻讀書，有與人言者，有不與人言者。不與人言者，與轍言之，而謂轍知之。」世稱蘇氏之文出于《檀弓》，不誣矣。

【同上卷十四】曾子開論其兄子固之文曰：「上下馳騁，愈出而愈新，讀者不必能知，知者不必能言。蓋天材獨至，若非人力所能，學憊精思，莫能到也。」蘇子由論其兄子瞻之文曰：「遇事所爲，詩騷銘記，書檄論譔，率皆過人。」又曰：「言近指遠，雖《詩》、《書》之作，未能遠過也。」又曰：「幼而好學書，老而不倦，自言不及晋人，至唐褚、薛、顔、柳，髣髴近之。」子開之言類夸大，子由之言務謙下，後世當以東坡、南豐之文辨之。

【同上卷二十一】王彦霖《繫年録》：元祐六年三月，《神宗實録》成。著作郎黄庭堅除起居舍人，蘇子由不悦曰：「庭堅除日，某爲尚書右丞，不預聞也。」已而後省封還詞頭，命格不行。子由之不悦，不平吕丞相之專乎？抑不樂庭堅也？庭堅字魯直，蚤出東坡門下，或云後自欲名家，類相失云。

【同上卷二十一】蘇黄門初嫉許遵之讞，後復云：「遵子孫多顯者，豈能活一人。天理固不遺哉！」亦非也。使妄活殺人者，可爲陰功，則被殺者之寃，豈不爲陰譴乎？

【同上卷二十二】蘇子由謫雷州，不許占官舍，遂僦民屋。章子厚又以爲强奪民居，下本州追民究治，以僦券甚明乃已。不一二年，子厚謫雷州，亦問舍於民。民曰：「前蘇公來，爲章丞相幾破我家，今不可也。」其報復如此。

李　廌二則

【師友談記】「東坡云相國韓公盛贊其兄弟」：東坡云：　頃同黄門公初赴制舉之召，到都下，是時同召試者甚多。一日相國韓公與客言曰：「二蘇在此，而諸人亦敢與之較試，何也？」此語既傳，於是不試而竟去者，十蓋八九矣。

【同上】「東坡云韓魏公奏允制科展限俟」：東坡云：　國朝試科目，亦在八月中旬。頃與黄門公既將試，黄門公忽感疾臥病，自料不能及矣。相國韓魏公知之，輒奏上，曰：「今歲召制科諸士，惟蘇軾蘇轍最有聲望。今聞蘇轍偶病未可試，如此人兄弟中一人不得就試，甚非衆望，欲展限以俟。」上許之。黄門病中，魏公數使人問安否，既聞全安，方引試。凡比常例展二十日。自後試科目，並在九月，蓋始於此。比者相國吕微仲，語及科目何故延及秋末之説，東坡爲吕相國言之。相國曰：「韓忠獻其賢如此，深可慕爾。」

鄒　浩

【馮貫道傳（節録）】元祐末，門下侍郎蘇轍罷政斥外，平昔翕翕走其門者皆諱悔弗顧，惟貫道朝夕往見，且受其所寓錢及京師凡出納之事。越七年，蘇門下自嶺表歸許昌，貫道即日訪焉，還其向所受

者，視其錢封識如故。時蘇公復欲以事煩之，笑而不答。（《道鄉集》卷四十）

陳　淵

【答翁子静論陶淵明（節録）】所論王摩詰責淵明，非是精當。頃聞之蘇黄門稱淵明：「欲仕則仕，不以求人爲嫌；欲已則已，不以去人爲高。飢則叩門以求食，飽則雞黍以延客，古今賢之，貴其真也。」若此語深得淵明之心矣。（《默堂集》卷十六）

朱　彧二則

【萍洲可談卷一】先公在元祐背馳，與蘇轍尤不相好。公知廬州，轍門人吴儔爲州學教授，論公延鄉人方素於學舍，講三經義，轍爲内應，公坐降知壽州。後在廣州，與東坡邂逅，各出詩文相示。既得罪，范致虚行責詞云：「諂交軾、轍，密與唱和；媚附安、李，陰求進遷。」或以轍事語范，范曰：「吾固知之，但不欲偏枯却屬對。」范學於先公，或疑其背師，蓋國事也，范操行非希指下石者。

【同上卷二】東坡元豐間知湖州，言者以其誹謗時政，必致死地，御史臺遣就任攝之，吏部差朝士皇甫朝光管押。東坡方視事，數吏直入上廳事，捽其袂曰：「御史中丞召。」東坡錯愕而起，即步出郡署門，家人號出隨之。弟轍適在郡，相逐行及西門，不得與訣，東坡但呼：「子由，以妻子累爾！」郡人爲之泣涕。下獄即問五代有無誓書鐵券，蓋死囚則如此，他罪止問三代。東坡爲一詩付獄吏，他日寄子由，其詩曰：「聖主如天萬物春，小臣愚暗自亡身。百年未滿先償債，十口無歸更累人。是處青山可埋骨，他時夜雨獨傷神。與君世世爲兄弟，更結來生未了因。」獄吏憐之，頗寬其苦楚。獄成，神考薄其罪，止責散官，安置黄州。元祐中，復起爲兩制用事。紹聖初，貶惠州，再竄儋耳。元符末，放還，與子過乘月自瓊州渡海而北，風静波平，東坡叩舷而歌，過困不得寢，甚苦之，率爾曰，「大人賞此不已，寧當再過一巡？」東坡矍然就寢。余在南海，逢東坡北歸，氣貌不衰，笑語滑稽無窮，視面多土色，靨耳不潤澤。别去數月，僅及陽羨而卒。東坡固有以處憂患，但瘴霧之毒，非所能堪爾。

吕頤浩

【選將材（節録）】蘇轍有言曰：「道藝文章，勉彊積習而可至；惟有知人之明，不可勉彊。譬如蕭何之知韓信，此豈有法可以授人者。」轍之言雖可信，然孔子所謂視其所以，觀其所由，察其所安，莊周之論九證，豈虚語哉。（《忠穆集》卷一）

葛勝仲

【朝議大夫施公墓誌銘（節録）】范忠宣公、蘇子由皆公知舊，當輔政時，不以衣裾撇其門，於交游無末隙，然一聞其貴，則絶不與通。（《丹陽集》卷十二）

黄彦平

【紫芝庵記（節録）】：又作紫芝庵以志其祖之所遇，自言祖遇左仙公授之道術，齋室之北嘗産紫芝，别數十年而外物之期終合，人或異之，則又揭黄冕仲、上官彦行、蘇子由、葉端禮諸公詩文於壁間，以信其説。（《三餘集》卷四）

葉夢得 八則

【巖下放言卷上】蘇子瞻初未知有禪學，爲鳳翔府僉判，有兵官王凱者教之，始大知愛。時歐陽文忠尚無恙，子瞻爲杭州倅，特過汝陰，以此勸公，笑而不答。王凱，詵之父也。捨歐公而從一兵官，可爲豪傑矣，自是從辨才等。詵又于杭州，所入益深。子由貶筠州監酒税，時江西談老，南臨濟禪盛，亦多有偉人，子由日從文關西壽聖聰遊，自謂有得。余固不護親聞二人之言，而閲其書多矣。質之近世，爲禪宗者往往但許其高明善辨，辯而不許其質至道，此當自知，非他人所能察。然子瞻論理超勝，出入大乘諸經，無所留礙，誠爲閎妙。子由晚作《老子解》，乃其心法，自許甚高，與他解經不類。天下至理，不爲凝滯所隔，則爲聰明所亂。二人後必有能辨之者。

【石林燕語卷四】元祐間，蘇子由秉政，子瞻自揚州召爲承旨，引原叔例請補外，不從。近歲惟避本省官，如宰相二丞親則不除尚書侍郎，門下侍郎親則不除給事中，中書侍郎親則不除舍人之類。六曹尚書避親，多除翰林學士，蓋於三省無所隸。異於舊制，自子瞻以來然也。

【同上卷五】元祐初，用治平故事，命大臣薦士試官職，《翰苑新書前集》五秘書省條，引此作「館閣」。多一時名士，在館率論資考次遷，未有越次進用者，皆有滯留之歎。張文潛、晁無咎俱在其間。一日，二人閲朝報，見蘇子由自中書舍人除户部侍郎，無咎意以爲平，緩曰：「子由此除不離核。」謂如果之粘核者。文潛遽曰：「豈不勝汝枝頭乾乎？」聞者皆大笑。東北有果如李，每熟不得摘，輒便槁，土人因取藏之，謂之「枝頭乾」，故云。

【同上卷十】包孝肅爲中丞，張安道爲三司使，攻罷之。既又自成都召宋子京，孝肅復言其在蜀燕飲過度事，改知鄭州。已而乃除孝肅，遂就命。歐陽文忠時爲翰林學士，因疏孝肅攻二人，以爲不可，而已取之，不無蹊田奪牛之意。孝肅雖嘗引避，而終不辭。元祐間，蘇子由爲中丞，攻罷許沖元，繼除右丞，御史安鼎亦以爲言，二人固非有意者。然歐陽公之言，亦足以厚士風也。

【同上卷十】子由自嶺外歸許下，號潁濱遺老，亦自爲傳。家有遺老齋，蓋元祐人至子由存者無幾矣。

【避暑録話卷上】蘇明允本好言兵，見元昊叛，西方用兵久無功，天下事有當改作，因挾其所著書，嘉祐初來京師，一時推其文章。王荆公爲知制誥，方談經術，獨不嘉之，屢詆于衆，以故明允惡荆公甚于仇讐。會張安道亦爲荆公所排，二人素相善，明允作《辨姦》一篇密獻安道，以荆公比王衍、盧杞，而不以示歐文忠。荆公後微聞之，因不樂子瞻兄弟，兩家之隙，遂不可解。《辨姦》久不出，元豐間子由從安道辟南京，請爲明允墓表，特全載之。蘇氏亦不入石。比年，少傳于世。荆公性固簡率不緣飾，然而謂之食狗彘之食，囚首喪面者，亦不至是也。韓魏公至和中還朝爲樞密使，時軍政久弛，士卒驕惰，欲稍裁制，恐其忤怨而生變，方陰圖以計爲之。會明允自蜀來，乃探公意，遽爲書顯載其説，且聲言教公先誅斬。公覽之大駭，謝不敢再見，微以咎歐文忠。而富鄭公當國，亦不樂之。故明允久之無成而歸，累年始得召，辭不至，而爲書上之，乃除試祕書省校書郎。時魏公已爲相，復移書魏公，訴貧且老，不能從州縣，待改官。譬豫章橘柚，非老人所種。且言天下官豈以某故冗耶？歐文忠亦爲言，遂以霸州文安縣主簿同姚闢編修《太常因革禮》云。

【同上卷下】蘇子瞻元豐間赴詔獄，與其長子邁俱行。與之期：送食惟菜與肉，有不測，則徹二物而送以魚。使伺外間以爲候，邁謹守。踰月，忽糧盡，出謀于陳留，委其一親戚代送，而忘語其約。親戚偶得魚鮓，送之不兼他物。子瞻大駭，知不免，將以祈哀于上，而無以自達，乃作二詩寄子由，祝獄吏致之，蓋意獄吏不敢隱，則必以聞。已而果然。神宗初固無殺意，見詩益動心，自是遂益欲從寬釋，凡爲深文者皆拒之。二詩不載集中，今附于此：「柏臺霜氣夜凄凄，風動琅璫月向低。夢繞雲山心似鹿，魂飛湯火命如雞。額中犀角真吾子，身後牛衣愧老妻。他日神游定何所，桐鄉知葬浙江西。」「聖主如天萬物春，小臣愚暗自亡身。百年未了須還債，十口無家更累人。是處青山可藏骨，他時夜雨獨傷神。與君世世爲兄弟，更結來生未了因。」

【同上卷下】佛氏論持律，以隔牆聞釵釧聲爲破戒，人疑之久矣。蘇子由爲之説曰：「聞而心不動非破戒，心動爲破戒。」子由蓋自謂深於佛者，而言之陋如此，何也？夫淫坊酒肆，皆是道場。内外牆壁，初誰限隔。此耳本何所在？今見有牆爲隔，是一重公案；知聲爲釵釧，是一重公案。尚問心動不動乎？吴僧浄端者，行解通脱，人以爲散聖。章丞相子厚嘗召之飯，而子厚自食葷，執事者誤以饅頭爲餕餡置端前，端得之，食自如。子厚得餕餡，知其誤，斥執事者，而顧端曰：「公何爲食饅頭？」端徐取視曰：「乃饅頭耶？怪餕餡乃許甜。」吾謂此僧真持戒者也。

吕本中

【童蒙訓卷下】蘇子由罷知汝州，李君行先生往見之，與之論當世事。子由恨知君行之晚，當時議者謂楊、李二公如在言路，必不肯委靡自己，縱無所益，亦必極言而去也。

劉延世

【孫公談圃卷下】子由嘗爲黄白術，先治一室甚密，中置大爐，將舉火，見一大猫據爐而溺，須臾不見。子由以謂神仙之術，天使濟貧乏，待其人然後傳，予非其人，遂不復講。

曾敏行

【獨醒雜志卷四】東坡自惠遷儋耳，子由自筠遷海康。二公相遇於藤，因同行，將至雷之境，郡守張逢以書通殷勤，逮至郡，延入館舍，禮遇有加。東坡將渡海，逢出送於郊，復出官錢僦居，以館子由。

帥臣段諷聞之大怒，劾逢館留黨人蘇軾，及爲蘇轍賃屋等事。逢坐除名勒停，子由移循州。

洪　邁六則

【容齋隨筆卷十五】「蘇子由詩」：蘇子由南窗詩云：「京城三日雪，雪盡泥方深。閉門謝還往，不聞車馬音。西齋書帙亂，南窗朝日昇。展轉守牀榻，欲起復不能。開户失瓊玉，滿堦松竹陰。故人遠方來，疑我何苦心。疏拙自當爾，有酒聊共斟。」此其少年時所作也，東坡好書之，以爲人間當有數百本，蓋閑淡簡遠，得味外之味云。

【同上卷十六】「兄弟直西垣」：《秦少游集》中有《與鮮于子駿書》云：「今中書舍人皆以伯仲繼直西垣，前世以來，未有其事，誠國家之美，非特衣冠之盛也。除書始下，中外欣然，舉酒相屬。」予以其時考之，蓋元祐二年，謂蘇子由、曾子開、劉貢甫也。子由之兄子瞻，子開之兄子固、子宣，貢甫之兄原甫，皆經是職，故少游有此語云。紹興二十九年，予仲兄始入西省，至隆興二年，伯兄繼之，乾道三年，予又繼之，相距首尾九歲。予作謝表云：「父子相承，四上鑾坡之直；弟兄在望，三陪鳳閣之游。」比之前賢，實爲遭際，固爲門户榮事，然亦以此自愧也。

【容齋三筆卷三】「東坡和陶詩」：《陶淵明集·歸田園居》六詩，其末「種苗在東皋」一篇，乃江文通雜體三十篇之一，明言斆陶徵君《田居》，蓋陶之三章云：「種豆南山下，草盛豆苗稀。晨興理荒穢，帶月荷鋤歸。」故文通云：「雖有荷鋤倦，濁酒聊自適。」正擬其意也。今陶集誤編入，東坡据而和之。又《東方有一士》詩十六句，復重載於《擬古》九篇中，坡公遂亦兩和之，皆隨意即成，不復細考耳。陶之首章云：「榮榮窗下蘭，密密堂前柳。初與君別時，不謂行當久。出門萬里客，中道逢嘉友。未言心先醉，不在接杯酒。蘭枯柳亦衰，遂令此言負。」坡和云：「有客扣我門，繫馬庭前柳。庭空鳥雀噪，門閉客立久。主人枕書卧，夢我平生友。忽聞剥啄聲，驚散杯酒。倒裳起謝客，夢覺兩愧負。」二者金石合奏，如出一手，何止子由所謂遂與「比輸」者哉！

【容齋四筆卷四】「欒城和張安道詩」：張文定公在蜀，一見蘇公父子，即以國士許之。熙寧中，張守陳州南都，辟子由莫府。元豐初，東坡謫齊安，子由貶監筠酒税，與張别，張悽然不樂，酌酒相命手寫一詩曰：「可憐萍梗飄蓬客，自歎匏瓜老病身。從此空齋掛塵榻，不知重掃待何人。」後七年，子由召還，猶復見之於南都。及元符末，自龍川還許昌，因姪叔黨出坡遺墨，再讀張所贈詩，其薨已十年，泣下不能已，乃追和之曰：「少年便識成都尹，中歲仍爲幕下賓。待我江西徐孺子，一生知己有斯人。」兩詩皆哀而不怨，使人至今有感於斯文。今世薄夫受人異恩，轉眼若不相識，況於一死一生，卷卷如此，忠厚之至，殆可端拜也。

【同上卷四】「王荆公上書并詩」：王荆公議論高奇，果於自用。嘉祐初，爲度支判官，上《萬言書》，以爲：「今天下財力日以困窮，風俗日以衰壞。患在不知法度，不法先王之政故也。法先王之政者，法其意而已。法其意則吾所改易更革，不至乎傾駭天下之耳目，而固已合矣。因天下之力，以生天下之財，取天下之財，以供天下之費。自古治世未嘗以不足爲公患也，患在治財無其道爾。在位之人才既不足，而閭巷草野之閒，亦少可用之材，社稷之託，封疆之守，陛下其能久以天幸爲常，而無一旦之憂乎。願監苟且因循之敝，明詔大臣，爲之以漸，期爲合於當世之變。臣之所稱，流俗之所不講，而議者以爲迂闊而熟爛者也。」當時富、韓二公在相位，讀之不樂，知其得志必生事。後安石當國，其所注措，大抵皆祖此書。又不忍貧民，而深疾富民，志欲破富以惠貧。嘗賦《兼并》詩一篇，曰：「三代子百姓，公私無異財。人主擅操柄，如天持斗魁。賦予皆自我，兼并乃姦回。姦回法有誅，勢亦無自來。後世始倒持，黔首遂難裁。秦王不知此，更築懷清臺。禮義日已媮，聖經久堙埃。法尚有存者，欲言時所咍。俗吏不知方，掊克乃爲才。俗儒不知變，兼并可無摧。利孔至百出，小人司闔開。有司與之争，民愈可憐哉。」其語絶不工。迨其得政，設青苗法以奪富民之利，民無貧富，兩税之外，皆重出息十二。吕惠卿復作手實之法，民遂大病。其禍源於此詩。蘇子由以爲昔之詩病未有若此其酷也。痛哉！

【容齋五筆卷九】「端午貼子詞」：唐世五月五日揚州於江心鑄鏡以進，故國朝翰苑撰端午貼子詞，多用其事，然遣詞命意，工拙不同。王禹玉云：「紫閣曈曨隱曉霞，瑶墀九御薦菖華。何時又進江心鑑，試與君王卻衆邪。」李邦直云：「艾葉成人後，榴花結子初。江心新得鏡，龍瑞護仙居。」趙彦若云：「揚子江中方鑄鏡，未央宫裏更飛符。菱花欲共朱靈合，驅盡神姦又得無？」又：「揚子江中百鍊金，寶奩疑是月華沉。争如聖后無私鑑，明照人間萬善心。」又：「江心百鍊青銅鏡，架上雙紉翠縷衣。」李士美云：「何須百鍊鑑，自勝五兵符。」傅墨卿云：「百鍊鑑從江上鑄，五時花向帳前施。」許沖元云：「江中今日成龍鑑，苑外多年廢鷺坡。合照乾坤共作鏡，放生河海盡爲池。」蘇子由云：「揚子江中寫鏡龍，波如細縠不摇風。宫中驚捧秋天月，長照人間助至公。」大槩如此。唯東坡不然，曰：「講餘交翟轉回廊，始覺深宫夏日長。揚子江心空百鍊，只將《無逸》鑑興亡。」其輝光氣焰，可畏而仰也。若白樂天《諷諫百鍊鏡》篇云：「江心波上舟中鑄，五月五日日午時。」「背有九五飛天龍，人人呼爲天子鏡。」又云：「太宗常以人爲鏡，監古監今不監容。」「乃知天子别有鏡，不是揚州百鍊銅。」用意正與坡合。予亦嘗有一聯云：「願儲醫國三年艾，不博江心百鍊銅。」然去之遠矣。端午故事，莫如楚人競渡之的，蓋以其非吉祥，不可施諸祝頌，故必用鏡事云。

叶　寘三則

【愛日齋叢鈔卷二】范文正公帥延安，夏人相戒：「今小范老子腹中自有數萬甲兵，不比大范老子可欺。」大范謂雍也。東坡以月石研屏獻子功中書，涵星研獻純父侍講，有詩云：「故將屏硯送兩范，要使珠璧棲窗櫺。大范忽長謡，語出月脅令人驚。小范當繼之，説破星心如雞鳴。」子功諱百禄，純父諸父行，乃有兩大小范也。子由《賦毛國鎮生日》詩云：「生日原同小趙公。」自注：「世謂叔平大趙，參政閲道小趙。」參政大小之稱，一時假爲差别。若華陽之范出於一門，猶漢《上郡歌》大小馮君與元憲兄弟呼大小宋是也。

【同上卷三】子由暮年賦詩，亦謂「時人莫作樂天看，燕望端能畢此身。」自注：「樂天居洛陽日，正與予年相若，非齋居道場，輒携酒尋花，游賞泉石，略無暇日。予性拙且懶，杜門養病，已僅十年，樂天未必能爾也。」或當日又以樂天稱子由，香山一老而兩蘇公共之。子由《讀白集五絶句》，極論所處同異，今盡抄其詩云：「樂天夢得老相從，洛下詩流第一雄。自笑索居朋友絶，偶然得句共誰同。」「樂天得法老凝師，後院猶存楊柳枝。春盡絮飛餘一念，我今無累百無思。」「樂天投老刺杭蘇，溪石胎禽載舳艫。我昔不爲二千石，四方異物固應無。」「樂天引洛注池塘，畫舫飛橋映緑楊。溟水隔城來不得，不辭策杖看湖光。」「樂天種竹自成園，我亦牆陰數百竿。不共伊家鬬多少，也能不畏雪霜寒。」

【同上卷三】《潁川集·吴冲卿夫人秦國挽詩》有云：「見夫成相業，聽子得忠臣。」自注：「夫人長子起居昔將論事，以南遷之憂況於夫人，夫人以當官許焉。」《吕紫微詩話》以爲孔毅甫學士建中靖國間作，以「見夫」爲「贊夫」，亦云其子傳正安詩，紹聖初以左史權中書舍人，欲論事，懼親老，未敢，夫人聞之，促其子論列，由此遂貶，夫人不以爲恨。復注詩乃蘇子由作，蓋誤指爲毅甫矣。按，紹聖初，子由以策題引喻失當罷政，吴權中書舍人，命詞有「文學風節，天下所聞」，「及原情終是愛君之語，罷起居郎。又以爲給舍附吕汲公與子由，謫監光州鹽酒税，再竄連州。初，章惇復官，將召用，吴不書黄。惇既相，必追仇也。然去國本坐行子由責詞。蘇公注將論事，或槩言立朝時，《詩話》遂證其由此遷謫也。昔梅聖俞《挽齊國長公主》云：「每令夫結友，不爲子求郎。」論使事之工，則此勝。

羅大經

【鶴林玉露・乙編卷四】「來蘇渡」：脩水深山間有小溪，其渡曰來蘇。蓋子由貶高安監酒時，東坡來訪之，經過此渡。鄉人以爲榮，故名以來蘇。嗚呼！當時小人媒蘖摧挫，欲置之死地，而其所經過之地，溪翁野叟亦以爲光華，人心是非之公，其不可泯如此！所謂「石壓筍斜出」者是也。

周　密

【齊東野語卷五】「用事偶同」：子由《彈吕惠卿章》云：「放麑，違命也，推其仁則可以託國；食子，徇君也，推其忍則至於弒君。」山谷《懷半山老人》詩云：「啜羹不如放麑，樂羊終愧巴西。」其意蓋指惠卿也。二公豈相蹈襲者邪？其用事造語，若出一轍，而不以爲嫌也。然《韓非子》所載放麑，乃是西巴，恐一時偶誤耳。

張邦基三則

【墨莊漫録卷三】蘇黄門子由薨於許下，王鞏定國作輓詞三首。其一云：「憶昔持風憲，防微意獨深。一時經國慮，千載愛君心。坤道存終始，乾綱正古今。當時人物盡，惆悵獨知音。」注云：「元祐中議册后，宣仁御文德殿發册，公語余，密告吕丞相微仲，母后御前殿兹不可啓。微仲明日留身，宣仁詔宫中本殿發册。時人無知者。」其二云:「已矣東門路,空悲未盡情。交親逾四紀,憂患共平生。此去音容隔,徒多涕淚横。蜀山千萬叠,何處是佳城。」注云:「公前年寄書,約予至許田,曰:『有南齋,翠竹滿軒,可與定國爲十日之飲。此老年未盡之情也。』」其三云:「静者宜膺壽,胡爲忽夢楹。傷嗟見行路,優典識皇情。徒記巴山路,終悲蜀道程。弟兄仁達意,千古各垂名。」注云:「公與子瞻嘗泊巴江,夜雨,相約伴還蜀,竟不果歸。今子瞻葬汝,公歸眉。王祥有言:歸葬,仁也;留葬,達也。」右三詩,予在高郵,於公之子處,見其遺稿,因録之,皆當時事。今公之後邈然,家集不復存,惜其亡也,因附於此。

【同上卷五】蘇子由在政府,子瞻爲翰苑。有一故人與子由兄弟有舊者,來干子由求差遣,久而未遂。一日來見子瞻,且云:「某有望内翰以一言爲助。」公徐曰:「舊聞有人貧甚,無以爲生,乃謀伐塚,遂破一墓。見一人裸而坐,曰:『爾不聞漢世楊王孫乎? 裸葬以矯世,無物以濟汝也。』復鑿一塚,用力彌艱,既入,見一王者,曰:『我漢文帝也,遺制,壙中無納金玉器,皆陶瓦,何以濟汝。』復見有二塚相連,乃穿其在左者,久之方透。見一人,曰:『我伯夷也。』羸瘠,面有饑色,餓於首陽之下。『無以應汝之求。』其人嘆曰:『用力之勤,無所獲,不若更穿西家,或冀有得也。』羸瘠者謂曰:『勸汝别謀於他所,汝視我形骸如此,舍弟叔齊豈能爲人也。』故人大笑而去。」

釋曉瑩

【羅湖野録卷三】蘇黄門子由，元豐三年以睢陽從事左遷筠陽榷筦之任。是時，洪州景德順禪師與其父文安先生有契分，因往訪焉，相從甚樂。咨以心法，順示古德搐鼻因緣，久之有省，作偈呈順曰：「中年聞道覺前非，邂逅相逢老順師。搐鼻徑參真面目，掉頭不受別鉗鎚。枯藤破衲公何事，白酒青鹽我是誰。慚愧東軒殘月上，一杯甘露滑如飴。」暨紹興元年復至筠，順化逾年矣，公禮其繪像，述讚于左曰：「與訥偕行，與璉同處。於南得法，爲南長子。成就緇白，可名爲老。慈憫黑暗，可名爲姥。我初不識，以先子故。訪我高安，示搐鼻語。再來不見，作禮縑素。向也無來，今亦奚去。」蓋順訥偕行出蜀，而順嗣黄龍，訥住圓通，而大覺璉掌記室，則與順同處，惟以仁慈祐物，叢林目之曰順婆婆，公爲表而出之，良有以也。雖嗣法無聞，然有公則所謂一麟足矣。

葉紹翁

【四朝聞見録卷一】「制科詞賦三經宏博」：本朝廷對取士，用賦而不示其所出。省試命題亦然。真宗以「巵言日出」試士於廷，孫何等不究厥旨，賦莫能就，遂昧死攀殿陛而上，請所出與大意。真皇不以爲罪，揭示所出及大意，謂：「巵，潤也。」是歲何爲狀頭。其後諸生上請有司揭示，皆始於此。王安石以《三經》取士，遂罷詞賦，廷對始用策。先是，葉祖洽夢神人許之爲狀頭，惟指庭下竹一束，謂之曰：「用此則爲狀元。」葉不解其意，及用策取士，葉果爲首，竹一束乃策，又夢中神爲設狗肉片爲「狀」字。定數如此。葉因鄉人黄裳勸神宗講，知上意深喜《孟子》，嘗以語葉，故葉對策始終援《孟子》以爲説。先是，荆國王安石嘗賦詩《試闈中》，云：「當時賜帛倡優等，今日掄才將相中。」蓋已嫉詞賦之弊。後因蘇子由策專攻上身，安石比之谷永。又因孔常父用策力詆新法，安石遂有罷制科之意。哲宗策士，因語近臣曰：「進士試策，文理有過於制科者。」大臣皆熙寧黨，遂力主罷制科議。制科詞賦既罷，而士之所習者皆《三經》。所謂《三經》者，又非聖人之意，惟用安石之説以增廣之，各有套括，於是士皆不知故典，亦不能應制誥、駢麗選。蔡京患之，又不欲更熙寧之制，於是始設詞學科，試以制、表，取其能駢儷；試以銘、序，取其記故典。自渡南以後始復詞賦，孝宗始復制策，而詞學亦不廢。

王明清

【揮塵後録卷六】元祐中，公自高陽易鎮維揚，道卒。喪次國門，先祖自陳留來會哭。朝士皆集舟次。秦少游時在館中，少游辱公之知最早，弔畢，來見先祖於舟，因爲少游言其弟凌蔑諸孤狀。少游不平，策馬而去。翌日，方欲解維，開封府遣人尋滕光禄舟甚急，乃御史中丞蘇轍札子，言元發昔事先帝，早蒙知遇，有弟申，從來無行。今元發既死，或恐從此凌暴諸孤，不得安居。緣元發出自孤貧，兄弟别無合分財産，欲乞特降旨揮，在京及沿路至蘇州已來官司，不得申干預家事及奏薦恩澤，仍常覺察。奉聖旨，令開封府備坐榜舟次。詢之，乃少游昨日徑往見子由，爲言其事，所以然耳。昔人篤於風義乃爾。今蘇黄門章疏中，備載其札子。

沈作喆

【寓簡卷五】國初違制之法，無故失率，坐徒二年。王沂公爲相，請分故失，非親被制書者，止以失論。章聖皇帝不悦曰：「如是，無復有違制者。」沂公曰：「如陛下言，亦無復有失者矣。」自是違制遂分故失。舊制：按問欲舉如鬬殺、劫殺，鬬與劫爲殺因，故按問欲舉可減，以謀而殺，則謀非因，故不可減。而法官許遵奏讞阿雲減死。蘇子由雖言其非是，然嘗曰：「遵議雖非，而要能活人；吾議則是，而要能殺人。予意亦難改之。」嗚呼！君子重於用法，或不難於犯顔以救議刑之失；或不嫌於屈法以廣好生之恩。如二人者，可謂合於罪疑從去之理者矣。子由又言，遵子孫皆顯官，郎中刺史十餘人，一能活人，天理固不遺之矣。然則深文好殺、陷人於死者，揆諸天理。可不畏哉！

李如箎

【東園叢説卷下】「坡詞」：王子家諱俊明，官至中大夫直祕閣，與先人道此語時，在紹興三年，寓居於婺州蘭溪縣之西安寺。王公時已年七十餘，蘇子由之壻也。有文章書字與東坡相似，先人嘗謂其字法傳於東坡。王公云東坡本學徐浩書，某亦學徐浩書，偶相似耳。其言三蘇故事甚多，愚幼小不能記也。

李　燾

【續資治通鑑長編卷三百八十七】注引《吕大中雜説》：司馬公之喪，明堂行事畢，蘇子由爲諫官，欲往哭之。正叔力止之曰：「方行吉禮，不可弔喪。」子由不從，曰：「只有哭則不歌，何嘗有歌則不哭。」王鞏爲大宗正丞，亦上章論正叔之非，由此遂罷。建中靖國間，鞏初牽復，得通判西京，將行，滎陽公以正叔屬之，使無念舊怨。鞏答簡云：「我輩視大地衆生猶如一子，況先生者乎？」

陸　游三則

【老學庵筆記卷一】：吕周輔言：東坡先生與黄門公南遷，相遇于梧、藤間。道旁有鬻湯餅者，共買食之，觕惡不可食。黄門置箸而歎，東坡已盡之矣。徐謂黄門曰：「九三郎，爾尚欲咀嚼耶？」大笑而起，秦少游聞之曰：此先生「飲酒，但飲濕法」已。

【同上卷四】：紹聖中，貶元祐人蘇子瞻儋州，子由雷州，劉莘老新州，皆戲取其字之偏旁也。時相之忍忮如此。

【曾温伯字序（節録）】贛川曾君黯，方其入家塾也，大父大卿公用蘇子由、張芸叟字其子孫例，字之曰温伯，蓋以古全德訓之。（《渭南文集》卷十五）

周必大

【資政殿大學士贈銀青光禄大夫范公神道碑（節録）】公既出關，上復賜藥甚厚。至家，又遣使賜御書蘇轍詩二首，太子亦送「壽櫟堂」三大字。（《文忠集》卷六十一）

朱　熹二十則

【朱子語類卷五】嘗得項平甫書云，見陳君舉門人說：「儒釋，只論其是處，不問其同異。」遂敬信其說。此是甚說話！元來無所有底人，見人胡說話，便惑將去。若果有學，如何謾得他！如舉天下說生薑辣，待我喫得真箇辣，方敢信。胡五峰說性多從東坡子由們見識說去。謙。

【同上卷四十七】敬之問「鄉原德之賊」。曰：「鄉原者，爲他做得好，使人皆稱之，而不知其有無窮之禍。如五代馮道者，此真鄉原也。本朝范質，人謂其好宰相，只是欠爲世宗一死爾。如范質之徒，卻最敬馮道輩，雖蘇子由議論亦未免此。本朝忠義之風，卻是自范文正公作成起來也。」時舉。

【同上卷九十】「天地，本朝只是郊時合祭。神宗嘗南郊祭天矣，未及次年祭地而上仙。元祐間，嘗議分祭。東坡議只合祭，引《詩》郊祀天地爲證，劉元城逐件駁之。秋冬祈穀之類，亦是二祭而合言之。東坡只是謂祖宗幾年合祭，一旦分之，恐致禍，其說甚無道理。元城謂子由在政府，見其論無道理，遂且罷議。後張耒輩以衆説易當時文字。徽宗時分祭，祀后土皇地示，漢時謂之『媪神』。漢武明皇以南郊祭天爲未足，遂祭於泰山；以北郊祭地爲未足，遂祭於汾陰，立一后土廟。真宗亦皆即泰山汾陰而祭焉。」先生曰：「分祭是。」揚。

【同上卷一百二十三】至如君舉胸中有一部《周禮》，都撑腸拄肚，頓著不得。如《遊古山詩》又何消説著他？只是他稍理會得，便自要説，又説得不著。如東坡子由見得箇道理，更不成道理，又卻便開心見膽，説教人理會得。又曰：「他那得似子静！子静卻是見得箇道理，卻成一部禪，他和禪識不得。」賀孫。

【同上卷一百二十六】因説程子「耳無聞，目無見」之答，曰：「決無此理。」遂舉釋教中有「塵既不緣，根無所著，反流全一，六用不行」之説，蘇子由以爲此理至深至妙。蓋他意謂六根既不與六塵相緣，則收拾六根之用，反復歸於本體，而使之不行。顧烏有此理！

【同上卷一百二十六】佛書多有後人添入。初入中國，只有《四十二章經》。但此經都有添入者。且如西天二十八祖所作偈，皆有韻，分明是後人增加。如楊文公蘇子由皆不悟此，可怪！又其文字中至有甚拙者云云。如《楞嚴經》前後，只是説呪，中間皆是增入。蓋中國好佛者覺其陋而加之耳。可學。

【同上卷一百二十六】老氏見得煞高，佛氏安敢望他！唐人方説佛。本朝士大夫好佛者，始初楊大年，後來張無盡。又説：「張無垢參杲老，汪玉山被他引去，後來亦好佛。但汪丈爲人無果決，好佛又見不透，又不能果決而退。嘗見汪丈論楊大年好佛，後來守不定，汪丈甚不信。云是蘇子由記此，恐未必是。」南升。

【同上卷一百三十】二蘇呼喚得名字都不是了。振

【同上卷一百三十】兩蘇既自無致道之才，又不曾遇人指示，故皆鶻突無是處。人豈可以一己所見只管鑽去，謂此是我自得，不是聽得人底！

【同上卷一百三十】胡問：「東坡兄弟，若用時，皆無益於天下國家否？」曰：「就他分限而言，亦各有用處；論其極，則亦不濟得事。」淳

【同上卷一百三十】先生因論蘇子由云「學聖人不如學道」，他認道與聖人做兩箇物事，不知道便是無軀殼底聖人，聖人便是有軀殼底道。學道便是學聖人，學聖人便是學道，如何將做兩箇物事看！燾。

【同上卷一百三十】劉大諫與劉草堂言，子瞻卻只是如此。子由可畏，謫居全不見人。一日，蔡京黨中有一人來見子由，遂先尋得京舊常賀生日一詩，與諸小孫先去見人處嬉看。及請其人相見，諸孫曳之滿地。子由急自取之，曰：「某罪廢，莫帶累他元長去！」京自此甚畏之。揚。

【同上卷一百三十】黄魯直以元祐黨貶，得放還，因爲荆南甚寺作塔記。人以此媒孽他，故再貶。所以蘇子由們皆閉門絶賓客。有人自蜀來，累日不得見。詢其鄰人，云：「他十數日必一出門外小亭上坐。」其人遂日候其出，才得一揖。子由讓其坐，且云：「待某入著衣服。」即入去，一向不出。

【同上卷一百三十】先生問：「潮州前此有遷客否？」德明答以不知。先生因言：「子由謫循州。元城經行海州，當時有言劉器之好命，用事者擬竄某州，云：『且與他試命。』後放還居南都，尚康强。宣

和末年方没，只隔一年，便有金虜之禍。使其不死，必召用。是時天下事被人作壞，已如魚爛了，如何整頓！一場狼狽不小。今日且是無人望。元城在南都，似箇銀山鐵壁，地又當往來之衝。過者必見，歷歷爲説平生出處，無小回護。群小雖睥睨，不敢動著他。」德明。録云：「此老若在，教他做時，不知能救得如何？」

【同上卷一百三十】又云：「東坡如此做人，到少間便都排廢了許多端人正士，卻一齊引許多不律底人來。如秦黄雖是向上，也只是不律。因舉魯直「飲食帖」。東坡雖然疏闊，卻無毒。子由不做聲，卻險。少游文字煞弱，都不及衆人，得與諸蘇並稱，是如何？子由初上書，煞有變法意。只當是時非獨荆公要如此，諸賢都有變更意。」賀孫。

【同上卷一百三十二】某問：「當時諸公薦之，何故？」曰：「亦能文章，大抵以此取人，不考義理，無以知其人，多爲所誤。如蘇子由用楊畏，畏爲攻向上三人，蘇終不遷。畏曰：『蘇公不足與矣。』乃反攻之。」可學。

【答程允夫十三首之一（節録）】所謂行事者，内以處己，外以應物，内外俱盡，乃可無悔。古人所貴於時中者，此也。不然，得於己而失於物，是亦獨行而已矣。處己接物，内外無二道也。得於己而失於物者無之，故凡失於物者，皆未得於己者也。然得謂得此理，失謂失此理，非世俗所謂得失也。若世俗所謂得失者，則非君子所當論矣。時中之説，亦未易言。若如來諭，則是安常習故，同流合汙，小人無忌憚之中庸，後漢之胡廣是也。豈所謂時中者哉？大抵俗學多爲此説，以開苟且放肆之地，而爲蘇學者爲尤甚。蓋其源流如此，其誤後學多矣。

（《晦菴集》卷四十一）

【同上之三】熹承寄示前書所論皆未中理，不得不相曉。來書謂熹之言乃論蘇氏之粗者，不知如何而論，乃得蘇氏之精者。此在吾弟必更有説。然熹則以爲道一而已，正則表裏皆正，譎則表裏皆譎，豈可以析精粗爲二致？此正不知道之過也。又謂洗垢索瘢，則孟子以下皆有可論，此非獨不見蘇氏之失，又并孟子而不知也。夫蘇氏之失著矣，知道愈明，見之愈切，雖欲爲之覆藏而不可得，何待洗垢而索之耶？若孟子，則如青天白日，無垢可洗，無瘢可索。今欲掩蘇氏之疵而援以爲比，豈不適所以彰之耶？黄門比之乃兄，似稍簡静。然謂簡静爲有道，則與子張之指清忠爲仁何以異？第深考孔子所答之意，則知簡静之與有道蓋有間矣。況蘇公雖名簡静，而實陰險。元祐末年，規取相位，力引小人楊畏，使傾范忠宣公而以己代之。既不效矣，則誦其彈文於坐，以動范公。此豈有道君子所爲哉？此非熹之言，前輩固已筆之於書矣。吾弟乃謂其躬行不後二程，何其考之不詳而言之之易也！二程之學始焉未得其要，是以出入於佛老。及其反求而得諸六經也，則豈固以佛老爲是哉？如蘇氏之學，則方其年少氣豪，固嘗妄觝禪學，如大悲閣、中和院等記可見矣。及其中歲，流落不偶，鬱鬱失志，然後匍匐而歸焉，始終迷惑，進退無據。以比程氏，正揚子「先病後瘳，先瘳後病」之説。吾弟比而同之，是又欲洗垢而索孟子之瘢也。又謂程氏於佛老之言皆陽抑而陰用之，夫竊人之財猶謂之盗，況程氏之學以誠爲宗，今乃陰竊異端之説而公排之以蓋其跡，不亦盗憎主人之意乎？必若是言，則所謂誠者安在？而吾弟之所以敬仰之意果何謂也？挾天子以令諸侯，乃權臣跋扈，借資以取重於天下，豈真尊主者哉？若儒者論道而以是爲心，則亦非真尊六經者。此其心術之間反覆畔援，去道已不啻百千萬里之遠。方且自爲邪説詖行之不暇，又何暇攻百氏而望其服於己也？凡此皆蘇氏心術之蔽，故其吐辭立論，出於此者十而八九。吾弟讀之，愛其文辭之工而不察其義理之悖，日往月來，遂與之化，如入鮑魚之肆，久則不聞其臭矣。而此道之傳，無聲色臭味之可娱，非若侈麗閎衍之辭，縱横捭闔之辨，有以眩世俗之耳目而蠱其心。自非真能洗心滌慮以入其中，真積力久，卓然自見道體之不二，不容復有毫髮邪妄雜於其間，則豈肯遽然舍其平生之所尊敬向慕者而信此一夫之口哉？故伊川之爲明道墓表曰：「學者於道知所向，然後見斯人之爲功；知所至，然後見斯名之稱情。」蓋爲此也。然世衰道微，邪僞交熾，士溺於見聞之陋，各自是其所是，若非痛加剖析，使邪正真僞判然有歸，則學者將何所適從以知所向？況欲望其至之乎？此熹之所不得不爲吾弟極言而忘其僭越之罪也。程氏書布在天下，所至有之。此間所有，不過是耳。謾寄《大全集》一本、《龜山語録》一本去。《大全》中有他人之文，目録中已題出矣。恐已自有之，如未有，且留看，夏中寄來未晚也。程氏高弟尹公嘗謂《易傳》乃夫子自著，欲知其道者，求之於此足矣，不必傍觀他書。蓋語録或有他人所記，未必盡得先生意也。此言尤有味，試更思之。若信得及，試用年歲之功，屏去雜學，致精於《易》，其作傳只是因而寫成。又言先生踐履盡一部此，自當有得，始知前日所謂蘇程之室者，無以異於雜薰蕕冰炭於一器之中，欲其芳潔而不汙，蓋亦難矣。蘇氏文辭偉麗，近世無匹。若欲作文，自不妨模範。但其詞意矜豪譎詭，亦若非知道君子所欲聞。是以平日每讀之，雖未嘗不喜，然既喜，未嘗不厭，往往不能終帙而罷。非故欲絶之也，理勢自然，蓋不可曉。然則彼醉於其説者欲入吾道之門，豈不猶吾之讀彼書也哉？亦無怪其一胡一越而終不合矣。蘇程固嘗同朝，程子之去，蘇公㗂孔文仲齕而去之也。使其道果同，如吾弟之所論，則雖異世亦且神交，豈至若是之戾耶？文仲爲蘇所㗂，初不自知，晚乃大覺，憤悶嘔血以至於死。見於吕正獻公之遺書，尚可考也。吾弟未之見耳。因筆及此，似傷直矣。然不直則道不見，吾弟察之。幸甚！（同上）

【答吕子約四十九首之四十八（節録）】蘇黄門初不學佛，只因在筠州陷入此漩渦中，恐是彼中風土不好，一生出不得。今請著些精彩，莫只管回頭轉腦，忽然不知不覺也旋入去，即不相奈何也。（同上卷四十八）

【答陳正已二首之一（節録）】注疏之學，卻不須如此主張。蘇子由議論，自是一偏之説，豈遂足爲準的也哉！（同上卷五十四）

陳傅良

【答丁子齊三首之三（節録）】蘇黄門晚節，甚慚於東坡，以温公待小申公如許，至變法時，每苦晦叔太懦，力量真難事耳。（《止齋集》卷三十六）

袁燮

【資政殿大學士贈少師樓公行狀(節録)】舊于都亭驛中，以所藏蘇黄門答其伯祖忠彦辭嘉彦尚主詔草，求公跋語，公作詩曰：「今日猶存卯君筆，向來誰造粉昆書。」又爲言其所以然。(《絜齋集》卷十一)

葉適

【宣教郎夏君墓誌銘(節録)】昔王元之、蘇子由皆病進士取人猥多，得者濫易，無益治道，余初以爲篤論。(《水心集》卷二十三)

費衮

【梁溪漫志卷二】韓魏公問陳師道洙：「司馬近日論何事」？答以「彼此臺諫不相往來，不知所言何事」是已。其後，臺諫得相往來，而不得見政府。吕汲公對簾前，以備位執政，不敢與言事官相通，遂令范淳父諭旨於劉器之，是臺諫已不可見政府矣。蘇子由、王彦霖諸公擊吕吉甫，會議于興國浴室院，則臺諫相見無所拘也。今沿襲此制云。

章甫

【雜説（節録）】論至於此，舉足而入道場，低頭而成佛道，洒掃應對得君子之傳，飲食日用知中庸之味，孰爲佛者，孰爲老者，又孰能辨之哉？近代李習之、王介甫父子、程正叔兄弟、張子厚、蘇子由、吕吉甫、張天覺、張九成、張栻、吕祖謙、朱熹、劉子翬之徒心知此説，皆有成書，第畏人嘲劇，未敢顯言耳。（《自鳴集》卷六）

桑世昌

【蘭亭考卷五】唐粉蠟紙，雙鈎撫《蘭亭燕集叙》，本在蘇轍處，精神筆力，毫髮畢備，下真蹟一等。此幾馮承素輩搨賜大臣者，舜欽父集賢校理耆購於蜀僧元靄。芾與轍友善，每過從必一出，遂親爲背餙。又蘭亭模本，正議大夫張犯光宗諱跋，蘇轍云此與吾家所收同。《寶章待訪集》。

張世南

【游宦紀聞卷七】嘉定甲申夏，有持潁濱先生帖十數幅求售。蹤跡所自，知非贋物明甚。有《黄樓賦》一篇，讀之，其間「前則項籍、劉戊」一句，《觀瀾文》作劉備，《潁濱集》作劉季。《觀瀾文》注云：「徐州牧陶謙病篤，謂别駕麋竺曰：『非劉備不能安此邦。』及謙死，竺率州人迎先主，先主未敢當。

陳登、孔融曉諭之，先主遂領徐州。」

釋居簡

【跋趙正字士𥃳帖】「山谷貶宜州，全臺攻蘇黄門，元祐籍中子弟在官者黜數百人」正字趙士𥃳報參寥書中語。噫，前輩論小人以國予人，必空國無君子，非鈎黨不可。陵遲至靖康，縣官蒙塵。國家再造，往往姦血尚澤遺類。抑君子之殄小人，其難也如此！（《北磵集》卷七）

章如愚四則

【群書考索後集卷二十二】「蔡允道官制論」：元祐中，蘇子由爲户部侍郎，大以爲不便。建言祖宗參酌古今之宜，建立三司，所領天下事幾半，非以私三司也。事權不一則財利散，雖欲求富，其道無由。因請都水監，將作、軍器監悉隸户部，凡三監有所爲，户部定其事之可否，裁其費之多少。其工部任其工之良苦，程其作之遲速，朝廷以爲然，從之。按，唐貞元初，度支使杜佑辭錢穀之任，引李巽自代。先是，度支以制置措費，漸權百司之職，廣設員吏，繁而難理。佑始奏營繕歸之將作，木炭歸之司農，染練歸之少府，綱條頗整，公議多之。由是而言，計司兼領他職，自唐已然，不特出於祖宗之意。子由所懇懇而言之者，皆佑之所釐正也。豈時移事異，利病固不同耶！佑之所請，見於《蘇冕會要》，新史載之不如是之詳也。

【群書考索續集卷二十九】又況祖宗時，大縣置丞，小縣不置，今之縣不置丞者鮮矣；大郡具僚屬，小郡不具，今之郡不具僚屬者鮮矣。職之冗也如此，其可不省乎？以蘇子由之序考之，節度視皇祐八倍，防禦視皇祐十倍，大夫七倍景德，朝奉郎六倍景德，承議、奉議郎三倍景德，子由之言於哲宗也如此。至于今日，又可知也。

【同上卷三十三】元祐初，省併冗員，膳部入於主部，虞部入於屯田，而六曹所減凡十九員，而其弊猶未盡去也。故寺監當省之説，陳於劉安世；三監乞隸户部之説，陳於蘇子由。言者紛紛未之能已也。建置分合，今日有成制矣。

【群書考索别集卷十四】古无封禪，以封禪爲非古者，范仲淹也；以封禪爲不經者，李泰伯也；以封禪爲不足信者，蘇子由也。夫封土爲壇，除地爲禪，十二君已主其説，仲淹何以議其非古，李泰伯何以謂之不經，子由又何爲不之信……設有是事，六經遺文豈應不載，若以秦漢而下言之，則實有是事也。吁！安得仲淹、泰伯、子由與之議封禪之非哉！

魏了翁

【游忠公仲鴻鑑虚集序（節録）】君壯時猶及見蘇黄門，黄門謂君「使得見先兄，當不在六君子下。」（《鶴山集》卷五十六）

陳耆卿

【代上樓參政書】月日，具位姚某再拜獻書宫賓大參相公閤下：某聞天地之間氣，蟠結爲山嶽，流暢爲江海，而其扶輿磅礴之極，則鍾爲名世之君子。然山嶽河海，可以常有；而名世之君子，常落落然。故人之視山嶽河海者，雖高且廣，不甚以爲異，至於一君子作於世，則雖里巷之兒童，營壘之卒伍，亦皆咨嗟歎息，喜愕慶幸，以一望顔色爲終身榮。賢於此者，可知也。蘇子由生於西蜀，懷奇挾邁，使其高卧岷山之雲，而嘘吸峨眉之風月，豈不足以忘死？而乃頳肩蠒足，萬里而來京師。其所自述，則曰：於山見終南嵩華，於水見黄河，於人見歐陽公而已。士之樂得夫君子也如此哉！其後歐陽公一置齒牙，而子由之名遂聞天下。人見其如此，而不知有以爲之先也。蓋自老泉先生以《六經論》謁公，公即掀髯愛賞，以爲荀卿子之文，且以其書薦之朝，幾以爲古人復出。當是時，老蘇既顯矣，一子繼之，遂皆蒙國士之遇。非此父，固不生此子；非此子，固不肖此父；而非歐陽公之特達，則委棄泥淖，人亦莫知其爲蘇氏父子也。若某者，誠不敢望子由，而閤下非歐陽公之徒歟？閤下之道德，天下共知之；其文章，天下亦共知之。其爲歐陽公，蓋庶幾焉。而某也獨無以自達於庭，豈惟閤下棄之，將舉世棄之矣。雖然，有一於此。昔者，先人官於鄞川，鄞川，閤下之鄉里也。三年之間，餐和茹教，投分最昵。其後得侍同朝，所以晒遇者益深，視歐陽公之知老蘇無以異也。以老蘇視先人，則所以知某者，當視子由。然昔之子由能遇歐陽公於老蘇之生前，而某之今日，未能遇閣下於先人之死後。此其故何也？意者某之自晝而不進也。夫子由之入京，有萬里之遥，苕霅之距行都，一葦可至，而某也不之至，其自晝昭昭矣。然尚有可諉者：蓋聞古之君子，修其身而後可以求聞於人。閣下方以道德文章爲時匠石，而某抱其無用之識，以求進於閣下，無益，祇取辱耳。自時厥後，矻矻偲偲，非聖人之書不讀，冷官三載，日與學者磨礱乎理道，鞭策於教化。浚之日深，築之日高，庶不等塗之人。雖倥侗如昔，疏魯如昔，亦不可謂懵無所見者。蓋前日之不進，正所以爲今日可進之階也。失此不前，真自晝矣。昔某之高大父，蓋與老蘇同爲歐陽公所知。嘉祐定禮，實付之三人之手。往者閣下之在中都，嘗親跋其堂牒矣。百世寶之，固將與尺璧同價也。然蘇得子名益彰，姚之後，未有甚顯者。故歐陽公之所以施於蘇者類厚，而所以施於姚者，幾於不繼。繼之者在閣下，閣下其進教之，則區區之愚，可以悉吐於階戺，而不自暴於草莽。鴻毛之名，一日達乎四境，人將以爲蘇之父子，發早而不長，姚之祖孫，發遲而實大。蓋蘇之所遇，一歐陽公而止，姚氏得兩歐陽公焉，若之何弗榮？此亦閣下所以親跋堂牒之意，望終惠之。不宣。某再拜。（《簣窗集》卷五）

徐經孫

【陳綱紀疏（節録）】臣一介疏庸，叨恩分察，循牆莫避，庀職有初，輒攄千一之慮，仰瀆九重之聽。臣嘗觀張方平論祥符、景德以前私説不行，朝廷尊嚴，明道、慶曆之際，言事日横，朝廷遂輕。蘇轍力辨其非是，蓋以爲朝廷重輕初不在此，當使下無以議，不可使下不得議。臣嘗誦味至此，未嘗不三復蘇轍之知言，而重歎方平之失言也……抑當使下無以議，不可使下不得議，如蘇轍之言乎？方平之言，一人之私言也；蘇轍之言，天下之公言也。（《矩山存稿》卷一）

趙彥衛

【雲麓漫鈔卷十】王迥字子高，族弟子立，爲蘇黄門壻，故兄弟皆從二蘇遊。子高後受學於荆公。舊有周瓊姬事，胡徽之爲作傳，或用其傳作《六么》，東坡復作《芙蓉城詩》以實其事。

趙善璙二則

【自警編卷五】蘇子由崇寧中居潁昌，方以元祐黨籍爲罪，深居自守，不復與人相見。逍遥自處，終日默坐，如是者幾十年以至於没，亦人所難能也。《吕氏雜志》

【同上卷六】熙寧中，歐陽公退居潁上，蘇子由往見之，問言及此，曰：「古所謂社稷臣，韓公近之。」

劉辰翁

【贈周儀之入燕序（節録）】中州人士淵藪，比年可兩兩數，雖由坐井固陋，知聞不廣，抑大故有數，如麟如鳳，理不在多。獨恨窮居已老，無繇睹所未見，誦蘇子由贄韓魏公語，泰山黄河之外，遠想慨然。

周簿儀之，溪園公子，耐軒弟，如食前方丈，家庭饜飫，何所不有，然猶有庾家兒慕王逸少意，時時見過，論議不屑去。則其美如此，其進亦未易量也。今其遊上都觀國，必將遍參熟候，初見大方，故與之言坡公焉。方坡公兄弟未出蜀，聞人稱韓、富、范、歐陽如天人，及至京師見諸老，務爲寬深不測之量，憮然如有不滿。其言富公無間之可入也，美辭也，其如有不滿者亦在乎此也，而諸老之厚重可見，則亦在乎此。（《須溪集》卷六）

祝穆二則

【古今事文類聚前集卷三十一】「僦屋獲罪」：紹聖中，蘇轍貶雷州，僦州人吴國鑑宅居爲創一小閣。元符初，本州走馬承受段諷言其事，詔提舉董必具實狀以聞，必至雷，置獄根治詔，轍移循州知州，張逢以下降罰，有差國鑑編管。

【同上卷三十一】「民居不僦」：蘇轍謫雷，不許占官舍，遂僦民屋。章子厚以爲强奪民居，下州追民究治，以僦券甚明乃已。及子厚謫雷州，亦問舍于民，民曰：「前蘇公來，爲章丞相幾破我家，今不可也。」人以爲報。

文天祥

【御試策一道（節録）】國初諸老，嘗以厚士習爲先務，寧收落韻之李迪，不取鑿説之賈邊；寧收直言之

蘇轍，不取險怪之劉幾。（《文山集》卷三）

徐　度三則

【卻掃編卷上】蘇黄門子由熙寧二年以前大名府推官上書論事，神宗覽而悦之。即日召對便殿，訪問久之，面擢爲條例司屬官。故事，選人未得上殿者，自此遂爲故事云。

【同上卷中】蘇黄門子由南遷既還，居許下，多杜門不通賓客。有鄉人自蜀川來見之，伺候於門，彌旬不得通。宅南有叢竹，竹中爲小亭，遇風日清美，或徜徉亭中。鄉人既不得見，則謀之閽人，閽人使待於亭旁。如其言，後旬日果出，鄉人因趨進，黄門見之大驚，慰勞久之，曰：「子姑待我於此。」翩然復入，迨夜竟不復出。

【同上卷中】然余觀元豐官制，既職事官各有雜壓，則既上者不可以復下，故自六尚書、翰林學士而除中丞，六曹侍郎而除給舍、諫議，非不美而不免爲左遷。若使帶職而爲之，則無此嫌矣。如蘇黄門自翰苑除中丞，帶龍圖閣學士。鄭閎中穆嘗爲給事中，後復以寶文閣待制爲國子祭酒，及前執政入爲尚書，皆帶殿學士之類。

俞　琰

【席上腐談卷下】東坡先生年二十有六，初仕岐下，有異僧强授之以化金方，既得其術。自是緘封之。

後以授潁濱先生，潁濱亦藏之。逮居武昌，有親故知之，因扣其術。潁濱曰：「自先兄見授，秘之有年矣。暇日當求之巾笥間。」久之，呼求者至，出書示之。東坡岐下緘之宛然，潁濱乃啓封，披其書曰：「此其是乎？」求者欣然曰：「是矣。」潁濱即焚于爐中，語求者曰：「貧可忍也，此寧可爲乎？」求者愧赧，若無所容，倉皇狼狽而去。

佚名

【道山清話】趙先生，蔡州人。後往來無定，蘇子由諸公極愛重之，嘗言人將發，不惟門户有旺相，視僕史輩亦可知。

元

于欽

【齊乘卷五】《水經注》濼水北爲大明湖，西有大明寺，水成浄池，池上有亭，即北渚也。池今名五龍潭，潭上五龍廟，亭則廢矣。湖上舊有水西亭、環波亭。並見南豐、子由諸賢詩。今廢。

陶宗儀四則

【説郛卷四十一下】眉山蘇洵少不喜學，幾壯，猶不知書。年二十七始發憤讀書，舉進士，又舉茂才，皆不中。曰此未足爲吾學也。焚其文，閉户讀書五六年，乃大究六經百家書説。嘉祐初，二子軾、轍至京，師歐陽文忠公，獻其書于朝。士大夫争持其文，二子舉進士，亦皆在高等。於是父子名動京師，而蘇氏文章擅天下。目其文曰「三蘇」。蓋洵爲老蘇，軾爲大蘇，轍爲小蘇也。

【同上卷四十三下】元祐中袷享，詔南京張安道陪祠。安道因蘇子由托某撰辭免，及謝得請表，余撰去。後見張公表到，悉用余文，不改一字，獨表内有一句云「邪正昭明」改之云「民物阜安」，意不欲斥人爲邪也。張公高簡自居，而慎如此。（張耒《續明道雜志》）

【同上卷七十九上】蘇黄門云：「人生逐日，胸次須出一好議論，若飽食煖衣，唯利欲是念，何以自別於禽獸。余歸蜀當杜門著書，不令廢日，只效温公《通鑑》樣作議論，商略古人，歲久成書，自足垂世也。」

【書史會要卷六】蘇轍字子由，號潁濱遺老，軾之弟。與兄同登進士科，由尚書右丞進門下侍郎，謚文定。書瘦勁可喜，風味絶高，真可以兄弟東坡。然特少雍容風氣，當是捉筆甚急，而腕著紙故耳。

陳應潤

【周易爻變易緼卷四】六二：「剥牀以辨，蔑貞凶。」象曰：「剥牀以辨，未有與也。」辨，牀桯足第之間，床之幹也。六二變蒙，下卦爲坎。君子蒙難之時，又陷於坎穽之中，如剥牀至變，灾已近身。苟无貞正，曷以自保？趙宋蘇軾、蘇轍，遭王安石、吕惠卿等忌才，貶軾于黄惠海外昌化等處，又貶轍于循雷，不容其僦官舍，又不容其賃民居，築土室以居之。豈特剥牀以辨而已哉！未有與者，二與五應之，人君爲小人所間，六二之臣不能自通，故曰未有與也。

明

解縉

【跋歐陽文忠公知諫院誥命（節録）】公墓在今河南錫州新鄭縣思賢鄉，巍然獨存，但蘇子由所爲神道碑中經焚燒，稍剥落耳。（《文毅集》卷十六）

劉定之

【雜志・蘇子由】蘇子由使遼歸，爲哲宗言，遼主弘基以與我和好爲喜，年貌可六十，步履輕健，飲啗不衰，享國尚當有年，我可以無虞。其君臣事佛，國俗化之，此彼之巨蠹，足爲我喜也。弘基孫延禧當嗣位，然骨氣凡弱，視瞻不正，恐非彼福。其意亦嚮慕和好，而我不足恃矣。其後弘基守和好，又十餘年而殂。延禧亦不背盟，然遼國遂亡于延禧。則子由之言信矣！容貌辭氣，乃德之符，非特得其身之遐促，而并得其國之興替。仲由、盆成括之死，見知于孔、孟；郗子高仰，魯侯卑俯，兆其死亡，見知于子貢。聖賢原自有觀人之法也。子由殆聞于是而然歟！抑使可覘國，則非其人者不足使。佛能蠹國，而歷世之莫悟也，何哉？（《明文衡》卷五十六）

吴　寛

【再題所摹懷素自叙帖】蘇黄門題此帖時，尚恨不令其兄一見。後坡翁得見之，則曾公卷所謂馮當世家本也。偶得其跋語，而山谷觀於石揚休家者，又得其説於《名臣言行録》。因具録於後，見蘇黄爲一代書宗，所以評自叙者如此，以爲博雅者之助云。（《家藏集》卷五十）

彭　韶

【送承事郎楊時獻歸將樂序】昔蘇潁濱以超邁之才，生休明之世，方其年少氣豪，鋭意以功名自見，中罹斥外，晚登政府，未嘗一易志。然竟與時齟齬，貶以歸，歸於潁且十年，然後取功業不加於時之管幼安，自爲之贊。謂其明於知時，而審於處己，深寄羨慕不足之意。君子讀而疑之，以爲幼安生漢魏之交，潁濱老於宋，知時處己之言非所宜。況是未知二賢之心者也。夫幼安豈知有魏，潁濱豈忍一日忘宋哉！顧以其當時，凡世之所尚，皆己之所短，而己之所有，又未必彼之所好者也。方底圓蓋，揆無合理，故扶持顛危，非不欲荀文若；然失身非所，卒不能免，調停黨人，非不欲吕大防。然冰炭同處，迄爲紹述之禍，其日夜計此亦熟矣。故寧間關嶺海，一榻蕭然，雖白首長終，而不悔也。嗚呼！潁濱之言，豈欺我哉？抑斯言也，非老於涉世，不足以知之，若順昌楊時獻氏，其殆聞斯風而興者歟！時獻居大學十有五年，待選吏部，乃不謀於親友，自陳授七品階承事郎以去。故事：國子生多得臺省幕職，或郡守上佐，下亦不失節推縣令丞，而階官無所事事，世或厭薄之。何時獻不彼之取而此之取，豈非潁濱所謂審於處己然耶？安知後人不有取而贊之耶？予方竊食京師，才智無一堪可謀，欲謝歸而不能。以予之不果行，知時獻之舉良足樂也！時獻龜山文靖公之裔，自將樂再徙興泰七世矣。識詣之遠，固有所自哉！（《彭惠安集》卷二）

徐伯齡

【宋太后賢（節録）】仁宗曰：「汝不知我耶，今日放賢良榜，又爲子孫得兩員好宰相，大者蘇軾，小者蘇轍也。適聞其名，感當日事，故不覺哽咽耳。」神宗色爲之動，自是制獄漸寬，東坡得不死矣。（《蟫精雋》卷十三）

蔡　清

【易經蒙引卷三下】愚謂蘇子由，正所謂求盡天下之大觀而不屑爲闚觀之女貞者矣。

程敏政

【新安文獻志卷三十四】十八日丙申，晴，早頓欒城縣，極蕭條，蘇黄門轍墓尚存。

陸深

【玉堂漫筆卷中】懷素《自叙帖》近刻石於蘇州，兼刻古今題跋，出於文徵明父子之手，爛然可觀。內蘇欒城一跋云「予兄和仲」，蓋謂東坡。自題曰「蘇轍同叔」，在紹聖三年三月謫高安時所寫，豈有所諱耶？將别有字行，而子瞻、子由特顯著者耶！其印仍曰「子由」。（《儼山外集》卷十二）

崔銑

【士翼卷二】昔蘇轍毁程子，蘇頌止之曰：「吾觀過其門者，無不肅也，善古德矣。」

楊慎

【升庵集卷四十九】「賈易」：賈易言蘇轍制科試文謬不應格而濫進。是時轍方不合於君相，而易因誣之。夫以轍之文章，而猶曰謬，曰幸，曰濫，小人之無忌憚何所不至。

吴之鯨

【武林梵志卷八】蘇轍字子由，號潁濵，又號欒城，累官翰林學士門下侍郎，謚文定。元豐三年，公以罪謫高安，會黄檗全禪師於城寺，熟視公曰：「君静而慧，苟留心宗門，何患不成此道？」公識之，因習坐，數求决於全，無契。後忽有省聰禪師來居壽聖，公以此事往問，聰不答。公又叩之，聰徐徐謂曰：「圓照未嘗以道語人，吾今亦無以語子。」公於是得言外之旨。又嘗咨心法於洪州順禪師，順示以搐鼻因緣，公言下大悟，作偈呈曰：「中年聞道覺前非，邂逅相逢老順師。搐鼻徑參真面目，掉頭不受别鉗鎚。枯藤破衲公何事，白酒青鹽我是誰。慚愧東軒殘月上，一杯甘露滑如飴。」嘗自號東軒長老。佛印住金山，子由謁見，先以偈獻曰：「粗沙印佛佛欣受，怪石供僧僧不嫌。空手遠來還要否，更無一物可增添。」印答曰：「空手持來放下難，三賢十聖聚頭看。此般供養能歆享，木馬泥牛亦喜歡。」門人有以《漁家傲》祝生日及濟川者，乃賡和之：「七十餘年真一夢，朝來壽斝兒孫奉。憂患已空無復痛，心不動，此間自有千鈞重。蚤歲文章供世用，中年禪味疑天縱。石塔成時無一縫，誰與共？人間天上隨他送。」

彭大翼三則

【山堂肆考卷七十五】「不肯諂附」：蘇轍爲大名府推官，當官論事，不肯諂附，政聲烨然。

【同上卷一百七十一】「景蘇」：景蘇樓在績溪縣，舊秋風堂。宋紹興間，邑宰曹訓慕前令蘇轍之賢，摹其遺像及所爲詩鐫於石，建此樓貯之。名曰「景蘇」。又山東長山縣有懷范樓，金時建，謂思范仲淹也。

【同上卷一百七十三】「待月」：軒在瑞州府行春門外大愚山。宋蘇轍謫筠州，舟過南康廬阜訪隱者，舉日月以喻性理，因悟其説，至筠作「待月軒」以自省，并記其事。

顧起元

【説略卷五】晋王敦曰可兒，司馬高曰羅兒，唐白居易曰龜兒，謝靈運曰客兒，杜甫長子曰熊兒，宋蘇子由子曰虎兒，是皆小字也。

黄道周 二則

【榕壇問業卷十三】蘇子由對荆公稱劉晏權宜國計，因時高下，能知萬物之情，不斂於民而用自足，今乃與桑孔並稱，得無爲此老稱屈乎？某云：「冉求治賦，夫子明許其才；至於論仁，則曰不知。甚而以爲聚斂，可見此途未是要急。」

【同上卷十五】且舉《周禮》看，《周禮》有何佳處？胡五峰、蘇子由詆其疏謬，如建土踰制、冢宰筦利、甸師受眚、内宰立市、闇人掌禁、女祝禳禬之説，種種迂謬，不獨青苗國服而已。

汪砢玉

【孫虔禮草書千文帖（節録）】顏魯公與夫人書今亦在吾家，皆蘇子由吉祥閣所見，因復記之。（《珊瑚網》卷二）

褚人穫

【堅瓠集·佳對】東坡與子由夜雨對床，子由曰：「嘗見鬻術者云：『課賣六爻，内卦三爻，外卦三爻。』思之未易對。」一日同出，坡見戲場有以棒呈戲者，云：「棒長八尺，隨身四尺，離身四尺。」坡曰：「此語正可還前日枕上之對也。」子由曰：「觸機而發，誠佳對也。」

清

紀昀

【四庫全書總目提要·萍洲可談】《宋史》[朱]服雖坐與蘇軾交游貶官，然實非元祐之黨。嘗有隙於蘇轍，而比附於舒亶、吕惠卿，故彧作是書於二蘇頗有微詞，而於亶與惠卿則往往曲爲解釋。（卷一百四十一）

孫岳頒〔一〕三則

【御定佩文齋書畫譜卷四十六】汝州龍興寺吴道子畫兩壁，一壁作維摩示疾文殊來問天女散花，一壁作太子遊四門釋迦降魔。筆法奇絶，蘇子由曾施百縑修之。《韻語陽秋》

【同上卷七十七】「宋蘇軾書《黄樓賦》」：此蘇子由所作《黄樓賦》，而其兄子瞻所書也。石刻在徐州，爲方柱周遭書之，其後磨滅一面，其首相接處復失其半，行遂不全，相傳爲雷所擊耳。《匏翁家藏集》

【同上卷八十七】「明仇英臨西園雅集圖」：據方石畫淵明《歸去來辭者》即伯時，握麈尾觀者蘇子由，握蕉扇者黄魯直，撫肩立者晁无咎，捉石者張文潛。

卞永譽六則

【式古堂書畫彙考卷十】兩蘇公帖平生多見之，蓋真贋相半也。從季所藏如淵明詩一紙，雖擲棄瓦礫，當自有神光發見。乾道七年十一月廿九日，洪邁書。

【同上卷十】二蘇兄弟行如冰雪，足以下照百世；望如九鼎，足以坐鎖群奸。學士大夫得其片文隻字，

〔一〕孫岳頒爲當時「禮部侍郎仍管國子監祭酒事」，「纂輯佩文齋書畫譜官」。

輒藏弆以爲榮，蓋非特取其華藻也。《質翁帖》是中年書，《南至帖》疑叔黨輩代作，《寄米帖》淵明詩遒媚秀傑，晚年精妙蓋如此。黄門嘗贊其兄云：「人言吾兄，我曰吾師。」讀戴公詩便知斯言爲實録。乾道乙酉五月一日，東里周必大書。

【同上卷十】眉山二蘇先生文章氣節，光曜典册。後世獲見其書翰，如親侍焉。安敢妄言以取不自量之譏。乾道諸公墨蹟，亦不易得，況洪内翰、周益公之確論，藏者寶惜之。東平周泰識。

【同上卷十】兩蘇翰墨貫文章，瑞鳳祥麟奕世昌。什襲珍藏傳不朽，一天星斗燦光芒。崧叟王敬力題。

【同上卷十】坡老兄弟《祭黄幾道文》一通，傳襲至錫山華尚古氏，福偕弟祚，得伏覩之，知非坡老不能及也。幾道未能悉其爲人，而坡老稱許，至謂天實愧之，當自有見。嘗稱潁濱《黄樓賦》稍振勵人，輒謂其代作，要亦自知有辨。福讀《古史》頗覺其議論不合處，與吾弟評訂之，兹同見此，乃書以歸尚古。弘治辛酉九月三日，華亭後學錢福敬識。

【同上卷三十三】「北宋李公麟西園雅集圖」：孤松盤鬱，上有凌霄纏絡；紅緑相間，下有大石案陳設。古器瑶琴，芭蕉圍繞，坐于石盤傍，道帽紫衣，右手倚石，左手執卷而觀書者，爲蘇子由。

倪　濤二則

【郭璞移水記（節録）】記謂世主播遷，戎羯亂華。于是優游笑傲，放意山水間。仍于嘉州城東百步烏尤山鑿書巖，而蘇子由詩亦指其注爾雅于此。史謂無入蜀之文，謹按，《移水記》有嘉州二字，則非

璞之手筆，恐後人之附會耳。（《六藝之一録》卷一百七）

【八陣圖銘】《舊經》云有圖銘石刻在磧中，今不復見。蘇子由詩云：「中原竟不到，置陣狹無所。」（同上卷一百八）

張廷玉等

【明史·志四十六·選舉二】庚戌，帝臨軒發策畢，退御武英殿，謂翰林儒臣曰：「取士不尚虚文，有若劉蕡、蘇轍輩直言抗論，朕當顯庸之。」

刁包

【易酌卷四】丈夫爲女子之事，巾幗之辱，鬚眉之羞也，可醜孰甚焉！《蒙引》援司馬子長、邵堯夫及蘇子由《上韓太尉書》以喻士君子當遠歷四方，以廣見聞，亦有理。

王士禛六則

【居易録卷四】偶與學子言詩，用字不可臆爲杜撰。即如古人名字，司馬長卿，長字無平聲，相如相字無仄聲，如字或作上聲……歐陽脩稱歐公，蘇軾稱蘇公。又謝惠連、謝朓皆稱小謝，宋祁稱小宋，蘇轍稱小蘇，杜牧稱小杜之類，皆有所本。

【同上卷二十一】宋程卓《使金録》云：「十八日早頓欒城縣，蘇黄門轍墓尚存縣治之側。」按，潁濱自嶺外歸老許州，葬郟縣小峩眉，與長公同兆域，欒城安得有墓。按，歐陽公銘老泉墓云：「蘇顯唐世，實欒城人。以宦留眉，蕃蕃子孫。」潁濱文集號《欒城》，示不忘本也。

【池北偶談卷七】「白氏」：白氏，許州人，蘇宗之母，潁濱先生五世孫婦也。年二十餘即寡，外家迎歸，竊議改醮。白氏微聞之，牽車徑歸曰：「我爲蘇學士家婦，乃失身乎？」於宅東北爲祭室，畫兩先生像，圖黄州龍川故事於壁，香火嚴潔，躬自灑掃。金天興元年，許州被兵，白拜辭兩先生前曰：「兒子往京師，老婦死無恨。」即自縊於室，年七十餘。見《金史·列女傳》。

【同上卷七】「蘇少公葬地」：眉州蟇頤山，有老翁泉。葉石林云：「東坡晚亦號老泉居士。」《墨莊漫録》云：「蘇黄門薨於許，王定國作挽詞云：『徒泣巴山路，空悲蜀道程。弟兄仁達意，千古各垂名。』注云：『公與東坡常泊巴江，夜雨，相約伴還蜀，竟不果歸。今東坡葬汝，公歸眉。王祥有言歸葬仁也，留葬達也。』」又少公自作《潁濱遺老傳》云：「先君之葬，在眉山之東，昔嘗約祔於其廬，雖遠，不忍負也。」又《卜居賦序》云：「昔先君相彭眉之間，指其庚壬曰：『此而兄弟之居也。』今子瞻不幸，已藏郟山。予年七十有三，異日當追蹈前約。昔貢少翁爲御史大夫，年八十一，家居琅邪，一子年十二，自憂不得歸葬，元帝哀之，許以王命辦護其喪。譙允南年七十二，終洛陽，家在巴西，遺令其子輕棺以歸。今予廢棄久矣，少翁之寵，非所敢望；而允南舊事，或可庶幾？」其賦云：「諸子送我，歷井捫天，庶幾百年，歸掃故阡。」按長公葬汝州郟城縣鈞臺鄉上瑞里嵩陽峨眉山，少公祔焉。

今《河南志》并載二公墓。而《四川志》止載老蘇墓，不及少公。定國之詩，《遺老傳》《卜居賦》之語，豈不果耶？外兄徐東癡夜適書來訂此疑，因書此復之。

【同上卷十五】「寒碧琴記」：南昌王于一猷定作《寒碧琴記》云：「昔子瞻爲登州司户參軍，子由省之，携琴遊大海，舟覆，琴墮海，後高麗人得之，獻其王。王知爲蘇氏物也，藏之數百年。迨明崇禎間，高麗困於兵，請援。遣總兵某帥師救之。瀕行，贈以琴，琴遂復還中國。」按《東坡年譜》：「元豐八年乙丑五月復朝奉郎知登州，到郡才五日，即以禮部郎官召。作别登州舉人詩，有『五日匆匆守』之句。」公未嘗爲司户參軍，且到郡非久即召，少公亦未嘗省公於登也；崇禎間亦未嘗遣師援高麗。于一好奇誕，每爲人欺多此類。

【同上卷十七】「潁濱詩刻」：古北口一寺中有石刻蘇潁濱詩云：「亂山環合疑無路，小徑縈迴長傍溪。彷彿夢中尋蜀道，興州東谷鳳州西。」蓋公元祐間奉使契丹時所題，而遼人刻石者。

王文誥

【蘇詩總案注】東坡姊八娘爲程正輔妻。正輔名之才，即母夫人侄也。八娘以事舅姑不得志卒，老泉遂與正輔父子絶。東坡與子由共絶之，凡四十二年，至惠州始釋憾。

趙宏恩[一]

【江南通志卷二百四十八】葉楠字元質，貴池人。登乾道中進士第，爲鄱陽尉。值歲潦，楠力請蠲租賑之，後令績溪，多惠政。邑人歌之曰：「前有蘇黄門，後有葉令君。」蘇黄門，蘇轍也。因重楠故以轍比之，所著有《知非集》。

（四）詩文論評

宋

葛立方十三則

【韻語陽秋卷三】自古文人，雖在艱危困踣之中，亦不忘於製述。蓋性之所嗜，雖鼎鑊在前不恤也。況下於此者乎？李後主在圍城中，可謂危矣，猶作長短句。所謂「櫻桃落盡春歸去，蝶翻金粉雙飛。子規啼月小樓西」，文未就而城破。蔡約之嘗親見其遺稿。東坡在獄中作詩贈子由云：「是處青山

[一] 其目録曰：謹案《江南通志》二百卷，國朝兵部尚書兩江總督趙宏恩等監修。

可藏骨，他年夜雨獨傷神。」猶有所託而作。李白在獄中作詩上崔相云：「賢相燮元氣，再欣海縣康。應念覆盆下，雪泣拜天光。」猶有所訴。而作是皆出於不得已者。劉長卿在獄中非有所託訴也，而作詩云：「斗間誰與看寃氣，盆下無由見太陽。」一詩云：「壯志已憐成白髮，餘生猶待發青春。」一詩云：「冶長空得罪，夷甫不言錢。」又有《獄中見畫佛詩》，豈性之所嗜？則縲紲之苦，不能易雕章續句之樂歟？

【同上卷四】韋應物《奉謝處士叔》詩云：「高齋樂宴罷，清夜道相存。」東坡《次王鞏韻》云：「郡能廢詩酒，亦未妨禪寂。」子由《春盡詩》云：「楞嚴十卷幾回讀，法酒三升是客同。」道貴冲寂，宴主懽暢，二者恐不能相兼也。白樂天延樂命醻之時，不忘於佛事，達者至今譏之。

【同上卷五】《石林詩話》載，元豐間，東坡繫獄，神宗本無意罪之，時相因舉軾《檜》詩「根到九泉無曲處，歲寒惟有蟄龍知」，且云：「陛下龍飛在天，軾以爲不知己，而求知地下之蟄龍，非不臣而何？」得章子厚從而解之，遂薄其罪。而王定國《見聞録》云：「東坡在黄州時，上欲復用，王禹玉以『歲寒惟有蟄龍知』激怒上意，章子厚力解，遂釋。」予觀東坡自獄中出，《與章子厚書》云：「某所以得罪，其過惡未易一二數，平時惟子厚與子由極口見戒，反復甚苦，某强狠自不以爲然。」又云：「異時相識，但過相稱譽，以成吾過，一旦有患難，無復相哀者。唯子厚平居遺我以藥石，及困急又有以救衈之，真與世俗異矣。」則知坡繫獄時，子厚救解之力爲多，《石林詩話》不妄也。

【同上卷五】東坡《與子由論書》云：「吾雖不善書，曉書莫如我。苟能通其意，常謂不學可。」故其子叔黨跋公書云：「吾先君子豈以書自名哉？特以其至大至剛之氣，發於胸中而應之以手，故不見其有刻畫嫵媚之態，而端乎章甫，若有不可犯之色。少年喜二王書，晚乃喜顔平原，故時有二家風氣。俗手不知，妄謂學徐浩，陋矣。」觀此，則知初未嘗規規然出於翰墨積習也。

【同上卷十一】蘇子由自績溪被召，除校書郎，元祐之初年也。山谷《和王定國》詩云：「后皇蒔嘉橘，中歲多成枳。佳人來何時，天爲啓玉齒。」言欲子由變熙豐人才也。《和子由病起被召》詩云：「方來立本朝，獻納繼晨暝。必開曲突謀，滿慰傾耳聽。」言欲子由變熙豐法令也。其措意如此，然官不得至侍從，謫黔移戎，流離困躓，豈非命哉！至建中靖國之初，雜用熙豐元祐人才，山谷喜而成詩云：「維摩老子五十七，天子大聖初元年。傳聞有意用幽仄，病著不能朝日邊。」後雖有銓曹之召，不旋踵又有宜州之行。有才無命，如山谷者，真可憫也。

【同上卷十二】蘇子由病酒，肺疾發，東坡告之以修養之道，有曰：「寸田可治生，誰勸耕黄糯。探懷得真藥，不待君臣佐。初如雪花積，漸作櫻珠大。隔牆聞三嚥，隱隱如轉磨。」此錬氣法也。後至海上，有道人傳以神守氣之訣云：「但向起時作，還從作處收。」故《天慶觀乳泉賦》及《養生論》《龍虎鉛汞論》皆析理入微，則知東坡於養生之道深矣。

【同上卷十二】子由誦《楞嚴經》，悟一解六亡之義，自言於此道更無疑。然其作《風痺詩》，乃有「數盡吾則行，未應墮冥漠」之句，則於理尚有礙也。而東坡乃謂子由聞道先我何邪？東坡《奉新別子由詩》云：「中年忝聞道，夢幻講已詳。」故《贈錢道人詩》云：「何以解我憂，粗了一事大。」《哭遯兒》詩云：

詩云：「首斷故應無斷者，冰消那復有人知。主人若苦，儂認，認主人人竟是誰！」又云：「有主還須更有賓，不如無鏡自無塵。只從半夜安心後，失卻當年覺痛人。」《贈東林總老》詩云：「溪聲便是廣長舌，山色豈非清浄身。夜來四萬八千偈，他日如何舉似人。」如此等句，雖宿禪老衲，不能屈也。

【同上卷十三】蘇東坡兄弟，以仕宦久，不得歸蜀，懷歸之心，屢見於篇詠。東坡《金山詩》云：「江山如此不歸山，江神現怪驚我頑。我謝江神豈得已，有田不歸如江水。」《送程六表弟》詩云：「憑君寄謝江東叟，念我空見長安日。浮江泝蜀有成言，江水在此吾不食。」子由《汝南遷居》詩云：「病暑已退，思歸未成歸。」《初得南園》云：「千里故園魂夢裏，百年生事寂寥中。」及子由潁濱買宅，坡又和其詩云：「劍關大道車方軌，君自不歸歸何難。山中故人應大笑，築室種柳何時還。」則二蘇未嘗一日不懷歸也。嘉祐丙申歲，老蘇在京師，乃有厭蜀之意。嘗有意嵩山之下，洛水之上，買地築室而居。故爲詩曰：「岷山之陽土如腴，江水清清多鯉魚。古人居之富者衆，我獨厭倦思移居。」是時鄉人陳景回自蜀居蔡，故以是詩告之。則是二蘇欲歸蜀，而老蘇欲出蜀也。厥後老蘇葬於蜀，而治命指其墓傍庚壬地爲二子之藏，而二子終不得歸焉，信知人事不可期也。

【同上卷十四】余時隨家先文康公至汝州，嘗至龍興寺觀吴道子畫兩壁。一壁作維摩示疾，文殊來問，天女散花；一壁作太子遊四門，釋伽降魔成道。筆法奇絶。壁用黄沙搗泥爲之，其堅如鐵。然土人不知愛重，宣和間，先公到官，始命修整，置關鎖，納匙於郡治。後劉元忠傳得東坡寄子由詩，方知子由曾施百縑，所謂「似聞遺墨留汝海，古壁蝸蜒可垂涕。力捐金帛扶棟宇，錯落浮雲捲新霽」是也。坡集載《風翔普門開元吴畫詩》，所謂「亭亭雙林間，彩暈扶桑暾。中有至人談寂滅，悟者悲涕迷者手自捫。蠻君鬼伯千萬萬，相排競進頭如黿」，當是作釋伽涅盤相爾。恨不得一見之。

【同上卷十七】子由《煎茶詩》云：「煎茶舊法出西蜀，水聲火態猶能諳。相傳煎茶只煎水，茶性仍存偏有味。」此茶之佳者也。又云：「北方俚人茗飲無不有，鹽酪椒薑誇滿口。」茶出南北，人罕得佳品，以味不佳，故把以他物煎之。陳後山《茶詩》云：「愧無一縷破雙團，慣下薑鹽枉肺肝。」東坡《和寄茶詩》亦云：「老妻稚子不知愛，一半已入薑鹽煎。」若茶品自佳，雜以他物，適敗其味爾。茶性冷，鹽導入下經，非養生所宜。山谷謂寒中瘠氣，莫甚於茶，或濟以鹽，勾賊破家，薛能《烏觜茶》詩，亦有「鹽損添宜戒，薑宜著更誇」之句，則知以鹽煎茶，誠無益於養生也。

【同上卷十八】張安道以異議出守宛丘，次守南都，蘇子由皆從之游。元豐初，子由謫筠州酒稅，安道凄然不樂，手寫詩爲别曰：「可憐萍梗漂浮客，自歎匏瓜老病身。從此空齋掛塵榻，不知重掃待何人？」後十五年，子由方和其詩云：「少年便識成都尹，中歲仍爲幕下賓。待我江西徐孺子，一生知已有斯人。」

【同上卷十八】王介甫、蘇子瞻皆爲歐陽文忠公所收，公一見二人，便知其他日不在人下。《贈介甫詩》云：「老去自憐心尚在，後來誰與子争先。」子瞻登乙科，以書謝歐公，歐公語梅聖俞曰：「老夫當避此人，放出一頭地。」當是時，二人俱未有聲，而公知之於未遇之時，如此所以爲一世文宗也與？

東坡跋梅聖俞詩後云：「先君與梅二丈遊時，軾與子由弟年甚少，未有知者，家有老泉公作詩云：『歲月不知老，家有雛鳳凰。百鳥戢羽翼，不敢呈文章。』則二蘇當少年時，已擅文價矣。」

【同上卷十八】瓊州進士姜唐佐，東坡極愛之，贈之詩曰：「滄海何曾斷地脉，白袍端合破天荒。」且告之曰：「子異日登科，當爲子成此篇。」及唐佐預廣州計偕，過汝陽，見子由，時東坡已下世矣。子由因爲足成其篇云：「生長茅間有異方，風流稷下古諸姜。適從瓊筦魚龍窟，秀出羊城翰墨場。滄海何曾斷地脉，白袍端合破天荒。錦衣他日千人看，始信東坡眼力長。」唐佐是年省闈不利，則有負於錦衣之祝矣。東坡嘗書唐佐課册云：「雲興天際，倏若車蓋。凝矑未瞬，瀰漫霑霽。驚雷出火，喬木糜碎。懸霤緪縆，日中見沬。移晷而收，野無全塊。」今亦刊集中，乃戲書劉夢得《楚望賦》也。

葉夢得四則

【石林詩話卷下】至和嘉祐間，場屋舉子爲文尚奇澀，讀或不能成句。歐陽文忠公力欲革其弊，既知貢舉，凡文涉彫刻者，皆黜之。時范景仁、王禹玉、梅公儀同事，而梅聖俞爲參詳官，未引試前，唱酬詩極多。文忠「無譁戰士銜枚勇，下筆春蠶食葉聲」最爲警策，聖俞有「萬蟻戰時春晝水，五星明處夜堂深」，亦爲諸公所稱。及放榜，平時有聲，如劉輝輩，皆不預選，士論頗洶洶。未幾，詩傳，遂閧閧然，以爲主司耽於唱酬，不暇詳考校，且以言五星自比，而待我曹爲蠶蟻，因造爲醜語。自是禮闈不復敢作詩，終元豐末幾三十年。元祐初，雖稍稍爲之，要不如前日之盛。然是榜得蘇子瞻爲第二人，子由與曾子固皆在選中，亦不可謂不得人矣。

【石林燕語卷五（考異）】蘇子由詩云：「餘年迫懸車，奏草屢濡筆。籍中顧未敢，爾後當容乞」《欒城後集》三《罷提舉太平宫欲還居潁川》詩，作儻容乞。是也。明道二年，大赦，丁謂特許致仕，真宗朝御史盧琰言：「朝士有衰老不退者，請舉休致之典。」時二三名卿，猶有不退之譏，則過期不請，非獨後來也。

【避暑録話卷上】子瞻《山光寺詩》「野花鳴鳥亦欣然」之句，其辨説甚明。蓋爲哲宗初即位，聞父老頌美之言而云。神宗奉諱在南京，而詩作於揚州。余嘗至其寺，親見當時詩刻，後書作詩日月，今猶有其本，蓋自南京回陽羨時也。始過揚州則未聞諱，既歸自揚州，則奉諱在南京，事不相及，尚何疑乎？近見子由作《子瞻墓誌》載此事，乃云公至揚州，常州人爲公買田。書至，公喜而作詩，有「聞好語」之句，乃與辨辭異，且聞買田而喜可矣。野花啼鳥何與而亦欣然，尤與本意不類，豈爲誌時未嘗深考而誤耶？然此言出于子由，不可有二，以啓後世之疑。余在許昌時誌猶未出，不及見。不然，當以告追與過也。

【同上卷上】蘇子瞻亦喜言神仙。元祐初，有東人喬仝自言與晋賀水部遊，且言賀嘗見公密州道上，意若欲相聞。子瞻大喜。仝時客京師，貧甚。子瞻索囊中得四十縑，即以贈之，作五詩，使仝寄賀，子由亦同作。仝去，訖不復見，或傳妄人也。

趙彦衛

【雲麓漫抄卷四】蘇子由又有《萬蝴蝶花》詩云：「誰唱殘春蝶戀花，一團粉翅壓枝斜。美人懶向釵頭插，猶恐驚飛避鬢鴉。」則知簇蝶、萬蝴蝶，即今之玉蝴蝶也。

王闢之

【澠水燕談録卷九】舊説虎有威，遇人百步之外，咆哮作聲，以威懾人。人或不懼，虎反畏而去，故虎不食醉人。小兒不知懼，則虎畏而不食。蘇子由作《孟德傳》，以爲德禁卒，既逃，不顧死，見虎不爲動，弭耳而去。

蔡　絛

【鐵圍山叢談卷二】大科始進文字，有合則召試祕書省，出六論題於九經諸子百家十七史及其傳釋中爲目。而六論者，以五通爲過焉。以是學士大夫自非性天明洽，筆陣豪異，則不能爲之也。頃聞夏英公就試過，適天大風吹試卷去，不得所在，因令重作，亦得過。是乃造物者故顯其記識華邁之敏妙爾。蓋六論猶足，世獨以不記出處爲苦。昔東坡公同其季子由入省草試，而坡不得一，方對案長歎，且目子由。子由解意，把筆管一卓，而以口吹之。坡遂寤此乃《管子》注也。又二公將就御試，共白厥父明允，慮一有黜落奈何。明允曰：「我能使汝皆得之。一和題一罵題可也。」由是二人果皆中。噫，久不獲見先達如此人物也。

阮　閱二則

【詩話總龜卷八】余最愛蘇黄門送文潞公云：「遍閱後生真有道，欲談前事恐無人。」蓋潞公官爵年德難爲形容，非此兩句不能優游。而自見張文潛病中作七言詩，蘇黄門和之云：「長空雁過疑來答，虚幌螢飛坐恐燒。」秦觀云：「文潛讀至此不樂。」余曰：「何也？」觀云：「虚幌坐燒，近于病死，病人所諱。」

【同上卷九】東坡愛韋蘇州詩云：「誰知風雨夜，獨此對牀眠。」向在鄭西别子由云：「寒燈相對記疇昔，夜雨何時聽蕭瑟。」又有《初秋寄子由》云：「買田秋已議，築室春當成。雪堂風雨夜，已作對牀聲。」又子由與坡相從彭城，賦詩云：「逍遥堂後千尋木，長送中宵風雨聲。悮喜對牀尋舊約，不知飄泊在彭城。」子由使北，在神水館賦詩云：「夜雨從來相對眠，兹行萬里隔胡天。」此其兄弟所賦。坡在御史獄有云：「他年夜雨獨傷神。」在東府有云：「對牀定悠悠，夜雨今蕭瑟。」其回轉對有云：「對牀貪聽連宵雨。」又云：「對牀欲作連夜雨。」又云：「對牀老兄弟，夜雨鳴竹屋。」可謂無日忘之。

吕本中二則

【紫薇詩話】孔毅甫平仲學士，建中靖國間作《吴正憲夫人輓詩》云：「贊夫成相業，聽子得忠言。」其子蓋傳正安詩舍人也。傳正有賢行，紹聖初，以左史權中書舍人，欲論事而懼其親老未敢。夫人聞之，屢促其子論列時事，傳正由此遂貶，夫人不以爲恨也。輓詩乃蘇子由作。

【同上】紹聖初，蘇子由罷門下侍郎知汝州，吴傳正當制，行詞云：「薄責尚期改過，原情本出愛君。」

龔明之

【中吴紀聞卷六】「徐望聖」：徐師回字望聖，師閔之弟。嘗爲南康太守，作直節堂。蘇黄門爲之記，以爲物之生未有不直者，一爲物所撓，雖松柏竹箭之堅，不能自保，惟杉能遂其直。求之人，蓋不待文王而興者！黄門未嘗以言假人，其推重公如此。子閎中，孫林兢，曾孫藏。

胡仔十七則

【苕溪漁隱叢話前集卷三十八】《王直方詩話》云：「東坡喜韋蘇州詩『寧知風雨夜，復此對床眠』之句，故在鄭别子由云：『寒燈相對記疇昔，夜雨何時聽蕭瑟。』又初秋子由與坡相從彭城，賦詩云：『誤喜對牀尋舊約，不知飄泊在彭城。』子由使遼，在神水館賦詩云：『夜雨從來對榻眠，兹行萬里隔胡天。』坡在御史獄，有云：『他年夜雨獨傷神。』在東府有云：『對牀定悠悠，夜雨今蕭瑟。』其同轉對有云：『對牀貪聽連宵雨。』又曰：『對牀欲作連夜雨。』又云：『對床老兄弟，夜雨鳴竹屋。』此其兄弟所賦也。相約退休，可謂無日忘之，然竟不能成其約。其意見於《逍遥堂詩叙》云。」

【同上卷三十九】《王直方詩話》云：「蘇黄門以己卯生，故東坡有卯君之語。其以檀香觀音像遺黄門，云：『持是壽卯君。』其《出局偶書》云：『傾杯不能飲，待得卯君來。』其《送王鞏詩》云：『淚濕粉牋書不得，憑君送與卯君看。』」

【同上卷四十三】後得一兩日，李清臣來相看，笑言：「承見示詩，只是勸農使者，不管恁地事。」弟轍時在徐州，李清臣與詩，於詩後批云：「可求子瞻共和。」其詩云：「匙飯盤蔬彊少留，相逢何物可消憂？緣君未得酒中趣，與我謾爲方外游。草亂不容移馬足，山雄全欲逼城樓。濟時異日須公等，莫狎翩翩海上鷗。」某和云：「五斗塵勞尚足留，閉門聊欲治幽憂。羞爲毛遂囊中潁，未許朱雲地下游。無事會須成好飲，思歸時亦賦《登樓》。羨君幕府如僧舍，日向城西看浴鷗。」朱雲，漢成帝時乞斬張禹，漢成帝欲誅之。朱雲曰：「臣得下從龍逢、比干游，足矣。」龍逢，夏桀臣，比干，商紂臣，皆因諫而死。某爲屢言新法，不蒙施行，不合以朱雲自比，意言聖明之世，必無誅戮之事，故未許與朱雲地下游。及王粲是魏武帝時人，因天下亂離，故粲在荆州依託劉表，作《登樓賦》，賦中有懷鄉思歸之思，意亦欲作此賦也。又用轍韻贈李清臣云：「城南短李好交遊，箕踞狂歌總自由。尊主庇民君有道，樂天知命我無憂。醉呼妙舞留連夜，注云：邦直家有舞者甚妙。又云。閒作清詩斷送秋。

瀟洒使君殊不俗，樽前容我攬鬚不？」後李清臣再次元韻云：「東來常歎杪朋遊，得遇高人蘇子由。已誓不言天下事，相看俱遺世間憂。新詩定及三千首，曩別幾成二十秋。南省都臺風雪夜，問君還記劇談不？」後李清臣差修國史，賦詩送之云：「珥筆西歸近紫宸，太平典册不緣麟。付君此事寧論晉，載我當時舊《過秦》。門外想無千斛米，墓中知有百年人。看君兩眼明如鏡，休把《春秋》坐素臣。」某於仁宗朝曾進論二十五首，皆論往古得失。賈誼，漢文帝時人，追論秦之過失，作《過秦論》，《史記》載之，某妄以賈誼自比，意欲李清臣於國史中載所進論。

【同上卷四十三】赴杭州通判，弟轍送至潁州，作初别詩云：「征帆挂西風，别淚滴清潁。留連知無益，惜此須臾景。我生三度别，此别尤酸冷。念子似先君，木訥剛且静。寡詞真吉人，介石乃機警。至今天下士，去莫如子猛。嗟我久病狂，意行無坎井。有如醉且墜，幸未傷輒醒。從今得閒暇，默坐消日永。作詩解子憂，持用日三省。」此詩云：「至今天下士，去莫如子猛。」爲弟轍曾差在制置三司條例司充檢詳文字，争議新法，不合而罷，既美弟轍去之果决，則意亦是譏新法不便也。某初到杭州，寄子由詩云：「眼看時事力難任，貪戀君恩退未能。遲鈍終須投劾去，使君何日换聾丞。」此詩云「眼看時事力難任」，時事，謂新法青苗助役等事也，言已才力不能勝任，意亦是譏新法事煩難了辦也。

【同上卷四十六】《三山老人語録》云：「蘇子由嘗作《省事》詩云：『早歲讀書無甚解，晚年省事有奇功。』蓋省事即省念入道之門也。」

【苕溪漁隱叢話後集卷三】《藝苑雌黄》云：「士人言縣令事，多用彭澤、五柳，雖白樂天《六帖》亦然。以余考之：陶淵明，潯陽柴桑人也，宅邊有五柳樹，因號五柳先生。後爲彭澤令，去官百里，則彭澤未嘗有五柳也。予初論此，人或不然其説，比觀《南部新書》云：《晋書》陶潛本傳云：『潛少懷高尚，博學善屬文，嘗作《五柳先生傳》以自況。先生不知何許人，不詳姓字，宅邊有五柳樹，因以爲號焉。』則非彭澤令時所栽。人多於縣令事使五柳，誤也。豈所謂先得我心之所同然者歟？」苕溪漁隱曰：「沈彬詩：『陶潛彭澤五株柳，潘岳河陽一縣花。』蘇子由詩：『指點縣城如掌大，門前五柳正摇春。』皆誤用也。」

【同上卷十三】蘇子由云：「元符二年，予自海嶺再謫龍川，既至，廬於城西聖壽僧舍，閉門索然，無以終日，欲借書於居人，而民家無蓄書者，獨西鄰黄氏世爲儒，粗有簡册，乃得樂天文集閲之。樂天少年知讀佛書，習禪定，既涉世，履憂患，胸中了然，照諸幻之空，故其還朝爲從官，小不合即舍去，分司東洛，優游終老。蓋唐世士大夫達者，如白樂天寡矣。予方流轉風浪，未知所止息，觀其遺文，中甚愧之。然樂天處世，不幸在牛李黨中，觀其平生，端而不倚，非有所附麗者也，蓋勢有所至而不能已耳。會昌之初，李文饒用事，樂天適已七十，遂致仕。不三年而没。嗟夫，文饒尚不能置一樂天於分司中邪？然樂天每閑吟衰病，發於詠嘆，輒以公卿投荒僇死，不獲其終者自解，余亦不鄙之。至其《聞文饒謫朱崖三絶句》，刻核尤甚，樂天雖陋，蓋不至此也。且樂天死於會昌之初，而文饒之竄，在會昌末年，此决非樂天之詩，豈樂天之徒，淺陋不學者附益之邪？樂天之賢，當爲辨之。」苕溪漁隱曰：「余以《元和録》考之，居易年長於德裕，視德裕爲晚進。方德裕任浙西觀察使，居易爲蘇州刺史，德裕以使職自居，不少假借，居易不得已以卑禮見，及其貶也，故爲詩云：『昨夜新生黄雀兒，飛來直上紫籐枝。擺頭撼腦花園裏，將爲春光總屬伊。』『開園不解栽桃李，滿地惟聞種蒺藜。萬里崖州君自去，臨行惆悵欲怨誰。』「樂天曾任蘇州日，要勒煩文用禮儀。從此結成千萬恨，今朝果中白家詩。』然《醉吟先生傳》及《實録》皆謂居易會昌六年卒，而德裕貶於大中二年，或謂此詩爲僞。余又以《新唐書》二人本傳考之，會昌初，白居易以刑部尚書致政，六年卒。李德裕大中二年貶崖州司户參軍，會昌盡六年，距大中二年，正隔三年，則此三詩非樂天所作明甚。但蘇子由以謂樂天死於會昌之初，而文饒竄於會昌之末，偶一時所記之誤耳。

【同上卷二十九】蘇子由《鳳咮石硯銘》云：「北苑茶冠天下，歲貢龍鳳團，不得鳳凰山咮潭水則不成。潭中石蒼黑堅緻如玉，以爲研，與筆墨宜，世初莫知也。熙寧中，太原王頣始發其妙，吾兄子瞻始名之；然石性薄，即厚者不及徑寸，最後得此長博豐碩，蓋石之傑也。子瞻方爲《易傳》，日效於前，與有功焉；故特援筆凝神而爲之銘，曰：陶土塗，鑿崖石。玄之蠹，穎之賊。涵清泉，閟重谷。聲如銅，色如鐵。性滑堅，善凝墨。棄不取，長嘆息。招伏羲，揖西伯。發秘藏，與有力。非相待，誰爲出。」苕溪漁隱曰：「予爲閩中漕幕，常被檄於北苑修貢，蓋熟知其地矣。造茶堂之後，鳳凰山之麓，有一泉，覆以華屋，榜曰御泉，其廣三四尺，深五六尺，石甃其底，止留泉眼，特一小井耳。泉之東西二十餘步間，兩山回抱，各有小淺澗水流出，其水皆可造茶，即無深水瀦蓄，滙以爲潭者。子由所言味潭，其地初無之，又安得『潭中石蒼黑堅緻如玉，以爲研』乎？又云：『歲貢龍鳳團，不得鳳凰山味潭水則不成』，此言愈誤也。子瞻亦云：『建州鳳凰山如飛鳳下舞之狀，山下有石，聲如銅鐵，作研至美，如有膚理，此殆玉德也，疑其太滑，然至溢墨。熙寧五年，國子博士王頤始知以爲研，而求名於余，余名曰鳳咮。』又云：『僕好用鳳咮石研，然議者異同，蓋少得真者，皆爲黯黮灘石所亂，盡出於逐利之所爲。』余於《叢話前集》已辨鳳咮研，非出於北苑，乃劍浦黯黮灘石，蘇氏伯仲爲王頤所給，信以爲然，故反以此灘之石爲亂真耳。」

【同上卷三十】苕溪漁隱曰：「東坡守汝陰，作擇勝亭，以帷幕爲之，世所未有也。銘略云：『乃作斯亭，簷楹欒梁。鑿枘交設，合散靡常。赤油仰承，青幄四張。我所欲往，十夫可將。與水升降，除地布牀。』又云：『豈獨臨水，無適不藏。春朝花郊，秋夕月場。無脛而趨，無翼而翔。敝又改爲，其費易償。榜曰擇勝，名實允當。』觀此銘，則其製度亦可備見也。子由亦云：『子瞻爲汝陰守，以幄爲亭，欲往即設，不常其處，名曰擇勝，爲作四言一章。轍愛其文，故繼之。』略云：『我兄和冲，塞剛立柔。視身如傳，苟完不求。山磐水嬉，習氣未瘳。豈以吾好，而俾民憂。潁尾甚清，潁曲孔幽。風有翠幄，雨有赤油。匪舟匪車，亦可相攸。』近時，吴傳朋以東坡此銘改數字，更爲《擇勝閣銘》而書之，不知者乃以爲傳朋作，極可笑也。」

【同上卷三十】苕溪漁隱曰：「呂丞相《跋杜子美年譜》云：『考其筆力，少而鋭，壯而肆，老而嚴，非妙於文章不足以至此。』余觀東坡自南遷以後，詩全類子美夔州以後詩，正所謂『老而嚴』者也。子由云：『東坡謫居儋耳，獨喜爲詩，精鍊華妙，不見老人衰憊之氣。』魯直亦云：『東坡嶺外文字，讀之使人耳目聰明，如清風自外來也。』觀二公之言如此，則余非過論矣。」

【同上卷三十】蘇少公云：「吾兄子瞻，謫居儋耳，瓊州進士姜唐佐往從之遊，氣和而言道，有中州士人之風，子瞻愛之，贈之詩曰：『滄海何曾斷地脉，白袍端合破天荒。』且告之曰：『子異日登科，當爲子成此篇。』君遊廣州州學，有名學中，崇寧二年正月，隨計過汝陽，以此句相示，時子瞻之喪再逾歲矣，覽之流涕。念君要能自立，而莫與終此詩者，乃爲足之云：『生長茅間有異芳，風流稷下古諸姜。適從瓊管魚龍窟，秀出羊城翰墨場。滄海何曾斷地脉，白袍端合破天荒。錦衣今日千人看，始信東坡眼力長。』」苕溪漁隱曰：「《冷齋夜話》載此句乃云『滄海何曾斷地脉，朱崖從此破天荒』，遂以姜唐佐爲朱崖人，附會爲説，今當以子由詩爲正也。」

【同上卷三十】《復齋漫録》云：「子瞻、子由門下客最知名者黄魯直、張文潛、晁無咎、秦少游，世謂之四學士。至若陳無己，文行雖高，以晚出東坡門，故不及四人之著。故無己作《佛指記》云：『余以詞義名次四君，而貧於一代』是也。而無咎詩云：『黄子似淵明，城市亦復真。陳君有道澤，化行閭井淳。張侯公瑾流，英思春泉新。高才更難及，淮海一髯秦。』當時以東坡爲長公，子由爲少公，無已《答李端叔書》云：『蘇公之門有四客人：黄魯直、秦少游、晁無咎，則長公之客也；張文潛則次公之客也。』然而四客各有所長，魯直長於詩詞，秦晁長於議論。魯直《與秦觀書》曰：『庭堅心醉於《詩》與《楚辭》，似若有得，至於議論文字，今日乃當付之少游及晁張無己，足下可從此四君子一一問之。』其後張文潛《贈李德載》詩亦云：『長公波濤萬頃海，少公峭拔千尋麓。黄郎蕭蕭日下鶴，陳子峭峭霜中竹。秦文倩麗紓桃李，晁論嶸峥走珠玉。』乃知人才各有所長，雖蘇門不能兼全也。」

【同上卷三十二】苕溪漁隱曰：「吾鄉乳溪有石崖，亦光能鑑物，與浯溪崖石政相類，人因呼爲石照。蘇黄門嘗題詩云：『雲開石照政新磨，鳥度猿攀野老過。忽見塵容應笑我，年來底事白鬚多。』」

【同上卷三十三】《復齋漫録》云：「少游别蘇子由于斗野亭，作詩云：『古埭天連雁，荒祠木蔽牛。不堪春解手，更爲晚停舟。』子由和云：『飲食逢魚蠏，封彊入斗牛。』予觀其意，上句取杜詩『青青竹筍迎船出，白白江魚入饌來』，其下句乃取庾蘭成『路已分于湘漢，星猶看於斗牛』也。」

【同上卷三十四】《詩説雋永》云：「吕居仁作《江西宗派圖》，置子蒼其間，韓不悦。而蘇黄門初見韓詩，自云『怳然再見儲光義』也。」苕溪漁隱曰：「余閲欒城集有《題韓駒秀才》詩卷，一絶云：『唐朝文士例能詩，李杜高深到者稀。我讀君詩笑無語，怳然再見儲光羲。』」

【同上卷三十七】蘇子由云：「聰禪師昔以講誦爲業，晚游浄慈本師之室，誦南岳思大和尚『口吞三世諸佛』語，迷悶不能入。一日，爲本燒香，本曰：『吾疇昔爲汝作夢甚異，汝不悟，將死，不可不勉。』師茫然不知所謂。既而禮僧伽像，醒然有覺，知三世可吞無礙也，趨往告本，本曰：『向吾夢汝吞一世界，吞一剃刀，汝今日始從迷悟，是始出家，真吾子也。』乃擊鼓升座，爲衆説此事，聰作禮涕泣而罷。聰往高安聖壽禪院，余嘗從之問道，聰曰：『吾師本公，未嘗以道告人，皆聽其自悟。吾今亦無以告子。余從不告門，久而入道，乃爲頌曰：道不可告，告即不得。以不告告，是真告敕。香嚴辭去，得之瓦礫。臨濟不喻，至愚而悉。非愚非瓦，皆汝師力。有不至此，是非出家。夢吞剃刀，髮落如花。游行四方，物莫能遮。終亦不告，獨障其邪。弟子度者，數如恒河沙。』」苕溪漁隱曰：「禪門須是悟入，方爲究竟，倘不爾，亦安能七縱八横，去住自在也哉？余觀劉興朝見惠林冲老，冲爲焚香設誓曰：『我法中自有悟門，若也以無爲有，即是誑汝，吾當永墮無間地獄。吾將此身設大誓願，願汝此去，堅信不退，他日有見，方表斯言。』又龍門言有李提刑者，將《傳燈録》白先師云：『某素留心此道，每看此録，多有不會處，望一一開示。』先師云：『此事不如是理會，須有省悟始得。若有省悟，無有不會者。自不消問；人若無省悟，祇那會處，亦未是在。』二大士之言，真得其要矣。」

【同上卷三十九】《古今詞話》云：「東坡在黄州，中秋夜對月獨酌，作《西江月》詞曰：『世事一場大夢，人生幾度新凉。夜來風葉已鳴廊，看取眉頭鬢上。酒賤常愁客少，月明多被雲妨。中秋誰與共孤光，把盞淒凉北望。』坡以讒言謫居黄州，鬱鬱不得志，凡賦詩綴詞，必寫其所懷，然一日不負朝廷，其懷君之心末句可見矣。」《苕溪漁隱》曰：「《聚蘭集》載此詞，注曰：『寄子由。』故後句云『中秋誰與共孤光，把酒淒凉北望』。則兄弟之情，見于句意之間矣。疑是在錢塘作，時子由爲睢陽幕客，若詞話所云，則非也。」

洪　邁

【容齋隨筆卷二】「長歌之哀」：嬉笑之怒，甚於裂眥，長歌之哀，過於慟哭。此語誠然。元微之在江陵，病中聞白樂天左降江州，作絶句云：「殘燈無焰影幢幢，此夕聞君謫九江。垂死病中驚起坐，暗風吹雨入寒窗。」樂天以爲：「此句他人尚不可聞，況僕心哉。」微之集作「垂死病中仍悵望」，此三字既不佳，又不題爲病中作，失其意矣。東坡守彭城，子由來訪之，留百餘日而去，作二小詩曰：「逍遥堂後千尋木，長送中宵風雨聲。誤喜對牀尋舊約，不知漂泊在彭城。」「秋來東閣凉如水，客去山公醉似泥。困卧北窗呼不醒，風吹松竹雨淒淒。」東坡以爲讀之殆不可爲懷，乃和其詩以自解。至今觀之，尚能使人悽然也。

張　戒

【歲寒堂詩話卷上】韓退之詩，愛憎相半。愛者以爲雖杜子美亦不及，不愛者以爲退之于詩本無所得，自陳無己輩皆有此論。然二家之論俱過矣。以爲子美亦不及者固非，以爲退之于詩本無所得者，談何容易耶？退之詩，大抵才氣有餘，故能擒能縱，顛倒崛奇，無施不可，放之則如長江大河，瀾翻洶湧，滚滚不窮；收之則藏形匿影，乍出乍没，姿態横生，變怪百出，可喜可愕，可畏可服也。蘇黄門子由有云：「唐人詩當推韓杜，韓詩豪，杜詩雄，然杜之雄亦可以兼韓之豪也。」此論得之。

周必大

【二老堂詩話・南北聲音】四方聲音不同，形於詩歌，往往多礙，其來久矣。如北方以「行」以「形」，故《列子》直以大行山爲「太形」。又如「居姬」「與以」「高俄」等音，古今文士皆作協韻，雖《釋文》亦然。《禮記》「何居」注云：「居音姬。」《列子》「何姬」卻注云「音居。」其他詩文「與以」「呂累」之類尤多。近世士大夫，頗笑閩人作賦協韻云：「天道如何，仰之彌高。」殊不知蘇子由蜀人也，文集第一卷《嚴碑》長韻「磨訛」「高豪」「何曹」「荷戈」，亦相間而用云。

吴　曾三則

【能改齋漫録卷七】文潞公嘗曰：「人但以彦博長年爲慶，獨不知閱世既久，内外親戚皆亡，一時交遊，凋零殆盡，所接皆邈然少年，無可論舊事者。」王立之喜蘇黄門送人歸洛詩云：「遍閱後生真有道，欲談前事恐無人。」殊不知蘇叙潞公語也。

【同上卷十】王立之《詩話》云：或云「一則仲父，二則仲父」，可對「千不如人，萬不如人」。予以爲「一仲父，二仲父」可對「千馮道，萬馮道」。蘇子由《和東坡定惠院月夜詩》云：「婁公見唾行已乾，馮老尚多誰定罵。」自注云：「千馮道，萬馮道，此語舊傳也。」然五代有「一則任圜，二則任圜」之語，亦可對也。

【同上卷十一】元豐二年，東坡下御史臺獄，嘗供此詩云：「本因龍神慵墮不行雨，卻使人心怨天公。以譏諷大臣不任職，不能燮理陰陽，卻使人心怨天子。以天公比天子，以神龍社鬼比執政大臣及百執事也。」邦直嘗答蘇子由詩：「匕飯盤蔬强少留，相逢何物可消憂。緣君未得酒中趣，與我漫爲方外遊。草亂不容移馬迹，山雄全欲逼城樓。濟時異日須公等，莫狎翩翩海上鷗。」

趙與時

【賓退録卷六】蘇黄門詩已不逮諸公，北歸後效白公體，益不逮，惟四字詩最善……蘇黄門四字詩，無一在選中者，而反録「都都平丈我」之句。答書及此，亦因以箴之也。

陸　游七則

【入蜀記卷三】晚泊巴河口，距黄州二十里，一市聚也。有馬祈寺、吴大帝刑馬壇。傳云吴攻壽春，刑白馬祭江神於此。自蘭溪而西，江面尤廣，山阜平遠。兩日皆逆風，舟人以食盡，欲來巴河糴米，極力牽挽，日皆行八九十里。蘇黄門謫高安，東坡先生送至巴河，即此地也。

【同上卷四】唐拾遺耿緯《下邽喜叔孫主簿鄭少府見過》云：「不是仇梅至，何人問百憂。」蘇子由作績溪令時，有《贈同官》云：「歸報仇梅省文字，麥苗含穟欲蠶眠。」蓋用緯語也。近歲均州刻本，輒改爲「仇香」。

【同上卷五】張文昌《成都曲》云：「錦江近西煙水緑，新雨山頭荔枝熟。萬里橋邊多酒家，遊人愛向誰家宿？」此未嘗至成都者也。成都無山，亦無荔枝。蘇黄門詩云：「蜀中荔枝出嘉州，其餘及眉半有不。」蓋眉之彭山縣已無荔枝矣，況成都乎！

【老學庵筆記卷七】：蜀人石耆公言：「蘇黄門嘗語其侄孫在庭少卿曰：『《哀江頭》即《長恨歌》也。《長恨》冗而凡，《哀江頭》簡而高。』在庭曰：『《常武》與《桓》二詩，皆言用兵，而繁簡不同，蓋此意乎？』黄門摇手曰：『不然。』」

【同上卷七】蘇子由晚歲游許昌賈文元公園，作詩云：「前朝輔相終難得，父老諮嗟今亦無。」蓋謂方仁祖時，士大夫多議文元，然自今觀之，豈易得哉！其感慨如此。

【同上卷九】元祐初，蘇子由爲户部侍郎，建言：「都水監本三司之河渠案，將作監本三司之修造案，軍器監本三司之甲胄案。三司，今户部也，而三監乃屬工部。請三監皆兼隸户部。凡有所爲，户部定其事之可否，裁其費之多寡，而工部任其工之良楛，程其作之遲速。」朝廷從其言，爲立法。及紹聖中，以爲害元豐官制，罷之。建中靖國中，或欲復從元祐，已施行矣，時豐相之爲工部尚書，獨持不可，曰：「設如都水監塞河，軍器監造軍器，而户部以爲不可則已矣，若以爲可，則併任其事可也。今若户部吝其費裁損之，乃令工部任河之決塞。器之利鈍，爲工部者不亦難乎？」議遂寢。相之本主元祐政事者，然其言公正不阿如此，可謂賢矣。

【同上卷十】蘇子容詩云：「起草才多封卷速，把麻人衆引聲長。」蘇子由詩云：「明日白麻傳好語，曼聲徹繞殿中央。」蓋昔時宣制，皆蔓延其聲，如歌詠之狀。張天覺自小鳳拜右揆，有旨下閤門，令平讀，遂爲故事。

朱　熹十七則

【釋氏論下】至於所謂二十八祖傳法之所爲書，則又頗協中國音韻，或用唐詩聲律，自其徒之稍黠如惠洪輩者，則已能知其謬。而强爲説以文之顧服衣冠通今古號爲士大夫。如楊大年、蘇子由者反不悟而筆之於書也，嗚呼！（《晦庵别集》卷五）

【答韓無咎】誨諭儒釋之異，在乎分合之間，既聞命矣。頃見蘇子由、張子韶書，皆以佛學有得於形而上者，而不可以治世，嘗竊笑之。是豈知天命之性，而叙、秩、命、討已粲然無所不具於其中乎？彼其所以分者，是亦未嘗真有得於斯耳。（《晦庵集》卷三十七）

【朱子語類卷六十二】「理學最難。可惜許多印行文字，其間無道理底甚多，雖伊洛門人亦不免如此。如解《中庸》，正説得數句好，下面便有幾句走作無道理了，不知是如何。舊嘗看《欒城集》，見他文勢甚好，近日看，全無道理。如《與劉原父書》説藏巧若拙處，前面説得儘好，後面卻説怕人來磨我，且恁地鶻突去，要他不來，便不成説話。又如蘇東坡《忠厚之至論》説『舉而歸之於仁』，便是不柰他何，只恁地做箇鶻突了。二蘇説話，多是如此。此題目全在『疑』字上。謂如有人似有功，又似無功，不分曉，只是從其功處重之。有人似有罪，又似無罪，不分曉，只得從其罪處輕之。若是功罪分明，定是行賞罰不可毫髮輕重。而今說『舉而歸之於仁』，更無理會。」或舉老蘇《五經論》，先生曰：「說得聖人都是用術了！」明作。

【同上卷八十六】子升問：「周禮如何看？」曰：「也且循《注疏》看去。第一要見得聖人是箇公平底意思。如陳君舉說，天官之職，如膳羞衣服之官，皆屬之，此是治人主之身，此說自是。到得中間有官屬相錯綜處，皆謂聖人有使之相防察之意，這便不是。天官是正人主之身，兼統百官；地官主教民之事，大綱已具矣。春夏秋冬之官，各有所掌，如太史等官屬之宗伯，蓋以祝、史之事用之祭祀之故；職方氏等屬之司馬，蓋司馬掌封疆之政。最是大行人等官屬之司寇，難曉。蓋《儀禮》《覲禮》，諸侯行禮既畢，出，『乃右肉袒於廟門之東』。王曰：『伯父無事，歸寧乃邦。』然後再拜稽首，出自屏。此所謂『懷諸侯則天下畏之』，是也，所以屬之司寇。如此等處，皆是合著如此，初非聖人私意。大綱要得如此看。其間節目有不可曉處，如官職之多，與子由所疑三處之類，只得且缺之，所謂『其詳不可得而聞也』。或謂周公作此書，有未及盡行之者，恐亦有此理。只如今時法令，其間頗有不曾行者。」

【同上卷一百一】「好善而惡惡，人之性也。爲有善惡，故有好惡。『善惡』字重，『好惡』字輕。君子順其性，小人拂其性。五峰言：『好惡，性也。君子好惡以道，小人好惡以欲。』是『好人之所惡，惡人之所好』，亦是性也！而可乎？」或問：「『天理人欲，同體異用』之說如何？」曰：「當然之理，人合恁地底，便是體，故仁義禮智爲體。如五峰之說，則仁與不仁，義與不義，禮與無禮，智與無智，皆是性。如此，則性乃一箇大人欲窠子！其説乃與東坡子由相似，是大鑿脱，非小失也。『同行異情』一句，卻説得去。」方子。

【同上卷一百一十七】講究義理，不下得工夫也不得；如舉業不下得功夫，也不解精。老蘇年已壯方學文，煞用力，到所謂「若人之言固當然者」，這處便是悟。做文章合當如此，亦只是熟，便如此。恰如自家們講究義理到熟處，悟得爲人父，確然是止於慈；爲人子，確然是止於孝。老蘇文豪傑，只是熟。子由取他便遠。

【同上卷一百三十】因論二蘇《刑賞論》極做得不是。先生曰：「用刑，聖人常有不得已之心；用賞，聖人常有不吝予之意，此自是忠厚了。若更於罪之疑者從輕，於功之疑者從重，這尤是忠厚。此是兩截之事。」卓。

【同上卷一百三十】因説《欒城集》，曰：「舊時看他議論亦好。近日看他文字，煞有害處。如劉原父高才傲物，子由與他書，勸之謙遜下人，此意甚好。其間卻云：『天下以吾辯而以辯乘我，以吾巧而以巧困我，不如以拙養巧，以訥養辯。』如此，則是怕人來困我，故卑以下之，此大段害事。如東坡作《刑賞忠厚之至論》，卻説『懼刑賞不足以勝天下之善惡，故舉而歸之仁』。如此，則仁只是箇鶻突無理會底物事，故又謂『仁可過，義不可過』。大抵今人讀書不子細，此兩句卻緣『疑』字上面生許多道理。若是無疑，罪須是罰，功須是賞，何須更如此？」或曰：「此病原起於老蘇。」曰：「看老蘇《六經論》，則是聖人全是以術欺天下也。子由晚年作《待月軒記》，想他大段自説見得道理高，而今看得甚可笑！如説軒是人身，月是人性，則是先生下一箇人身，卻外面尋箇性來合湊著，成甚義理！」雉。

【同上卷一百三十】子由深，有物。作《潁濱遺老傳》，自言件件做得是。如拔用楊畏來之邵等事，皆不載了。當時有「楊三變」「兩來」之號。門下侍郎甚近宰相，范忠宣蘇子容輩在其下。楊攻去一人，當子由做，不做，又自其下用一人；楊又攻去一人，子由當做，又不做，又自其下拔一人。凡數番如此，皆不做。楊曰：「蘇不足與矣。」遂攻之。來亦攻之。二人前攻人，皆受其風旨也。後來居潁昌，全不敢見一客。一鄉人自蜀特來謁之，不見。候數日，不見。一日，見在亭子上，直突入。子由無避處了，見之。云：「公何故如此？」云：「某特來見。」云：「可少候，待某好出來相見。」歸，不出矣。揚。

【同上卷一百三十】張文潛軟郎當，他所作詩，前四五句好，後數句胡亂填滿，只是平仄韻耳。想見作州郡時闒冗。平昔議論宗蘇子由，一切放倒，無所爲，故秦檜喜之。檜其他豈肯無所爲？陳無己亦是以策言不用兵，孝文和戎好，檜亦喜之。揚。

【同上卷一百三十九】又云：「蘇子由有一段論人做文章自有合用底字，只是下不著。又如鄭齊叔云，做文字自有穩底字，只是人思量不著。横渠云：『發明道理，惟命字難。』要之，做文字下字實是難，不知聖人説出來底，也只是這幾字，如何鋪排得恁地安穩！或曰：「子瞻云：『都來這幾字，只要會鋪排。』」然而人之文章，也只是三十歲以前氣格都定，但有精與未精耳。然而掉了底便荒疏，只管用功底又較精。」

【同上卷一百三十九】老蘇文字初亦喜看，後覺得自家意思都不正當。以此知人不可看此等文字，固宜以歐曾文字爲正。東坡子由晚年文字不然，然又皆議論衰了。東坡初進策時，只是老蘇議論。

【同上卷一百三十九】或問：「蘇子由之文，比東坡稍近理否？」曰：「亦有甚道理？但其説利害處，東坡文字較明白，子由文字不甚分曉。要之，學術只一般。」因言：「東坡所薦引之人多輕儇之士。若使東坡爲相，則此等人定皆布滿要路，國家如何得安静！」賀孫。

【同上卷一百三十九】諸公祭温公文，只有子由文好。

【同上卷一百三十九】南豐范貫之奏議序，氣脈渾厚，説得仁宗好。東坡《趙清獻神道碑》説仁宗處，其文氣象不好。「第一流人」等句，南豐不説。子由挽南豐詩，甚服之。

【同上卷一百四十】蘇子由愛《選》詩「亭皋木葉下，隴首秋雲飛」，此正是子由慢底句法。某卻愛「寒城一以眺，平楚正蒼然」，十字卻有力！雉。

【同上卷一百四十】張文潛詩有好底多，但頗率爾，多重用字。如《梁甫吟》一篇，筆力極健。如云「永安受命堪垂涕，手挈庸兒是天意」等處，説得好，但結末差弱耳。又曰：「張文潛大詩好，崔德符小詩好。」又曰：「蘇子由詩有數篇，誤收在文潛集中。」雉。

王大成

【野老紀聞】林文節作啓謝諸公，於蘇子由有一聯云：「父子以文章冠世，邁淵雲司馬之才；兄弟以方正決科，冠鼂董公孫之對。」言淵雲司馬皆蜀人。及紹聖中行子由謫詞云：「父子兄弟挾機權變詐，驚愚惑衆。」子由捧之泣曰：「某兄弟固無足言，先人何罪邪？」紹聖初在外制，行元祐諸公謫詞，是非去取，固時相風旨，然而命詞似西漢，詔令有王言體，於蘇子瞻一詞尤不艸艸。蘇見之曰：「林大亦能作文章邪？」其詞有云：「若譏朕過失，亦何所不容？乃代予言，詆誣聖考。乖父子之恩，害君臣之義。在於行路，猶不戴天。顧視士民，復何面目。」又曰：「雖汝軾文足以惑衆，辯足以飾非，然而自絶君親，又將誰懟？」

吴幵

【優古堂詩話】「相望落落如星辰」：《王直方詩話》謂東坡《送李公擇》云：「有如長庚月，到曉不收明。」《贈參寥》云：「故人各在天一角，相望落落如星辰。」《任師中挽詞》云：「相看半作星辰没，可憐太白與殘月。」而蘇黄門《送退翁守淮安》亦云：「我懷同門客，勢若曉天星。」其後學者，尤多用此。以上皆王説。予按古樂府徐朝云：「兩頭纖纖月初生，半白半黑眼中睛。腷腷膊膊雞初鳴，磊磊落落向曙星。」故劉夢得作《韋處厚集序》亦云：「古今相望，落落然如騎星辰。」乃知二蘇所用本古樂府，豈直方忘之耶？

張端義

【貴耳集卷下】章子厚在政府，有惇賊邦曲之號。一曰，邦直欲復唐巾裹，子厚曰：「未消爭競，只煩公令嗣戴來略看。」子由語張文潛曰：「廟堂之上，謔語肆行，在下者安得不風靡？」

羅大經

【鶴林玉露·丙編卷五】蘇子瞻謫儋州，以「儋」與「瞻」字相近也。子由謫雷州，以「雷」字下有「田」字也。黄魯直謫宜州，以「宜」字類「直」字也。此章子厚駃謔之意。當時有術士曰：「儋」字，從立人，子儋其尚能北歸乎！「雷」字，「雨」在「田」上，承天之澤也，子由其未艾乎！「宜」字，乃「直」字，有蓋棺之義也，魯直其不返乎！後子瞻北歸，至毘陵而卒。子由退老于潁，十餘年乃終。魯直竟卒於宜。

林駉

【古今源流至論後集卷一】「評文」：噫！盛哉！有如王黄州之恪，孫泰山之義，石徂徠之厲，尹河南之簡，歐廬陵之醇，蘇文安之遠，李盱江之鋭，宋常山之峻，司馬涑水之端，曾南豐之毅，王臨川之整，蘇東坡之浩，蘇潁濱之通，李淇水之宏，陳後山之濬，黄豫章之理，秦淮海之焕，晁濟北之舒，張譙國之婉，張石室之俊。筆勢駸駸，與周漢軋，是豈區區模倣者之所能及哉！

蔡正孫四則

【詩林廣記卷四】《看牡丹》：「今日花前飲，甘心醉幾杯。但愁花有語，不爲老人開。」蘇子由云：「此詩感慨，東坡《吉祥寺賞牡丹》一絶，正與此意同。」

【詩林廣記後集卷二】《送吕望之赴臨江》：「黄雀有頭顱，長行萬里餘。想因君出守，暫得免苞苴。」詩話云：「荆公此詩，纔二十字耳。崇仁愛，抑奔競，皆具焉，何以多爲？能行此言，則虐生類以飽口腹，刻疲民以肥權勢者寡矣。臨江有黄雀，故云。」蘇子由有《黄雀詩》云：「農末舉網驚合圍，懸頸係足倮無衣。百箇同缶仍相依，頭顱萬里行不歸。」與荆公詩語同。

【同上卷二】《兼并》……蘇子由云：「州縣之間，隨其大小，皆有富民，此理勢之所必至。」……熊勿軒云：「按此詩未盡如蘇氏之譏，抑强扶弱，必如明道、横渠之議而後可，行之以青苗、手實，則非也。究蘇氏之説，則富者跨州連縣，安得而不横？貧者將無立錐，安得而不匱？上不爲限制，何有紀極？斯民又何日蒙先王至治之澤也！」

【同上卷四】《元城先生語録》云：「子弟固欲其佳，然不佳者，亦未必無用處。元豐二年，東坡下御史獄，天下之士痛之，環視而不敢救。時張安道在南京，憤然上疏，欲附南京遞，府官不敢受，乃遣其子恕持至登聞鼓院投進。恕素愚懦，徘徊不敢投。後東坡出獄，見其副本，因吐舌色動久之，問其故，東坡不答。後子由亦見之云：『宜吾兄之吐舌也。此事正得張恕力。』或問其故，子由曰：『獨不見鄭崇之救蓋寬饒乎？』其疏有云：『上無許史之屬，下無金張之托。』此語正是激宣帝怒耳。且寬饒正以犯許史輩有此禍，今乃再許之，是益其怒也。且東坡何罪，獨以名太高，與朝廷爭勝耳。今安道之疏，乃云：『其文學實天下之奇才也。』獨不激人主之怒乎？但一時急欲救之，故爲此言耳。」僕曰：『然則是時救東坡，宜爲何說？』先生曰：『但言本朝未嘗殺士大夫，今乃開端，則是殺士大夫自陛下始，而後世子孫因而殺賢士大夫，必援陛下爲例。神宗好名而畏義，疑可以止之。』」

朱　弁四則

【風月堂詩話卷下】蘇黄門評參寥詩云：「酷似唐儲光羲。」參寥曰：「某平生未嘗聞光羲名，況其詩乎？」或曰：「公暗合孫吴，有何不可。」

【曲洧舊聞卷六】元祐初，蔡京首變神宗役法，蘇子由任諫官，得其奏議，因論列其事。至崇寧末，京罷相，黨人並放還。尋有旨，黨人不得居四輔。京再相，子由獨免外徙。政和間，子由訃聞，贈宣奉大夫，仍與三子恩澤。王輔道爲予言，京以子由長厚，必不肯發其變役法事而疑其諸郎，故恤典獨厚也。

【同上卷七】吕惠卿之謫也，詞頭始下，劉貢父當草制，東坡呼曰：「貢父平生作劊子，今日纔斬人也。」

貢父急引疾而出，東坡一揮而就，不日傳都下，紙爲之貴。暨紹聖初，牽復知江寧府，惠卿所作到任謝表，句句論辨，惟至「發其私書」，則云「自省於已，莫知其端」，當時讀者無不失笑。又自叙云：「顧惟妄論，何裨當日之朝廷；徒使煩言，有黷在天之君父。」或曰：「觀此一聯，其用心憸險如此。使其得志，必殺二蘇無疑矣。」蓋當時臺諫論列，多子由章疏，而謫辭東坡當筆故也。

【同上卷八】熙寧初，議新法，中外惶駭。韓魏公有文字到朝廷，裕陵之意稍疑。介甫怒，在告不出。曾魯公以魏公文字問執政諸公曰：「此事如何？」清獻趙公曰：「莫須待介甫參告否？」魯公默然，是夜密遣其子孝寬報介甫，且速出參政，若不出，則事未可知。是參政雖在朝，終做一事不得也。介甫明日入對，辯論不已，魏公之奏不行。其後魯公致政，孝寬遂驟用。前輩知熙、豐事本末者，嘗爲予言，當此時人心倚魏公爲重，而介甫亦以此去就，微魯公之助，則必去無疑，既久則羽翼已成，裕陵雖亦悔，而新法終不能改，以用新法進而爲之游説者衆也。東坡曾與子由論清獻，子由曰：「清獻異同之迹，必不肯與介甫爲地。孝寬之進，他人之子弟不與，可以明其不助。」東坡曰：「當時阿誰教汝鬼擘口？」子由無語。

徐　度

【卻掃編卷下】東坡既南竄，議者復請悉除其所爲之文，詔從之。於是士大夫家所藏既莫敢出，而吏畏禍，所在石刻多見毀。徐州黄樓東坡所作，而子由爲之賦，坡自書。時爲守者獨不忍毀，但投其石城濠中，而易樓名「觀風」。

（舊題）王十朋

【東坡詩集注】「子由詩叙云：『轍有白髮，近二十年矣，然止百餘莖，不增不減。虔州道人王正彦，教令拔去，以真水火養之，當不復更生。從其言，已數月，而白髮不出，更年歲不見，豈真不生邪？子瞻兄示我《月中梳頭》詩，戲次來韻，言拔白之驗。』」

林之奇

【記聞上】吕紫微未二十歲時，有《滕王閣詩》，其兩句云：「小艇原從天上來，白雲自向杯中落。」前輩作者已服其精當矣。此虞夢符之説也。余記得舊聞諸吕逢吉言，舍人少時有詩云：「春盡茅簷低着燕，日高田水故飛鷗。」蘇黄門見之，云此人他日當以詩名天下。（拙齋文集卷一）

曾敏行

【獨醒雜志卷三】梅聖俞《送歐陽闢晦夫》詩有曰：「我家無梧桐，安可久棲鳳？鳳窠在桂林，烏哺不得共。」晦夫，桂林人，嘗從聖俞學，及其南歸，故以是詩贈之。蘇明允初至京師，時東坡與子由年甚少，人鮮有知者。聖俞獨奇之，故贈明允詩有云：「歲月不知老，家有雛鳳凰。百鳥戢羽翼，不敢呈文章。」後東坡謫海南，過合浦，始識晦夫，談論累日。晦夫因出聖俞贈行之詩，東坡讀畢，執晦夫手笑曰：「君年六十六，余雖少，而白髮蒼顔大略相似，困亦不甚相遠，聖俞所謂鳳例如此。天下皆言聖俞以詩窮，吾二人又窮於聖俞之詩，可不一大笑乎？」

張邦基

【墨莊漫録卷七】「元祐中，哲宗旬日一召輔臣於延英閣聽講讀。時曾肇子開、蘇轍子由自左右史並除中書舍人，入侍講筵。子由作詩呈同省，諸公悉和之。邇英、延義皆祖宗所建。□□講記注官賜坐飲茶，將罷，賜湯，仍皆免拜，無復外廷之禮。故子開詩云：二閣從容訪古今，諸儒葵藿但傾心。君臣相對疑賓主，誰識昭陵用意深。邇英閣前槐後竹，雙槐極高而柯葉拂地，狀如龍蛇，或謂之鳳尾槐。子開詩云：鳳尾扶疏槐影寒，龍吟蕭瑟竹聲乾。漢皇恭默尊儒學，不似公孫見不冠。子由詩云：銅瓶灑遍不勝寒，雨點勻圓凍未乾。回首曈曨朝日上，槐龍對舞覆衣冠。並謂此也。

高似孫

【剡録卷十】「黄雀」：剡人候雀曰：「白露來，霜降去。」張芸叟詩所謂「黄雀知時節，清江足稻粱」是也。蘇子由亦曰：「秋風下，黄雀飛，禾日（田）熟，黄雀肥。」其曰：「百箇同缶仍相依」者，可醢也。

王應麟

【困學紀聞卷二十】：蘇子由記杉謂：「求之於人，蓋所謂不待文王而興者。」陳同甫之言梅也亦然。

王正德

【餘師録卷三】蘇子由代兄作《趙閱道神道碑》云：「臣嘗逮事仁宗皇帝，未嘗觀也，萬世無不見；未嘗爲也，萬世無不舉。」子瞻笑曰：「尚答制科策耶！」

高晦叟

【珍席放談卷上】仁宗臨軒，清問賢良之士，蘇轍策略曰：「陛下近歲以來，宫中貴姬已至千數，歌舞飲酒，歡樂失節，坐朝不聞諮議，便殿無所顧問。」從官奏曰：「陛下恭儉，未嘗若是。轍言狂誕，恐累盛德，乞行黜落。」帝曰：「設制科本求直言，蘇轍小官敢言，特命收選。夫人主言動，轍雖妄説，果能誣天下之人哉？」置而不論。仍嘉其能，賁以恩寵。容諫納善，堯舜禹湯無以過也。

陳鵠

【耆舊續聞卷三】本江南中書舍人王克正家物，後歸陳魏公孫世功君懋，余，陳氏婿也。其詞云：「櫻桃落盡春歸去，蝶翻輕粉雙飛。子規啼月小樓西。玉鉤羅幕，惆悵暮煙垂。別巷寂寥人散後，望殘煙草低迷。爐香閑裊鳳凰兒。空持羅帶，回首恨依依。」後有蘇子由題云：「淒涼怨慕，真亡國之聲也。」

馬廷鸞二則

【遺老軒記】蘇黄門輔政於元祐，謫官於紹聖，歸居於崇寧。諸子爲之築廬潁濱，其自言曰：「吾潁濱遺老也。嘗自諫官，不五年與聞國政，雖號爲得志，而實不然。今退居杜門，不與物接，心之所可，未嘗不行；心所不可，未嘗不止。行止未嘗不如意。平生之樂，莫過今日。」蘇公之所謂「遺老」者如此。晋秘書少監徐廣，東莞人也。劉氏易代之際，廣悲感流涕，或責之曰：「徐公得無少過？」廣曰：「君爲宋朝佐命，身是晋室遺老。悲歡之事，固不可同。」徐公之所謂「遺老」者如此。然則一遺老也，樂莫樂乎潁濱，悲莫悲乎東莞。何也？要亦各適其適而已。從容乎老檜修竹之間，嘯傲乎鳳臺平湖之上。避事已謝客，養性不看書，蘇公之所爲也。守丹徒之墳墓，懷京口之桑梓，八齡手不釋卷，一歲徧讀五經，徐公之所爲也。有士於此，壯誤恩華，晚逢傾覆。其始也類蘇公之不如意，而無其晚歲之樂；其終也類徐公之不可同，而有其暮年之悲。於是家有林亭，篋存竹素，亦妄以「遺老」自名。於二公宜何擇焉？曰：吾進難企乎潁濱，是猶傾而未顛之初也。《易》曰：「履霜堅冰，陰始凝也。」蘇公之時以之。退已墮乎東莞，是固淪胥以亡之後也。《玄》曰：「海水群飛，蔽于天航。」徐公之時以之。爲蘇公不可，舍徐安歸？抑二公，皆八十餘老，則造物之所賦厚矣。士當踰六垂七之年，久生何益？飾巾待終而已。不然，則古之人有上相誇榮，中台耀寵，時開一卷，時飲一杯，老而自樂，何樂如之？蓋自名曰「長樂老」矣。然而斥以寡廉，登之雜傳。國則興亡相繼，身則富貴自如。歐陽公司馬公恥之，士亦恥之。是爲記。（《碧梧玩芳集》卷十八）

【讀史旬編·封建郡縣】東坡、五峰二公之論相爲矛盾，而皆未免有遺論也。謂封建可以禦戎狄乎？千八百國尚存，而犬戎入周室矣；謂郡縣可以息篡弒乎？三十六郡甫置，而趙高弒二世矣。論封建者，至朱文公「治體」之説而止；論郡縣者，至蘇黄門「隨勢」之説而止。（同上卷二十一）

樓　昉

【崇古文訣卷二十六】《上樞密韓太尉書》胸臆之談。筆勢規摹從司馬子長自叙中來，從歐陽公轉韓太尉身上，可謂奇險，子由時方十九歲，或云老泉代作。

金

王若虛 二則

【臣事實辨（節録）】馮道忘君事讐，萬世罪人，無復可論者。而蘇子由曲爲辨説，以爲合於管晏之不

死，雖無管仲之功，而附於晏子，庶幾無愧。嗚呼！是豈可以爲比哉！（《滹南集》卷二十九）

【議論辨惑（節録）】司馬君實正直有餘而寬假曹操，蘇子由道學甚高而獎飾馮道，皆繆戾之見，有害於名教，不足爲長厚也。（同上卷三十）

元好問

【東游略記（節録）】寺壁石刻甚多，有張掞叔文，蘇轍子由，吴栻顧道詩，餘人不能悉記。（《遺山集》卷三十四）

元

方回三則

【續古今考卷四】彭城形勢，蘇子由《黄樓賦》述之詳矣。予嘗登樓故基，望項羽戲馬臺，觀之城四面，皆山圍之。山去城則九里許，泗水過黄樓之下，西望山若玦者，子由有「傷心極目」之語，信然也。

【瀛奎律髓卷二十四】周益公嘗問陸放翁以作詩之法，放翁對以宜讀蘇子由詩。蓋詩家之病，忌乎對偶太過，如此則有形而無味。三洪工於四六而短於詩，殆胸中有先入者，故難化也。放翁其以此箴益公歟？或問蘇子瞻勝子由否？以予觀之，子瞻浩博無涯，所謂『詩濤洶退之』也。不若所謂『詩骨聳東野』則易學矣；子由詩淡静有味，不拘字面事料之儷，而鍛意深，下句熟，老坡自謂不如子由，識者宜細咀之可也。

【同上卷二十七】《見諸人倡和酴醿詩次韻戲詠》，此詩孔文仲首倡，予有《清江三孔集》，偶未及撿，蘇子由所和《欒城集》有云「光凝真照夜，枝軟或牽衣」上一句佳。

李衎

【竹譜卷七】蘇子由詩：「紫竹暗生岷岫筍」，此指蜀産而言。

于欽

【齊乘卷五】「閔子祠墓」：濟南府城東門外五里，宋熙寧七年濟南太守李肅之即墓前置祠立碑，蘇子由作記，東坡書。

吴師道

【題謝君植吴立夫詩詞後(節録)】延祐庚申冬，余北上過彭城黄鶴故基。俯汴泗交流，四望青山逶迤，殘冬參差，孤城低黯，問「戲馬臺」何處。同行吴立夫喜爲詩，予因相與誦蘇子由《黄樓賦》，文文山《彭城行》，爲凄然而罷。(《禮部集》卷十六)

陸友仁

【研北雜志卷上】蘇子由有《賦松石圖》詩云：「物生真僞竟何有，適意一時寧辨真。」知言哉！

祝堯

【古賦辯體卷八】「蘇子由」：公嘗與兄子瞻同出屈祠而並賦。愚謂大蘇之賦，如危峰特立，有嶄然之勢；小蘇之賦，如深溟不測，有淵然之光。又子由《黄樓賦》略序云：乃作《黄樓賦》。東坡嘗曰：「子由之文實勝僕，而世俗不知，反以爲不如。蓋子由爲人不願人知，故其文似其爲人。及作《黄樓賦》乃稍自震厲，若欲以警憒憒者，便以爲僕代作，此殆見吾善者機也。」

陶宗儀

【説郛卷二十二上】「蘇子由文」：蘇子由著《歷代論》，以牛僧孺、李德裕俱爲一代之偉人，以馮道事四姓九君爲非其過，庶幾以忠恕格物者。至神宗皇帝《御集序》乃以曹操比，而以挽辭曰「量書廢寢興」，則又是秦始皇也。不知當時下筆之際，意果何在。

【同上卷二十二上】「東坡兄弟議論相反」：東坡兄弟文章議論大率多同，惟子由文字晚年屢皆加刊定，故與子瞻有相反處。蓋以矯王氏尚同之弊耳。至子瞻《易傳》論天地之數五十有五，而太衍之數五十者。士無成數、無定位者，專氣故不特見。而子由遂曰：「此野人之説也。」則似矯枉太過。

【同上卷四十三下】某（張耒）平生見人多矣，惟見蘇循州不曾忙，范丞相不曾疑。蘇公雖事變紛紜至前，而舉止安徐，若素有處置。范公見事便洞達情實，各有部分，未嘗疑惑，此皆過人者。

明

徐一夔

【蘇潁濱論馮道甚恕】馮道更事四姓九君，歐陽公譏其反面事讎，虧大臣節。獨潁濱論其事而悲之，其言曰：「道雖爲相，而權不自己出，當其廢興之際，或在内或在外，禍亂之作，非其過也。其相明宗，能以恭儉勸之，十年之内，中國稍安。耶律德光滅晋，大肆殺戮，道顧强悍，不可曉以莊語。設俳曉之德光，爲罷殺戮；周太祖舉兵覆漢，勢張甚，道待之如平日，太祖意沮，乃陽使道迎湘陰公，道未返，而太祖篡漢。」潁濱且曰：「方之於古，可視管仲晏子。」又曰：「管仲召忽，同事子糾，桓公殺子糾，召忽死之，管仲不死又相之。以道比管仲，則功不及耳。崔杼與晏嬰同事莊公，崔杼弑莊公立景公，或謂晏子死，晏子曰：『君爲社稷死，則死之；爲社稷亡，則亡之。若爲己死而爲己亡，非其私暱，誰敢任之。』卒事景公，其後爲齊名卿。若以道比晏子，庶幾無甚愧也。」其説如此。而謂議者黜之，曾不少恕，蓋指歐公也。余初疑之，及讀詩至「殷士膚敏，祼將于京」反覆玩味其辭，見周公之作是詩，蓋甚傷之而無譏切之意。則知潁濱之論，亦詩人忠厚之遺意，非立異也。嗚呼！道更事四姓九君，論者且猶恕之，至比管仲、晏子，君子不幸視道猶有可議而好爲過情之論者，且又甚之，何哉！（《始豐稿》卷四）

貝瓊二則

【蘆軒記（節録）】宋歐陽文忠公誠樂其勝概，即老於潁不復出。時蘇黄門嘗從公遊，「銀缸畫燭」之詩〔一〕，至於今人能誦之。則當時人物，富庶甲第，相望連檣，巨艦與波上下者，概可想已。（《清江文集》卷二十四）

【志古齋記（節録）】蘇黄門曰：「文不可學而能，氣可以養而至。是氣也，塞乎上下，騰而爲河漢，旋而爲風雨，薄而爲雷電，列而爲五嶽，激而爲海濤，人得之發於文章，所謂氣盛，則言與之俱盛也。諸家惟能善養吾氣，所著不期於古，而古雖有高下輕重，遂與六經諸子並行不朽。」豈非一代之豪傑乎！往往取其書熟讀詳玩，大抵立言不在於嶄絶刻削，而平衍爲可觀；不在於荒唐險怪，而豐腴爲可樂。此古人不可至也。（同上卷二十六）

〔一〕編者按，「銀缸畫燭」之詩爲蘇軾所作。

梁潛

【贈劉氏二生序（節録）】至於四方貢獻，奇貨玩寶，靡不輻輳。此蘇子由之少年時，所以欲求天下之奇聞壯觀，至京師而後知天下之巨麗。又京師首善之地，萬國之表，制作之示於天下，必由内以達外；教化之漸被於四方，必自近以及遠。此彭汝礪所以嘗論四方之人，其語言態度，短長巧拙，必問京師如何，不同則以爲鄙。二子居首善之地，而能爲首善之人，偉其所見，廣其胸臆，不亦快乎！子由以文章雄一時，而汝礪亦宋熙寧賢御史。善觀京師無如蘇子由，善論京師無如彭汝礪。二子其往觀之，於今論則無煩也。余伯舅居京師爲御史，尤好古文，蘇、彭二公之説，其必有取焉。（《泊菴集》卷五）

楊榮

【題雅集圖後】《雅集圖》者，世傳宋元祐諸賢會王晉卿西園，而李伯時即席中所畫也。後人相傳摹寫往往不同，近侍講鄒仲熙得此圖，有葉石林所序。圖凡十二人，蓋東坡先生、王晉卿、蔡天啓、蘇子由、黄魯直、李伯時、秦少游、陳碧虚、米元章、王仲至、圓通大士、劉巨濟也。（《文敏集》卷十五）

李東陽

【懷麓堂詩話】蘇子瞻才甚高，子由稱之曰：「自有文章，未有如子瞻者。」其辭雖誇，然論其才氣，實未有過之者也。獨其詩傷於快直，少委曲沉著之意，以此有不逮古人之誚。然取其詩之重者，與古人之輕者而比之，亦奚翅古若耶。

陸　深

【儼山外集卷一】上愛下順，合而爲一，然後權臣之勢成。此蘇潁濱論權臣。文極明快，雖然不已誨盜乎！

楊　慎六則

【升菴詩話卷二】「子由四絶句」：蘇子由《題李龍眠山莊圖》四絶句……此四詩奇景奇句，可誦可想，放翁謂子由詩勝子瞻，亦有見也。漈，閩中水名，鄭樵號夾漈可證。

【同上卷三】「半山用王右丞詩」：王維《書事》詩：「輕陰閣小雨，深院晝慵開。坐看蒼苔色，欲上人衣來。」洪覺範《天廚禁臠》云：「此詩含不盡之意，子由所謂不帶聲色者也。」王半山亦有絶句，詩意頗相類。按半山詩云：「山中十日雨，雨晴門始開。坐看蒼苔文，欲上人衣來。」蔡正孫編《詩林廣記》，乃以「若耶溪上踏莓苔」一首當之，謬矣。

【同上卷十四】「蘇子由絶句」：「泉流逢石缺，脉散成寶綱。水作瓔珞看，山是如來想。」《瓔珞岩》「岩花不可攀，翔蕊久未墮。忽墜幽人前，知了觀空坐。」《雨花岩》「白龍晝飲潭，修尾掛石壁。幽人欲下看，雨雹晴相射。」《白龍潭》「蒼壁立積鐵，懸泉瀉天紳。行山見已久，指與未來人。」《陳彭漈》此四詩，泉既奇，詩亦稱，何異王右丞。

【同上卷四】「宋人絶句」：宋詩信不及唐，然其中豈無可匹體者，在選者之眼力耳。如……蘇子由《中秋夕》云：「巧轉上人衣，徐行度樓角。河漢冷無雲，冥冥獨飛鵲。」《旅行》云：「猿狖號枯木，魚龍泣夜潭。行人已天北，思婦隔江南。」……詩有王維輞川遺意，誰謂宋無詩乎？

【升菴集卷七十九】「蘇子由詩」：緑竹琅玕色，紅葵旌節花。借喻葵形，非謂旌節即葵也。

【同上卷八十】「芡華」：蘇子由詩：「芡葉初生縐如縠，南風吹開輪轉轂。紫苞青刺攢蝟毛，水面放花波裏熟。森然赤手初莫近，誰料明珠藏滿腹。」可謂極體物之妙矣。

茅　坤〔一〕三十一則

【唐宋八大家文鈔】「潁濱文鈔引」：蘇文定公之文，其鑱削之思，或不如父，雄傑之氣，或不如兄，然而冲和澹泊，遒逸疎宕，大者萬言，小者千餘言。譬之片帆截海，澄波不揚，而洲島之棼錯，雲霞之蔽虧，日星之閃爍，魚龍之出没，並席之掌上，而綽約不窮者已。西漢以來别調也。其《君術》、《臣事》、《民政》等篇，尤爲卓犖。予讀之，録其《上皇帝書》及札子狀十九首，與他執政書十首，諸論及《歷代》、《古史》名論八十二首，策二十五首，序、引、傳七首，記十二首説，贊、辭、賦、祭文、雜著十一首，釐爲二十卷。歸安鹿門茅坤題。

【唐宋八大家文鈔卷一百四十五】《上神宗皇帝書》：凡讀先秦、《史》、《漢》，往往言簡而意盡，固古人所不可及處。及讀子由之文，往往如遊絲之從天而下，嫋娜曲折，氤氲蕩漾，令人讀之情悒神解而猶不止，亦非今人所及處。此書專言理財，中多名言，但冗吏一節未見的確。

【同上卷一百四十六】《自齊州回論時事書》：忠悃之言，類兩漢書疏；《陳州爲張安道論時事書》：通

〔一〕編者按，宋後對蘇轍文章評論的學者多有，如孫琮《山曉閣選宋大家》、吕留良《晚村先生八家古文精選》、蒲起龍《古文眉詮》、王文濡《評校音注古文辭類纂》、沈德潛《唐宋八家文讀本》等選本，其評論大多以推揚爲主，今只録茅坤《唐宋八大家文鈔》所選二十卷文前後評論，以窺豹之一斑。

篇指神宗悔心處。感諷開悟，得《易》之納約自牖之意。而始末處，有針線法度；《論用臺諫札子》：若近年臺諫，雖稱吏部都察院會同考選，恐不免宋人並由執政指揮之弊；《論衙前及諸役人不便札子》：蘇氏兄弟所見俱如此；《論冬温無冰札子》：此等札子自兩漢書疏以下不可及，十分任怨，忠義鬱然。

【同上卷一百四十七】《乞分别邪正札子》：文定分别之中，猶以「調停」爲説，此所以元祐之政失之弱，而蔡邢之黨復起矣；《再論分别邪正札子》：再上札，更覺議論詳悉。又書文後曰：愚竊謂《易》之「内君子而外小人」，内者進之之詞也，外者退之之詞也，恐未必如子由所云。内即以之任於朝，外即以之布於州郡也。宋時上下並有「調停」之説，故子由亦不敢不附此爲言。子由與章、蔡相讐者，猶爲此言，然則彼之私相黨者，安得不横爲煽亂動摇之術乎；《三論分别邪正札子》：此一札又專在反己一著，似尤得體；《再論熙河邊事札子》：論當時邊事極痛快，特以甫招撫後遽議易，將似難從；《三論渠陽邊事札子》：古今來以蠻夷攻蠻夷爲最，以附近土兵攻蠻夷次之，若調他中國强兵則非計矣；《論開孫村河札子》：利害明悉；《再論回河札子》：子由所論回河，已而一一皆驗。

【同上卷一百四十八】《論臺諫封事留中不行狀》：即前輩請罷斜封墨敕之見；《制置三司條例司論事狀》：通達治體之言；《論西事狀》：此狀情事本末及制勝處，元祐第一奏疏；《論蘭州等地狀》：宋事與今國家事不同，難以遽斷，大較文定公亦只因主幼，而當時兵將未得其禦夷之便，故爲此棄之之説，恐非至計也；《再論蘭州等地狀》：老成持重，典刑之言；《乞招河北保甲充役以消盜賊狀》：子瞻嘗請於徐州籍勇悍之夫，督捕盜賊，即此意。

【同上卷一百四十九】《上樞密韓太尉書》：胸次博大；《上兩制諸公書》：覽其文如廣陵之濤，砰礚洶悍而不可制，然其骨理少切，譬之揮斤成風，特屬耀眼；《上劉長安書》：氣岸自别，劉長安恐不得不斂衽自謝；《上昭文富丞相書》：子由所托諷富公處，全在任人與篇末「萬全之過」四字；《答黄庭堅書》：雅致；《賀文太師致仕啓》：文有典刑，且多風致。

【同上卷一百五十】《夏論》：文甚佳。至於虞之所以宗堯，夏之宗鯀，亦古今典禮一大疑處；《商論》：此文如天馬行空，而識見亦深到。又曰：子由謂商之治尚嚴，故其享國不及周之八百。予竊疑，《商書》曰：「代虐以寬」，則商之政未必一於猛也。按《禮記》雖有商人先刑罰而後爵禄之言，要之多雜於漢儒附會之言，而未必聖人之至者；且周自平王以後一變而爲春秋，再變而爲戰國，而周天子特懸一名於上者，五百餘年，蓋其列國各擅土地甲兵，而不能相一，而其所不敢屠周者，斯則文、武禮教之遺澤在焉耳。商之六百未嘗不以天子臨諸侯也，故商之歷雖不及周，而其實過之。然以齊魯譬之，其迹若近而其情不可考矣；《周論》：獨見之論。又曰：愚竊謂「忠」「質」「文」三字，以之名三代之治則可。以之論三代之相救，而又謂若循環然，則不可。當其風氣之日開，而聖人以漸爲之經緯，其間至周而文始大備，及周之衰而苟有王者起，亦不過循文、武、成、康之遺爾，豈得又推文而之忠與質乎哉？不然，湯何以纘禹舊服而武王之克商也，亦特曰「政由舊故」。愚獨謂夏未嘗尚忠，商未嘗尚質，周亦未嘗尚文，此皆後世之所以仰觀三王之典禮，與其風俗之可見者而强名之爾。孔子曰「周監於二代，郁郁乎文哉！」頌美之也。假令如後世儒相救之説，孔子於此必深言之矣，何以獨遺此一段大議。《六國論》：識見大，而行文亦妙。文後曰：唐荆川曰：此文甚得天下之勢。《秦論一》：此篇過秦失，所以取天下。《秦論二》：此篇正言秦之所以取天下，當以此，不以彼，兩篇合一篇。《始皇論》：蘇氏兄弟論罷侯置守處，並祖柳宗元之論而附益之，而子由此論卻亦跌宕，可以補柳子之不足。《三國論》：論三國而獨挈劉備，亦堪輿家取窩之説。《晋論》：晋之士患在不習事，故無以經略當世。子由議之未當，而行文自佳。又文後曰：晋之亡患在大封同姓，而假之以兵，不戢則逆節生，而中朝無以爲居重馭輕之勢。内以清虚相高，外以胡虜衡亂，而天下之權無所歸矣，故遂以不振，而偏安江左，以至於移祚，悲夫！

【同上卷一百五十一】《七代論》：獨挈宋武失著處，亦千年隻眼。後又曰：議宋武人秦一著，可謂確論，所惜者，宋武志在於九錫而不在於一天下。大略曹操之不能力奬王室，而卒貽曹丕以稱帝業，病亦在此。《隋論》：論秦、隋處亦似。而其言以術留天下爲名，則卑矣，漸開晚宋門户。《唐論》：此等文古今有數。荆川云：「深究利害，是大文字。」後又曰：愚竊謂，今之兵滿天下並不得籍之行伍，以折衝禦侮，而北自遼陽迄臨洮延袤五千餘里，僅得戍守之兵，以乘障游徼於其塞耳，然無唐之節度府帶甲十萬之勢，以爲外重。故北兵得以蹂躪我疆埸，殺略我人民，其於南粤一帶亦然。至於京師所籍兵十餘萬，僅足以供天子之工匠，與中官勢人者之侵漁而已，又無唐之内設府兵五百，以爲居重馭輕之威，是所謂内外無以爲重者也。故四夷數侵，歲以爲常，而中州卒有一夫跳梁，往往衡越不能遽熄，豈非兵政無以制中外之亂與；《五代論》：有近利者必有遠憂，豈獨帝王之取天下。後又曰：雖然古帝王之起自匹夫，而定天下也易，及其身爲天子能立綱陳紀，深謀曲慮，而垂萬世之業也難；《周公論》：其論周公處成王雖未當，而其行文往往如空中游絲，起伏嫋娜而不可羈；《周公論二》：讀《周禮》者，不可不知；《老子論上》：與下共爲一篇。只看子由行文，如神龍乘雲於天之上，風雨上下不可捉摸，不可測識，不可窮詰，學者如能静坐窗几間，將此心默提出來，與此二篇文字打作一片，忽焉而飛於九天之上，忽焉而逐於九淵之下，且令自我胸中，亦頓覺變幻飄蕩而不可羈制，則文思之懸一日千里矣。當其思起，氣溢如急風驟雨，噴山谷，撼丘陵。及其語竭氣盡，如雨散雲收，山青樹緑，塵無一點。嗟乎！此則學者當自得之也。

【同上卷一百五十二】《歷代論》：子由之文其奇峭處不如父，其雄偉處不如兄，而其疎宕嫋娜處，亦自有一片烟波，似非諸家所及。予嘗同荆川論之，荆川絶愛其文，然而間讀《君術》、《臣事》、《民政》及《古史》等書，誠絶作也。《歷代論》四十三首，蓋子由於罷官潁上時，其年已老，其氣已衰，無復嚮所爲飄飆馳驟若雲之出岫者、馬之下坂者之態。然而閲世既久，於古今得失處參驗已熟，雖無心於爲文，而其折衷於道處，往往中肯綮切事情，語所謂老人之言是已。予不能盡録，録其見解所獨得者二十八篇；《漢高帝論》：此亦子由獨見其微處。後又曰：或問章邯假令不過河北，高帝能入秦乎？子由以邯提兵擊盗，則當時老將健卒已虚，關中似亦有見，然覧觀《秦紀》本末，蒙氏兄弟誅而將陷矣，阿房之宫，驪山之葬，而百姓怨矣。諸公子及李斯坐法死，而骨肉大臣不附矣。至於趙高之夷、子嬰之立，上下岌岌矣。高帝之入秦，譬之以石投卵也。又何疑哉；《漢文帝論》：此等見解，子由晚年還穎上，歷世故多，故能爲論如此；《漢景帝論》：此亦子由見得景帝本末處；《漢武帝論》：典刑之言；《漢昭帝論》：觀欒城此等文字，其識見甚近裏，當勝於曾鞏。又曰：昭帝之享國日淺，不知其禍由近女室否？假如伊尹相湯以及其子，而太丁、外丙、仲壬並不三四年死，豈皆女室興而皆伊尹之罪歟？特目爲大臣，有托孤寄國之責者，不可不知此議；《漢光武論》：東漢之亡以宦官而冲質，以後由女后稱制，故其積禍養亂，以至於此。子由以之咎光武不任大臣所致，似亦太過，然其論亦正，姑録而識之；《晋武帝論》：論利害處卻審。又曰：漢高帝懲秦孤立而大封同姓，以瓜分於外，然其權則統於上，故其禍亂之發，得藉之以收磐石之功；晋武帝懲魏之後，而衆建八王，然其權則散於下，故其禍亂之發擁腫鞅掌，卒之互相蹂籍，而特以稔魚爛之釁；《晋宣帝論》：前以曹孟德形容司馬仲達，後以霍光孔明爲案。後又曰：兩漢之衰王莽啓其端，董卓幸其禍，曹操踵其謀。而司馬以後，遂至於世相擅以狐媚託孤定亂之間，至唐太宗而始絶，甚矣，小人之流禍也。要之五代又踵之矣。予謂「爲義不終」四字非所以論操也。蓋文王之戴殷也，終其身未嘗有一毛利天下之心，而操特擁漢以劫天下之諸侯耳，雖荀文若之死，君子謂其以身文奸也。

【同上卷一百五十三】《梁武帝》：蘇氏兄弟晚年並以釋典之旨自解脱，故其言如此，然而所本《易》之形而上，以爲釋老之原則，又對癡人説夢矣；《唐太宗論》：罪太宗，以「不知道」三字確論。後又曰：唐荆川曰：篇中整段抄故事，而斷語全少，蓋論之一體也；《玄宗憲宗論》：的確明切；《五伯論》：五伯優劣亦見於此矣。兵戒亦云：「無爲戎首。」故《易》曰：「聖人不得已而毒天下也。」；《隗囂論》：論亦有據；《符堅論》：有深識，而行文處非蘇氏本旨。

【同上卷一百五十四】《知罃趙武論》：即五伯之議論；《鄧禹論》：或曰：兵聞拙速未睹巧之久也，禹與赤眉相持久而不決，故遺之馮異，代將而功成；《賈詡論》：子瞻以魏重於取蜀，子由則以不取蜀爲操之老於兵；《羊祜論》：子由謂祜之滅吴不如范文子之釋楚，以爲外懼。愚竊謂范文子處春秋列國之間，可爲深慮也。晋與吴爲兩大之國，非此亡彼則彼必圖此。吴主皓方以妖童淫虐其國，晋不以此時下之，是所謂圈虎而遺之患也。及吴滅之後，祜已先晋武帝而死矣。君子欲以其身没二十餘年之後，而議功爲罪不亦過乎？予獨愛其言，足爲後世人主持盈者之戒，故録而識之；《王衍論》：其罪王衍甚確，而其論東晋以來迄于唐似猶影響。又曰：唐荆川曰：「有識見，論處亦透。」；《狄仁傑論》：文不著意，而篇中「以緩得之」四字誠名言也；《姚崇論》：崇雖稱名相，而其順適玄宗之欲，以開末年驕侈之漸，幾致亡國，崇所不能辭；《牛李論》：僧孺外托鎮静，而於持危濟變處，非其所能。德裕内持果敢，而藏器待時處亦其所闇。要之，均不知大臣之道者；《陸贄論》：贄之事德宗，本末甚詳；《郭崇韜論》：所言亦有見。

【同上卷一百五十五】：《古史論》：子由作《古史》以補《史記》之遺，始伏羲、神農，下至秦始皇，凡若干卷。予覽其傳末所論次得失，其言多確，其文旨與太史公互相跌宕。可誦者撮録一十五首；《魯》：其思深，其議亦確；《陳》：探本之論，以是知儀、秦之術，無救於危亡而反促之也；《蔡叔》：在周公囚蔡叔上説；《燕》：文本三折，悉中規矩。文後曰：燕僻北徼，故其與中國相傾危者後耳，非以蘇秦入而後被兵也；《越》：言東南利害之勢處雖未當，而行文有法度，變换處並古人入彀處；《晏平仲》：管、晏兩評處是，而姚、宋一證更佳；《屈原》：文跌宕，其所責屈原以柳下季者似也。予竊謂，使原如札之逃而終身焉不入於吴之市亦可；《孟嘗君》：評四君處亦與太史公相跌宕；《蘇秦》：所議是，而文亦跌宕；《王翦》：翦提兵六十萬以擊楚，非盡合戰之兵也，楚方二千里中多關塞要害，非多兵則無以分其戍守，乖其所之。兩壘相陣，自古鮮有二十、三十萬以上而能有功者；《刺客》：議論甚正；《穰侯》：與後論並看，子由所不滿范、蔡處如掌；《白起》：議起處是；《李斯》：斯恬並亦無辭。

【同上卷一百五十六】《新論上中下》：此三篇原是一意，其所言爲國之地，即子瞻所謂爲國先定其規模之説。而中篇指言「吏媮」「兵冗」「財絀」三者，亦皆子瞻所建議處，特其行文於舉子業中爲利轍，姑録而存之；《燕趙論》：行文佳，所議未當。又曰：子由此論，殆亦未嘗深知燕趙之俗耳。予嘗宦遊燕趙，燕趙之士多忠信感慨，自古其地多節俠死義者，亦以此特存夫，上之以詩書禮樂，相爲摩切者，何如耳？子由罪燕趙，當唐中葉時擁叛將者八十餘年，抑不知罪在將，非在吏民也，河澗魏博之間多明經獨行，而即如田野閭里間，雖有鬬雞、走馬、蹋踘、弓矢之習，而有賢守令以爲之長，且勝齊、魯矣，而況吴、楚乎；《蜀論》：蘇氏父子蜀人也，故論蜀多詳；《西戎論》宋之西戎，夏也，今則不同；《北邊論》：鼓中國之氣；《西南夷論》：此篇議亦未的確，但論班超一著甚是。又曰：

子由之論西戎北邊，大略並按宋情事本末，而爲之者。北邊以騎射爲業，逐水草，食肉酪；而西羌則各塹山谷，分部落；而南夷則戀巢穴，世俗土，故其勇悍聚散不同，而所以制御之者亦不同。西戎、南蠻撫勦兼施，可以懷柔，而北邊則惟戰守二策耳；《史官助賞罰》：舉業文字之佳者；《劉愷丁鴻孰賢》：此子由同兄應試之文，雖不及子瞻，而議論正大，自足成一家言。仁宗謂「爲子孫得兩賢宰相」，誠哉知人；

【同上卷一百五十七】《君術策一》：《君術》五篇亦是一篇大略，欲人君知所以御天下之術。而行文甚紆徐百折，當熟看波瀾處。又曰：子由借高帝駕御英雄一節作議論，行文雖善，而不切當世情事；《君術策二》：分兩扇總叙。子由欲感悟主上，察臣下之情，以收其御臣下之術。然通篇論古處透，而影今處不切，此其所以不及歐陽子也；《君術策三》：蘇氏父子往往勸主上先刑罰，本出申、韓之餘，似非人臣告君之正，特對宋仁宗，似屬對病之藥。又曰：唐荆川曰：仁宗寬仁之過，故當時有識之論每如此，老泉《上富公書》亦如此；《君術策四》：熙寧元豐時，其患在於急功利，故於御臣下不得其道。而子由習聞父兄所當仁廟時，患其用仁過而法不行，故以厲法禁之意繼之。而通篇又以君臣相猜處爲感慨議論。又曰：唐荆川曰：古今説兩遍；《君術策五》：通篇行文，如怒馬奔濤於千里之間，馳驟澎派而不可羈制者。又曰：唐荆川曰：因風俗之所趨而決之，子由此文真如長江大河；

【同上卷一百五十八】《臣事策一》：重臣。古人嘗云文至韓昌黎、詩至杜子美，古今能事畢矣。予獨以爲人臣建言感悟君上，如子由重臣一議，則千古絶調也；《臣事策二》：明罰。通篇多曲折而透。荆川謂此篇全在虚語處著精神，良是。又曰：唐荆川曰：略援古事，專論時弊立柱子。此一篇議論專以宋真、仁來，往往言官指擿執政，輒以使相除之，出鎮外郡或反增其秩。而其言官又不免遷謫嶺表，此皆宋之優禮大臣之過，而殊不當於天下之公議，故有此論；《臣事策三》：作士氣。通篇如流風掣雲，舉子業中神解也。又曰：空引。此與坡公《蓄材用》篇皆言武舉之不可廢，而其文故爲紆徐百折，譬之走江漢之水，數千里而到海，則一壑耳；《臣事策四》：委兵權。本前篇重武臣中抽出將之專兵來，並宋時對病之藥。而文曲而鬯。集評：此論宋鑒五代將權之重，而其弊貽於弱而不振。而今國家邊徼之將，特如一有司之按資叙遷，而不復有財賦之恣其出入。甲兵之擅其刑殺，節鉞所向稍有出格，則言官且議其後，而朝廷之削罰且及之矣。況郡縣藩臬得以抗，撫臣得以制，而御史又從而繩其後。愚故曰：古今來之，將權之太輕，莫有甚於今日也；《臣事策五》：養兵。此則於將兵中又拈出一護軍者，以調攝恩威之用。而文章疾徐頓挫，可以呼盪胸臆。又曰：宋中葉，益州兵驕而京軍尤甚，故子由論得情事曲鬯。而今國家西北養兵患在財賦不充，無以豢嫖姚之士而死於戰；東南養兵患在號令不肅，無以習向背之實而抗其賊。

【同上卷一百五十九】《臣事策六》：厲群臣。此篇議論大略與世之論考課資格者相參；《臣事策七》：督監司。以當時御史爲能盡法，以督州郡之吏，而監司以上不免優游養望，以待兩制，而不能盡如爲御史者，抗法以褆職，大略今亦近之。又曰：今日之弊，愚尤怪，夫爲監司者，往往頤指氣使於御史，以苟且其奔走之令，而不能如國家。故設監司與御史互相督察，以平其政，而拊循其民，此所以一御史習練而長厚，而一道之吏民皆帖席矣。一御史好爲擊搏，而一道之吏民皆騷驛而殘破矣。此愚故曰：今能察各道監司之中以博大持政，而與御史相持以平其反者，歲擢一二人，以爲卿寺。此亦足以按兩漢重二千石之權之意，而爲御史者不至於怙權作威也；《臣事策八》：破例大體與《抑僥倖》篇同。子由此文有大將揮兵之勢，縱橫闔闢無不如意，第一等科場文字。又曰：通篇總只是感嘆宋天子失權利，而不能必天下之士爲之感奮而效死。議論滾滾不窮，譬如蜀江之出峽而一瀉千里，激之爲湍，流之爲川，冒城郭，溢州郡，而不知其所止也；《臣事策九》：近任。古者之仕不出百里之國，今國家小吏往往萬里驅馳，甚不是體。可與曾子固《送江任序》同看。又曰：近來儒官與雜流，俱以本土之人注選，苟州縣以及郡佐貳亦皆如之，則善矣；《臣事策十》：禄胥史。行文如風行水上。

【同上卷一百六十】《民政策一》：三老。讀此等文章，如看李龍眠白描，愈入細愈入玄，不忍釋手。又曰：「競」之一字爲號則不可，特曰三老、嗇夫、閭里之耳目，其爲教易行耳；《民政策二》：舉孝廉。行文紆徐而𢌿；《民政策三》：去佛老。本歐陽子本論來，以生死二端作波瀾。又曰：唐荆川曰：此等文體，在論與奏議之間；《民政策四》：詳兵民之分，而罷省屯戍之卒。又曰：唐荆川曰：首尾俱是戍兵，中間吒出士兵一段，甚是跌宕。若使他人爲之，則必説了罷戍兵，而後言士兵之可用，則便成格眼套子矣；《民政策五》：平糴屯田。今策士亦當舉其説，以獻於天子。又曰：

述古似時策體。

【同上卷一百六十二】《民政策六》：役游民。今既有丁錢而復欲收游民之庸調，恐亦難行。獨其叙事細密，而文一一如畫。又曰：唐荆川曰：此篇之妙，全在説國病與農病，二者夾雜渾融；《民政策七》：公田貸民。看他運勢如指掌，鍊句如抽絲。又曰：此文獨兩比區，處處斡全精神耳，而公田、貸民二者俱不可行。蓋收公田而奪民之業，天下未有不亂。而貸民者，即荆公所引《周禮》，以服國息之説也；《民政策八》：欲覽天下都邑沃饒之地，於以擇使興利，甚爲有見。而行文如輕風細浪，柔婉可愛。又曰：汝蔡、江漢之間，蓋秦以來百戰之國，世用鋒鏑，大略當世之承平者什特二三。而吏於其土者，或不得其人與久其任而重其權，是以田野不闢，而多曠土遺利。蘇氏父子往往注心於此；《民政策九》：制二寇。絶世之才，故其爲文雄偉。又曰：唐荆川曰：諸篇用故事化腐爲新，全在交互形容；交互形容全在提綱一兩語有力。此篇與坡公《定軍制》可見大略；《民政策十》：其議罷戍兵一節，頗中今日邊塞之弊，而所欲募邊郡之兵，以備調征，恐非實濟。特其文甚佳。又曰：今之山東、河南、北直隸亦歲用民兵，恐非計。而其最無策者，近年歲提延綏之兵而戍薊州。

【同上卷一百六十二】《古今家誡序》：引老氏語，多「儉故能廣」四字；《古史序》：其思深，故其旨遠。又曰：唐荆川曰：前一段叙《古史》所載之意，後一段叙作《古史》之由；《元祐會計録序》：此子由經國之文，須細尋繹之；《民賦序》：此等文並子由經濟處直寫胸臆，而非以爲文，文之至者也。又曰：唐荆川曰：平正通達不求爲奇，而勢如長江大河，是小蘇之所長也；《子瞻和陶淵明詩集引》：文不著意，而神理自鑄；《巢谷傳》：叙谷豪舉處，有生色，可愛。

【同上卷一百六十三】《王氏清虛堂記》：淺，然卻澹宕。又曰：唐荆川曰：此文亦有箴規言，其所以爲清虛者，不足爲清虛也。議論亦本莊子；《南康直節堂記》：文亦淺，然自是風人之旨；《武昌九曲亭記》：情興、心思俱入佳處；《遺老齋記》：有老人之旨；《東軒記》：其恬曠之趣，不如文忠公之《超然臺記》，而亦自悽愴可誦；《待月軒記》：文不著意而援隱者之言，論身與性似入解；《洛陽李氏園池詩記》：文不著思而自風雅；《黄州快哉亭記》：入宋調，而其風旨自佳；《齊州閔子廟記》：按，閔子所以不仕，季氏爲一篇柱子，其言亦有見；《上高縣學記》：雅；《京西北路轉運使題名記》：雅；《杭州龍井院訥齋記》：近禪旨。

【同上卷一百六十四】《易説》：以下三首非公文之至者，存之，特以見古人窮經之學；《管幼安畫贊》：子由涉世難後，故其文如此；《御風辭》：多曠達之旨；《黄樓賦》：子瞻云子由作《黄樓賦》乃稍自振厲，若欲以警發憒憒者；《祭歐陽少師文》：子由祭歐文不如子瞻，然亦師生。故人之情泠然可掬；《代三省祭司馬丞相文》：文有典刑；《書白樂天集後》：予觀蘇氏兄弟，於斥廢後並托禪宗一脈，以自解脱，此類可見。又：此篇雖非子由刻意爲文，而以罷歸潁上之後，時已得禪門宗旨，故録而出之；《書金剛經後》：録此二篇，稍見子由禪學一派；《書楞嚴經後》：蘇氏兄弟並從世途風波中，已而稍得禪旨爲之皈依，故能言之如此。

彭大翼六則

【山堂肆考卷十一】「結艾」：《歲時記》：「端午都人採艾結爲人，懸門上以解毒氣。又作泥塑張天師，以艾爲鬚，以蒜爲拳，置於門上。故蘇子由《太妃閣帖子》：『太醫争獻天師艾，瑞霧長縈堯母門。』」

【同上卷十七】「山如長蛇」：燕山在順天府玉田縣西北，自西山一帶迤邐東來，延袤數百里，抵海岸。宋蘇轍詩：「燕山如長蛇，千里限夷漢。首銜西山麓，尾挂東海岸。」

【同上卷二十七】「三峽」：三峽橋在廬山歸宗寺，爲廬山雄觀，蘇轍記水行石間，聲如雷霆，雖三峽之險莫過于此，故名。

【同上卷九十六】「相約早休」：蘇子由曰：「轍幼從子瞻兄讀書，未嘗一日相舍。既壯，宦遊四方，讀韋蘇州詩：『那知風雨夜，復此對牀眠。』惻然感之，乃相約早休，爲閒居之樂。其後熙寧十年二月，始會于澶濮之間，留百餘日，宿于逍遥臺，追感前約，作小詩云：『逍遥堂後千尋木，長送中宵風雨聲。誤喜對牀尋舊約，不知漂泊在彭城。』又云：『秋來東閣涼如水，客去山公醉似泥。困睡北窗呼不醒，風吹松竹雨淒淒。』」

【同上卷一百二十六】「馬遷奇氣」：蘇子由曰：「太史公周覽天下名山大川，與燕趙間豪傑交遊，故其文疏宕，頗有奇氣。」

【同上卷二百二】「意深」：蘇子由詩：「幽香結淺紫，來自孤雲岑。骨香不自知，色淺意殊深。移栽青蓮宇，遂冠薝蔔林。結爲楚臣佩，散落天女襟。」〔一〕

何良俊

【何氏語林卷十七】蘇子由云：「《莊周·養生》一篇，誦之如神龍行空，爪趾鱗翼所及，皆自合規矩。」

曹學佺 二則

【蜀中廣記卷十二】又云：「嘉樹在羅目縣東南三十里，陽山江漑，兩樹對植，圍各三二尺，上引横枝，亘二丈，相援連理，陰庇百夫，其名曰黄葛。號嘉樹。」蘇子由詩：「予生雖江陽，未省到嘉樹」即此。

【同上卷一百八】蘇子由常言，所貴於畫者，爲其似也。似猶可貴，況其真者。吾行都邑四望，所見人物皆吾畫笥也。所不見者，獨鬼神耳，當賴畫而識，然人亦何用見鬼？出《石氏畫苑記》。

〔一〕編者按，此謂蘇軾《次韻曹子方龍山真覺院瑞香花》詩。

方以智

【通雅卷十三】章本清謂柳子厚《塗山銘》，蘇子由《塗山詩》指在濠州，皆非是，此疑未决耳。

清

陳宏緒

【江城名蹟卷四】宋王介甫詩：「白浪翻江無已時，陳蕃徐孺去何之。愁來徑上滕王閣，覆取文公一片碑。」詩意似不滿子安《閣序》，蘇子由亦有「排語終倉猝」之句，不獨見刪於姚鉉也。

吴景旭三則

【歷代詩話卷二十一】「水母屋瓦」：吴旦生曰：「郭璞《江賦》注：『水母俗名海舌。』《食物本草》云：『水母即海䖳，䖳音涉。今人以蜇字當之，訛也。』《類編》云：『水母名曰蛇，形如覆笠，以蝦爲目，蝦動蛇沈。蓋常有蝦依之，以衆爲目，蝦見人則驚，此物亦隨之而没。故云目蝦。』《越絶書》云：『海鏡蟹爲腹，水母蝦爲目。』蘇子由詩：『去住由人真水母，簞瓢粗足似山雎。』」

【同上卷五十】而劉夢得看牡丹詩：「今日花前飲，甘心醉幾杯。但愁花有語，不爲老人開。」蘇子由云：「此詩感慨，是何樂悲之不同也？」

【同上卷五十八】「後庭花」：蘇子由《咏雞冠花》詩：「後庭花正盛，憐汝繫興亡。」吳旦生曰：「注言，矮雞冠，即玉樹後庭花。余按《潛確類書》云：『一種名壽星雞冠，即矮脚雞冠，有紅白二色，即後庭花也』。楊誠齋詩：『陳倉金碧夜雙斜，一隻今棲紀涓家。別有飛來矮人國，化成玉樹後庭花。』」

馮　班三則

【鈍吟雜録卷二】士人讀書學古，不免要作文字，切忌勿作論成敗得失。古人自有成論，假令有所不合，闕之可也。古人遠矣，目前之事猶有不審，況在百世之下，而欲懸定其是非乎。宋人多不審細，止如蘇子由論蜀先主云：「據蜀，非地也用；孔明，非將也。」考昭烈生平，未嘗用孔明爲將，不據蜀便無地可措足，此論直是不讀《三國志》，宋人議論多如此，不可學他。

【同上卷四】我讀《論語》，得爲文之法，曰草創之，討論之，修飾之，潤色之。討論之事，至宋人而廢矣。或疑其説，應之曰：「子以蘇子由何如？」曰：「善矣。」子由論劉先主曰：「用孔明，非將也；據蜀，非地也。」考《蜀志》，孔明在先主時未嘗爲將，至南征始自將耳；若不據蜀，便無地可以措足。此語乃不討論之過也。宋文多如此，而讀者不以爲怪，故知當時論文無討論之功也。如韓退之，絶無此等病累。

朱鶴齡二則

【尚書埤傳卷九】愚按，《史記》以虞芮質成爲文王受命稱王之始。此蓋惑于漢儒讖緯之説，其誣甚矣。歐陽永叔、蘇子由已辨正之。

【禹貢長箋卷九】蘇子由云：「戎强則臣狄，狄强則臣戎；戎狄皆弱，而後中國可得而臣；戎狄皆强，而後侵略不至于中國。一强一弱，中國之憂也。」斯言豈不信哉！

顧炎武

【求古録（節録）】又有宋蘇子由五言，驗爲後人補刻，而復有子瞻徐州一歌，誤刻于此。其詩各見集中，不録。後之君子知予之所取者，非以助二氏之狂瀾，拾前朝之落艷，而情深好古，意在闡幽，自有不能已者。且因以覽世道之污隆，考文辭之醇雜，亦豈不爲學人之一助哉！

王士禛

【池北偶談卷十一】「岐梁倡和集」：潁濱集中如《魏佛貍》《湖陰曲》等篇，亦是高作。

葉矯然

【龍性堂詩話續集】蘇欒城詩，世不多見，東坡嘗云：「其《南窗》詩，人間當録數百本。」今讀之，清逸閒適，淡致如許。詩云：「京城三日雪，雪盡泥方深。閉門謝往還，不聞車馬音。西齋書帙亂，南窗日方升。展轉守床榻，欲起復不能。開户失瓊玉，滿堦松竹陰。故人遠方來，疑我多苦心。疏拙自當爾，有酒聊共斟。」此詩當於陶、柳門外另置一席。又《題李龍眠山莊圖》四絶，《瓔珞巖》云：「泉流逢石罅，脈散成寶網。水作瓔珞看，山是如來相。」題《雨花巖》云：「巖花不可攀，翔蕊久未墮。忽蕩幽人前，知子觀空坐。」《玉龍潭》云：「白龍晝飲潭，修尾掛石壁。幽人欲下看，雨雹晴相射。」《陳彭漈》云：「蒼壁立精鐵，縣泉瀉天紳。山行見已久，指與未來人。」此詩忽作奇警語，與前又是一格。陸放翁稱次公詩勝於長公，非無見也。

胡　渭

【洪範正論卷二】蘇子由云：「人之身蓄爲五藏，發爲五事，以應五行。脾之發爲貌而主土，肺之發爲言而主金，肝之發爲視而主木，腎之發爲聽而主水，心之發爲思而主火。自黄帝以來言之詳矣。醫者舍此，無以治病。」今按：子由説本《醫經》言屬金、聽屬水，與《漢志》同。《日記》云：「木藏曰肝而發竅於目，水藏曰腎而發竅於耳，金藏曰肺而發竅於口，耳目口道家謂之三要。以其爲精氣神之門户也。心爲火藏，用事於中，百體之君也，而其官則思。脾爲土藏，運化萬物，餘藏之母也，於五事當屬貌。觀佛家言四大以毛髮、爪齒、皮肉、筋骨、髓腦、垢色皆歸於地，地即土也。則貌當屬土矣。此其理之不容有二者也。」〔一〕

閻若璩五則

【潛邱札記卷二】一説曰：「蘇轍言燕薊地高，水皆南流大河，豈獨能北注，不就近入直沽之海，而仰從碣石之海以入乎？」余曰：「蘇子由無此言。」宋《河渠志》載蘇轍疏：「臣聞契丹之河，自北南注，以入於海，蓋地形北高，此或指沽河濡水，大遼水從塞外來者，南入于海，而言非上四水之謂。」余常讀《漢志》，濁漳入清漳，清漳東北至阜城入大河。阜城在今阜城縣東二十里。

【同上卷三】古北口外舊有小興州、大興州、宜興縣、鳳州等處，宋蘇轍《古北道中》詩：「亂山環合疑無路，小徑縈迴長傍溪。彷佛夢中尋蜀道，興州東谷鳳州西。」明初隸版圖，永樂中棄大寧，淪沙漠矣。

【同上卷五】楊用九自吴門歸，以余好收書，於時下刊本尤易致也，購以餽余，其籤題不曰「老蘇全集」，而曰「蘇老泉先生」，是父冒子號矣。蓋蘇氏先塋有老人泉，子瞻取以自號，不知何年謌以稱老泉。一辨於葉石林，再辨於焦弱侯，以家藏子瞻墨蹟有東坡居士老泉山人圖書證尤妙。此尚不曉，何以

〔一〕編者按：此説本於明王樵《尚書日記》卷九，王説至繁，不備引。

刊爲？楊君謙見吴原博，送《新修姑蘇志》，正盥面，瞥其籤題，輒以水洒其使者，不開卷擲而還。殆亦未爲過矣。

【尚書古文疏證卷五下】歌詩之見於經者，舜、臯陶《賡歌》二章以下，《商頌》五篇以上，莫高於夏《五子之歌》。計其詩，或如蘇子由所稱商人之詩，駿發而嚴厲，尚庶幾焉。

【同上卷八】又按，蘇子由嘗論《周書》委曲而繁重，《商書》簡潔而明肅。以錯雜今古文而言，何則？委曲繁重自指今文，簡潔明肅必指《仲虺之誥》以下十篇始可。彼《盤庚》且勿論，若《高宗肜日》，非朱子所謂最不可曉乎？《西伯戡黎》非所謂稍稍不可曉乎？簡或有之，而得謂之明乎？子由於此析猶未精。昌黎述其生平所用心曰：「周誥殷盤，詰屈聱牙」，純稱今文。子瞻《評出師二表》云：「與《伊訓》《説命》相表裏」，純況以古文，尚不錯雜，然亦未有以今古文之所以别告二公乎。告亦未有不悟者，高忠憲嘗言：「天下萬世之心目，固有漸推而愈明，論久而後定，故勿謂昔人所未定，而今亦莫能定也。」旨哉，此言矣。

李光地

【蘇子由三宗論後】殷有天下六百年，而賢聖之君六七作，《無逸》之獨舉三宗，何也？曰爲其享國之長久也。秦漢之主，蓋有祠神仙、求方士以庶幾其長久者矣。其志皆以天下爲樂，而欲永享其逸也。而周公言壽乃歸之無逸，則知聖人之壽，將以勞天下，非以逸其身也。抑因以知聖人之壽，蓋以勞天下而得之，非以逸一身而得之也。何則？其功德之在世，故有以格于皇天也。而以逸而壽者，非天意。其嚴敬之在躬。則有以凝夫正命也。而以逸致壽者，非天道。以天道合之天意，則夫强志氣，屏嗜欲，不以外物賊乎其内，武王所謂恭則壽也，立命之本也。損己以厚人，德盛而福至，則冥默之中有以申錫之而不容已，夫子所謂仁者壽也，得天之符也。蓋自學士大夫，寡欲清心，積行累善，皆有行之。而輒效者，況乎帝王之生，其受氣也尤厚。而其功之所及，德之所施，又非可以尋常福報論者哉！《無逸》之言三宗與文王也，曰嚴恭寅畏，曰恭默不言，曰徽柔懿恭，其凝命之説與！曰治民祇懼，曰嘉靖殷邦，又曰保惠庶民，惠鮮鰥寡，其格天之説與！蓋必其敬天勤民，而後爲無逸之實也。不然若梁武帝之清浄齋戒，不可言從於耽樂者矣。而其後禍，乃如蘇子所譏，又獨何哉！（《榕村集》卷二十二）

賀　裳二則

【載酒園詩話·補遺】「和詩」：古人和意不和韻，故篇什多佳。始于元、白作俑，極于蘇、黄助瀾，遂成藝林業海。然如子瞻和陶《飲酒》，雖不似陶，尚有雙雕並起之妙。至子由所和，竟不知何語矣。子瞻于惠州炙食羊骨，謂子由三年堂庖所飽芻豢，滅齒而不得骨，豈復知此味？此詩和于秉政時，宜其强笑不樂也。然余喜其「生平不飲酒，欲醉何由成」，反真率得陶致。

【同上】「蘇轍」：欒城身分氣概，總不如兄，然瀟灑俊逸，于雄姿英發中，兼有醇醪飲人之致，雖亦遠于唐音，實宋詩之可喜者也。吾暱之殆甚于老坡。長律尤多可喜：閒適則如「遠泛便成終日醉，幽尋不盡數家園」，「簾中飛絮縈殘夢，窗外啼鶯伴獨吟」。風景則如「雨餘嶺上雲披絮，石淺溪頭水蹙鱗」。排遣則如「宦遊底處非巢燕，歸計何嫌誚沐猴」，「士師憔悴經三黜，陶令幽憂付一酣」，「懶將詞賦占鵩臆，頻夢江湖伴蟹螯」。慰人則如「舊傳北海偏憐客，新怪東方苦恕飢。應笑長安居不易，空吟原上草離離」。使事則如《送王恪知襄州》：「峴首重尋碑墮淚，習池還指客橫鞭。逃亡已覺依劉表，寒畯應須禮浩然。」《寄題趙屼戲彩堂》：「橐裝已笑分諸子，吏道何勞問薛公。」不惟切定省，兼切相子。《喜姪邁還家》：「林下酒樽還漫設，床頭《易傳》近看無？」亦深切叔姪也。至《雜詩》：「蒼然澗下松，不願世雕刻。斧斤百夫手，牽挽千牛力。斲成華屋柱，加以綴衣飾。人心喜相賀，松心終自惜。」蒼渾沉深，即列之唐人中，亦錚錚者。（黄白山評：「『綴衣』字出《尚書・顧命》，宋人使事如此，往往因一二字礙其全篇，論詩者固不得輕放過也。」）〇和《子瞻好頭赤》一篇，真勝子瞻：「沿邊將士生食肉，小來騎來不騎竹。翩然赤手挑青絲，捷下巔崖試深谷。牽入故關榆葉赤，未慣中原暖風日。黄金絡頭依圉人，俛首北風懷所歷。」不惟音節入古，且言外感慨悲涼，有吴子泣西河，廉公思趙將之意，大蘇集中未見有是。〇二蘇《野鷹來》，大蘇尤俊邁，如「嗟爾公子歸無勞，使鷹可呼亦凡曹」。然子由「可憐野雉亦有爪，兩手捽鷹猶可傷」，借以誚劉琮兄弟，猶覺有意。蓋此題本爲襄陽樂府也，而坡公坦率，潁濱幹略，亦具見矣。〇《上元》詩：「荒城熠耀相明滅，野水芙蓉亂白蓮。」螢與蓮皆非歲首所有，豈筠州風氣不正，與中土異耶？（黄白山評：「『熠燿』、『芙蓉』，疑皆燈類。」)○北歸潁上後，詩間雜詼諧，多涉筆成趣。如《九日》：「酒慳慚對客，風起任飄冠。」《葺居》：「旋築高牆護雞犬，稍容嵇阮醉喧嘩。」然至《題任氏大檜》詩：「便令殺身起大廈，亦恐衆材無匹敵。且留枝葉撓雲霓，猶得世人長太息。」不徒徑直之氣不衰，凛然有大臣以身存亡繫國重輕之義。

厲鶚 三則

【遼史拾遺卷十】《苕溪漁隱叢話》曰：「蘇子由《奉使契丹寄子瞻》云：『誰將家集過幽都，每被行人問大蘇。莫把文章動蠻貊，恐妨談笑卧江湖。』」《澠水燕談録》云：「張芸叟奉使大遼，宿幽州館中，有題蘇子瞻《老人行》者，聞范陽書肆亦刻子瞻詩數十篇，謂之《大蘇集》。」陸嘉淑《辛齊詩話》曰：「蘇子由爲賀遼生辰國信使，在元祐四年八月，子瞻有詩送之，既至，國人每問大蘇學士安否？」子由經涿州，寄詩曰：「誰將家譜到燕都，識底人人問大蘇。莫把聲名動蠻貊，恐妨他日卧江湖。」子瞻得詩次韻云：「氈毳年來亦甚都，時聞鴂舌問三蘇。那知老病渾無用，欲向君王乞監湖。」聞曩時有刻石于使館者，今無存矣。

【同上卷十】高士奇《塞北小鈔》曰：「古北口僧寺刻宋蘇文定轍《古北口道中》詩曰：『亂山環合疑無路，小徑縈迴長傍溪。髣髴夢中尋蜀道，興州東谷鳳州西。』」《宋史》：「元祐間，轍嘗代軾爲翰林學士，尋權吏部尚書使契丹。館客者侍讀學士王師儒能誦洵軾之文及轍《茯苓賦》。」此蓋奉使時所題也。

【同上卷十】鶚案，古北口楊無敵祠，顧氏以爲誤，考劉原父、蘇子由二詩，在奉使時作，則祠創自遼日，可知無敵忠義感動敵境。

魏之琇

【續名醫類案卷二十五】蘇子由詩曰：「老去自添腰脚病，山翁服栗舊傳方。客來爲説晨興晚，三咽徐收白玉漿。」此得食栗之訣也。

翁方綱

【石洲詩話卷三】東坡與子由别詩，題中屢言「初别」。考嘉祐六年辛丑冬先生授大理評事，簽書鳳翔判官時，子由留京侍老蘇公，《十一月十九日與子由别於鄭州西門之外馬上賦詩》七言古一篇，此二公相别之始也。熙寧二年己酉服闋還朝，任開封推官，尋改杭州通判，子由自陳送至潁州而别，有《潁州初别子由》五言古二首，其詩云：「我生三度别，此别尤酸冷。」所謂「三度别」者，自鄭州一别西門之後，治平三年，先生自鳳翔還朝，子由出爲大名推官。此事詳《欒城集》，而先生集中無詩。熙寧十年丁巳，先生以四月赴徐州任，是秋子由至徐，留月餘赴南都，有《初别子由》五言古一首。其將赴南都也，與先生會宿逍遥堂，作兩絶句，先生有和作二首，時子由從張文定簽書南京判官也。

元豐三年庚申，先生赴黄州過陳，子由自南都來别，有《子由自南都來陳三日而别》五言古一首，時正月十四日也。五月，子由將赴筠州，復至黄州，留半月乃去，先生有《迎子由》詩七律一首，又五言古一首，而相别時無詩。元豐七年甲子，先生授汝州團練副使，五月由九江至筠州與子由别，有《别子由三首兼别遲》，皆七言古詩；又有《初别子由至奉新作》五言古一首。元豐八年乙丑，先生自登州以禮部員外郎召還朝。明年爲元祐元年丙寅，先生除中書舍人、翰林學士、知制誥，而是年子由亦自績溪令召入爲秘書省校書郎。至元祐四年己巳，先生除龍圖閣學士左朝奉郎，出守杭州，子由代爲翰林學士。是年子由使契丹，先生自杭作七律一首送之。其出守杭時，相别無詩。元祐六年辛未，先生自杭召還朝，除翰林承旨，是時子由爲尚書右丞。五月入院，以弟嫌請郡。八月，以龍圖閣學士出知潁州。時先生寓居子由東府，在右掖門之前。數月而出知潁，乃作五言古一篇留别子由，題曰《感舊詩》。其序中記嘉祐中與子由同舉制策、寓居懷遠驛事，此事在《辛丑馬上》一篇之前，而本集無詩可考也。元祐七年壬申，以兵部尚書召還，遷禮部尚書、端明殿學士兼翰林侍讀學士。明年癸酉八月，以龍圖、端明兩學士出知定州，九月十四日與子由别於東府，有《東府雨中别子由》五古一首。合前出知潁時，則東府之别，凡二次矣。此首叙及「對床夜雨」事，先生與子由詩凡屢用之。《感舊詩序》中所記：「元豐中謫居黄岡，而子由亦貶筠州，嘗作詩以記其事。」則指元豐六年癸亥初秋寄子由五古一首言之，非别詩也。紹聖四年丁丑，先生謫海南，子由亦貶雷州，五月十一日相遇於藤，同行至雷，六月十一日相别渡海，有《子由終夕不寐因誦淵明詩勸餘止酒和元韻贈别》詩五古一首。以上考先生别子由詩次第，大略如此。中言「初别」者凡三，蓋皆一時合併，不忍遽以别言，而特加「初」字，以志驚目之筆也。迨其後，又變别而云「感舊」，則「初别」之義益明矣。

梁章鉅

【浪跡三談卷四】「戲綵亭詩事」：戲綵亭仿戲綵堂而作，不過爲歲時觴詠之所，自趙蓉舫學使張之以詩，而賡唱始盛，阮儀徵師相復寵之以序，而題贈愈多，余因思輯爲《戲綵亭詩事》，以存其概，而遠近投寄者，一時尚未能齊來，付梓尚需時日，因先録趙學使詩並儀徵師相序，先與衆共讀之，以備緣起云：「攬勝題詩偏浙東，安輿到處興何窮！　宦遊最好永嘉郡，頤養直過清獻公。　藤杖吟雲身自健，荔鄉隔嶺路原通。　從來仙福能兼少，況有高文邁古風。」跋云：「前輩茝林中丞，就養令嗣敬叔太守權甌篆署中，人謂與北宋趙清獻公就養甌悴事相類，竊以公封圻碩望，退歸後流覽山川，著述益富，今官舍近接珂鄉，且綵服承歡，同探雁蕩龍湫之勝，君身自有仙骨，繞膝況皆詩人，揆之趙清獻之戲綵堂，恐未必如此美備也。因次蘇穎濱韻，録呈大教，聊以志傾慕之忱云爾。」余即日依韻和答云：「兩度趨承越海東，客懷離緒共何窮？　最難勝地逢宗匠，無補清時是寓公。　勝賞詩連春草後公兩度臨甌皆在深春之月，健探路未石門通連日議尋石門舊址，以未得路徑，不果往。　遊山更鼓登臨興，直駕龍湫最上風公前遊雁蕩，以陰雨未登大龍湫，願此遊補之。」學使臨發之前一日，徐召菊部飲餞於戲綵亭，學使復叠前韻相贈云：「堂名戲綵紀甌東，盛會重開興不窮。　賢守承歡過趙倅，高齋投句愧蘇公東坡有《贈趙閲道高齋》詩，並繼子由贈戲綵堂句。游山未許雲偕訪公去春遊雁蕩，余以案臨台郡先行，未克同往，觀瀑今看徑可通去春將至大龍湫，以雨水，自厓而返，今擬補遊也。兩度招邀聆麈論，且欣弦管坐春風。」跋云：「莅林前輩就養東甌，與趙清獻公事相類，而福且過之，因次潁濱韻奉贈，猥承賜和，兼蒙招集戲綵亭，仰仙福之能兼，感情文之交至，用叠前韻賦謝，以志盛會幸逢云爾。」案此詩亦書扇以贈，並蒙集禊帖字留題一聯云：「山水林亭，自得清趣；管弦觴詠，以娱大年。」次日，余復次韻奉答云：「轉眼鴻飛西復東，匆匆握晤意何窮！戲場欣看老萊子是日菊部正演老萊子故事，詩事須追康樂公學使屬同人齊和此詩。將相連茵九斗肅是日葉容齋總戎亦在座，温郡山形如九斗，因名，雲煙落紙百蠻通學使瀕發尚手，揮楹聯百十幅分贈賓僚不倦。一亭從此增聲價，留與輶軒采越風。」越月，承儀徵師相寄序云：「宋元豐間，三衢趙屼倅温州，迎其父清獻公侍養倅署，搆戲綵堂，一時艶稱其事，東坡、潁濱二先生並有詩。後七百餘年而福州梁敬叔太守權温篆，其尊甫莅林中丞亦就養郡齋，太守援清獻故事，構戲綵亭署中，以爲歲時觴詠之所，中丞顧而樂之。道光間，昆明趙蓉舫學使按試東甌，學使與中丞舊相善，遂以詩相酬答，一時歌詠之歡，賓朋之盛，浙東人士播爲美談。中丞因摭成《戲綵亭詩事》一本寄余，屬以數語張之。竊謂中丞之撫吴也，恩惠浹於吾鄉，至今熟在人口，其撫粤西五年，控制得宜，桴鼓無警，余曾手製楹聯贈之云：『江鄉仁惠傳荒政，嶺表恩威播外夷。』綜前後宦績，其與忠獻之帥蜀，將毋同。今敬叔雖初登仕途，才望已不在趙屼下，古今人何嘗不相及哉？信乎蓉舫學使之言，恐當日清獻之戲綵堂，不能如斯之美備也。余老衰，久不作詩，而樂述其事，因即列其緣起，以復中丞，爲當代之服官者勸，且爲後之續東甌志乘者有所考焉。道光己酉春日，揚州八十六老人學愚弟阮元書。」

清高宗（弘曆）四則

【御製詩四集卷十一】《題怵哉榭三首》序曰：「永定河神祠東廂，地方官灑掃爲憩息之所，因反蘇轍『快哉亭』之意，名之曰『怵哉』而系以詩。」

【御製文三集卷十四】「涇清渭濁紀實」：至渭水之濁，前人固罕言之。然蘇轍詩如「衮衮河渭濁」外，尚有「渭水帶沙渾」之句。轍少遊秦中，其明言渭濁，見於吟詠者不一，斷非率爾操觚。

【御選唐宋文醇卷五十二】〔一〕論新法害民，兩蘇文字爲最矣。然軾之文於言國命人心處，雖極纏綿沉摯，而剖晰事之利害則不若轍之確實明白也。

【同上卷五十三】楊慎曰：「新法之行，東坡力争不勝，擾擾垂二十年，天下幾危。温公革弊一新，五年而吕大防、劉摯『調停』之説起，潁濱争之。又四年，李清臣用，而『紹述』之説起，新法復行，潁濱争之不勝，天下事去矣。二公議論關係之大如此。」

〔一〕此書爲「清高宗（弘曆）選，議政大臣辦理藩院尚書事務兼理總管内務府和碩莊親王允禄監造」。

謝　旻〔一〕二則

【江西通志卷三十八】小雲居，《名勝志》在來賢鄉資教院，去瑞州府城南七里，欒城集有《雨中遊小雲居》詩。同夢堂，《名勝志》在瑞州府城朝天坊廣福寺。蘇子由謫居之歲，子瞻便道視之，寓於此。先夕無約，而夢及之，因名其堂曰「同夢」。

【同上卷一百八】四賢祠在高安治南，祀蘇子瞻、蘇子由、黄山谷、米元章，已廢。

邁　柱〔二〕

【湖廣通志卷十三】「大冶縣」：磁湖渡，《明一統志》在縣東四十里，湖邊之石多磁類，産菖蒲，蘇子由嘗阻風於此，作詩寄兄。

〔一〕此書爲「國朝江西巡撫都察院右副都御史謝旻等監修」。

〔二〕此書爲「國朝總督湖廣等處地方兵部尚書兼都察院右副都御史邁柱等監修」。

劉於義〔一〕

【陝西通志卷四十四】鳳翔廨舍内有牡丹一叢，四十餘枝，枝大如斗，是東坡以斗酒易之者，在蓮池亭之北，蘇子由有《岐下詩》二十一韻。

民國

錢振鍠二則

【謫星説詩卷二】蘇子由詆太白「華而不實，不知義理」。又謂其「好義不若杜甫」，語言無味極矣。太白一豪放不羈之詩人耳，本非道學中人，何必論其好義不好義。又云：「太白詩論用兵則先登陷陣，不以爲難；語遊俠則白晝殺人，不以爲非。」此豈其誠能也？又誤矣。詩言志，志之所在，雖殺人陷陣，正不妨見之筆墨，固不必能行然後言也。假使欲如理學君子先行後言，則詩境亦窄陋甚矣。且太白詩所自寫生平處，不過飲酒、擊劍，固未嘗自云陷陣、殺人也。子由此語尤爲無當。

〔一〕此書爲「吏部尚書署理陝西總督印務併辦軍需事件劉於義，户部尚書總理陝西巡撫並一切軍需事務史貽直，陝西巡撫碩色等恭承。」

【同上卷二】坡詩天分高，古無其比。然恃其才大，不自愛好，使事或蕪，用韻時湊，觸手渣滓，實敗讀者之興。山谷謂世有文章名一世而詩不逮古人者，蘇之謂也。坡尺牘自誇書畫之妙，而云詩則不佳。又謂不如子由遠甚。以坡之才，乃至詩不逮古人，並不能滿於己意，豈不可惜！

（五）詩詞唱和

宋

蘇　軾［一］二百三十首

【涪州得山胡次子由韻山胡善鳴出黔中】終日鎖筠籠，回頭惜翠茸。誰知聲嚕嚕，亦自意重重。夜宿煙生浦，朝鳴日上峯。故巢何足戀，鷹隼豈能容。（《蘇軾詩集》卷一）

【和子由澠池懷舊】人生到處知何似？應似飛鴻踏雪泥。泥上偶然留指爪，鴻飛那復計東西。老僧已死成新塔，壞壁無由見舊題。往日崎嶇還記否，路長人困蹇驢嘶。往歲，馬死於二陵，騎驢至澠池。（同上卷三）

［一］此部分卷數標示以中華書局《蘇軾詩集》五十卷爲依據。

【辛丑十一月十九日既與子由別於鄭州西門之外馬上賦詩一篇寄之】不飲胡爲醉兀兀，此心已逐歸鞍發。歸人猶自念庭闈，今我何以慰寂寞。登高回首坡壠隔，惟見烏帽出復没。苦寒念爾衣裘薄，獨騎瘦馬踏殘月。路人行歌居人樂，僮僕怪我苦淒惻。亦知人生要有别，但恐歲月去飄忽。寒燈相對記疇昔，夜雨何時聽蕭瑟。君知此意不可忘，慎勿苦愛高官職。嘗有夜雨對床之言，故云爾。（同上）

【和子由除日見寄】薄宦驅我西，遠别不容惜。方愁後會遠，未暇憂歲夕。强歡雖有酒，冷酌不成席。秦烹惟羊羹，隴饌有熊腊。念爲兒童歲，屈指已成昔。往事今何追，忽若箭已釋。感時嗟事變，所得不償失。府卒來驅儺，矍鑠驚遠客。愁來豈有魔，煩汝爲攘磔。寒梅與凍杏，嫩萼初似麥。攀條爲惆悵，玉蕊何時拆。不憂春豔晚，行見棄夏覈。人生行樂耳，安用聲名藉。胡爲獨多感，不見膏自炙。詩來苦相寬，子意遠可射。依依見其面，疑子在咫尺。兄今雖小官，幸忝佐方伯。北池近所鑿，中有汧水碧。臨池飲美酒，尚可消永日。但恐詩力弱，鬬健未免馘。詩成十日到，誰謂千里隔。一月寄一篇，憂愁何足擲。（同上）

【壬寅二月有詔令郡史分往屬縣減决囚禁自十三日受命出府至寶雞虢郿盩厔四縣既畢事因朝謁太平宫而宿於南溪溪堂遂並南山而西至樓觀大秦寺延生觀仙遊潭十九日乃歸作詩五百言以記凡所經歷者寄子由】遠人罹水旱，王命釋俘囚。分縣傳明詔，尋山得勝遊。蕭條初出郭，曠蕩實消憂。薄暮來孤鎮，登臨憶武侯。峥嶸依絶壁，蒼茫瞰奔流。半夜人呼急，横空火氣浮。天遥殊不辨，風急已難收。曉入陳倉縣，猶餘賣酒樓。煙煤已狼藉，吏卒尚呀咻。十三日宿武城鎮，即俗所謂石鼻寨也。

云孔明所築。是夜二鼓，寶雞火作，相去三十里，而見於武城。雞嶺雲霞古，龍宫殿宇幽。縣有雞爪峯、龍宫寺。南山連大散，歸路走吾州。欲往安能遂，將還爲少留。回趨西虢道，却渡小河洲。聞道磻溪石，猶存渭水頭。蒼崖雖有迹，大釣本無鈎。十四日，自寶雞行至虢。聞太公磻溪石在縣東南十八里，猶有投竿跪餌兩膝所著之處。東去過郿塢，孤城象漢劉。十五日至郿縣，縣有董卓城，其城象長安，俗謂之小長安。誰言董公健，竟復伍孚仇。白刃俄生肘，黄金謾似丘。平生聞太白，一見駐行騶。鼓角誰能試，風雷果致不。巖崖已奇絶，冰雪更琱鎪。春旱憂無麥，山靈喜有湫。蛟龍懶方睡，瓶罐小容偷。是日晚，自郿起至青秋鎮宿。道過太白山，相傳云：軍行鳴鼓角過山下，輒致雷雨。山上有湫，甚靈，以今歲旱，方議取之。二曲林泉勝，三川氣象侔。近山麰麥早，臨水竹篁脩。十六日至盩厔，以近山地美，氣候殊早。縣有官竹園，十數里不絶。先帝膺符命，行宫晝冕旒。侍臣簪武弁，女樂抱箜篌。秘殿開金鎖，神人控玉虯。黑衣横巨劍，被髮凜雙眸。十七日，寒食。自盩厔東南行二十餘里，朝謁太平宫二聖御容。此宫乃太宗皇帝時，有神降於道士張守真，以告受命之符所爲立也。神封翊聖將軍，有殿。邂逅逢佳士，相將弄彩舟。投篙披緑荇，濯足亂清溝。晚宿南溪上，森如水國秋。遶湖栽翠密，終夜響颼飀。是日，與監宫張杲之泛舟南溪，遂宿於溪堂。冒曉窮幽邃，操戈畏炳彪。十八日，循終南而西縣尉以甲卒見送。或云，近官竹園，往往有虎。尹生猶有宅，老氏舊停輈。問道遺蹤在，登仙往事悠。御風歸汗漫，閲世似蜉蝣。羽客知人意，瑶琴繫馬鞦。不辭山寺遠，來作鹿鳴呦。帝子傳聞李，巖堂髣像緱。輕風幃幔卷，落日髻鬟愁。入谷驚蒙密，登坡費挽摟。亂峯巉似槊，一水澹如油。中使何年到，金龍自古投。千重横翠石，百丈見游儵。最愛泉鳴洞，初嘗雪入喉。滿瓶雖可致，洗耳歎無由。是日遊崇聖觀，俗所謂樓觀也。乃尹喜舊宅。山脚有授經臺，尚在。遂與張杲之同至大秦寺，早食而别。有太平宫道士趙宗有，抱琴見送，至寺，作《鹿鳴》之引，乃去。又西至延生觀，觀後上小山，有唐玉真公主修道之遺迹。下山而西行十數里，南入黑水谷，谷中有潭，名僊遊潭。潭上有寺三，倚峻峯，面清溪，樹林深翠，怪石不可勝數。潭水以繩縋石數百尺不得其底，以瓦礫投之，翔揚徐下，食頃乃不見。其清澈如此。遂宿於中興寺。寺中有玉女洞，洞中有飛泉，甚甘。明日以泉二瓶歸至郿。又明日，乃至府。忽憶尋蟆培，方冬脱鹿裘。昔與子由游蟆培，時方冬，洞中温温如二三月。山川良甚似，水石亦堪儔。惟有泉旁飲，無人自獻酬。（同上）

【次韻子由岐下詩】予既至岐下逾月，於其廨宇之北隙地爲亭。亭前爲横池，長三丈。池上爲短橋，屬之堂。分堂之北厦爲軒牕曲檻，俯瞰池上。出堂而南，爲過廊，以屬之廳。廊之兩傍，各爲一小池。三池皆引汧水，種蓮養魚於其中。池邊有桃、李、杏、梨、棗、櫻桃、石榴、樗、槐、松、檜、柳三十餘株。又以斗酒易牡丹一叢於亭之北。子由以詩見寄，次韻和答，凡二十一首。

【北亭】誰人築短墻，横絶擁吾堂。不作新亭檻，幽花誰爲香。舊堂北有牆，予始去之爲亭。

【横池】明月入我池，皎皎鋪紵縞。何日變成緇？《太玄》吾懶草。

【短橋】誰能鋪白簟，永日卧朱橋。樹影欄邊轉，波光版底摇。

【軒窗】東鄰多白楊，夜作雨聲急。窗下獨無眠，秋蟲見燈入。

【曲檻】流水照朱欄，青紅亂明鑑。誰見檻上人，無言觀物泛。

【雙池】汧流入城郭，亹亹渡千家。不見雙池水，長漂十里花。

【荷葉】田田抗朝陽，節節臥春水。平鋪亂萍葉，屢動報魚子。

【魚】湖上移魚子，初生不畏人。自從識鈎餌，欲見更無因。

【牡丹】花好常患稀，花多信佳否。未有四十枝，枝枝大如斗。牡丹花有四十餘枝。

【桃花】争開不待葉，密綴欲無條。傍沼人窺鑑，驚魚水濺橋。

【李】不及梨英軟，應慚梅萼紅。西園有千葉，淡佇更纖穠。城西有千葉李，如茶。

【杏】開花送餘寒，結子及新火。關中幸無梅，關中地不生梅。汝强充鼎和。

【梨】霜降紅梨熟，柔柯已不勝。未嘗蠲夏渴，長見助春冰。

【棗】居人幾番老，棗樹未成槎。汝長才堪軸，吾歸已及瓜。棗樹至難長。

【櫻桃】獨遶櫻桃樹，酒醒喉肺乾。莫除枝上露，從向口中溥。

【石榴】風流意不盡，獨自送殘芳。色作裙腰染，名隨酒盞狂。酒名有石榴。

【樗】自昔爲神樹，空聞蜩鵙鳴。社公煩見輟，爲爾致羊羹。樗，舊爲土地廟所蔽，余始遷廟墻北。

【槐】採擷猶未厭，忽然已成陰。蟬鳴看不見，鶴立赴還深。上有野鶴三四。

【檜】强致南山樹，來經渭水灘。生成未有意，鴉鵲莫相干。

【松】依依古松子，鬱鬱緑毛身。每長須成節，明年漸庇人。

【柳】今年手自栽，問我何年去？他年我復來，搖落傷人思。（以上二十一首同上）

【壬寅重九不預會獨遊普門寺僧閣有懷子由】花開酒美盍言歸，來看南山冷翠微。憶弟淚如雲不散，望鄉心與雁南飛。明年縱健人應老，昨日追歡意正違。不問秋風强吹帽，秦人不笑楚人譏。（卷四）

【九月二十日微雪懷子由弟二首之一】岐陽九月天微雪，已作蕭條歲暮心。短日送寒砧杵急，冷官無事屋廬深。愁腸别後能消酒，白髮秋來已上簪。近買貂裘堪出塞，忽思乘傳問西琛。

【同上之二】江上同舟詩滿篋，鄭西分馬涕垂膺。未成報國慚書劍，豈不懷歸畏友朋。官舍度秋驚歲晚，寺樓見雪與誰登。遥知讀《易》東窗下，車馬敲門定不譍。（同上）

【病中聞子由得告不赴商州三首之一】病中聞汝免來商，旅鴈何時更著行。遠别不知官爵好，思歸苦覺歲年長。著書多暇真良計，從宦無功漫去鄉。惟有王城最堪隱，萬人如海一身藏。

【同上之二】近從章子聞渠説，章子惇也。苦道商人望汝來。説客有靈慚直道，逋翁久没厭凡才。夷音僅可通名姓，瘿俗無由辨頸顋。《答策》不堪宜落此，上書求免亦何哉。

【同上之三】辭官不出意誰知，敢向清時怨位卑。萬事悠悠付杯酒，流年冉冉入霜髭。策曾忤世人嫌汝，《易》可忘憂家有師。此外知心更誰是，夢魂相覓苦參差。（同上）

【歲晚相與饋問爲饋歲酒食相邀呼爲别歲至除夜達旦不眠爲守歲蜀之風俗如是余官於岐下歲暮思歸而不可得故爲此三詩以寄子由】

【饋歲】農功各已收，歲事得相佐。爲歡恐無及，假物不論貨。山川隨出産，貧富稱小大。寘盤巨鯉横，發籠雙兔卧。富人事華靡，綵繡光翻座。貧者愧不能，微摯出舂磨。官居故人少，里巷佳節過。

亦欲舉鄉風，獨倡無人和。

【别歲】故人適千里，臨别尚遲遲。人行猶可復，歲行那可追。問歲安所之，遠在天一涯。已逐東流水，赴海歸無時。東鄰酒初熟，西舍彘亦肥。且爲一日歡，慰此窮年悲。勿嗟舊歲别，行與新歲辭。去去勿回顧，還君老與衰。

【守歲】欲知垂盡歲，有似赴壑蛇。修鱗半已没，去意誰能遮。況欲繫其尾，雖勤知奈何。兒童强不睡，相守夜讙譁。晨雞且勿唱，更鼓畏添撾。坐久燈燼落，起看北斗斜。明年豈無年，心事恐蹉跎。努力盡今夕，少年猶可誇。（以上三首。同上）

【和子由踏青】春風陌上驚微塵，遊人初樂歲華新。人閑正好路旁飲，麥短未怕遊車輪。城中居人厭城郭，喧闐曉出空四鄰。歌鼓驚山草木動，簞瓢散野烏鳶馴。何人聚衆稱道人，遮道賣符色怒嗔。宜蠶使汝繭如甕，宜畜使汝羊如麕。路人未必信此語，强爲買服禳新春。道人得錢徑沽酒，醉倒自謂吾符神。（同上）

【和子由蠶市】蜀人衣食常苦艱，蜀人遊樂不知還。千人耕種萬人食，一年辛苦一春閑。閑時尚以蠶爲市，共忘辛苦逐欣歡。去年霜降斫秋荻，今年箔積如連山。破瓢爲輪土爲釜，争買不啻金與紈。憶昔與子皆童丱，年年廢書走市觀。市人争誇鬬巧智，野人喑啞遭欺謾。詩來使我感舊事，不悲去國悲流年。（同上）

【記所見開元寺吴道子畫佛滅度以答子由題畫文殊普賢】西方真人誰所見？衣被七寶從雙狻。當時脩道頗辛苦，柏生兩肘烏巢肩。初如濛濛隱山玉，漸如濯濯出水蓮。道成一旦就空滅，奔會四海悲人天。翔禽哀響動林谷，獸鬼躑躅淚迸泉。龐眉深目彼誰子，遶牀彈指性自圓。隱如寒月墮清晝，空有孤光留故躔。春遊古寺拂塵壁，遺像久此霾香煙。畫師不復寫名姓，皆云道子口所傳。從横固已蔑孫鄧，有如巨鰐吞小鮮。來詩所詩孰與此，安得携掛其旁觀。（同上）

【將往終南和子由見寄】人生百年寄鬢鬚，富貴何啻葭中莩。惟將翰墨留染濡，絶勝醉倒蛾眉扶。我今廢學如寒竽，久不吹之澀欲無。歲云暮矣嗟幾餘，欲往南溪侣禽魚。秋風吹雨涼生膚，夜長耿耿添漏壺。窮年弄筆衫袖烏，古人有之我願如。終朝危坐學僧趺，閉門不出間履鳧。下視官爵如泥淤，嗟我何爲久踟躕。歲月豈肯爲汝居，僕夫起餐秣吾駒。（同上）

【重遊終南子由以詩見寄次韻】去年新柳報春回，今日殘花覆緑苔。溪上有堂還獨宿，誰人無事肯重來。古琴彈罷風吹座，山閣醒時月照杯。懶不作詩君錯料，舊逋應許過時陪。（同上）

【和子由寒食】寒食今年二月晦，樹林深翠已生煙。遶城駿馬誰能借，到處名園意盡便。但掛酒壺那計盞，偶題詩句不須編。忽聞啼鵙驚羈旅，江上何人治廢田。（同上）

【次韻子由以詩見報編禮公借雷琴記舊曲】琴上遺聲久不彈，琴中古義本長存。苦心欲記常逃舊，信指如歸自著痕。應有仙人依樹聽，空教瘦鶴舞風騫。誰知千里溪堂夜，時引驚猿撼竹軒。（同上）

【和子由聞子瞻將如終南太平宫溪堂讀書】役名則已勤，徇身則已媮。我誠愚且拙，身名兩無謀。始者學書判，近亦知問囚。但知今當爲，敢問向所由。士方其未得，惟以不得憂。既得又憂失，此心浩難收。譬如倦行客，中路逢清流。塵埃雖未脱，暫憩得一漱。我欲走南澗，春禽始嚶呦。鞅掌久不決，爾來已徂秋。橋山日月迫，府縣煩差抽。王事誰敢愬，民勞吏宜羞。中間罹旱暵，欲學喚雨鳩。千夫挽一木，十步八九休。渭水涸無泥，菑堰旋插修。對之食不飽，餘事更遑求。近日秋雨足，公餘試新篘。劬勞幸已過，朽鈍不任鎪。秋風欲吹帽，西阜可縱遊。聊爲一日樂，慰此百日愁。（同上）

【次韻和子由聞予善射】中朝鸞鷺自振振，豈信邊隅事執殳。共怪書生能破的，亦如驍將解論文。穿楊自笑非猿臂，射隼長思逐馬軍。觀汝長身最堪學，定如髯羽便超群。（同上卷五）

【次韻子由種菜久旱不生】新春階下笋芽生，廚裏霜齏倒舊罌。時逢麥田求野薺，强爲僧舍煮山羹。園無雨潤何須歎，身與時違合退耕。欲看年華自有處，鬢間秋色兩三莖。（同上）

【和子由記園中草木十一首之一】煌煌帝王都，赫赫走群彦。嗟汝獨何爲，閉門觀物變。微物豈足觀，汝獨觀不倦。牽牛與葵蓼，采摘入詩卷。吾聞東山傅，置酒携燕婉。富貴未能忘，聲色聊自遣。汝今又不然，時節看瓜蔓。懷寶自足珍，藝蘭那計畹。吾歸於汝處，慎勿嗟歲晚。

【同上之二】荒園無數畝，草木動成林。春陽一已敷，妍醜各自矜。蒲萄雖滿架，困倒不能任。可憐病石榴，花如破紅襟。葵花雖粲粲，蒂淺不勝簪。叢蓼晚可喜，輕紅隨秋深。物生感時節，此理等廢興。飄零不自由，盛亦非汝能。

【同上之三】種柏待其成，柏成人已老。不如種叢篁，春種秋可倒。陰陽不擇物，美惡隨意造。柏生何苦艱，似亦費天巧。天工巧有幾，肯盡爲汝耗。君看藜與藿，生意常草草。走尋荆與榛，如有夙昔約。南齋讀書處，亂翠曉如潑。偏工貯秋雨，歲歲壞籬落。

【同上之四】萱草雖微花，孤秀自能拔。亭亭亂葉中，一一勞心插。牽牛獨何畏，詰曲自芽蘖。走尋荆與榛，如有夙昔約。南齋讀書處，亂翠曉如潑。偏工貯秋雨，歲歲壞籬落。

【同上之五】蘆筍初似竹，稍開葉如蒲。方春節抱甲，漸老根生鬚。不愛當夏緑，愛此及秋枯。黄葉倒風雨，白花摇江湖。江湖不可到，移植苦勤劬。安得雙野鴨，飛來成畫圖。

【同上之六】行樂惜芳辰，秋風常苦早。誰知念離別，喜見秋瓜老。秋瓜感霜霰，莖葉颯已槁。宦遊歸無時，身若馬繫皁。悲鳴念千里，耿耿志空抱。多憂竟何爲，使汝玄髮縞。

【同上之七】官舍有叢竹，結根問囚廳。下爲人所徑，上密不容釘。殷勤戒吏卒，插棘護中庭。遶砌忽墳裂，走鞭瘦竛竮。我常携枕簟，來此蔭寒青。日暮不能去，卧聽窗風泠。

【同上之八】芎藭生蜀道，白芷來江南。漂流到關輔，猶不失芳甘。濯濯翠莖滿，愔愔清露涵。及其未花實，可以資筐籃。秋節忽已老，苦寒非所堪。斸根取其實，對此微物慚。

【同上之九】自我來關輔，南山得再遊。山中亦何有，草木媚深幽。菖蒲人不識，生此亂石溝。山高霜雪苦，苗葉不得抽。下有千歲根，蹙縮如蟠虬。長爲鬼神守，德薄安敢偷。

【同上之十】我歸自南山，山翠猶在目。心隨白雲去，夢繞山之麓。汝從何方來，笑齒粲如玉。探懷出新詩，秀語奪山緑。覺來已茫昧，但記説秋菊。八月十一日夜，宿府學，方和此詩。夢與弟遊南山，出詩數十篇，夢中甚愛之。及覺，唯記一句云：蟋蟀悲秋菊。有如採樵人，入洞聽琴筑。歸來寫遺聲，猶勝人間曲。

【同上之十二】野菊生秋澗，芳心空自知。無人驚歲晚，唯有暗蛩悲。花開澗水上，花落澗水湄。菊衰蛩亦蟄，與汝歲相期。楚客方多感，秋風詠江蘺。落英不滿掬，何以慰朝飢。（同上）

【自清平鎮遊樓觀五郡大秦延生仙遊往返四日得十一詩寄子由同作】

【樓觀】鳥噪猿呼晝閉門，寂寥誰識古皇尊。青牛久已辭轅軛，白鶴時來訪子孫。山近朔風吹積雪，天寒落日淡孤村。道人應怪遊人衆，汲盡堦前井水渾。

【五郡】古觀正依林麓斷，居民來説水泉甘。亂溪赴渭争趨北，飛鳥迎山不復南。羽客衣冠朝上象，野人香火祝春蠶。汝師豈解言符命，山鬼何知托老聃。觀有明皇碑，言夢老子告以享國長久之意。

【授經臺】乃南山一峰耳，非復有築處。劍舞有神通草聖，海山無事化琴工。此臺一覽秦川小，不待傳經意已空。

【大秦寺】晃蕩平川盡，坡陁翠麓横。忽逢孤塔迥，獨向亂山明。信足幽尋遠，臨風卻立驚。原田浩如海，袞袞盡東傾。

【仙遊潭五首】潭上有寺二。一在潭北，循黑水而上，爲東路，至南寺。渡黑水西里餘，從馬北上，爲西路，至北寺。東路險，不可騎馬，而西路隔潭，潭水深不可測。上以一木爲橋，不敢過，故南寺有塔，望之可愛而終不能到。

【潭】翠壁下無路，何年雷雨穿。光摇巖上寺，深到影中天。我欲然犀看，龍應抱寶眠。誰能孤石上，危坐試僧禪。

【南寺】東去愁攀石，西來怯渡橋。碧潭如見試，白塔苦相招。野饋慚微薄，村沽慰寂寥。路窮斤斧絶，松桂得干霄。

【北寺】唐初傳有此，亂後不留碑。畏虎關門早，無村得米遲。山泉自入甕，野桂不勝炊。信美那能久，應先學忍飢。

【馬融石室】未應將軍聘，初從季直游。絳紗生不識，蒼石尚能留。豈害依梁冀，何須困李傒。吾詩慎勿刻，猿鶴爲君羞。

【玉女洞】洞裏吹簫子，終年守獨幽。石泉爲曉鏡，山月當簾鈎。歲晚杉楓盡，人歸霧雨愁。送迎應鄙陋，誰繼楚臣謳。

【愛玉女洞中水既致兩瓶恐後復取而爲使者見紿因破竹爲契使寺僧藏其一以爲往來之信戲謂之調水符】欺謾久成俗，關市有契繻。誰知南山下，取水亦置符。古人辨淄澠，皎若鶴與鳧。吾今既謝此，但視符有無。常恐汲水人，智出符之餘。多防竟無及，棄置爲長吁。

【自仙遊回至黑水見居民姚氏山亭高絶可愛復憩其上】山鵶曉辭谷，似報遊人起。出門猶屢顧，慘若去吾里。道途險且迂，繼此復能幾。溪邊有危構，歸駕聊復柅。愛此山中人，縹緲如仙子。平生慕獨往，官爵同一屣。胡爲此溪邊，眷眷若有俟。國恩久未報，念此慚且泚。臨風浩悲吒，萬世同一軌。何年謝簪紱，丹砂留迅晷。（至此十一首，同上）

【次韻和子由欲得驪山澄泥硯】舉世爭稱鄴瓦堅，一枚不換百金頒。豈知好事王夫子，自採臨潼繡嶺山。經火尚含泉脈暖，弔秦應有淚痕潸。封題寄去吾無用，近日從戎擬學班。（同上）

【次韻子由論書】吾雖不善書，曉書莫如我。苟能通其意，常謂不學可。貌妍容有矉，璧美何妨橢。端莊雜流麗，剛健含婀娜。好之每自譏，不獨子亦頗。書成輒棄去，繆被旁人裹。體勢本闊落，結束入細麽。子詩亦見推，語重未敢荷。爾來又學射，力薄愁官笴。官箭十二把，吾能十一把箭耳。多好竟無成，不精安用夥。何當盡屏去，萬事付懶惰。吾聞古書法，守駿莫如跛。世俗筆苦驕，衆中强嵬騀。鍾張忽已遠，此語與時左。（同上）

【和子由木山引水二首之一】蜀江久不見滄浪，江上枯槎遠可將。去國尚能三犢載，汲泉何愛一夫忙。崎嶇好事人應笑，冷淡爲歡意自長。遥想納涼清夜永，窗前微月照汪汪。

【同上之二】千年古木卧無梢，浪捲沙翻去似瓢。幾度過秋生蘚暈，至今流潤應江潮。泫然疑有蛟龍吐，斷處人言霹靂焦。材大古來無適用，不須鬱鬱慕山苗。（同上）

【華陰寄子由】三年無日不思歸，夢裏還家旋覺非。臘酒送寒催去國，東風吹雪滿征衣。三峰已過天浮翠，四扇行看日照扉。里堠消磨不禁盡，速攜家餉勞驂騑。（同上）

【和子由苦寒見寄】人生不滿百，一别費三年。三年吾有幾，棄擲理無還。長恐别離中，摧我鬢與顔。念昔喜著書，别來不成篇。細思平時樂，乃爲憂所緣。吾從天下士，莫如與子歡。羨子久不出，讀書蝨生氈。丈夫重出處，不退要當前。西羌解仇隙，猛士憂塞壖。廟謨雖不戰，虜意久欺天。山西良家子，錦緣貂裘鮮。千金買戰馬，百寶粧刀鐶。何時逐汝去，與虜試周旋。（同上）

【次韻子由初到陳州二首之一】道喪雖云久，吾猶及老成。如今各衰晚，那更治刑名。懶惰便樗散，疎狂託聖明。阿奴須碌碌，門户要全生。

【同上之二】舊隱三年别，杉松好在不？我今尚眷眷，此意恐悠悠。閉户時尋夢，無人可説愁。還來送别處，雙淚寄南州。（同上卷六）

【潁州初别子由二首之一】征帆掛西風，别淚滴清潁。留連知無益，惜此須臾景。我生三度别，此别尤酸冷。念子似先君，木訥剛且静。寡辭真吉人，介石乃機警。至今天下士，去莫如子猛。嗟我久病狂，意行無坎井。有如醉且墜，幸未傷輒醒。從今得閑暇，默坐消日永。作詩解子憂，持用日三省。

【同上之二】近别不改容，遠别涕霑胸。咫尺不相見，實與千里同。人生無離别，誰知恩愛重。始我來宛丘，牽衣舞兒童。便知有此恨，留我過秋風。秋風亦已過，别恨終無窮。問我何年歸？我言歲在東。離合既循環，憂喜迭相攻。語此長太息，我生如飛蓬。多憂髮早白，不見六一翁。（同上）

【初到杭州寄子由二絶之二】眼看時事力難任，貪戀君恩退未能。遲鈍終須投劾去，使君何日换聾丞。

【同上之二】聖明寬大許全身，衰病摧頽自畏人。莫上岡頭苦相望，吾方祭竈請比隣。（同上卷七）

【和子由柳湖久涸忽有水開元寺山茶舊無花今歲盛開二首之一】太昊祠東鐵墓西，一樽曾與子同携。回瞻郡閣遥飛檻，北望檣竿半隱堤。飯豆羹藜思兩鵠，飲河噀水賴長霓。如今勝事無人共，花下壺盧鳥勸提。

【同上之二】長明燈下石欄干，長共杉松守歲寒。葉厚有棱犀甲健，花深少態鶴頭丹。久陪方丈曼陀雨，羞對先生苜蓿盤。雪裏盛開知有意，明年開後更誰看。（同上）

【戲子由】宛丘先生長如丘，宛丘學舍小如舟。常時低頭誦經史，忽然欠伸屋打頭。斜風吹帷雨注面，先生不愧旁人羞。任從飽死笑方朔，肯爲雨立求秦優。眼前勃蹊何足道，處置六鑿須天遊。讀書萬卷不讀律，致君堯舜知無術。勸農冠蓋鬧如雲，送老虀鹽甘似蜜。門前萬事不挂眼，頭雖長低氣不屈。餘杭別駕無功勞，畫堂五丈容旂旄。重樓跨空雨聲遠，屋多人少風騷騷。平生所慚今不耻，坐對疲氓更鞭箠。道逢陽虎呼與言，心知其非口諾唯。居高忘下真何益，氣節消縮今無幾。文章小技安足程，先生別駕舊齊名。如今衰老俱無用，付與時人分重輕。（同上）

【八月十日夜看月有懷子由并崔度賢良】宛丘先生自不飽，更笑老崔窮百巧。一更相過三更歸，古柏陰中看參昴。去年舉君苜蓿盤，夜傾閩酒赤如丹。今年還看去年月，露冷遥知范叔寒。典衣自種一頃豆，那知積雨生科斗。歸來四壁草蟲鳴，不如王江長飲酒。王江，陳州道人。（同上卷八）

【追和子由去歲試舉人洛下所寄九首】

【暴雨初晴樓上晚景五首之一】秋後風光雨後山，滿城流水碧潺潺。烟雲好處無多子，及取昏鴉未到間。

【同上之二】洛邑從來天地中，嵩高蒼翠北邙紅。風流耆舊消磨盡，祇有青山對病翁。

【同上之三】白汗翻漿午景前，雨餘風物便蕭然。應傾半熟鵝黄酒，照見新晴水碧天。

【同上之四】疾雷破屋雨翻河，一掃清風未覺多。應似畫師吴道子，高堂巨壁寫降魔。

【同上之五】客路三年不見山，上樓相對夢魂間。明朝卻踏紅塵去，羞向清伊照病顔。

【過廣愛寺見三學演師觀楊惠之塑寶山朱瑶畫文殊普賢三首之一】寓世身如夢，安閑日似年。敗蒲翻覆卧，破衲再三連。勸客眠風竹，長齋飲石泉。回頭萬事錯，自笑覺師賢。

【同上之二】妙迹苦難尋，兹山見幾層。亂峰螺髻出，絶澗陣雲崩。措意元同畫，觀空欲問僧。莫教林下意，終老歎何曾。

【同上之三】朱瑶唐晚輩，得法尚雄深。滿寺空遺跡，何人識苦心。長廊敧雨脚，破壁撼鐘音。成壞無窮事，他年復弔今。

【韓子華石淙莊】絳侯百萬兵，尚畏書牘背。功名意不已，數與危機會。我公抱絶識，凛凛鎮横潰。欲收伊吕迹，遠與巢由對。誓言雖未從，久已斷諸内。區區爲懷祖，頗覺羲之隘。此身隨造物，一葉舞澎湃。田園不早定，歸宿終安在。彼美石淙莊，每到百事廢。泉流知人意，屈折作濤瀨。寒光洗肝膈，清響跨竽籟。我舊門前客，放言不自外。園中亦何有，薈蔚可勝計。請公試回首，歲晚餘蒼檜。（同上卷九）

【捕蝗至浮雲嶺山行疲苶有懷子由弟二首之一】西來烟障塞空虚，灑遍秋田雨不如。新法清平那有此，老身窮苦自招渠。無人可訴烏銜肉，憶弟難憑犬附書。自笑迂疏皆此類，區區猶欲理蝗餘。

【同上之二】霜風漸欲作重陽，熠熠溪邊野菊黄。久廢山行疲犖确，尚能村醉舞淋浪。獨眠林下夢魂好，回首人間憂患長。殺馬毁車從此逝，子來何處問行藏。（同上卷十二）

【次韻子由送蔣夔赴代州學官】功利争先變法初，典刑獨守老成餘。窮人未信詩能爾，倚市懸知繡不如。

代北諸生漸狂簡，牀頭雜説爲爬梳。歸來問雁吾何敢，疾世王符解著書。（同上卷十五）

【次韻子由與顔長道同遊百步洪相地築亭種柳】平明坐衙不暖席，歸來閉閤閑終日。卧聞客至到屣迎，兩眼蒙籠餘睡色。城東泗水步可到，路轉河洪翻雪白。安得青絲絡駿馬，蹙踏飛波柳陰下。奮身三丈兩蹄間，振鬛長鳴身自乾。少年狂興久已謝，但憶嘉陵遶劍關。劍關大道車方軌，君自不去歸何難。山中故人應大笑，築室種柳何時還。（同上）

【次韻答邦直子由五首之一】簿書顛倒夢魂間，知我疎慵肯見原。閑作閉門僧舍冷，卧聞吹枕海濤喧。忘懷杯酒逢人共，引睡文書信手翻。欲吐狂言喙三尺，怕君瞋我卻須吞。邦直屢以此見戒。

【同上之二】城南短李好交遊，箕踞狂歌不自由。尊主庇民君有道，樂天知命我無憂。醉呼妙舞留連夜，閑作清詩斷送秋。瀟灑使君殊不俗，樽前容我攬須不？邦直家中舞者甚多。

【同上之三】老弟東來殊寂寞，故人留飲慰酸寒。草荒城角開新徑，雨入河洪失舊灘。車馬追陪迹未掃，唱酬往復字應漫。此詩更欲憑君改，待與江南子布看。

【同上之四】君雖爲我此遲留，別後凄涼我已憂。不見便同千里遠，退歸終作十年遊。恨無揚子一區宅，懶卧元龍百尺樓。聞道鵷鸞滿臺閣，網羅應不到沙鷗。

【同上之五】五斗塵勞尚足留，閉門聊欲治幽憂。羞爲毛遂囊中穎，未許朱雲地下遊。無事會須成好

飲，思歸時欲賦登樓。羨君幕府如僧舍，日向城南看浴鷗〔一〕。（同上）

【子由將赴南都與余會宿於逍遥堂作兩絶句讀之殆不可爲懷因和其詩以自解余觀子由自少曠達天資近道又得至人養生長年之訣而余亦竊聞其一二以爲今者宦遊相别之日淺而異時退休相從之日長既以自解且以慰子由云之二】别期漸近不堪聞，風雨蕭蕭已斷魂。猶勝相逢不相識，形容變盡語音存。

【同上之二】但令朱雀長金花，此别還同一轉車。五百年間誰復在？會看銅狄兩咨嗟。（同上）

【初别子由】我少知子由，天資和而清。好學老益堅，表裏漸融明。豈獨爲吾弟，要是賢友生。不見六七年，微言誰與賡。常恐坦率性，放縱不自程。會合亦何事，無言對空枰。使人之意消，不善無由萌。森然有六女，包裹布與荆。無憂賴賢婦，藜藿等大烹。使子得行意，青衫陋公卿。明日無晨炊，倒牀作雷鳴。秋眠我東閣，夜聽風雨聲。懸知不久别，妙理難細評。昨日忽出門，孤舟轉西城。歸來北堂上，古屋空峥嶸。退食悞相從，入門中自驚。南都信繁會，人事水火争。念當閉閤坐，頽然寄聾盲。妻子亦細事，文章固虚名。會須掃白髮，不復用黄精。（同上）

〔一〕慎按，《欒城集·次韻邦直見答》共二首，其第二章即「五斗塵勞尚足留」也。《烏臺詩案》、《胡仔苕溪漁隱叢話》、吴曾《能改齋漫録》載此詩俱係東坡作，子由當别有鷗字韻一首，而今已逸。編集者訛以坡詩充數，不可不辨。

【和子由送將官梁左藏仲通】雨足誰言春麥短，城堅不怕秋濤卷。日長惟有睡相宜，半脱紗巾落紈扇。芳草不鋤當户長，珍禽獨下無人見。覺來身世都是夢，坐久枕痕猶著面。城西忽報故人來，急掃風軒炊麥飯。伏波論兵初矍鑠，中散談仙更清遠。南都從事亦學道，不惜腸空誇腦滿。問羊他日到金華，應許相將遊閬苑。（同上卷十六）

【次韻子由送趙屼歸覲錢塘遂赴永嘉】歸舟轉河曲，稍見楚山蒼。侯吏來迎客，吴音已帶鄉。言從謝康樂，先獻魯靈光。已擊三千里，何須四十强。風流半刺史，清絶校書郎。到郡詩成集，尋溪水濺裳。芒鞋隨采藥，繭紙記流觴。海静蛟鼉出，山空草木長。宦遊無遠近，民事要更嘗。願子傳家法，他年請尚方。（同上卷十七）

【中秋見月和子由】明月未出群山高，瑞光萬丈生白毫。一杯未盡銀闕涌，亂雲脱壞如崩濤。誰爲天公洗眸子，應費明河千斛水。遂令冷看世間人，照我湛然心不起。西南火星如彈丸，角尾奕奕蒼龍蟠。今宵注眼看不見，更許螢火争清寒。何人艤舟臨古汴，千燈夜作魚龍變。曲折無心逐浪花，低昂赴節隨歌板。是夜，賈客舟中放水燈。青熒滅没轉山前，浪颭風迴豈復堅。明月易低人易散，歸來呼酒更重看。堂前月色愈清好，咽咽寒螿啼露草。卷簾推户寂無人，窗下咿啞惟楚老。近有一孫，名楚老。南都從事莫羞貧，對月題詩有幾人。明朝人事隨日出，怳然一夢瑶臺客。（同上）

【次韻張十七九日贈子由】千戈萬槊擁篼籬，九日清樽豈復持。是日，南都敕使按兵。官事無窮何日了，菊花有信不吾欺。逍遥瓊館真堪羨，取次塵纓未可縻。迨此暇時須痛飲，他年長劍拄君頤。（同上）

【次韻答頓起二首（録）之一】挽袖推腰踏破紳，舊聞携手上天門。相逢應覺聲容似，欲話先驚歲月奔。新學已皆從許子，諸生猶自畏何蕃。殿廬直宿真如夢，猶記憂時策萬言。頓君及第時，余爲殿試編排官，見其答策語頗直。其後與子由試舉人西京，既罷，同登嵩山絶頂。嘗見其唱酬詩十餘首。頓詩中及之。（同上）

【中秋月寄子由三首之一】殷勤去年月，瀲灔古城東。憔悴去年人，卧病破窗中。徘徊巧相覓，窈窕穿房櫳。月豈知我病，但見歌樓空。撫枕三歎息，扶杖起相從。天風不相哀，吹我落瓊宫。白露入肝肺，夜吟如秋蟲。坐令太白豪，化爲東野窮。餘年知幾何，佳月豈屢逢。寒魚亦不睡，竟夕相喚喁。

【同上之二】六年逢此月，五年照離别。中秋有月，凡六年矣。惟去歲與子由會於此。歌君别時曲，滿座爲淒咽。留都信繁麗，此會豈輕擲。鎔銀百頃湖，挂鏡千尋闕。三更歌吹罷，人影亂清樾。歸來北堂下，寒光翻露葉。唤酒與婦飲，念我向兒説。豈知衰病後，空盞對梨栗。但見古河東，蕎麥如鋪雪。欲和去年曲，復恐心斷絶。

【同上之三】舒子在汶上，閉門相對清。舒焕試舉人鄆州。鄭子向河朔，鄭僅赴北京户曹。孤舟連夜行。頓子雖咫尺，兀如在牢扃。頓起來徐試舉人。趙子寄書來，《水調》有餘聲。今日得趙杲卿書，猶記余在東武中秋所作《水調歌頭》。悠哉四子心，共此千里明。明月不解老，良辰難合并。回頭坐上人，聚散如流萍。嘗聞此宵月，萬里同陰晴。故人史生爲余言：嘗見海賈云，中秋有月，則是歲珠多而圓，賈人常以此候之，雖相去萬里，他日會合，相問陰晴，無不同者。天公自著意，此會那可輕。明年各相望，俯仰今古情。

（同上）

【以雙刀遺子由子由有詩次其韻】寶刀匣不見，但見龍雀環。何曾斬蛟蛇，亦未切琅玕。胡爲穿窬輩，見之要領寒。吾刀不汝問，有愧在其肝。念此力自藏，包之虎皮斑。湛然如古井，終歲不復瀾。不憂無所用，憂在用者難。佩之非其人，匣中自長歎。我老衆所易，屢遭非意干。惟有王玄通，堦庭秀芝蘭。知子後必大，故擇刀所便。屠狗非不用，一歲六七刓。欲試百鍊剛，要須更泥蟠。作詩銘其背，以待知者看。（同上卷十八）

【過淮三首贈景山兼寄子由之一】好在長淮水，十年三往來。功名真已矣，歸計亦悠哉。今日風憐客，平時浪作堆。晚來洪澤口，捍索響如雷。

【同上之二】過淮山漸好，松檜亦蒼然。藹藹藏孤寺，泠泠出細泉。故人真吏隱，小檻帶巖偏。卻望臨淮市，東風語笑傳。

【同上之三】回首濉陽幕，簿書高没人。何時桐柏水，一洗庾公塵。此去漸佳境，獨游長慘神。待君詩百首，來寫浙西春。（同上）

【次韻和劉貢父登黄樓見寄並寄子由二首之一】青派連淮上，黄樓冠海隅。此詩尤偉麗，夫子計魁梧。劉爲人短小。世俗輕瑚璉，巾箱襲武夫。坐令乘傳遽，奔走爲儲胥。邂逅我已失，登臨誰與俱。貧貪倉氏粟，身聽冶家樵。會合難前定，歸休試後圖。腴田未可買，窮鬼卻須呼。本欲買田於泗上，近已不遂矣。二水何年到，雙洪不受艫。至今清夜夢，飛轡策天吴。此詩寄劉。

【同上之二】與子皆去國，十年天一隅。數奇逢惡歲，計拙集枯梧。好士餘劉表，窮交憶灌夫。不矜持漢節，猶喜攬桓須。清句金絲合，高樓雪月俱。吟哦出新意，指畫想前樵。子由初赴南京，送之出東門，登城上，覽山川之勝，云，此地可作樓觀。於是始有改築之意。自寫千言賦，新裁六幅圖。近以絹自寫子由《黄樓賦》，爲六幅圖，甚妙。傳看一座聳，勸著尺書呼。莫使騷人怨，東游不到吴。此詩寄子由。（同上卷十九）

【獄中寄子由二首之一】一作：予以事系御史台獄，獄吏稍見侵，自度不能堪，死獄中，不得一别子由，故和二詩授獄卒梁成，以遺子由。聖主如天萬物春，小臣愚暗自忘身。百年未滿先償債，十口無歸更累人。是處青山可埋骨，他時夜雨獨傷神。與君今世爲兄弟，更結來生未了因。

【同上之二】柏臺霜氣夜淒淒，風動琅璫月向低。夢繞雲山心似鹿，魂驚湯火命如雞。眼中犀角真吾子，身後牛衣愧老妻。百歲神游定何處，桐鄉知葬浙江西。獄中聞湖、杭民爲余作解厄齋經月，所以有此句也。朱邑葬桐鄉。（同上）

【子由自南都來陳三日而别】夫子自逐客，尚能哀楚囚。奔馳二百里，徑來寬我憂。相逢知有得，道眼清不流。别來未一年，落盡驕氣浮。嗟我晚聞道，款啓如孫休。至言難久服，放心不自收。悟彼善知識，妙藥應所投。納之憂患場，磨以百日愁。冥頑雖難化，鐫發亦已周。平時種種心，次第去莫留。但餘無所還，永與夫子遊。此别何足道，大江東西州。畏蛇不下榻，睡足吾無求。便爲齊安民，何必歸故丘。（同上卷二十）

【正月十八日蔡州道上遇雪次子由韻二首之一】蘭菊有生意，微陽回寸根。方憂集暮雪，復喜迎朝暾。憶我故居室，浮光動南軒。松竹半傾瀉，未數葵與萱。三徑瑶草合，一瓶井花温。至今行吟處，尚餘履舄痕。一朝出從仕，永愧李仲元。晚歲益可羞，犯雪方南奔。山城買廢圃，槁葉手自掀。長使齊安人，指説故侯園。

【同上之二】鉛膏染髭鬚，旋露霜雪根。不如閉目坐，丹府夜自暾。誰知憂患中，方寸寓羲軒。大雪從壓屋，我非兒女萱。平生學踵息，坐覺兩蹬温。下馬作雪詩，滿地鞭箠痕。佇立望原野，悲歌爲黎元。道逢射獵子，遥指狐兔奔。蹤迹尚可原，窟穴何足掀。寄謝李丞相，吾將反丘園。（同上卷二十）

【次韻答子由】平生弱羽寄衝風，此去歸飛識所從。好語似珠穿一一，妄心如膜退重重。山僧有味寧知子，瀧吏無言只笑儂。尚有讀書清净業，未容春睡敵千鍾。（同上）

【今年正月十四日與子由别於陳州五月子由復至齊安未至以詩迎之】驚塵急雪滿貂裘，淚灑東風别宛丘。又向邯鄲枕中見，卻來雲夢澤南州。暌離動作三年計，牽挽當爲十日留。早晚青山映黄髮，相看萬事一時休。柳子厚《别劉夢得》詩云：「聖恩若許歸田去，黄髮相看萬事休。」（同上）

【曉至巴河口迎子由】去年御史府，舉動觸四壁。幽幽百尺井，仰天無一席。隔牆聞歌呼，自恨計之失。留詩不忍寫，苦淚漬紙筆。餘生復何幸，樂事有今日。江流鏡面净，煙雨輕冪冪。孤舟如鳧鷖，點破千頃碧。聞君在磁湖，欲見隔咫尺。朝來好風色，旗脚西北擲。行當中流見，笑臉清光溢。此邦疑可老，修竹帶泉石。欲買柯氏林，兹謀待君必。（同上）

【與子由同遊寒溪西山】散人出入無町畦，朝遊湖北暮淮西。高安酒官雖未上，兩脚垂欲穿塵泥。與君聚散若雲雨，共惜此日相提携。千摇萬兀到樊口，一箭放溜先鳧鷖。層層草木暗西嶺，瀏瀏霜雪嗚寒溪。空山古寺亦何有，歸路萬頃青玻璃。我今漂泊等鴻雁，江南江北無常棲。幅巾不擬過城市，欲踏徑路開新蹊。路有直入寒溪不過武昌者。卻憂別後不忍到，見子行跡空餘悽。吾儕流落豈天意，自坐迂闊非人擠。行逢山水輒羞歎，此去未免勤鹽齏。何當一遇李八百，相哀白髮分刀圭。李八百宅在筠州，相傳能拄拐日八百里。（同上）

【次韻子由病酒肺疾發】憶子少年時，肺病疲坐卧。喊呀或終日，勢若風雨過。虚陽作浮漲，客冷仍下墮。妻孥恐悵望，膾炙不登坐。終年禁晚食，半夜發清餓。胃强鬲苦滿，肺斂腹輒破。三彭恣啖齧，一豎肯逋播。寸田可治生，誰勸耕黄糯。新法方田謂黄糯爲上腴。探懷得真藥，不待君臣佐。初如雪花積，漸作櫻珠大。隔墻聞三嚥，隱隱如轉磨。自兹失故疾，陽唱陰輒和。神仙多歷試，中路或坎坷。平生不盡器，痛飲知無奈。舊人眼看盡，老伴餘幾箇。殘年一斗粟，待子同舂簸。云何不自珍，醉病又一挫。真源結梨棗，世味等糠莝。耕耘當待穫，願子勤自課。相將賦《遠遊》，仙語不用些。（同上）

【次韻子由題孔平仲草庵】逢人欲覓安心法，到處先爲問道庵。盧子不須從若士，蓋公當自過曹參。羡君美玉經三火，笑我枯桑困八蠶。猶喜大江同一味，故應千里共清甘。（同上卷二十一）

【初秋寄子由】百川日夜逝，物我相隨去。惟有宿昔心，依然守故處。憶在懷遠驛，閉門秋暑中。藜羹對書史，揮汗與子同。西風忽淒厲，落葉穿户牖。子起尋裌衣，感歎執我手。朱顔不可恃，此語君勿疑。别離恐不免，功名定難期。當時已悽斷，况此兩衰老。失途既難追，學道恨不早。買田秋已

議，築室春當成。雪堂風雨夜，已作對牀聲。（同上卷二十二）

【聞子由爲郡僚所捃恐當去官】少學不爲身，宿志固有在。雖然敢自必，用舍置度外。天初若相我，發跡造弘大。豈敢負所付，捐軀欲投會。甯知事大謬，舉步得狼狽。我已無可言，墮甑難追悔。子雖僅自免，雞肋安足賴。低回畏罪罟，黽俛敢言退。若人疑或使，爲子得微罪。時哉歸去來，共抱東坡耒。（同上）

【子由作二頌頌石臺長老問公手寫蓮經字如黑蟻且誦萬遍脇不至席二十餘年予亦作二首之一】眼前擾擾黑蚍蜉，口角霏霏白唾珠。要識吾師無礙處，試將燒卻看嗔無。

【同上之二】眼睛心地兩虛圓，脇不沾牀二十年。誰信吾師非不睡，睡蛇已死得安眠。（同上）

【次韻子由種杉竹】吏散庭空雀噪簷，閉門獨宿夜厭厭。似聞梨棗同時種，應與杉篁刻日添。糟麴有神熏不醉，雪霜誇健巧相沾。先生坐待清陰滿，空使人人歎滯淹。（同上）

【子由在筠作東軒記或戲之爲東軒長老其婿曹煥往筠余作一絶句送曹以戲子由曹過廬山出以示圓通慎長老慎欣然亦作一絶送客出門歸入室趺坐化去子由聞之乃作二絶一以答余一以答慎明年余過圓通始得其詳乃追次慎韻之一】君到高安幾日回，一時斗藪舊塵埃。贈君一籠牢收取，盛取東軒長老來。予送曹詩。

【同上之二】大士何曾有生死，小儒底處覓窮通。偶留一吷千山上，散作人間萬竅風。予次慎詩。（同上卷二十三）

【端午遊真如遲适遠從子由在酒局】一與子由別，卻數七端午。身隨綵絲繫，心與昌歜苦。今年匹馬來，佳節日夜數。兒童喜我至，典衣具雞黍。水餅既懷鄉，飯筒仍愍楚。謂言必一醉，快作西川語。寧知是官身，糟麴困熏煮。獨携三子出，古刹訪禪祖。高談付梁羅，詩律到阿虎。歸來一調笑，慰此長齟齬。梁、羅，遲、适小名也。（同上）

【別子由三首兼別遲之一】知君念我欲別難，我今此別非他日。風裏楊花雖未定，雨中荷葉終不濕。三年磨我費百書，一見何止得雙璧。願君亦莫嘆留滯，六十小劫風雨疾。

【同上之二】先君昔愛洛城居，我今亦過嵩山麓。水南卜築吾豈敢，試向伊川買修竹。又聞緱山好泉眼，傍市穿林瀉冰玉。遥想茅軒照水開，兩翁相對清如鵠。

【同上之三】兩翁歸隱非難事，惟要傳家好兒子。憶昔汝翁如汝長，筆頭一落三千字。世人聞此皆大笑，慎勿生兒兩翁似。不知樗櫟薦明堂，何似鹽車壓千里。（同上）

【初別子由至奉新作】雙鵲先我來，飛上東軒背。書隨好夢到，人與佳節會。一歡難把玩，回首了無在。卻渡來時溪，斷橋號淺瀨。茫茫暑天闊，藹藹孤城背。青山眊矂中，落日淒涼外。盛衰豈吾意，離合非所礙。何以解我憂，粗了一事大。（同上）

【次韻孫莘老斗野亭寄子由在邵伯堰】落帆謝公渚，日脚東西平。孤亭得小憩，暮景含餘清。坐待斗與牛，錯落挂南甍。老僧如夙昔，一笑意已傾。新詩出故人，舊事疑前生。吾生七往來，送老海上城。逢人輒自哂，得魚不忍烹。似聞績溪老，復作東都行。小詩如秋菊，艷艷霜中明。過此感我

言，長篇發春榮。(同上卷二十六)

【次韻子由送千之姪】江上松楠深復深，滿山風雨作龍吟。年來老幹都生菌，下有孫枝欲出林。白髮未成歸隱計，青衫儻有濟時心。閉門試草三千牘，仄席求人少似今。(同上卷二十七)

【次韻子由送陳侗知陝州】誰能如鐵牛，横身負黄河。滔天不能没，尺箠未易訶。世俗自無常，徐公故逶迤。别來不可説，事與浮雲多。當時無限人，毁譽即墨阿。虚聲了無實，夜蟲鳴機梭。相逢一笑外，奈此白髮何。天驥皆籋雲，長鳴飽芻禾。王庭旅百實，大貝隨弓戈。君獨一麾去，欲賡五袴歌。甘棠古樂國，白酒金叵羅。知君不久留，治行中新科。過客足嗔喜，東堂記分鵝。此外但坐嘯，後生工揣摩。(同上)

【見子由與孔常父唱和詩輒次其韻余昔在館中同舍出入輒相聚飲酒賦詩近歲不復講故終篇及之庶幾諸公稍復其舊亦太平盛事也】君先魯東家，門户照千古。文章固應爾，鬚鬣餘似處。雖非蒙倛狀，尚有歷國苦。誦書口瀾翻，布穀雜杜宇。十年困奔走，櫛沐飽風雨。吾道其非邪，野處豈兕虎。灞陵閑老將，柏直口尚乳。自君兄弟還，鼎立知有補。蓬山耆舊散，故事誰刪去。來迎馮翊傳，出餞會稽組。吾猶及前輩，詩酒盛册府。願君唱此風，揚觶斯杜舉。(同上卷二十八)

【次韻子由送家退翁知懷安軍】吾州同年友，粲若琴上星。當時功名意，豈止拾紫青。事既喜違願，天或不假齡。今如圖中鶴，俛仰在一庭。吾州同年友十三人，今存者六人而已，故有「琴上星」「圖中鶴」之語。退翁守清約，霜菊有餘馨。鼓笛方入破，朱絃微莫聽。西南正春旱，廢沼黏枯萍。翩然一麾去，想

見靈雨零。我無謫仙句，待詔沉香亭。空騎内廐馬，天仗隨雲軿。竟無絲毫補，眷焉誰汝令。永愧舊山叟，憑君寄丁寧。（同上）

【軾以去歲春夏侍立邇英而秋冬之交子由相繼入侍次韻絶句四首各述所懷之一】曈曈日脚曉猶清，細細槐花暖欲零。坐閲諸公半廊廟，僕射吕公、門下韓公、右丞劉公，皆自講席大用。時看黄色起天庭。

【同上之二】上尊初破早朝寒，茗盌仍霑講舌乾。陛楯諸郎空雨立，故應慚悔不儒冠。

【同上之三】兩鶴摧頹病不言，年來相繼亦乘軒。誤聞九奏聊飛舞，可得徘徊爲啄吞。

【同上之四】微生偶脱風波地，晚歲猶存鐵石心。定似香山老居士，世緣終淺道根深。樂天自江州司馬，除忠州刺史，旋以主客郎中知制誥，遂拜中書舍人。軾雖不敢自比，然謫居黄州，起知文登，召爲儀曹，遂忝侍從，出處老少，大略相似，庶幾復享此翁晚節閑適之樂焉。（同上）

【次韻子由書李伯時所藏韓幹馬】潭潭古屋雲幕垂，省中文書如亂絲。忽見伯時畫天馬，朔風胡沙生落錐。天馬西來從西極，勢與落日爭分馳。龍膺豹股頭八尺，奮迅不受人間羈。元狩虎脊聊可友，開元玉花何足奇。伯時有道真吏隱，飲啄不羨山梁雌。丹青弄筆聊爾耳，意在萬里誰知之。幹惟畫肉不畫骨，而況失實空留皮。煩君巧説腹中事，妙語欲遣黄泉知。君不見韓生自言無所學，廐馬萬匹皆吾師。（同上）

【和子由除夜元日省宿致齋三首之一】江湖流落豈關天，禁省相望亦偶然。等是新年未相見，此身應坐不歸田。

【同上之二】白髮蒼顔五十三，家人强遣試春衫。朝回兩袖天香滿，頭上銀幡笑阿咸。

【同上之三】當年踏月走東風，坐看春闈鎖醉翁。白髮門生幾人在，卻將新句調兒童。（同上卷三十）

【次韻子由五月一日同轉對】跪奉新書笏在腰，談王正欲伴耕樵。晉陽豈爲一門事，高祖謂温大雅兄弟云：我起義晉陽，止爲卿一門耳。宣政聊同五月朝。貞元中詔：自今後五月一日，御宣政殿，與文武百僚相見。憂患半生聯出處，歸休上策早招要。後生可畏吾衰矣，刀筆從來錯料堯。（同上）

【興龍節侍宴前一日微雪與子由同訪王定國小飲清虚堂定國出數詩皆佳而五言尤奇子由又言昔與孫巨源同過定國感念存没悲歎久之夜歸稍醒各賦一篇明日朝中以示定國也】天風淅淅飛玉沙，詔恩歸沐休早衙。遥知清虚堂裏雪，正似薝蔔林中花。出門自笑無所詣，呼酒持勸惟君家。踏冰凌兢戰疲馬，扣門剥啄驚寒鴉。羡君五字入詩律，欲與六出争天葩。頭風已倩檄手愈，背癢恰得仙爪爬。銀餅瀉油浮蟻酒，紫盌鋪粟盤龍茶。幅巾起作鸜鵒舞，疊鼓誰摻漁陽撾。九衢燈火雜夢寐，十年聚散空咨嗟。明朝握手殿門外，共看銀闕暾晨霞。（同上）

【送子由使契丹】雲海相望寄此身，那因遠適更沾巾。不辭駟騎凌風雪，要使天驕識鳳麟。沙漠回看清禁月，湖山應夢武林春。單于若問君家世，莫道中朝第一人。（同上卷三十一）

【次韻子由使契丹至涿州見寄四首之一】老人癡鈍已逃寒，子復辭行理亦難。余昔年辭免使北。要到盧龍看古塞，投文易水弔燕丹。

【同上之二】胡羊代馬得安眠，窮髮之南共一天。又見子卿持漢節，遥知遺老泣山前。

【同上之三】氈毳年來亦甚都，時時鴂舌問三蘇。余與子由入京時，北使已問所在。後余館伴，北使屢誦三蘇文。那知老病渾無用，欲問君王乞鏡湖。

【同上之四】始憶庚寅降屈原，旋看蠟鳳戲僧虔。隨翁萬里心如鐵，此子何勞爲買田。（同上）

【次韻子由書王晉卿畫山水一首而晉卿和二首之一】誤點故教同子敬，雜篇真欲擬湯休。隴雲寄我山中信，雪月追君溪上舟。會看飛仙虎頭篋，卻來顛倒拾遺裘。子美詩云：天吳及紫鳳，顛倒在短褐。王孫辦作玄真子，細雨斜風不濕鷗。

【同上之二】此境眼前聊妄想，幾人林下是真休。我今心似一潭月，君已身如萬斛舟。看畫題詩雙鶴鬢，歸田送老一羊裘。明年兼與士龍去，萬頃蒼波没兩鷗。（同上卷三十三）

【感舊詩并引】嘉祐中，予與子由同舉制策，寓居懷遠驛，時年二十六，而子由二十三耳。一日，秋風起，雨作，中夜翛然，始有感慨離合之意。自爾宦遊四方，不相見者，十常七八。每夏秋之交，風雨作，木落草衰，輒悽然有此感，蓋三十年矣。元豐中，謫居黄岡，而子由亦貶筠州，嘗作詩以紀其事。元祐六年，予自杭州召還，寓居子由東府，數月復出，領汝陰。時予年五十六矣。乃作詩，留别子由而去。牀頭枕馳道，雙闕夜未央。車轂鳴枕中，客夢安得長。新秋入梧葉，風雨驚洞房。獨行慚月影，悵焉感初涼。筮仕記懷遠，謫居念黄岡。一往三十年，此懷未始忘。扣門呼阿同，子由，一字同叔。安寢已太康。青山映華髮，歸計三月糧。我欲自汝陰，徑上潼江章。想見冰盤中，石蜜與柿霜。予欲請東川而歸。二物，皆東川所出。憐子遇明主，憂患已再嘗。報國何時畢，我心久已降。（同上）

【和陶飲酒二十首之一】吾飲酒至少，常以把盞爲樂，往往頹然坐睡，人見其醉，而吾中了然，蓋莫能名其爲醉爲醒也。在揚州時，飲酒過午輒罷，客去，解衣盤礴，終日歡不足而適有餘。因和淵明《飲酒》二十首，庶以仿佛其不可名者，示舍弟子由、晁無咎學士。我不如陶生，世事纏綿之。云何得一適，亦有如生時。寸田無荆棘，佳處正在兹。縱心與事往，所遇無復疑。偶得酒中趣，空杯亦常持。

【同上之二】二豪詆醉客，氣湧胸中山。灌然忽冰釋，亦復在一言。嗇氣實其腹，云當享長年。少飲得徑醉，此祕君勿傳。

【同上之三】道喪士失己，出語輒不情。江左風流人，醉中亦求名。淵明獨清真，談笑得此生。身如受風竹，掩冉衆葉驚。俯仰各有態，得酒詩自成。

【同上之四】蠢蠕食葉蟲，仰空慕高飛。一朝傅兩翅，乃得粘網悲。啁啾厭巢雀，沮澤疑可依。赴水生兩殼，遭閉何時歸。二蟲竟誰是，一笑百念衰。幸此未化間，有酒君莫違。

【同上之五】小舟真一葉，下有暗浪喧。夜棹醉中發，不知枕几偏。天明問前路，已度千重山。嗟我亦何爲，此道常往還。未來寧早計，既往復何言。

【同上之六】百年六十化，念念竟非是。是身如虛空，誰受譽與毁。得酒未舉杯，喪我固忘爾。倒牀自甘寢，不擇菅與綺。

【同上之七】頃者大雪年，海派翻玉英。有士常痛飲，飢寒見真情。牀頭有敗榼，孤坐時一傾。未能平體粟，且復澆腸鳴。脱衣裹凍酒，每醉念此生。

【同上之八】我坐華堂上，不改麋鹿姿。時來蜀岡頭，喜見霜松枝。心知百尺底，已結千歲奇。煌煌凌霄花，纏繞復何爲。舉觴酹其根，無事莫相羈。

【同上之九】芙蓉在秋水，時節自闔開。清風亦何意，入我芝蘭懷。一隨采折去，永與江湖乖。斷絲不復續，斗水何足栖。不如玉井蓮，結根天池泥。感此每自慰，吾事幸不諧。醉中有歸路，了了初不迷。乘流且復逝，抵曲吾當回。

【同上之十】籃輿兀醉守，路轉古城隅。酒力如過雨，清風消半途。前山正可數，後騎且勿驅。我緣在東南，往寄白髮餘。遥知萬松嶺，下有三畝居。

【同上之十一】民勞吏無德，歲美天有道。暑雨避麥秋，温風送蠶老。三咽初有聞，一溉未濡槁。詔書寬積欠，父老顔色好。再拜賀吾君，獲此不貪寶。頽然笑阮籍，醉几書謝表。

【同上之十二】我夢入小學，自謂總角時。不計有白髮，猶誦論語辭。人間本兒戲，顛倒略似兹。惟有醉時真，空洞了無疑。墜車終無傷，莊叟不吾欺。呼兒具紙筆，醉語輒録之。

【同上之十三】醉中雖可樂，猶是生滅境。云何得此身，不醉亦不醒。癡如景升牛，莫保尻與領。黠如東郭㕙，束縛作毛穎。乃知嵇叔夜，非坐虎文炳。

【同上之十四】我家小馮君，天性頗醇至。清坐不飲酒，而能容我醉。歸休要相依，謝病當以次。豈知山林士，骯髒乃爾貴。乞身當念早，過是恐少味。

【同上之十五】去鄉三十年，風雨荒舊宅。惟存一束書，寄食無定迹。每用愧淵明，尚取禾三百。頎然六男子，粗可傳清白。於吾豈不多，何事復歎息。

【同上之十六】嘵嘵六男子，弦誦各一經。復生五丈夫，戢戢丁欲成。歸田了門户，與國充踐更。普兒初學語，玉骨開天庭。淮老如鶴雛，破殼已能鳴。舉酒屬千里，一歡愧凡情。

【同上之十七】淮海雖故楚，無復輕揚風。齋厨聖賢雜，無事時一中。誰言大道遠，正賴三杯通。使君不夕坐，衙門散刀弓。

【同上之十八】何人築東臺，一郡坐可得。亭亭古浮圖，獨立表衆惑。蕪城閲興廢，雷塘幾開塞。明年起華堂，置酒弔亡國。無令竹西路，歌吹久寂默。

【同上之十九】晁子天麒麟，結交及未仕。高才固難及，雅志或類己。各懷伯業能，共有丘明恥。歌呼時就君，指我醉鄉里。吴公門下客，賈誼獨見紀。請作《鵩鳥賦》，我亦得坎止。行樂當及時，緑髮不可恃。

【同上之二十】蓋公偶談道，齊相獨適真。頽然不事事，客至先飲醇。當時劉項罷，四海創痍新。三杯洗戰國，一斗消强秦。寂寞千載後，陽公嗣前塵。醉卧客懷中，言笑徒多勤。我時閲舊史，獨與三人親。未暇餐脱粟，苦心學平津。草書亦何用，醉墨淋衣巾。一揮三十幅，持去聽坐人。（同上卷三十五）

【送晁美叔發運右司年兄赴闕】我年二十無朋儔，當時四海一子由。君來扣門如有求，頎然鶴骨清而修。醉翁遺我從子遊，翁如退之蹈軻丘。尚欲放子出一頭，嘉祐初，軾與子由寓興國浴室，美叔忽見訪。

云：「吾從從歐陽公遊久矣，公令我來，與子定交，謂子必名世，老夫亦須放他出一頭地。」酒醒夢斷四十秋。病鶴不病骨愈虬，惟有我顔老可羞。醉翁賓客散九州，幾人白髮還相收。我如懷祖拙自謀，正作尚書已過優。君求會稽實良籌，往看萬壑争交流。美叔方乞越州。（同上）

【召還至都門先寄子由】老身倦馬河堤永，踏盡黄榆緑槐影。荒雞號月未三更，客夢還家時一頃。歸老江湖無歲月，未填溝壑猶朝請。黄門殿中奏事罷，詔許來迎先出省。已飛青蓋在河梁，定餉黄封兼賜茗。遠來無物可相贈，一味豐年説淮潁。（同上卷三十六）

【子由生日以檀香觀音像及新合印香銀篆盤爲壽】旃檀婆律海外芬，西山老臍柏所薰。香螺脱甕來相群，能結縹緲風中雲。一燈如螢起微焚，何時度盡繆篆紋。繚繞無窮合復分，綿綿浮空散氤氲。東坡持是壽卯君，君少與我師皇墳。旁資老聃釋迦文，共厄中年點蠅蚊。晚遇斯須何足云，君方論道承華勛。我亦旗鼓嚴中軍，國恩未報敢不勤。但願不爲世所醺，爾來白髮不可耘。問君何時返鄉枌，收拾散亡理放紛。此心實與香俱焄，聞思大士應已聞。（同上卷三十七）

【東府雨中别子由】庭下梧桐樹，三年三見汝。前年適汝陰，見汝鳴秋雨。去年秋雨時，我自廣陵歸。今年中山去，白首歸無期。客去莫歎息，主人亦是客。對床定悠悠，夜雨空蕭瑟。起折梧桐枝，贈汝千里行。歸來知健否？莫忘此時情。（同上）

【寄鐺合刷瓶與子由】老人心事日摧頽，宿火通紅手自焙。小甑短瓶良具足，稺兒嬌女共燔煨。寄君東閣閑烝粟，知我空堂坐畫灰。約束家僮好收拾，故山梨棗待歸來。（同上）

【次韻子由清汶老龍珠丹】天公不解防癡龍，玉函寶方出龍宫。雷霆下索無處避，逃入先生衣袂中。先生不作金椎袖，玩世徜徉隱屠酒。夜光明月空自投，一鍛何勞緯蕭手。黄門寡好心易足，荆棘不生梨棗熟。玄珠白璧兩無求，無脛金丹來入腹。區區分别笑樂天，那知空門不是仙。（同上）

【次韻子由書清汶老所傳秦湘二女圖】春風消冰失瑶玉，我本無身安有觸。羊生得婦如得風，握手一笑未爲辱。先生室中無天遊，佩環何處鳴風甌。隨魔未必皆魔女，但與分燈遺歸去。胡爲寫真傳世人，更要維摩一轉語。丹元茅茨只三間，太極老人時往還。點檢凡心早除拂，方平神鞭常使物。（同上）

【次韻李端叔送保倅翟安常赴闕兼寄子由】中山保塞兩窮邊，卧治雍容已百年。顧我迂愚分竹使，與君談笑用蒲鞭。松荒三徑思元亮，草合平池憶惠連。白髮歸心憑説與，古來誰似兩疏賢。（同上）

【子由新修汝州龍興寺吴畫壁】丹青久衰工不藝，人物尤難到今世。每摹市井作公卿，畫手懸知是徒隸。吴生已與不傳死，那復典刑留近歲。人間幾處變西方，盡作波濤翻海勢。細觀手面分轉側，妙算毫釐得天契。始知真放本精微，不比狂花生客慧。似聞遺墨留汝海，古壁蝸涎可垂涕。力捐金帛扶棟宇，錯落浮雲卷新霽。使君坐嘯清夢餘，幾疊衣紋數衿袂。他年弔古知有人，姓名聊記東坡弟。（同上）

【和子由次月中梳頭韻】夏畦流膏白雨翻，北窗幽人卧羲軒。風輪曉長春笋節，露珠夜上秋禾根。或爲予曰：草木之長，常在昧明間。早作而伺之，乃見其拔起數寸，竹笋尤甚。又夏秋之交，稻方含秀，黄昏月出，露珠起於其根，纍纍然忽自騰上，若有推之者，或入於莖心，或垂於葉端。稻乃秀實，驗之信然。此二事與子由養生之論契，故以此爲寄。從來白髮有公道，始信丹經非妄言。此身法報本無二，他年妙絶兼形魂。《傳燈録》：有形神具妙者，乃不復有解化之事。（同上卷三十九）

【十一月九日夜夢與人論神仙道術因作一詩八句即覺頗記其語録呈子由弟後四句不甚明了今足成之耳】析塵妙質本來空，夢中於此句，若了然有所得者。更積微陽一線功。照夜一燈長耿耿，閉門千息自濛濛。養成丹竈無烟火，點盡人間有暈銅。寄語山神停伎倆，不聞不見我何窮。（同上）

【西新橋】昔橋本千柱，挂湖如斷霓。浮梁陷積淖，破板隨奔溪。笑看遠岸没，坐覺孤城低。聊因三農隙，稍進百步隄。炎州無堅植，潦水輕推擠。千年誰在者，鐵柱羅浮西。獨有石鹽木，白蟻不敢躋。似開銅駝峰，如鑿鐵馬蹄。岌岌類鞭石，山川非會稽。嗟我久閣筆，不書紙尾鷖。蕭然無尺箠，欲構飛空梯。百夫下一杙，椓此百尺泥。橋柱石䃰下，皆有堅木，椓入泥中丈餘，謂之頂樁。探囊賴故侯，寶錢出金閨。子由之婦史，頃入内，得賜黄金錢數千助施。父老喜雲集，簞壺無空攜。三日飲不散，殺盡西村雞。似聞百歲前，海近湖有犀。豐湖舊名鱷湖，蓋嘗有鮫鱷之類。那知陵谷變，枯瀆生茨藜。後來勿忘今，冬涉水過臍。（同上卷四十）

【和子由盆中石菖蒲忽生九花】春萸秋莢兩須臾，神藥人間果有無。無鼻何由識薝蔔，有花今始信菖蒲。芳心未飽兩蛺蝶，寒意知鳴幾蟪蛄。記取明年十二節，小兒休更籋霜鬚。（同上）

【次韻子由所居六詠之一】堂前種山丹，錯落馬腦盤。堂後種秋菊，碎金收辟寒。草木如有情，慰此芳歲闌。幽人正獨樂，不知行路難。

【同上之二】詩人故多感，花發憶兩京。石榴有正色，玉樹真虚名。粲粲秋菊花，卓爲霜中英。萸盤照重九，纈蕊兩鮮明。

【同上之三】幽居有古意，義井分西牆。誰言三伏熱，止須一杯涼。先生坐忍渴，群嚚自披猖。衆散徐酌飲，逡巡味尤長。

【同上之四】先生飯土增，無物與劉叉。何以娱醉客，時嗅砌下花。井水分西鄰，竹陰借東家。蕭然行脚僧，一身寄天涯。

【同上之五】東齋手植柏，今復幾尺長。知有桓司馬，榛茅爲遮藏。近聞南臺松，新枝出餘僵。年來此懷抱，豈復驚凡亡。

【同上之六】新居已覆瓦，無復風雨憂。榿栽與籠竹，小詩亦可求。尚欲煩貳師，刺山出飛流。應須鑿百尺，兩綆載一牛。（同上）

【吾謫海南子由雷州被命即行了不相知至梧乃聞其尚在藤也旦夕當追及作此詩示之】九疑聯綿屬衡湘，蒼梧獨在天一方。孤城吹角烟樹裏，落月未落江蒼茫。幽人拊枕坐歎息，我行忽至舜所藏。江邊父老能説子，白鬚紅頰如君長。莫嫌瓊雷隔雲海，聖恩尚許遥相望。平生學道真實意，豈與窮達俱存亡。天其以我爲箕子，要使此意留要荒。他年誰作輿地志，海南萬里真吾鄉。（同上卷四十一）

【和陶止酒】丁丑歲，予謫海南，子由亦貶雷州。五月十一日，相遇於藤，同行至雷。六月十一日，相别，渡海。余時病痔呻吟，子由亦終夕不寐。因誦淵明詩，勸余止酒。乃和原韻，因以贈别，庶幾真止矣。時來與物逝，路窮非我止。與子各意行，同落百蠻裏。蕭然兩别駕，各攜一稚子。子室有孟光，我室惟法喜。相逢山谷間，一月同卧起。茫茫海南北，粗亦足生理。勸我師淵明，力薄且爲己。微痾坐杯酌，止酒則瘳矣。望道雖未濟，隱約見津涘。從今東坡室，不立杜康祀。（同上）

【次前韻寄子由】我少即多難，邅回一生中。百年不易滿，寸寸彎强弓。老矣復何言，榮辱今兩空。泥洹尚一路，所向餘皆窮。似聞崆峒西，仇池迎此翁。胡爲適南海，復駕垂天雄。下視九萬里，浩浩皆積風。回望古合州，屬此琉璃鍾。離别何足道，我生豈有終。渡海十年歸，方鏡照兩童。還鄉亦何有，暫假壺公龍。峨眉向我笑，錦水爲君容。天人巧相勝，不獨數子工。指點昔遊處，蒿萊生故宫。（同上）

【次韻子由三首】

【椰子冠】天教日飲欲全絲，美酒生林不待儀。自漉疎巾邀醉客，更將空殼付冠師。《前漢・高紀注》云：「薛有作冠師。」規模簡古人争看，簪導輕安髮不知。更著短簷高屋帽，東坡何事不違時。

【東亭】仙山佛國本同歸，世路玄關兩背馳。到處不妨閑卜築，流年自可數期頤。遥知小檻臨廛市，定有新松長棘茨。誰道茅簷劣容膝，海天風雨看紛披。

【東樓】白髮蒼顔自照盆，董生端合是前身。獨棲高閣多辭客，爲著新書未絶麟。小醉易醒風力軟，安眠無夢雨聲新。長歌自誷真堪笑，底處人間是所欣。柳子厚詩云：「長歌返故室，自誷非所欣。」（至此三

首。同上）

【聞子由瘦儋耳至難得肉食】五日一見花豬肉，十日一遇黄雞粥。土人頓頓食藷芋，薦以熏鼠燒蝙蝠。舊聞蜜唧嘗嘔吐，稍近蝦蟇緣習俗。十年京國厭肥羜，日日烝花壓紅玉。從來此腹負將軍，俗諺云：大將軍食飽捫腹而歎曰：「我不負汝。」左右曰：「將軍固不負此腹，此腹負將軍，未嘗出少智慮也。」今者固宜安脱粟。人言天下無正味，蝍蛆未遽賢麋鹿。海康别駕復何爲，帽寬帶落驚童僕。相看會作兩臞仙，還鄉定可騎黄鵠。（同上）

【十二月十七日夜坐達曉寄子由】燈燼不挑垂暗蕊，爐灰重撥尚餘薰。清風欲發鴉翻樹，缺月初升犬吠雲。閉眼此心新活計，隨身孤影舊知聞。雷州别駕應危坐，跨海清光與子分。（同上）

【客俎經旬無肉又子由勸不讀書蕭然清坐乃無一事】病怯腥鹹不買魚，爾來心腹一時虚。使君不復憐烏攫，屬國方將掘鼠餘。老去獨收人所棄，游哉時到物之初。從今免被孫郎笑，絳帕蒙頭讀道書。（同上）

【次韻子由浴罷】理髮千梳净，風晞勝湯沐。閉息萬竅通，霧散名乾浴。頹然語默喪，静見天地復。時令具薪水，漫欲濯腰腹。陶匠不可求，盆斛何由足。海南無浴器，故常乾浴而已。老雞卧糞土，振羽雙瞑目。倦馬驏風沙，奮鬣一噴玉。垢净各殊性，快愜聊自沃。雲母透蜀紗，琉璃瑩蘄竹。稍能夢中覺，漸使生處熟。《楞嚴》在牀頭，妙偈時仰讀。返流歸照性，獨立遺所矚。未知仰山禪，已就季主卜。安心會自得，助長毋相督。（同上卷四十二）

【借前韻賀子由生第四孫斗老】今日散幽憂，彈冠及新沐。況聞萬里孫，已報三日浴。朋來四男子，大壯泰臨復。開書喜見面，未飲春生腹。無官一身輕，有子萬事足。舉家傳吉夢，殊相驚凡目。爛爛開眼電，磽磽峙頭玉。李賀詩云：「頭玉磽磽眉宇翠，杜郎生得真男子。」但令强筋骨，可以耕衍沃。不須富文章，端解耗紙竹。君歸定何日，我計久已熟。長留五車書，要使九子讀。吾與子由共九孫男矣。簞瓢有内樂，軒冕無流矚。人言适似我，窮達已可卜。蚤謀二頃田，莫待八州督。吾前後典八州。（同上）

【子由生日】上天不難知，好惡與我一。方其未定間，人力破陰騭。小忍待其定，報應真可必。季氏生而仁，觀過見其實。端如柳下惠，焉往不三黜。天有時而定，壽考未易畢。兒孫七男子，子由三子四孫。次第皆逢吉。遥知設羅門，獨掩懸罄室。回思十年事，無愧篋中筆。但願白髮兄，年年作生日。（同上）

【以黄子木拄杖爲子由生日之壽】靈壽扶孔光，菊潭飲伯始。雖云閑草木，豈樂蒙此恥。一時偶收用，千載相瘢疻。海南無嘉植，野果名黄子。堅瘦多節目，天材任操倚。嗟我始剪裁，世用或緣此。貴從老夫手，往配先生几。相從歸故山，不愧仙人杞。《本草》：枸杞，一名仙人杖。（同上）

【過於海舶得邁寄書酒作詩遠和之皆粲然可觀子由有書相慶也因用其韻賦一篇并寄諸子姪】我似老牛鞭不動，雨滑泥深四蹏重。汝如黄犢走卻來，海闊山高百程送。庶幾門户有八慈，不恨居鄰無二仲。他年汝曹笏滿牀，中夜起舞踏破甕。會當洗眼看騰躍，莫指癡腹笑空洞。譬兒雖是兩翁癖，積德已自三世種。豈惟萬一許生還，尚恐九十煩珍從。六子晨耕簞瓢出，衆婦夜績燈火共。《春秋》《古史》乃家法，詩筆《離騷》亦時用。但令文字還照世，糞土腐餘安足夢。（同上）

【次韻子由贈吴子野先生二絶句之一】馬迹車輪滿四方，若爲閉著小茅堂。仙心欲捉左元放，癡疾還同顧長康。

【同上之二】江令蒼苔圍故宅，謝家語燕集華堂。先生笑説江南事，祇有青山繞建康。（同上卷四十三）

【王子直去歲送子由北歸往反百舍今又相逢贛上戲用舊韻作詩留别】米盡無人典破裘，送行萬里一鄒遊。解舟又欲携君去，歸舍聊須與婦謀。聞道年來丹伏火，不愁老去雪蒙頭。剩買山田添鶴口，廟堂新拜富民侯。（同上卷四十五）

【嘲子由】堆几盡埃簡，攻之如蠹蟲。誰知聖人意，不盡書籍中。曲盡弦猶在，器成機見空。妙哉斲輪手，堂下笑桓公。（同上卷四十七）

【寄子由】厭暑多應一向慵，銀鉤秀句益疎通。也知堆案文書滿，未暇開軒硯墨中。湖面新荷空照水，城頭高柳漫摇風。吏曹不是尊賢事，誰把前言語化工？（同上）

【次韻子由題憩寂圖後】東坡雖是湖州派，竹石風流各一時。前世畫師今姓李，不妨還作輞川詩。（同上）

【過海得子由書】經過廢來久，有弟忽相求。門外三竿日，江闗一葉秋。蕭疏悲白髮，漫浪散窮愁。世事江聲外，吾生幸且休。（同上）

【過嶺寄子由】投章獻策謾多談，能雪冤忠死亦甘。一片丹心天日下，數行清淚嶺雲南。光榮歸佩呈

佳瑞，瘴癘幽居弄晚嵐。從此西風庾梅謝，卻迎誰與馬毿毿。（同上）

【水調歌頭】丙辰中秋，歡飲達旦，大醉作此篇，兼懷子由。明月幾時有？把酒問青天。不知天上宫闕，今夕是何年。我欲乘風歸去，又恐瓊樓玉宇，高處不勝寒。起舞弄清影，何似在人間。轉朱閣，低綺户，照無眠。不應有恨，何事長向別時圓！人有悲歡離合，月有陰晴圓缺，此事古難全。但願人長久，千里共嬋娟。

【水調歌頭】余去歲在東武，作《水調歌頭》以寄子由。今年子由相從彭城百餘日，過中秋而去，作曲以別。余以其語過悲，乃爲和之。其意以不早退爲戒，以退而相從之樂爲慰云耳。安石在東海，從事鬢驚秋。中年親友難別，絲竹緩離愁。一旦功成名遂，準擬東還海道，扶病入西州。雅志困軒冕，遺恨寄滄洲。歲云莫，須早計，要褐裘。故鄉歸去千里，佳處輒遲留。我醉歌時君和，醉倒須君扶我，惟酒可忘憂。一任劉玄德，相對卧高樓。（同上）

【木蘭花令】宿造口聞夜雨寄子由、才叔。梧桐葉上三更雨，驚破夢魂無覓處。夜涼枕簟已知秋，更聽寒蛩促機杼。夢中歷歷來時路，猶在江亭醉歌舞。尊前必有問君人，爲道別來心與緒。（東坡詞）

【滿江紅】懷子由作。清潁東流，愁目斷、孤帆明滅。宦遊處，青山白浪，萬重千叠。辜負當年林下意，對床夜雨聽蕭瑟。恨此生，長向別離中，添華髮。一尊酒，黄河側。無限事，從頭説。相看怳如昨，許多年月。衣上舊痕餘苦淚，眉間喜氣添黄色。便與君、池上覓殘春，花如雪。（同上）

文同

【子瞻戲子由依韻奉和】子由在陳窮於丘，正若淺港横巨舟。每朝升堂講書罷，緊合兩眼深埋頭。才名至高位至下，此事自屬他人羞。猶勝俁俁彼賢者，手把翟籥隨群優。岌如老鶴立海上，退避不與鶩鶬遊。文章豈肯用一律？獨取無問有神術。所蓄未嘗資己身，搰搰恰如蜂聚蜜。有時七日不火食，支體雖羸心不屈。陵陽謬守卑且勞，馬前空愧持旌旄。平生讀書苦集詬，老大下筆侵《離騷》。貧且賤焉真可恥，欲撻群邪無尺箠。安得來親絳帳旁，日與諸生共唯唯。須知道義故可樂，莫問功名能得幾。君子道遠不計程，死而後已方成名。千鈞一羽不須校，女子小人知重輕。（《丹淵集拾遺》卷上）

俞汝尚

【汝尚將歸吴興齊州記室蘇子由辱詩送因逐韻謝之】釋履從軍蚤濫官，已衰能復尚盤桓。邇來齒發羞相問，乞有衡茅覓自安。使我襟懷遺内熱，誦君詩句襲人寒。知誰便是知音者，且作巖溪雪景看。（《欒城集》卷五附）

蘇　頌三首

【三月十七日三舍人宴集西省劉叔貢作詩貽坐客席上走筆和呈】簪纓曉入鳳池西，雨過重廊不踏泥。禁掖英僚初拜慶，儒林舊侶許攀携。兩朝雲露陪嘉宴，一紀塵埃愧舊題。四户對開參國論，風流無復羨南齊。（《蘇魏公文集》卷十二）

【重次前韻奉酬子由子開叔貢三舍人二首之一】都堂直北正衙西，同日三賢拜紫泥。供張府泉批敕賜，刊碑朱墨典籤携。姓名非夕金甌覆，手筆他年玉簡題。制詔温純詩什健，若非元白更誰齊。

【同上之二】公宴將闌日欲西，酒酣揮汗浥如泥。重陪簪橐聯鑣出，仍得篇章滿篋携。直舍怳迷新户牖，賜書猶識舊籤題。自注：中宴憩於東廡，見舊院所賜監書盡在几案，歆動久之。豈惟夢想鈞天路，更似聞韶子在齊。（同上）

强　至二首

【丙午寒食厚卿置酒壓沙寺邀諸君觀梨花獨蘇子由不至以詩來邀席客同作予走筆依韻和之】種梨易長地舊淤，春風一掃無枯株。沙頭古寺枕城角，樓殿自與人迹疏。看花置酒三月破，點檢座客惟欠蘇。酒酣花底不知處，怳若身世游蘂珠。銅臺割據古豪盛，樂事已去惟邱墟。直須及時結勝賞，莫局官事同轅駒。林僧迎我屨前揖，野鳥避客遥相呼。咸陽有花遠莫見，豈若此地來須臾。風前嗅雪不宜緩，春芳過眼猶奔車。繁枝向月合照映，亂片落地無掃除。罇邊酩酊不復計，馬上倒載聊拚扶。子由閉户自懶出，花與雙眼知何辜。天姿必欲貴純白，紅杏可婢桃可奴。君詩險絶不容和，梁園騁思慚相如。（《祠部集》卷三）

【寒食安厚卿具酒饌邀數君子遊壓沙寺觀梨花獨蘇子由不至詩來命座客同賦予既次韻和之明日上巳安復置酒招予與蘇又明日清明予屈二君爲射飲之會而蘇君仍用前韻作詩見及予亦復和】花前爛醉如泥淤，猶恐花過嗟空株。壓沙梨開百頃雪，春晚未賞計已疏。厚卿置酒趁寒食，蜂喧蝶鬧人意蘇。林間把盞誰我侑，鳥歌聲滑如溜珠。魏都風流重行樂，艷妝麗服明郊墟。我初聞招便勇往，恨不插翼附駿駒。峨眉夫子趣獨異，静坐幕府煩邀呼。車公不到座寂寞，大句落紙來須臾。樽邊弄筆輒强和，布鼓乃敢當雷車。主人明朝復命客，是日禊事修祓除。日涵花氣暖不散，酒力易著起要扶。清明予亦飲射圃，罰觶屢困辭不辜。杯盤一飽藉脱粟，那有白飯餘君奴。自注：事見《杜工部集》。梨花好在期共醉，功名身外終何如。（同上）

劉攽三首

【次子由韻三首之一】流霞飲過已忘寒，和筆螭坳墨色乾。温室前頭問名木，此身知不悮儒冠。

【同上之二】四朝傳説直臣言，萬事多君與輊軒。重到彤墀揮翰處，想知雲夢一時吞。

【同上之三】華光勸講想天臨，白髮儒先遇主心。仍寄史臣揮直筆，聖謨文思與幾深。（《彭城集》卷十八）

徐　積

【寄蘇子由】午日移陰後，行人罷燕時。路從西郭去，船值北風吹。夢裏猶回首，心中欲附詩。從來義如此，兩意自相知。（《節孝集》卷十六）

李清臣二首

【答蘇子由】匙飯盤蔬强少留，相逢何物可消憂。緣君未得酒中趣，與我漫爲方外遊。草亂不容移馬迹，山雄全欲逼城樓。濟時異日須公等，莫狎翩翩海上鷗。（《蘇詩補注》卷十五附）

【再次元韻】東來嘗恨少朋游，得遇高人蘇子由。已誓不言天下事，相看俱遣世間憂。新詩定及三千首，曩别幾成二十秋。南省都臺風雪夜，問君還記劇談不。（同上）

王欽臣

【次韻蘇子由詠李伯時所藏韓幹馬】天閑不遇頭亦垂，真姓本不求青絲。由來奇骨類奇士，立見俱似囊中錐。鳳頭初踏蔥嶺至，繡膊東由青海馳。春風宛轉白玉鐙，晚日照耀黄金羈。李侯對此意匠發，造物真比毫端奇。方歎之相豈可擬，顛倒未免雄稱雌。翰林相繼寫高韻，何止羊何共和之。玉花照夜古稱美，顔色乃是論其皮。固知神駿不易寫，心與道合方能知。文章書畫固一理，不見摩詰

前身應畫師。（《聲畫集》卷七）

范祖禹

【殿試覆考和子由侍郎】十五年前宿殿廬，伊川一紀卧巖居。雕蟲尚憶《長楊賦》，汗簡猶殘太史書。日月當天瞻法座，烟霞落紙看華裾。品題幸預諸公末，更許追隨侍玉除。（《范太史集》卷二）

釋道潛 六首

【次韻少游和子由梅花】朔風蕭蕭方振槁，雪壓茅齋欲攲倒。門前誰送一枝梅，問訊山僧少病惱。强將筆力爲摹寫，麗句已輸何遜早。碧桃丹杏空自妍，嚼蘂齅香無此好。先生携酒傍玉叢，醉裏雄辭驚電掃。東溪不見謫仙人，江路還逢少陵老。我雖不飲爲詩牽，不惜山衣同藉草。要看陶令插花歸，醉卧清風軼軒昊。（《參寥子詩集》卷三）

【寄蘇子由著作】先生道德若爲容，曾向南都幕下逢。拔俗高標驚萬丈，凌雲逸氣藹千重。低梧暫宿張家鳳，濁水難藏許氏龍。歲晚雪霜雖更苦，未應憔悴碧巖松。（同上）

【和子由彭蠡湖遇風雪】夫子經濟材，妙質静而默。當年大廷中，如堵觀射策。雄哉賢父兄，一日並輝赫。勳業望夔龍，寧論一千石。扶摇吝不惜，困此垂天翼。五載貶筠陽，區區校尋尺。鹽車厄驥足，道路行歎惜。脱身當歲晏，行李唯典籍。高懷久達觀，不見憔悴色。悠悠東下船，晚次彭蠡側。

江風忽崩騰，江水翻且黑。飄風斷黄蘆，落雁委砂磧。鵝毛飛雪片，滿野來無極。龍驤飛萬斛，欲進不可得。淹留向汀灣，蕭瑟日將夕。黄昏勢漸壯，夜半已堆積。魚龍亦悲嘯，凛氣增几席。青燈冷不眠，坐漱元和液。危檣翻曉鴉，霽日動窗隙。搴幃望廬山，萬仞絶寸碧。茫茫銀世界，蕩蕩月闉域。順流復前趨，百里俄頃刻。暫停篙櫓喧，卻着登山屐。五老笑相迎，千巖委圭璧。紛紛林下士，洗眼冀一識。松門共邀迓，香霧浮羃羃。相將擁寒爐，軟語同夙昔。堂堂赤眼師，既往有遺跡。愕然窣堵波，縹緲根石壁。清晨陪拄杖，緩步躡山肋。裴回憩蒼嶺，左右抗松櫪。猿猱侮僮僕，上下或戲劇。巴僧眉半雪，解后語鄉國。卻返朱砂峰，招提更岑寂。中藏李氏書，盛事誇絶特。東坡老居士，邇亦有題墨。一覽慰君心，都忘遠行役。（同上卷六）

【聞子由舟及南昌以寄之】高安居士實人龍，五載南遷道愈豐。域外城池剛自守，人間膏火詎能攻。屢嗟江海星霜隔，行喜雲林笑語同。五老峰前佳氣象，待君一醉吐長虹。（同上）

【次韻子由侍郎書事二首之一】七年依嶺外，遇物即防閑。宿負初償畢，他生豈復還。飄飄疑鶴骨，奕奕藹童顔。自許喬松壽，玄機密鎖關。

【同上之二】直材不易得，於國實長城。造父還能御，驊騮豈憚行。買田隣少室，爲計老餘生。居士來何晚，江淮遺候迎。（同上卷十）

釋元净

【和蘇子由】春去春來冬復冬，幾思虛論未緣逢。歙溪道賞兄遺跡，勿少龍泓一老龍。（《咸淳臨安志》卷七十八）

釋真净

【寄蘇子由】遍因訪祖參禪後，拙直尋常見愛稀。有道卻從人事得，無心應與世情違。時光易變誰驚老，真趣難窮自覺微。尤荷多才深此意，諠譁聲裏共忘機。（《石倉歷代詩選》卷二百二十八）

孔武仲四首

【答蘇子由留贈】西垣有古人，磔磔氣貌古。落筆成文章，無可加損處。策蹇得過門，殷勤相勞苦。湛然神觀全，秀粹充眉宇。語我春已闌，斯民望時雨。宿麥正滿野，驕暘惡如虎。雲師未灑澤，赤子將誰乳。侍臣當憂國，密計應裨補。又云好著書，安得一州去。知公趣操異，不爲夸腰組。衣錦若還鄉，亦當從幕府。（《清江三孔集》卷六）

【三舍人題名於後省皆賦詩因寄呈劉貢父】西垣寂寞今已久，三賢文章鳳池手。朝來不復戀山中，後至儻誰居客右。華堂刻石映今古，秀句連章動星斗。鴒原棣萼俱相望，龍吟虎嘯生輝光。就中貢

父我故鄉，況有小阮争翺翔，翩翩亦試中書堂。（同上）

【蘇子由示詩再用前韻】公家兩賢涉世久，六馬從容轡在手。驅馳有節心有常，進退不隨人左右。十年挫抑心不回，方知有膽大如斗。鸞坡鳳閣蔚相望，燦燦奎壁連晶光。我家辛勤出寒鄉，斥鷃未易追翺翔，莫將滄溟比坳堂。（同上）

【寄子由】江上匆匆别，孤舟誰與言。塵今生我甑，盜肯過君門。水石吴山好，風嵐楚澤昏。相望欲命駕，何日爲東轅。（同上卷十）

孔平仲五首

【寄子由】晨興悲風鳴，霜霰集我屋。忽驚歲云晚，日月疾轉轂。穴蟲知天時，閉户各潛伏。而我亦勞止，擾擾尚馳逐。宵征戴星明，暮飯多見燭。灰塵彫鬢眉，銅臭蝕肌肉。念當投劾去，牽繫五斗粟。豈無數畝田，亦有千箇竹。平生羨爲農，水旱憂不足。空效鳥雀飢，唧啾如聚哭。内顧復遲回，行藏類羝觸。長卿著犢鼻，揚子投天禄。岷峨能生賢，獨不主爲福。如君乃栖栖，似我宜碌碌。連山積雪壯，霽色明群玉。對此想清標，凛然疑在目。安得兩翅長，高舉逐黄鵠。飛去墮君前，綢繆論心曲。（《清江三孔集》卷二十）

【再寄子由】湓城趨高安，相望若隣屋。思君腸九迴，終夕轉車轂。一從江上别，再見臘與伏。岧嶢阻躋攀，疲曳愧躡逐。此心敢忘德，炯炯如寸燭。念昔見教勤，綢繆均骨肉。及今無所成，長大惟食粟。讀君《黄樓賦》，溢耳感絲竹。蹈海始知深，秋水暫自足。斯文道中喪，吊古堪慟哭。勃興得公家，萬物困陵觸。聲名載不朽，豈羨卿相禄。琢琱窮乃工，未剥不爲復。嗟予空有心，資性本碌碌。佳篇屢寄酬，珍賜比金玉。隋珠照十乘，只報一魚目。反顧拙丹青，何由希畫鵠。黄華强再奏，取笑陽春曲。（同上）

【余比見管勾太平觀劉朝奉見嫌太盛教以一食之法自用有效因以告子由且進先耆後欲之説蒙示長篇竊服高致謹再用元韻和寄】廬山九江南，勝隱類王屋。中有劉先生，逃榮棄朱轂。我嘗問持養，次第蒙攝伏。操心要常存，尤戒忌追逐。教人啖火棗，喻世指風燭。一從屏晚膳，已覺失頤肉。諒能早如此，盎自有餘粟。寢甘無復夢，行健不須竹。華池涌清波，漱飲每充足。當使百靈朝，如聞九蟲哭。欲塵亦遂掃，由味方有觸。甘肥自煎熬，其毒甚回禄。願公亦澹薄，同享秀眉福。丈夫貴決烈，安得猶碌碌。淘沙始見金，椎石方逢玉。所以老氏言，爲腹不爲目。未能便仙去，輕舉隨白鵠。且保臨老年，眼明腰不曲。（同上卷二十）

【蘇子由寄題小菴詩用元韻和】官身粗應三錢府，吏隱聊開一草菴。擁砌幽篁如月映，覆簷喬木與天參。畏人自比藏頭雉，老世今同作蛹蠶。豈獨忘言兼閉息，舌津晨漱不勝甘。（同上卷二十三）

【子瞻子由各有寄題小菴詩卻用元韻和呈】二公俊軌皆千里，兩首新詩寄一菴。大隱市朝希柱史，好奇兄弟有岑參。雪天凍坐癡于雀，雨夕春眠困若蠶。不是本來忘世味，便投閒寂亦難甘。（同上）

黄大臨〔一〕

【奉寄子由】鍾鼎功名淹筦庫，朝廷翰墨寫風煙。遥知道院頗岑寂，定是壺中第幾天。歷下笑談漫一夢，江南消息又餘年。動心忍性非無意，吏部如今信大顛。（《坡門酬唱集》卷二十一）

黄庭堅二十首

【詠李伯時摹韓幹三馬次蘇子由韻簡伯時兼寄李德】太史瑣窗雲雨垂，試開三馬拂蛛絲。李侯寫影韓幹墨，自有筆如沙畫錐。絶塵超日精爽緊，若失其一望路馳。馬官不語臂指揮，乃知仗下非新羈。吾嘗覽觀在坰馬，駑駘成列無權奇。緬懷胡沙英妙質，一雄可將千萬雌。決非皂櫪所成就，天驥生駒人得之。千金市骨今何有，士或不價五羖皮。李侯畫隱百僚底，初不自期人誤知。戲弄丹青聊卒歲，身如閲世老禪師。（《山谷集》卷二）

【次韻子瞻和子由觀韓幹馬因論伯畫天馬】于闐花驄龍八尺，看雲不受絡頭絲。西河驄作蒲萄錦，雙瞳夾鏡耳卓錐。長楸落日試天步，知有四極無由馳。電行山立氣深穩，可耐珠韉白玉羈。李侯一顧歎絶足，領略古法生新奇。一日真龍入圖畫，在坰群雄望風雌。曹霸弟子沙苑丞，喜作肥馬人笑

〔一〕《坡門酬唱集》注曰：大臨字元明，魯直兄。此詩亦見魯直集中。

之。李侯論幹獨不爾，妙畫骨相遺毛皮。翰林評書乃如此，賤肥貴瘦渠未知。況我平生賞神駿，僧中云是道林師。（同上）

【次韻子由績溪病起被召寄王定國】種萱盈九畹，蘇子憂國病。炎蒸卧百戰，山立有餘勁。斯人廊廟器，不合從遠屏。江湖揺歸心，毛髪侵老境。艱難喜歸來，如晴月生嶺。仍懷阻歸舟，風水蛟鰐横。補衮諫官能，用儒吾道盛。上書詆平津，蠹藁初記省。至今民社計，非事頰舌競。方來立本朝，獻納繼晨暝。人材包新舊，王度濟寛猛。必開曲突謀，滿慰傾耳聽。斯文吕與張，泉下亦蘇醒。天聰四門闢，國勢九鼎定。身得遭太平，分甘守閑冷。天津十年面，相見頎而整。何時及國門，休暇過煮茗。燒燈留夜語，鴻雁看對影。但恐張羅地，頗復多造請。維此禮部公，寒泉甃舊井。謫去久羸瓶，召還汲脩綆。太任決齋宫，陛下天統慶。日月進亨衢，經緯寒耿耿。西走已和戎，南遷無哀郢。誰言兩逐臣，朝轡天街並。王子竄炎洲，萬死保軀命。還家頰故紅，信亦抱淵静。税屋待車音，掃門親箒柄。行當懷書傳，載酒求是正。端如嘗橄欖，苦過味方永。（同上卷三）

【和答子瞻和子由常父憶館中故事】二蘇上連璧，三孔立分鼎。少小看飛騰，中年嗟遠屏。風撼鵲鴝枝，波寒鴻雁影。天不椓斯文，俱來集臺省。日月黄道明，桃李春晝永。時平少犴獄，地禁絶鼃黽。頗懷修故事，文會陳果茗。當時群玉府，人物殊秀整。下直馬闐闐，杯盤具俄頃。共醉淩波襪，誰窺投轄井。天網極恢疏，道山非簿領。何曾歸閉門，燈火生寒冷。欲觀太平象，復古望公等。賤子托後車，當煩煮湯餅。（同上）

【次韻定國聞蘇子由卧病績溪】炎洲冬無冰，十月雷虺虺。及春瘧癘行，用人祭非鬼。巫師司民命，藥石不入市。溪弩潛發機，土風甚不美。蘇子卧江南，感歎中夜起。聞道病在床，食魚不知旨。寒暑戰胸中，士窮有如此。此公天機深，爵禄心已死。養生遺形骸，觀妙得骨髓。后皇蒔嘉橘，中歲多成枳。佳人何時來，爲天啓玉齒。湔祓瘴霧姿，朝趍去天咫。諸公轉鴻鈞，國器方薦砥。矢詩寫予心，莊語不加綺。（同上卷四）

【次韻子瞻子由題憩寂圖二首之一】松含風雨石骨瘦，法窟寂寥僧定時。李侯有句不肯吐，淡墨寫出無聲詩。

【同上之二】龍眠不似虎頭癡，筆妙天機可並時。蘇仙漱墨作蒼石，應解種花開此詩。（同上卷五）

【子瞻去歲春侍立邇英子由秋冬間相繼入侍作詩各述所懷予亦次韻四首之一】赤壁歸來入紫清，堂堂心在鬢彫零。江沙踏破青鞋底，卻結絲絇侍禁庭。

【同上之二】胸蟠萬卷夜光寒，筆倒三江硯滴乾。大似不蒙稽古力，只今猶著侍臣冠。

【同上之三】對掌絲綸罷記言，職親黄屋傍堯軒。雁行飛上猶回首，不受青雲富貴吞。

【同上之四】樂天名位聊相似，卻是初無富貴心。只欠小蠻樊素在，我知造物愛公深。（同上卷九）

【再次韻四首之一】隆儒殿閣對横經，咫尺清都雨露零。見説文星環北極，人間無路仰天庭。

【同上之二】風櫺倒影日光寒，堯日當中露正乾。殿上給扶鳴漢履，螭頭簪筆見秦冠。

【同上之三】萬國歸心天不言，諸儒争席異臨軒。聖功典學形歌頌，更覺曹劉不足吞。

【同上之四】延和西路古槐陰，不隔朝宗夙夜心。公有胸中五色線，平生補衮用功深。（同上）

【次韻公秉子由十六夜憶清虚】九陌無塵夜際天，兩都風物各依然。車馳馬逐燈方鬧，地静人閑月自妍。佛館醉談懷舊歲，齋宫詩思鎖今年。但聞公子微行去，門外驊騮立繡韉。（《山谷别集》卷一）

【次元明韻寄子由】半世交親隨逝水，幾人圖畫入凌煙。春風春雨花經眼，江北江南水拍天。欲解銅章行問道，定知石友許忘年。脊令各有思歸恨，日月相催雪滿顛。（《山谷别集》卷七）

【再次韻奉答子由之一】蠆尾銀鈎寫珠玉，剡藤蜀繭照松煙。似逢海若談《秋水》，始覺醯雞守甕天。何日青揚能覿面，只今黄落又凋年。萬錢買酒從公醉，一鉢行歌聽我顛。

【同上之二】想見蘇耽携手僊，青山桑柘冒寒煙。麒麟墮地思千里，虎豹憎人上九天。風雨極知鷄自曉，雪霜寧與菌争年。何時確論傾樽酒，醫得儒生自聖顛。（同上）

【秋思寄子由】黄葉山川知晚秋，小蟲催女獻功裘。老松閲世卧雲壑，挽著蒼江無萬牛。（同上卷九）

秦　觀五首

【和遊金山和子由同彦瞻】江流會揚子，洶洶東南騖。海門劃前開，金山屹中據。鼓鐘食萬指，金牓棲千柱。夜庭游月波，曉觀搏香霧。天清猿鳥哀，風暗魚龍怒。雲物横古今，濤波閲晨暮。三州氣色來，上下端倪露。偉哉元氣間，此勝知誰聚？念昔憩精廬，登臨輒忘去。汲新試團月，飯素羹魁芋。别來星暑换，寤寐經從處。忽蒙珠璧投，了與雲巒過。幽光烱肝肺，爽氣森庭户。區中多滯

念，方外饒奇趣。寄語山阿人，泠然行復御。（《淮海集》卷三）

【次韻子由題斗野亭】滿市花風起，平堤漕水流。不堪春解手，更爲晚停舟。古埭天連雁，荒祠木蔽牛。杖藜聊復爾，轉盼夕煙浮。（同上卷七）

【次韻子由召伯埭見别三首之一】孤蓬短榜泝河流，無賴寒侵紫綺裘。召伯埭南春欲盡，爲公重賦《畔牢愁》。

【同上之二】青熒燈火照深更，逐客舟航冷似冰。到處故應山作主，隨方還有月爲朋。

【同上之三】冠蓋紛紛不我謀，掩關聊與古人遊。會須匹馬淮西去，雲巘風溪遂所求。（同上卷十）

晁補之五首

【次韻蘇中丞喜文潛病間】携筇過子約朝朝，况是門無百步遥。午卧簷曦茶可煮，夜談窗霰栗堪燒。范魚何用驚生釜，鄭鹿應知夢覆蕉。試作文殊問居士，從今一飯久如消。（《雞肋集》卷十六）

【次韻兩蘇公講筵唱和四首之一】白髮歸聯侍從榮，未應江海歎飄零。禽魚不與鈞天觀，想見群龍舞洞庭。

【同上之二】李公素譽壓朝端，曾泝龍門鬣未乾。雖愧彭宣惟賜食，未慚貢禹亦彈冠。

【同上之三】纘服憂勤未有言，諸儒經術侍彤軒。九疇咸叙今天錫，三畫何人昔夢吞。

【同上之四】金玉誰人詠德音，太平無象屬人心。日高初散露門講，天上五雲宫殿深。（同上卷二十）

張　耒十三首

【和登城依子由韻】步登高城望，望望殊未已。惟時歲將窮，冬孟月魄死。紛吾方有懷，一坐爲三起。悲歌擊枯枿，聲與淚俱至。人生隨大鈞，命不貸君子。付之無如何，外垢資内洗。前知賤終吉，外頗與愚似。開門張瓊瑶，誰者目不寄？文離冒多福，嬋娟畏獨美。舉頭蒼天高，歎此青雲士。酌公芳尊酒，願公百憂止。履善神所勞，委置目前事。（《柯山集》卷九）

【泊南京登岸有作呈子由子中子敏逸民】客行歲云暮，孤舟衝北風。出門何蕭條，驚沙吹走蓬。北涉濉河水，南望宋王臺。落葉舞我前，鳴鳥一何哀。重城何諠諠，車馬溢四郭。朱門列大第，高甍麗飛閣。湯湯長河水，赴海無還期。蒼蒼柏與松，岡原常不移。覽物若有歎，誰者知我心？口吟新詩章，手撫白玉琴。鳴琴感我情，一奏涕淚零。子期久已死，何人爲我聽？推琴置之去，酌我黄金罍。幽憂損華姿，流景良易頹。（同上）

【寄子由先生】先生四十猶不遇，獨坐南都誰與語。青衫弟子天下窮，饑走京城困羈旅。高門得飯暫見肉，敝筐無實惟巢鼠。樓頭酒貴不敢沽，三百青銅輸杜甫。强顔講學昧時宜，漫自吟詩愁肺腑。平生不解謁貴人，况乃令嚴門者拒。此生自料應常爾，但願流年醉中度。又思人世樂乃已，此外紛紛何足數！豫期歸日在涼秋，想見西風蕩煩暑。區區懷抱冀披豁，一尊願駐東歸櫓。（同上卷十二）

【再寄】宛丘之别今五年，汴上留連纔一日。殘生飄泊客東南，憂患侵陵心若失。先生神貌獨宛然，但覺巖巖瘦而實。有如霜露入秋山，掃除繁蔚峰巒出。自言近讀養生書，頗學仙人餌芝朮。披尋圖訣得茯苓，云是松間千歲物。屑而爲食可不飢，功成在久非倉卒。上侔金石免毒裂，下比草木爲强崛。涓涓漱納白玉津，鍊以真元納之骨。神仙自是人不知，豈爲難求廢其術。我聞公説心獨嗟，欲問太虚窮恍惚。奈何不使被金朱，乃俾枯槁思巖窟。又觀世事不可常，倚伏誰能定于一？終身軒冕亦何賴，況有朝升而暮黜。何如端坐養形骸，壽考康寧無夭屈。乃知豈即非良圖，却笑兒曹嗜糠籺。青衫弟子昔受經，賦分羈窮少倫匹。自知無命作公卿，頗亦有心窮老佛。但思飽暖願即已，妄意功名心實不。終期策杖從公遊，更乞靈丸救衰疾。（同上）

【歲暮即事寄子由先生】歲暮淮陽客，貧閑兩有餘。朝昏面壁坐，風雪閉門居。老去深依佛，年衰更嗜書。未能忘素業，聊用慰窮途。下里皆貧屋，開門即古墟。雞豚來近舍，春汲雜鄰夫。雪壓移來竹，霜萎自種蔬。烏皮蒙燕几，褐帽裹僧顱。肉似聞《韶》客，齋如持律徒。女寒愁粉黛，男窘補衣裾。已病藥三暴，辭貧飯一盂。長瓶卧牆角，短褐倒天吴。宵寐衾鋪鐵，晨炊米數珠。木鑱隨杜脛，葛製暖韓軀。時命今如此，功名已矣乎！談愁風射馬，拙待兔逢株。久慕香城樂，深諳夢境虚。誰憐九頓首，正有一長吁。瞻望身空老，蒼茫歲欲除。可當聞妙誨，黥刖待完膚。（同上卷十五）

【卧病月餘呈子由二首之一】蔀室悠悠昏復朝，强披《莊子》説《逍遥》。四禪未到風猶梗，九轉無功火不燒。學道若爲調鹿馬，是身不實似芭蕉。丹砂赤箭功何有，想聽清言意自消。

【同上之二】風葉鳴窗已復朝，唤回歸夢故山遥。酒壺暗淡浮塵集，藥鼎青熒敗葉燒。閉户獨依寒蟋

蟀，移牀近就雨芭蕉。雪深更請安心術，長日如年未易消。（同上卷十七）

【寄子由二首之一】萬里歸來真得仙，七年瞻望漫悁悁。安閒舊得還丹訣，著論新成古史編。應接强顔聊復爾，是非袖手獨超然。門人白首侯芭在，眷戀微官愧昔賢。

【同上之二】丈席他年聞至言，艱難不敢墜周旋。文詞老去真何益，道妙平生薄有緣。人事眼前惟欲睡，丹經《肘後》更難傳。清秋一室林泉好，灑掃思爲杖履先。（同上）

【次韻子由舍人先生追讀邇英絶句四首之一】天寒書殿曉班清，氣爽仙盤瑞露零。講罷群公佩聲散，一竿宫日轉槐庭。

【同上之二】聯翩右史直西垣，舊墨螭頭點未幹。自是退之平昔事，可須慚著進賢冠。

【同上之三】冠佩煌煌拱北辰，道人風骨自軒軒。茯苓松下龜黿老，須乞靈丹一粒吞。

【同上之四】恭默誰聆金玉音，陶甄萬物付無心。君王好學真天意，憂國論思不厭深。（同上卷二十五）

李廌

【小蘇先生九三丈自司諫拜起居郎權中書舍人廌作詩以賀】孝治依文母，皇圖錫聖王。虚心思啓沃，妙選盡忠良。近侍崇儒術，先生被寵光。周邦柱下史，魏闕紫微郎。禁殿聯常棣，天池浴鳳凰。揮毫青瑣闥，簪筆御爐香。德鎮千鈞重，文輝萬丈長。昌時逢式穀，吾道喜彌彰。視草嚴宸暮，論思子夜央。槐邊星轉角，花底鷺分行。豈但居華省，行聞上玉堂。終期衮衣拜，慰此士夫望。

蘇過二十九首

【次韻叔父所居六首[一]之一】旅寓仍艱歲，溪毛入饋盤。泥芹洗秋白，露菊擷朝寒。未覺江湖遠，空驚歲月闌。諸兒還自喜，頗亦試艱難。

【同上之二】野卉非千葉，妖紅媿兩京。依然守舊態，誰與製新名？琥珀綴圓石，燕脂染落英。願因少陵句，草木亦鮮明。

【同上之三】湫隘黄門宅，喧囂半雉牆。此君時掩苒，小屋自清涼。月落寒梢静，春回稺筍猖。兒童護雞犬，更看引鞭長。

【同上之四】榴實江南少，依稀綴樹叉。稍存後彫質，能吐欲然花。西蜀雖吾里，東軒是故家。田園隨處是，何必買生涯。

【同上之五】户外從羅雀，空階放草長。大雞俄獨立，衆卉已難藏。意氣矜全盛，萎蕤憫欲僵。伶俜蜂與蝶，未免嘆唇亡。（《蘇過詩文編年箋注》卷一）

【次韻叔父月季再生】瘴海不知秋，幽人忘歲月。只記庭中花，幾度開還枿。憶昔移居時，始且青荑

〔一〕《蘇過詩文編年箋注》：「原本《斜川集》《次韻叔父寓居六詠》下載四首，而又有《和叔父所居六首之一》，今依轍詩正其篇第，曰《秋菊》、曰《山丹》、曰《新竹》、曰《榴花》、曰《雞冠》。其中《甘井》一詩《斜川集》已佚。」

茁。殷勤主人惠，浸灌寒泉洌。顔色日鮮好，條枝争秀拔。意無後人翦，喜託先生茇。海康接儋耳，雲水何由躡。俯檻獨四顧，悵此波濤匝。聞道海門松，僵枝出繁葉。困窮不足道，喜有千人活。不似玄都花，蔽蔽那容折。（同上卷二）

【次韻叔父浴罷】黄門昔萬機，下士勤握沐。今已與世疏，雅志追沂浴。丹田有宿火，如比陽來復。轆轤自轉水，離坎俱實腹。謫居百事乏，惟喜薪水足。時濯西風塵，一寓歸鴻目。勿驚髀肉少，衣褐真懷玉。明鏡雖無垢，新苗良待沃。雨餘餐巖岫，露重膏松竹，更觀雲入山，心與境同熟。珍重耆城言，妙解何須讀。潔香非外求，清静常返矚。物初信可遊，儻來非所卜。益師莊叟言，養生貴緣督。（同上）

【次韻叔父上巳二首之一】日晏幽人未下牀，春風暗度百花香。掩關頗得禪家味，卻掃從教世路荒。絶口誰能論夢幻，逢人聊衹話耕桑。翟公門外常羅雀，要放空階草木長。

【同上之二】幾年零落卧江湖，樂事何人與我俱。上巳偶尋流水禊，泛觴聊爲小兒娱。殘杯冷炙慚佳節，草服黄冠慕野夫。永謝輕肥追世好，窺園已愧下帷儒。（同上）

【和叔父移居東齋】去鄉三十年，夢寐猶西土。阨窮未能歸，諒亦君子固。結廬箕潁間，絶意爲霖雨。聊清一室地，僅作跏趺處。邇來又謝客，不待羹轢釜。西齋舊翳密，日晏窗先暮。東軒得爽塏，真作禪侶住。公舊自謂東軒長老。陶潛採菊時，尚復有真趣。公今觀此心，湛然忘客主。坐了一大緣，固已遺能所。（同上）

【次韻叔父詠竹二首之二】江湖猶在眼，水竹負幽尋。故買比鄰宅，期分數畝陰。影侵書帙亂，色映緑苔侵。肅殺秋將至，霜餘出茂林。

【同上之二】此君非草木，勁節凜佳賓。相對山陰禊，曾伴南阮貧。琳琅風葉響，水墨月窗匀。何必籃輿出，敲門問主人。(同上)

【和新葺南園】道眼年來等色空，塊蘇不羨化人宫。敢嫌仲蔚蓬蒿陋，久誤邯鄲夢幻中。甕牖繩樞知達觀，兔葵燕麥任春風。箕山咫尺行當隱，巢許高蹤躡二公。(同上)

【叔父生日之一】重耳飄流十九年，我公涉世屢艱難。笑看禮至争銘鼎，便學陶宏欲掛冠。枕上軒裳何足夢？壺中天地本來寬。幅巾從此追巢許，永愧蒼生起謝安。

【同上之二】山澤癯仙事渺茫，武陵之説亦荒唐。老聃及見東周晚，季子幾同魯史長。直以至仁符静壽，固非吉卜予康强。漢庭已致商顔叟，寧似初平老牧羊？

【同上之三】平生種德在斯民，物理循環付大鈞。今日里閭驚萬石，異時廊廟活千人。退藏欲遂箕山志，談笑歸來潁水濱。謾效兒童祝難老，楚南靈木不知春。

【同上之四】圖形未肯上淩煙，欲了人間一大緣。心法已傳黄蘗要，形神自契赤松仙。爾來卜築安懸罄，空使蒼生望濟川。不用丹砂留齒髮，見恒河性本依然。(同上)

【次韻叔父黄門己丑歲除二首之一】坐閲星周幾變遷，恒河見性但依然。求田問舍追三徑，面壁灰心過九年。公自庚辰歲歸潁昌，杜門不出今十年矣。早退得閒真玩歲，跏趺數息是安眠。從今甲子當須記，異日應無史趙賢。

【同上之二】卒歲優哉樂事全，家庭瑞氣鬱葱然。椒花頌酒祈新福，臘雪飛空作有年。塞馬未歸人勿歎，黄粱已熟客猶眠。潁濱遺老非虚語，萬古巢由不獨賢。公自號潁濱遺老。（同上）

【次韻叔父小雪二首之一】屏帷夜久灰殘獸，紙帳寒驚月在窗。似聽竹聲知有雪，便添酒興欲傾缸。西鄰正想蒲團穩，古殿遥瞻老柏雙。自笑窮愁拙生理，不謀升斗待西江。

【同上之二】夜來小雪猶凝地，睡起扶桑已著窗。卻喜少陵時炙背，不憂北海屢空缸。豐年何待豚蹄祝，薄淖聊煩蠟屐雙。試走湖邊望嵩少，殆如叠嶂在煙江。（同上）

【次韻叔父題畫木石屏風】老人萬事無心雲，年來道眼等卧輪。西軒坐閲車馬奔，垂天不展空鵬蹲。屏間怪石千年根，端爲先生來結鄰。豪端雖愧蜀兩孫，要非丹青閲世人。空山老幹不效珍，荆人異璞埋埃塵。幸此不遭世俗昏，棟梁圭瓚徒勞神。（同上）

【叔父生日之一】百川赴東海，如走萬國朝。横岫列嵩岱，衆山失岧嶢。吾道豈不尊，凛然干雲霄。斯文有盟主，坐制狂瀾漂。天實相我公，高卧不知招。手持文章柄，燦若北斗標。末學病多歧，寖令世俗澆。中商日充塞，仁義愈寂寥。造物真有意，俾公以後凋。群邪終放鄭，正始會聞韶。過也匪私祝，彼蒼自昭昭。後生方有託，未用憂簞瓢。

【同上之二】溝瀆嗟尋常，因爲吞舟厄。風無九萬里，焉載垂天翼。老人卧箕潁，初非厭簪紱。時哉莫吾容，道大俗隘迫。虎兕歌曠野，鸞鳳棲枳棘。蒼生謾悵望，吾道何欣戚。卜築殆將隱，門無翟公客。高縱躡巢由，援手謝卨稷。我觀造物意，申甫爲時出。未應玆偉人，獨不裨袞職。功名世所趨，富貴亦過隙。豈知難老福，天以壽有德。亭亭南澗松，不羨棟梁索。方玆閱寒暑，寧欲顧匠石。世間出世間，此道無兩得。回首承明廬，摩挲看銅狄。

【同上之三】鬱鬱澗底松，千年養奇幹。盤根入窈窕，翠蓋摩雲漢。巖深飽霜雪，路絶窺輪奂。空回牛刀手，屢發匠石歎。物生非不逢，得天地所贊。雖微棟梁求，幸免斤斧難。我公廟堂人，端委四夷憚。豈惟福蒼生，高風激貪懦。云何卧箕潁，當寧方宵旰。吾道久寂寥，賢愚良未判。汗顔與血指，袖手寧坐看。卷懷霖雨心，警策露電觀。形神妙自契，眉目光璀璨。長松信可依，柯葉四時貫。東風漫滋榮，寒雨徒零亂。何異楚靈椿，春秋安可算。

【同上之四】物居覆載間，陰陽爲盛衰。我觀衆草木，春風不相遺。春風蹔能榮，還有摇落時。區區誘消長，歲月胡能支。世人如草木，世態豈異玆。擾擾方寸中，坐受寵辱移。晝錦方自眩，飲水誰汝知？可憐千金軀，坐困毫與釐。大哉孔孟志，夫子真能師。浩然剛大氣，直養充四維。貧富未易動，寒暑何從窺？塞馬無倚伏，昭琴謝成虧。還觀儻來物，造物戲小兒。臞仙事吐納，閱世猶有之。至人不導引，眉壽何復疑。惟應廣成子，當與此心期。（同上）

【先君與叔父試制策各携一端硯外孫文驥得其一過藏其一名賢良硯之一】兩翁出蜀時，不携一束書。堨來奉大對，昧死排姦諛。諫官與御史，鉗口慙青蒲。

【同上之二】翁登鸞臺上玉堂，論思獻納在帝旁。居夷渡海不汝置，險阻艱難曾備嘗。（同上）

【送張倅彦政赴闕】信馬來并州，并州在何許？太行如登天，憔悴欲誰語？青衫百僚底，屏氣不敢吐。謂當哭途窮，何當折腰膂？忽逢元紫芝，仰視得眉宇。敢論通家舊，竊欲比文舉。先君與叔父嘗得交於公之王父，蓋有一日之雅。使君況不凡，高論傾肺腑。能容丞掾醉，不問車茵污。念我丘壑人，老矣事簪組。端如赴縲囚，坐受獄吏侮。感公懷抱開，一笑忘羈旅。雖知抱關惡，未忍賦歸去。相從僅滿歲，公已歌《杕杜》。秋風忽零亂，吹盡西山雨。定應催行色，不遺車輪阻。天街早飛鞚，鵷鷺看接武。青雲豈難到，少展垂天羽。區區亦自憐，從此歸農圃。（同上卷四）

蘇　籀三首

【次韻大父曬麥】西郊歲種十畝麥，自笑不耕惟坐食。吾人一飽已天幸，此外何心更求得。我田長熟無旱潦，玉粒收來堅且好。豈同豪右執券契，虐取多求急於盜。我家治生無奇功，累世守此慈儉風。倉囷不滿非所恤，冒暑一曬安敢慵。長空不見纖雲起，沽酒烹雞會鄰里。炎飇不厭塵滿身，冷餅行看冰上齒。閒居捨此一事無，狥時干禄姑捨諸。信知爲農自足樂，秦相未必賢牽盧。（《雙溪集》卷一）

【大父令賦舊扇】裁紈當團扇，當暑不離手。炎涼一推遷，委擲昏塵垢。蒙蒙縈蛛網，闇闇迷遠岫。人情逐時移，浪自分好醜。一朝被收録，已迫朱明候。開篋振浮埃，清風亦生袖。有愛必有憎，無新故無舊。可憐漢婕妤，涕泣將爲咎。賢哉楚令尹，無欣亦無詬。（同上）

【大父令賦捕魚】寒魚不樂水，遇汕輒來依。溪邊蓑笠翁，智深魚莫知。網罟既不設，釣竿亦罷攜。蕭然徒手來，一一收無遺。幽人買魚食，心亦憐魚癡。蚤知烹割苦，寧如在流澌。世人豈異此，外物常見羈。好在李斯犬，當觀莊子犧。（同上）

李　光二首

【辛未歲旦用蘇子由韻成兩詩寄諸子姪之一】朋遊族黨死生分，老壽今居第一人。予辛酉冬南行，城中老朋友如韓似夫、王從道、陸元鈞，本房兄弟德充、舍弟元發、堂兄孚先、民先、介之皆物故，獨堂兄去華無恙，今八十矣。松竹飽經炎海瘴，柳梅空想越溪春。身行九折心無轉，息住三田氣自新。白晝漸長窗日暖，始知義馭解停輪。

【同上之二】頻把光陰惜寸分，十年閲盡世中人。衰容暗換圖中象，和氣潛回海底春。香裊金爐沉水暖，茶烹石鼎乳泉新。儋崖産沉香。天慶觀乳泉，東坡有賦。丹元息息添真火，肯使空花翳五輪。目有五輪：謂血、氣、水、金、瞳也。見《九仙經》。（《莊簡集》卷五）

喻良能

【元日追次東坡和子由省宿致齋韻】五十之年又過三，依然白髮照青衫。年來大起山林興，任達從教笑阮咸。（《香山集》卷十四）

姜特立

【辛亥夏余將廣舊廬偶讀欒城李方叔新宅詩篇是時子由方治第有余年七十無住著屋成可作十年客之句感而賦之】潁濱七十無住著，我室初成四十七。前賢蚤達尚如斯，我已多公五千日。屋成作客可十年，此老八十終斯言。我今追公尚一紀，來日盈縮猶茫然。製衣起屋俱犯戒，無屋無衣兩爲大。世間萬事且隨緣，運海巢枝俱一快。（《梅山續藁》卷三）

汪晫五首

【次韻李明府上事初謁登源廟用蘇黄門韻見示】緩引前訶度嶺巔，真祠猶鎮舊山川。懸知幽德如存日，更有孤忠合老天。雙炷爐香祈一稔，兩詩題詠播千年。民安善政神應喜，桑蔭兒童犢背眠。（《康範詩集》）

【次韻李明府追和蘇黄門鸂鶒池】池上先生詩句香，得公詩句更揄揚。精神相對陳圭瓚，意氣潛交治鏌將。賢令舊容老文學，先文學登文定蘇公之門甚久。山農今見謫仙郎。百年剩喜風流續，未有名禽首屢昂。（同上）

【次韻李明甫追和蘇黄門鸂鶒池】無穢水常浄，忘機鳥自馴。重來圓宿夢，因省是前身。尤物遺靈在，珍毛薦瑞頻。何當還抱子，池上啄游鱗。（同上）

【過西園視豁然亭舊址景仰蘇黄門有感用其留題韻示五弟八弟】西風落葉滿空山，懷古情悰每愴然。詩句尚傳人化鶴，危亭何在草生烟。披尋舊址營華構，追繼當時醉玉船。要爲故家復遺業，當知此舉合爲先。（同上）

【遊翠眉用蘇黄門子由韻】黛拂娥眉兩月彎，虚亭著與小三間。吾翁先見如樗里，此地本先世聚葬之地，今亭旁多丘墓也。此老遺思比峴山。千仞遠峰和我瘦，一庭芳香伴春閒。登臨涕落當年事，不見仙人玉雪顔。（同上）

陳元晋

【胡文昌和東坡子由彭城月詩併緑滄庵新州以所和見示索和】滄庵眼似坡仙高，眇視軒冕如秋毫。忠臣要作社稷計，那知平陸生風濤。當時蓋亦輕餘子，富貴轉頭真逝水。汗青不朽姓字香，百世聞風尚興起。函關正要封泥丸，金陵王氣開龍蟠。一書乞借尚方劍，搢紳環睨心爲寒。要扶鑾駕還都汴，鼎鑊在前顔不變。低頭辨了著南冠，斂手笑還丞相板。飛鳶跕跕古錦山，氣老益壯窮益堅。銀河流空月照地，肺肝洞作冰玉看。緬懷坡仙亦大好，詩比離騷興香草。持杯滿滿賀素娥，嶺海百年逢二老。聞孫趾美德不貧，清文高節猶前人。何當佳話重拈出，只慚授簡梁園客。（《漁墅類稿》卷七）

元

劉詵

【送蕭公著隨父入京】鄉帥蕭公百代名，子孫奕葉更多英。山河勝覽先蘇轍，政事長書待賈生。寶硯縱横催殿對，錦帆唱和記江行。懸知祖帳南歸日，細馬青緺出帝城。（《桂隱詩集》卷四）

胡助

【黄樓懷古三首之二】我懷蘇子由，嘗宿逍遥堂。中夜聽風雨，對牀如故鄉。平生友于樂，江海真難忘。臨分出苦語，愛篤情婉傷。長公不忍讀，悽然攪中腸。人豈無兄弟，誰共千載光。當時此盤薄，德星聚煌煌。坐中老文學，里人陳履常。（《純白齋類稿》卷三）

明

方孝孺

【次韻兄調弟希政并柬鄭叔度二首之一】百年喬木陰當户，五畝幽居水映茅。好古喜尋遺老問，避喧

懶與貴人交。從兄受學慚蘇轍，與弟分財笑薛包。孝友傳家得無愧，聚蚊免使退之嘲。（《遜志齋集》卷二十四）

陳獻章

【對菊】我貌不如蘇潁濱，秋風華髮已盈巾。有錢不買重陽醉，籬下黄花也笑人。（《陳白沙集》卷五）

李東陽二首

【彭學士先生所藏劉進畫魚（節録）】問渠類象誰指示，或者神授非人謀。畫圖貴似不必似，卻恐有意傷雕鎪。擬將天地作畫笥，此語吾傳蘇子由。江湖茫茫隔塵土，吾欲遠掛珊瑚鉤。臨淵之羨亦徒爾，況乃物幻無停眸。詩成日暮酒半醒，蕭蕭落木高堂秋。（《懷麓堂集》卷七）

【楊少卿廷儀歸省成都石齋閣老以長卷見屬請紀其事少卿予己未所舉士也】五色文章使我驚，十年京國愛君情。袁卿奉職先郎署，蘇轍傳家有父兄。城上花明新衣錦，橋邊人指舊題名。誰言蜀道如天遠，萬里星槎自在行。（同上卷五十九）

程敏政

【遊普照寺觀石鏡相傳黄巢過此照其形爲異類因縱火焚之久乃復明蘇子由宰績溪日嘗有留題石刻今

不存矣】高崖直下如削鐵，不識何年鬼工截。巧令中有鑒光寒，萬古照人長不滅。緑苔半鎖蒼藤封，霧雨不晦天然銅。禪家意巧作幻境，隣近便起空王宫。泗濱浮石曾充磬，明者何妨堪作鏡。玉藴山輝古則然，此論行時衆方定。頗聞巢賊窺山城，虐燄一日昏其明。殺心久已變豹虎，何怪照出非人形。我來適當春雨後，老僧立話徘徊久。小蘇舊蹟今已亡，惟有遺詩在人口。東風蕭蕭吹瘦顔，笑復摩挲對面看。山靈可解知人意，照見胸中一寸丹。（《篁墩文集》卷七十）

王守仁

【雪巖次蘇潁濱韻】客途亦幽尋，窈窕穿谷底。塵土填胸臆，到此方一洗。仰視劍戟鋒，巑岏頽有泚。俯窺蛟龍窟，匍伏首如稽。絶境固靈秘，兹遊實天啓。梵宇遍巖壑，簷牙相角觝。山僧出延客，經營設酒醴。道引入雲霧，峻陟歷堂陛。石田惟種椒，晚炊仍有米。張燈坐小軒，矮榻便倦體。清遊感疇昔，陳李兩昆弟。侵晨訪舊跡，古碣埋荒薺。（《王文成全書》卷二十九）

佘翔

【登蘇子由讀書堂】鏡中荷葉緑離離，夾岸如雲楊柳枝。不見風流蘇博士，高山猶自仰峨眉。（《薜荔園詩集》卷三）

清

查慎行

【歸宗寺次潁濱先生舊韻】遥瞻孤塔近聞鐘，又到金輪第一峰。五老烟霞猶在眼，六朝風景獨留松。寺爲王右軍捨宅。鵝池細合簾泉派，鸞水凉分茗盌供。歷徧名藍兹最古，夕陽簾閣影重重。（《敬業堂詩集》卷十五）

王士禄

【次貽上用坡公東府雨中别子由韻見寄】客秋自汴上省覲，維揚貽上被檄將有秣陵之行，僅對牀一宿，乃與同舟至真州，南郭而别。比余北還，貽上尚未畢役歸也。今年春，貽上用坡公《東府别子由》韻作詩見寄，讀之淒然，未及和答。比在幽縶，言念聚散，感慨不能已已。遂次韻寄之，並示禮吉叔子。白沙洲畔樹，年時記别汝。歲晚江城陰，風淒如欲雨。去當南雁時，不待雁同歸。離居復多難，徒爾思前期。歎息重歎息，兄弟等過客。幾番約連牀，欻若湘靈瑟。秋來雁又飛，題詩附爾行。晨風零雨外，脈脈十年情。（《晚晴簃詩匯》卷二十六）

謝濟世二首

【丙午十二月初七日下獄次日得旨發軍前效力贖罪感恩述事次東坡獄中寄子由韻寄從弟佩蒼實夫之一】嚴霜初隕陡回春，留得衝鋒冒鏑身。綸綍乍傳渾似夢，親朋相慶更爲人。敢愁弓劍趨戎幕，已免鋃鐺禮獄神。早晚扶歸君莫慟，蹩跚勃窣亦前因。

【同上之二】尚方借劍心何壯，牘背書辭氣漸低。已分黄泉埋碧血，忽聞丹闕放金雞。花看上苑期吾弟，蘐樹高堂仗老妻。且脱南冠北庭去，大宛東畔駕蘭西。（同上卷五十八）

裘璉

【過筠州懷蘇子由】熙寧有蘇子，曾此監酒税。直言忤新法，炎方禦魑魅。獨醒不輟醴，白眼看天醉。東軒一嘯歌，山水日蒼翠。錦城與蜀江，嘉名良所賜。誰知陳州客，千古有餘喟。（同上卷五十九）

田夢月

【寄答太乙先生】秋風嫋嫋雁飛初，千里京華一紙書。史館聲名綦叔厚，文園消渴馬相如。扁舟半夜難乘興，杯酒經年歎索居。久闕報章非爲嬾，潁濱無計覓雙魚。（同上卷六十四）

趙翼

【元祐黨籍碑在桂林者今尚存沈魯堂太守搨一本見示援筆作歌】崇甯四年二月吉，臣京奉敕書黨籍。首編元祐終元符，所在郡司咸勒石。大書深刻何煌煌，執政待制分班行。聿從章相初定案，七十三人已濫觴。子瞻儋州子由雷，分地各就名偏旁。玆更增列三百九，直空人國無留良。歿者追奪生者竄，並禁子孫仕朝堂。兼有曾持紹述議，亦得附驥分餘光。問胡作此一網計，衆正登朝我將棄。遂甘鑄鐵錯竟成，肯令死灰焰重熾。翦除異己期必盡，威福横行乃無忌。太師原是一魔君徐神翁語，見《錢氏私誌》，謬託左元仙伯位林靈素謂京爲左元仙伯，見《家世舊聞》。龍腦煙浮别院香京焚香從别室透入，見《悦生隨鈔》，鶉羹命賤行廚味京好食鶉，夢鴻乞命。見《虚谷閒鈔》。比鄰侍女知避名薛肇明家婢知避京諱，見《燕閒常談》，天子姻家親賜醉見《太清樓侍宴記》。回視南遷諸黨人，瘴雨蠻煙葬無地。窮荒僦屋方坐愁，相府歌鐘正得意。豈知公道昭日星，錮之愈力名愈馨。朝端枉矜九州鼎蔡確等鑄鼎列司馬光諸人金人，入碎之，天下已誦千佛經黨碑刻，國子監有人題曰：「千佛名經」，見朱弁《曲洧舊聞》，磨礲貞石妙鐫刻，翻似爲作功德銘。嗚呼權奸所争亦細故，祗此目前富貴具。庸知數十年榮華，不過蜉蝣一日暮。何苦抵死仇正人，徒供千載嬉笑怒。冰山他日況崩摧，白頭也赴長沙路。桃花三樹詔勒回（京妾慕容、刑、武氏三人隨南行，有旨追取，以金人指索也。見王明清《揮麈録》），東明佛鐙黑如霧京死於長沙東明寺，見《錢氏私誌》。一樣投荒作逐臣，剩比諸賢多臭腐。相傳星變已毀碑，此碑何以完無虧。

想因桂管地僻左，深巖無人施斧椎。碑陰不鐫刻工某，毋乃亦是安民爲。沈侯好古搨一紙，鐵畫銀鉤壇絶技。一點金鋒雖兆亂（京書玉清宫額，玉字一點極險急，有道士曰：「此點乃金筆，而鋒鋩侵王。」見《老學庵筆記》），臨池功深物秀美。惜哉若亦作清流，故自不減蘇黄米。（同上卷九十）

邵希曾

【閲從孫懿辰童試諸藝斐然可觀率成志喜用坡公賀子由生孫斗老韻兼以勖之】畏景苦炎蒸，風亭思櫛沐。佳文來穉孫，急披若新浴。老眼忽一明，細書耐三復。理法頗愜心，精神亦滿腹。山公曰馨兒，韓門數高足。出語驚長老，翹秀動凡目。不作巨川舟，定是豐年玉。念昔爾高曾，德累膏加沃。莫學癡伯翁，官同魚上竹。業精無過勤，學優端在熟。積書如積金，能使要能讀。勿局管中窺，當穿垣外矚。麟角果然成，鼇頭不難卜。吾宗久未振，汝志毋待督。（同上卷一百七）

王以銜

【秋日晚眺有感二首之二】四海朋儔一子由，豪吟風雨鳳城秋。文章漫詡蓬池鱠，身世原殊閣道牛。徐邈百杯頻中聖，杜陵萬卷傲封侯。騎鯨一去憑誰問，蕭颯商飆白雪樓。（同上卷一百九）

陶　梁

【立夏前一日雨中柬子壽用東坡微雪與子由同訪王定國小飲清虚堂韻】江流繞岸鋪平沙，戍樓鼓角朝開衙。文書粗了須痛飲，餞春已到荼蘼花。黄州移節過三載，歸田無計官爲家。乍漲慣看溪浴鷺，曉晴早盼林喧鴉。近病臂指字欹側，偶吐胸臆詞滂葩。故人投贈語鄭重，技癢不啻煩梳爬。腸瘦或因飽細筍，詩清詎爲嘗新茶。連篇累牘和雜沓，郵筒忽遞門頻撾。稻粱俯仰足生計，飛鴻遠渚休咨嗟。西山寒溪有舊約，且呼小艇尋煙霞。(同上卷一百十九)

謝應之

【唐襄文讀書樓歌(節録)】經義溯源在北宋，勝朝取士神機用。前有守溪後震川，先生竝峙成三人。半山潁濱此正傳，思泉精詣難比肩。古文亦稱大作手，但恨詞氣猶傷繁。分宜當國竊權柄，鈐山文序滋浮言。泉石百年幾易主，此人此樓共千古。(同上卷一百二十九)

彭洋中

【聽雨圖爲鄧四丈湘皋題】嗟余久負聯牀約，對此茫茫百感生。巖穴待尋招隱地，波濤何似在山清。百年聚首幾風雨，四海知心兩弟兄。今日相逢潁濱老，淒涼猶是説彭城。(同上卷一百三十二)

錢泰吉

【衎石兄自大梁書院用東坡聞子由瘦韻見寄次答】十年安坐髀生肉，未至舉家常食粥。講堂夜飽散學徒，静看簷楹掠蝙蝠。性情但覺漸疏慵，嗜好焉能别流俗。吾兄手書時一開，寶之不異徑尺玉。遥天相望隔銀河，古寺何年訪金粟。會須海上聚沙鷗，共住山中友麋鹿。元方將車季持杖，那用紅塵走騶僕。兒曹謹厚賴家風，待效伯高嗤刻鵠。（同上卷一百三十四）

倭仁

【題平壤快哉亭】風光最好傳平壤，一夕星軺此暫停。東去江流千頃碧，西來山擁四圍青。故人天末留詩句，美景簷前列畫屏。何必潁濱誇勝蹟，蘇家獨有快哉亭。（同上卷一百三十五）

吴存義

【宋都酒務印詩用甘畸人自題原韻（節録）】酒官雖苛嬈，轅南轍可北。潁濱監筠州，風謂至今憶。譬挽狂瀾舟，寸心識斗極。於物儻有濟，醨薄亦聊即。轉眼如風鐙，酤户埋荆棘。誰歟麴院來，姓氏翳闃寂。劫灰破塊尋，剩水抱蠡測。咄咄青緺中，摩挲勝服匿。（同上卷一百四十二）

李鴻章

【入都十首之八】黄河泰岱勢連天，俯瞰中州一點煙。此地儘能開眼界，遠行半爲好山川。陸機入洛才名振，蘇轍來游壯志堅。多謝咿唔窮巷士，殘年兀坐守遺篇。（同上卷一百四十九）

張炳堃

【用東坡寄子由詩韻寄二兄五兄】無計還山且少留，只憑書問説幽憂。已將少壯供離別，賸把殘年約釣遊。聽夜雨時須對榻，有垂楊處要登樓。羈禽可有歸飛意，浩蕩惟應趁白鷗。（同上）

方濬師

【聞子箴兄入覲北上用子由中秋見月寄子瞻詩韻奉懷】涼秋夜静天宇高，朝天使者拈吟毫。吟成對月發遐想，銀河耿耿疑飛濤。我從嶺南别天子，七載光陰若流水。炎荒迢遞望京華，烹茗懷君中夕起。起開硯篋磨墨丸，墨池黑訝癡蛟蟠。手揮箋牘倩誰寄，鼕鼕衙鼓聲清寒。燕薊風塵異淮汴，十丈輭紅素衣變。重携舊曲譜《霓裳》，當筵年少停歌板。請君更話三神山，巨鼇首戴千鈞堅。蓬萊瀛洲近咫尺，拄笏笑向東溟看。豸冠巍峨容色好，獻書尚記臺中草。聖主端知蔡挺愨，淮陽詎使汲黯老。年來金穴不改貧，宦遊我亦同心人。彩雲環繞冰輪出，鎖闈卻憶長安客。（同上卷一百五十四）

張佩綸

【曼農省余塞上同游雲泉寺爲別用東坡與子由同游寒溪西山韻】故山菘蕨無一畦，全家飄泊軍都西。少游下澤合鄉里，爲我長輻漾深泥。且尋泉脈洗塵壒，村沽不假尊罍携。橫沙亂水紛到眼，但有驚雁無閒鷖。積年殘雪尚封竇，昨夜急雨初鳴溪。柳不知春況三暑，羲輪摧凍聲玻璃。嗟我肝脾伏炎瘴，忘歸决占寒巖棲。野僧乞句已滿壁，藏貍讓窟將成蹊。鬚眉漸改語音變，子勿見追徒慘凄。阿奴歸去更碌碌，莫更疏直遭排擠。臨分苦語豈浪出，懲羹未可疑吹齏。萬羊鞭叱盡成石，醒來落月圓如圭。（同上卷一百六十五）

黄家鼐

【寒食寄懷仲兄用子由寒食前一日寄子瞻韻】禁火遺風久寂然，家書惆悵阻烽煙。炎方瘴毒驅難盡，蠻語侏儷習漸便。鴻雁分飛空望遠，蟲魚箋釋未成編。遥知潘縣勤農政，春雨扶犁看力田。（同上卷一百七十九）

顧太清

【歲暮寄仲兄用東坡和子由苦寒見寄韻】雪後北風起，歲暮臨新年。言念客中人，何日方當還。旅食恐不周，多病凋豐顔。一月兩寄書，一書五六篇。告我客中事，略有好因緣。縣令與之游，我聞心喜歡。吾兄本書生，所餘惟青氈。明哲貴保身，思退慎進前。出處各有時，請看墀與壖。樂道毋憂貧，仰不愧於天。且待春風至，萬物同新鮮。寄以敝狐裘，副以蒼玉鐶。翹首望南雲，新雁將北旋。（同上卷一百八十八）

劉文嘉

【大雪送式三弟沙市歸省用東坡鄭州別子由韻】別酒欲傾愁兀兀，客子聽雞待月發。陟屺無辭行路難，肯使倚閭悲寂寞。咫尺天涯言笑隔，行跡旋看雪花没。嚴冬于役愁衣薄，舟楫馬蹏銷歲月。行人嗟歎農人樂，雨雪載塗寒惻惻。從來志士恥温飽，轉眼百年易悠忽。起登高閣望歸人，人去江空景蕭瑟。莫因惜別慘離顔，早去娱親供子職。（同上卷一百九十一）

（六）詩文輯佚

佚　詩二十六首〔一〕

【絶勝亭】夜郎秋漲水連空，上有虚亭縹緲中。山滿長天宜落日，江吹曠野作驚風。爨煙慘澹浮前浦，漁艇縱横逐釣筒。未省岳陽何似此，應須子細問南公。（本詩據蘇軾《東坡文集》卷六十四《書子由絶勝亭詩》、清黄廷桂《（雍正）四川通志》卷三十九「蘇轍絶勝亭詩」條輯出。）

【留題仙都觀】道士白髪尊，面黑嵐氣染。自言王方平，學道古有驗。道成白晝飛，人世不留窆。後有陰長生，此地亦所占。并騎雙翔龍，霞綬紫雲擔。揚揚玉堂上，與世作豐歉。（本詩輯自宋黄善夫家塾刊本《王狀元集百家注分類東坡先生詩》卷五《留題仙都觀》林子仁注引。）

〔一〕以下詩均爲蘇轍《欒城集》等失載，編者依據欒貴明先生《蘇軾、蘇轍集拾遺》、劉尚榮先生《蘇轍佚著輯考》、陳宏天、高秀芳《蘇轍集》（中華書局點校本）及高秀芳、吕桂珍、劉尚榮三位先生整理的《全宋詩·蘇轍》部分、曾棗莊、馬德富先生《欒城集》（上海古籍出版社點校本）進行重新的編輯和核查原書，如未能找到原書則採用上述各本原校記。同時我們也借鑒了胡建升、楊茜《蘇轍佚詩辨僞》等辨僞成果，進而研究或取或捨，在此謹致謝忱。我們自己也有《蘇轍詩文輯佚考辨》、《〈初春游李太尉宅東池〉非蘇轍作考辨》等辨僞成果。

【寇萊公】人知公惠在巴東，不識三朝社稷功。平日孤舟已何處，江亭依舊傍秋風。（輯自宋王象之《輿地紀勝·荆湖北路·歸州·巴東詩》）

【遊三遊洞】昔年有遷客，携手醉嵌巖。去我歲三百，遊人忽復三。（輯自宋黄善夫家塾刊本《王狀元集百家注分類東坡先生詩》卷一《遊三游洞》林子仁注引。）

【次韻仇池冬至日見寄】身如草木順陰陽，附火重裘百日强。漸喜微和解凝烈，半酣起舞意倉忙。吾兄去我行三臘，千里今宵共一觴。世事只今人自解，苦寒須盡酒如湯。（本詩下相關「仇池」三首皆輯自宋蒲積中《古今歲時雜詠》卷四十。）

【四月二十八日新熱寄仇池】細莎爲屨如編鬚，輕葛爲服如剪莩。寒泉灑屋朝露濡，霜簟可薦机可扶。風鳴牖間如吹竽，此雖有暑宜亦無。庭前峻山槎之餘，盆中養鮲大如魚。荻生抱甲未見膚，蔓起上屋將懸壺。麥苗高齊可藏烏，此雖非野僅亦如。兄居溪堂南山趺，濯足溪水驚雁鳧。澄潭百丈清無淤，將往思我立踟躕。東軒鄙陋何足居，欲行不行繫轅駒。

【六月十三日病起走筆寄仇池】入伏節氣變，翛然如九秋。牆上有短樹，庭下風颼颼。風來吹我衣，虻蚋各已收。移牀就堂下，仰見月成鈎。但與支體快，不作腑臟謀。半夜起寒熱，展轉脱水鮋。藥劑失先後，欲速反見留。不免召楊子，把臂揣厥由。笑我冷治冷，徒爾苦舌喉。授我桂與薑，乃始與病投。逾旬不出户，映牖披重裘。遥聞南山下，不與他土侔。山寒雪不解，清氣晝夜浮。餘冷入市城，煩熱遭濯漱。況乃郡齋静，滿地貯清流。露濕荷葉净，月上松柏幽。牆頭白楊樹，秋聲無時休。

夜蜩感寒氣，上樹鳴啾啾。野鶴弄池水，落拍翅羽修。此處雖可愛，慎勿恣意游。凡人愛涼冷，涼冷乃熱讎。試掃北窗下，静卧卻所憂。屏扇去冰雪，虚室風自油。歲熱强自厚，良藥彼有不。

【次韻子瞻留題石經院三首之一】岧嶤山上寺，近在古城中。苦恨河流遠，長教目力窮。

【同上之二】盤曲山前路，流年向此消。興亡須一弔，范老卧山腰。

【同上之三】孤絶山南寺，僧居無限清。不知行道處，空聽暮鐘聲。（此三首據中華點校本附《蘇轍佚注輯考》據茅維編《蘇文忠公全集》卷六十八《記子由詩》補，標題爲輯佚者所加。）

【睢陽五老圖】賢才冠世得優閑，免向金門老賛冠。頌德華名盈滿軸，規章文獻表穹桓。宦家有道生忠烈，夷夏初寧諫齒寒。正是紫微垣裏客，如今列上畫圖看。（輯自清《御定歷代題畫詩類》卷四十一。）

【上元後一日觀燈寄王四】城頭月減一分圓，城裏人家萬炬然。紫陌群游逢酒住，紅裙醉舞向人妍。且爲行樂終今夕，共道重來便隔年。遥想猖狂夜深處，河沙飛水濕歸韉。（輯自宋蒲積中《古今歲時雜詠》卷八。）

【題李十八黄龍寺畫壁】胸次峥嶸落筆端，壁題留與老夫看。枯槎尚倚春風力，蒼竹從來自歲寒。（輯自宋孫紹遠《聲畫集》卷八。）

【金沙臺】待罪東軒僅兩秋，榷酤事了且夷猶。獎崇善類詢輿論，過訪仁賢棹小舟。契合通家心異姓，情敦同氣邁凡流。金沙臺上聊舒樂，即景題詩閤酒甌。（輯自清黄廷金同治《瑞州府志》卷二十二。）

【張公洞】亂山深處白雲堆，地坼中空洞府開。藹甕有天含宇宙，瑶臺無路接蓬萊。金芝春暖青牛卧，珠樹月明黄鶴回。此日登臨興何限，春風吹綻碧桃腮。（輯自沈敕《荆溪外紀》卷七。）

【和子瞻和陶雜詩十一首之一】時有赦書北還。大道與衆往，疾驅祇自塵。徐行聽所之，何者非吾身？卻過白鶴峰，雞犬來相親。築室依果樹，有無通四鄰。安眠豈有足，良夜惟恐晨。晨朝亦何事，倦對往來人。

【同上之二】莫言三謫遠，歸路近庾嶺。誰憐東坡窮，垂老徙此景。幸無薪炭役，豈念冰雪冷？平生笑子厚，山水記柳永。孜孜苦懷歸，何異走逃影。吾觀兩蠻觸，出縮方馳騁。百年寄龜息，幸此支牀静。

【同上之三】我來適惡歲，斗米如珠量。何時舉頭看，歲月守心房。念我東坡翁，忍飢海中央。願翁勿言飢，稷卨調陰陽。玉池有清水，生肥滿中腸。

【同上之四】故山縱得歸，無復昔遺老。家風知在否，後生恐難保。似聞老翁泉，曾作泥土燥。窮冬忽涌溢，絡繹瓶瓮早。此翁終可信，明月耿懷抱。從我先人游，安得不聞道？老翁泉在先人墳下。

【同上之五】幽憂如蟄蟲，雷雨驚奮豫。無根不萌動，有翼皆騫翥。嗟我獨枯槁，無來孰爲去？念兄當北遷，海闊煎百慮。往來七年間，信矣夢幻如。從今便築室，占籍無所住。四方無不可，莫住生滅處。縱浪大化中，何喜復何懼？

【同上之六】嘗聞左師言，少子古所喜。一兒從兩父，服辱了百事。佳子何關人，自怪餘此意。看書時獨笑，屢與古人值。他年會六子，道眼誰最駛？衣鉢儻可傳，田園不復置。

【同上之七】舜以五音言，二《雅》良褊迫。變《風》猶井牧，驅人遂阡陌。周餘幾崩壞，況經甫與白？

崎嶇收狂瀾，還付濫觴窄。二《莊》涇渭雜，恐有郭象客。壁藏待知者，金石聞舊宅。

【同上之八】大道如衣食，六經所耕桑。家傳《易》《春秋》，未易相秕糠。久種終不獲，歲晚嗟無糧。念此坐嘆息，追飛及頹陽。天公亦假我，書成麟未傷。可憐陸忠州，空集千首方。何如學袁盎，日把無何觴。

【同上之九】五年寓黄閣，盛服朝玄端。愧無昔人姿，謬作奇章選。牛僧孺亦貶循州。還從九淵底，回望百尺巔。身世俱一夢，往來適三餐。天公本無心，誰爲此由緣？從今罷述作，盡付《逍遥》篇。

【同上之十】吾兄昔在朝，屢欲請會稽。誓將老陽羨，洞天隱蒼崖。兄已買田陽羨，近張公、善卷兩洞天。時事乃大謬，寧復守此懷？區區芥子中，豈有兩須彌？舉眼即見兄，何者爲別離？尻輿駕神馬，孰爲策與羈？弭節過蓬萊，海波看增虧。

【同上之十二】紅爐厄夏景，團扇悲秋涼。來鴻已遵渚，去燕亦辭梁。冰蠶懷凍藪，火鼠安炎鄉。曲士漫談道，夏蟲豈知霜？物化何時休，嘆息此路長。（此十一首據中華點校本附《蘇轍佚注輯考》據台灣微縮膠卷自宋黄州刊本《東坡先生和陶淵明詩》卷三附鈔録。）

聯句二則

【大雨聯句】庭松偃蓋如醉，程夏雨新涼似秋。楊齋有客高吟擁鼻，軾無人共吃饅頭。轍（《東坡文集》卷六十八《大雨聯句》）

【嘲僧聯句】玉筋插銀河，軾紅裙蘸碧波。佛印更行三五步，浸著老僧窠。轍（舊題蘇軾《問答録》）

殘句四則

【其一】楚塞多秋水，荆王有故宫。……湘東晋宗子，高氏楚元戎。鑿沼長千尺，開亭費萬工……（《王狀元集百家注分類東坡先生詩》卷三《渚宫》林子仁注引）

【其二】無山得似巫山秀，佛印何水能如河水清。（舊題蘇軾《問答録》）

【其三】謂語巴東人，世世當諱準。巴東（宋王象之《輿地紀勝·荆湖北路·歸州·巴東詩》）

【其四】仿佛城南路，繁香撲市橋。小桃源（明曹學佺《蜀中廣記·名勝記第十二·上川南道·眉州》）

存疑二首

【次韻程相公以柳湖久涸輒引蔡水溉注感而成詠二首〔一〕之一】鱗鱗沙脚出平湖，一噴珠璣碧有餘。依歸鏡中横紫閣，卻從天外望仙閭。粉花又結青蓮子，金尾還跳赤鯉魚。自惜支離苦爲病，重來應共酒杯疏。

〔一〕本詩欒貴明先生《拾遺》及中華本、上古本輯佚皆收録，但編者在《蘇轍詩編年箋注》中卻無法進行編年，故無法確定其是否爲蘇轍所作，暫存疑。

【同上之二】老魚呴鬣困無津，鑿破靈河漲舊漬。明月還從沙渚見，紅塵卻傍柳堤分。急泉垂下長虹尾，駴浪飛來白鷺群。范蠡如聞應更愛，解摇雙槳入西曛。（《永樂大典》卷二千二百六十六引）

詞二首

【水調歌頭】徐州中秋〔二〕：離别一何久，七度過中秋。去年東武今夕，明月不勝愁。豈意彭城山下，同泛清河古汴，船上載《涼州》。鼓吹助清賞，鴻雁起汀洲。坐中客，翠羽被，紫綺裘。素娥無賴，西去曾不爲人留。今夜清樽對客，明夜孤帆水驛，依舊照離憂。但恐同王粲，相對永登樓。（元阜草堂刻本《東坡樂府》卷上）

【漁家傲】和門人祝壽：七十餘年真一夢，朝來壽斝兒孫奉。憂患已空無復痛，心不動，此間自有千鈞重。蚤歲文章供世用，中年禪味宜天縱。石塔成時無一縫，誰與共？人間天上隨他送。（宋蘇籀《欒城遺言》）

〔二〕上古本曾棗莊先生按：蘇軾《水調歌頭》（安石在東海）叙云：「余去歲在東武作《水調歌頭》，以寄子由。今年子由相從彭門百餘日，過中秋而去，作此曲以别。」《歷代詩話》誤「此曲」爲蘇軾作，實爲蘇轍所作。

佚　文八十三篇〔一〕

【君子泉銘】〔二〕并叙（殘存叙）孟君亨之，篤學而力行，克有常德，信於朋友，一時皆稱之曰：「此君子也。」因號之孟君子。君通守齊安，其圃有泉，旱不加損，水不加益，因名之曰「君子泉」。（輯自宋刊《百家注分類東坡詩集》卷二十三《孟震同遊常州僧舍》注。）

【致子璋秘丞帖】轍啓：出京匆草，不獲再奉違。倏忽累月，曷勝馳仰。遞中辱示手教，伏承履此新涼，起居殊勝，至慰至慰！轍到此幸無恙。學中全無職事，疏懶日甚。但患違去親舊，無與往還

〔一〕以下文均爲蘇轍《欒城集》失載，編者依據欒貴明先生《蘇軾、蘇轍集拾遺》、劉尚榮先生《蘇轍佚著輯考》、陳宏天、高秀芳《蘇轍集》（中華書局點校本）及四川大學古籍所整理的《全宋文·蘇轍》部分、曾棗莊、馬德富先生《欒城集》（上海古籍出版社點校本）進行重新的編輯和核查原書，如未能找到原書則採用上述各本原校記進而研究或取或捨，在此謹致謝忱。文篇排列順序依照《蘇轍文編年箋注》。

〔二〕中華點校本云：案：查慎行《補註東坡詩集》卷二十五引《鐵網珊瑚》云：余謫居黄州，通判承議郎孟震字亨之，頗與余相善。光州太守曹九章以書遺余曰：朝中士大夫謂之孟君子。震，鄆人，及進士第。宇中有一泉甚清，余因名之君子泉，而子由爲之記。元豐六年十一月七日記。又案：《蘇詩文集》卷六十六《書子由君子泉銘後》題注云：「孟君名震，鄆人，及進士第，爲承議郎。」正文云：「子由既爲此文，余欲刻之泉上。孟君不可，曰：『名者物之累也。』乃書以遺之。元豐六年十一月九日題。」

耳。未卜會面，惟順候自重。不勝區區，謹奉手啓布謝。不宣。轍再（拜）子璋秘丞仁丈執事。七月廿四日。（輯自臺北故宫博物院藏此貼。）

【湖口帖】轍啓：久留府中，蒙眷甚厚，因得頻接譏語，至幸至幸。奉違數日間，伏計尊候安勝。轍舟至湖口，風雨不止，泊於西岸已三日矣。旦暮稍霽即行，益遠左右，千萬爲國順時珍重。謹奉手啓爲謝，不宣。轍頓首再拜知軍大夫徐丈執事，十六日。（輯自《寶真齋法書贊》卷十二。）

【與王文玉書四首之一】〔一〕伏蒙賜教，恩勤曲折，有骨肉之愛，蒙世不比數，何以奉承此歡，懷藏愧感，大不可言。累日聒聒溷煩，仰荷眷與，不見瑕疵，又飲食之，及其行，餉酒分醯，蒙被無已之惠，益多愧耳。謹奉狀稱謝。春寒，伏冀調護眠食，以須寵光。（本篇輯自《五百家播芳大全文粹》卷六十四。又見《宋代蜀文輯存》卷二十。）

〔一〕《全宋文》收在蘇軾條下，并加按語云：考蘇軾一生，江行過池州者凡三。一爲元豐七年自黄州移汝州，一爲紹聖元年赴惠州途中自金陵過此，一爲建中靖國元年北歸時過此。三者皆非春季。此簡云及「春寒」，疑非軾作。查《永樂大典》卷二三九九所引《蘇潁濱年表》：元豐七年九月，蘇轍除績溪令，是年「除夜宿彭蠡湖」，八年春，經廬山赴績溪就任。赴任途中即經池州，《欒城集》卷一三有《至池州贈陳鼎秀才》詩。與簡所云之季節相合，疑此簡爲轍此時所作。又，蘇轍元豐三年五月，嘗過池州，爲州守滕元發《蕭丞相樓》詩，見本編《題子由蕭丞相樓詩贈王文玉》。亦非春季。

【同上之二】〔一〕道出貴郡，乃獲淹觀風度，實慰從來。伏蒙大雅開接甚厚，小人何以得此！薄晚奉被賜教承問，幸甚。拙於謀生，至煩地主餉米，感愧。匆匆稱謝。不宣。（輯自《五百家播芳大全文粹》卷六十四。又見《宋代蜀文輯存》卷二十。）

【同上之三】〔二〕經宿，伏惟尊侯萬福。比來奉承，勤款教諭，屬以風静江平，伯氏堅約來日解舟，不審能曲聽否？得指揮，今日得券給米，來旦得護兵聽行，以慰伯氏之意，何幸如之。謹咨稟左右，惶恐惶恐！（輯自《五百家播芳大全文粹》卷六十四。又見《宋代蜀文輯存》卷二十。）

【同上之四】〔三〕昨夜風静，遂解舟泊清溪口。道遠，不能入城觀隨車歌舞之盛，徒對月舉酒，想見風度耳。經宿，不審尊侯何如？伏惟萬福。未申間泊銅官，古縣蕭索，尤思仰緒論。謹奉狀承動静，率易，惶恐！（輯自《五百家播芳大全文粹》卷六十四。）

〔一〕《全宋文》按語云：此簡乃承上簡而言，疑亦爲蘇轍所作而非軾作。
〔二〕《全宋文》按語云：此簡承第十簡而言，疑亦爲轍所作。
〔三〕《全宋文》按語云：此文中云「道遠不能入城」按，蘇轍過池州，並未入城，而蘇軾過此時曾入城，見本編《題子由蕭丞相樓詩贈王文玉》一文。疑亦爲轍所作。

【與辨才大師書】〔一〕績溪蒙恩召還，將自宣城沿大江以歸。家兄子瞻以書告曰：「不如至吴中。」迫于水涸，不能久留，十月八日游天竺。子瞻昔與辯才師相好，今隔南山，不得見，乃作三詩以寄之。（輯自《五百家播芳大全文粹》卷六十《尺牘·道釋》中，宋魏齊賢、葉棻編，宋刻百卷本。）

【送朝議戴公帖】朝議戴公，游宦蜀中，愛其風物，遂卜居成都。方未能歸，因其西遊，爲短篇送之。眉山蘇轍書。（輯自《式古堂書畫彙考》卷十，又見《珊瑚網》卷四、《六藝之一録》卷三百八十一。）

【别景福順長老書】自來高安，唯有二三長老相知，既又蒙公遠來相訪。方今南公門人，公爲第一。因此又識南公遺風，爲幸多矣。前日得告，當歸績溪，旦慕成行。不獲面違，悵仰無窮。凝寒，法候何如？更冀以道自重。（輯自《雲卧紀談》，續藏經第二編乙編第二十一套第一册。）

【與參寥大師帖】别後三承惠書，仍以佳篇爲贈，而未嘗奉答，雖見愛，亦當見訝矣。然實以家私多故，衮衮至此，非敢慢也。太虚書中具之，幸見亮耳。承寓高一精舍，彼有與往還，當甚爲樂，即日道體勝常。所示詩卷愈加精絶，但吟諷無已。拙詩猶未暇録，奉和一篇，殊無意思，取笑而已。因風尚

〔一〕中華點校本云：案：右簡當作於元豐八年（一〇八五）。該年八月蘇轍除秘書省校書郎，辭别績溪，繞道杭州赴京，寫有《寄龍井辯才法師三絶並叙》，見《欒城集》卷十四。詩叙内容同於右簡，其主要異文如：「不如至吴中」，詩叙作：「不如道歙溪，過錢塘，一觀老兄遺迹。轍用其言，既至吴中。」又「乃作三詩」作「乃作一小詩」。

無惜音問，千萬順時保愛。（輯自《五百家播芳大全文粹》卷七十）

【與王定國書九首〔一〕之一】轍啓：鄂渚之别，已半年餘矣。承舟御至京，日欲奉問，懶慢至今，愧仄愧仄！、先蒙枉教，具審履況安適。令子以下如宜，至慰至慰。故棲雖久不葺治，幽致故應在也。昔日交游，有在都下，可往來者否？示諭欲求江淮一官，於事爲宜矣。然何時復展晤？臨風依黯，倍冀若時自重。不宣。轍頓首，定國朝請老弟，六月十四日

【同上之二】轍啓：雪甚可喜，宴居應有獨酌之樂。區區書不能盡，轍頓首定國承議使君，廿三日。

【同上之三】承惠教，兒子相次上謁。轍上定國閣下。

【同上之四】轍啓：晴寒，履況清安。今晚有暇一訪，甚幸。不具。轍頓首定國使君仁弟，廿七日。

【同上之五】轍啓：晚來惠教，多荷多荷！許起居安勝。辱見訪，甚幸。不宣。轍頓首定國使君足下，廿七日。

【同上之六】轍頓首。昨日承訪别，計起居清安。來日果東否？張公書煩爲達之。春寒，千萬跋涉自重。不宣。轍頓首，知郡承議定國閣下。初五日。

【同上之七】轍啓。昨蒙見訪，復辱枉教。并以爲荷。陰寒，起居安勝。别幅所喻，極知相念之深，愧

〔一〕《全宋文》按語云：臺北故宫博物院所藏一啓，與此篇似爲一啓，但行文多不同，録以備考：「轍啓。晚來起居安勝，辱惠教，多荷多荷！許見訪，甚幸。不宣，轍頓首，定國使君足下。廿七日。」

刻愧刻！趙君文字已收，幸悉之。不宣。轍頓首，定國承議足下。昨本有少閑事，欲面議，偶忘之，因出見過，甚幸也。

【同上之八】轍頓首。累日不奉面，辱惠教。至荷，至荷。晴暖，起居佳安。匆匆，不一一。轍頓首，定國承議使君。五日。

【同上之九】轍啓：前日承訪，及辱惠教，多荷多荷！新晴意思稍紓，體中計佳安。匆匆，奉謝，不一一。轍頓首，定國使君弟。十九日，别紙示喻，具悉。自辯固無害，上下欲固守此道，天下之幸也。（本組其一輯自《寶真齋法書贊》卷十二。其二、其三、其四輯自《三希堂法帖》釋文六。又見《式古堂書畫彙考》卷十，《六藝之一録》卷三百九十三，《宋人法書》第二册，《秦郵帖》卷下。其五輯自《三希堂法帖》釋文六。又見《宋人法書》第二册，《秦郵帖》卷下。其六、其七、其八、其九輯自《石渠寶笈續編》寧壽宫藏第十。）

【與秦秘校帖二首之一】昨日辱迂步，迫晚，不果從容，良以愧感。新詩益清麗可愛，不肖何足以當之？欽佩欽佩。天寒欲雪，爲況佳否？

【同上之二】前日不果從容，承誨示，重感怍也。新詩飄然，益見高興，但不肖者頗愧虚辱耳。何時能再枉教，庶更卜清論也。傾企傾企。（此二首輯自《五百家播芳大全文粹》卷六十四，又見《宋代蜀文輯存》卷二十一。）

【與劉原之大夫帖二首之一】北歸至許已半年餘，但未嘗作都下相知書，故音問缺然，想不訝也。近承惠教，具審起居如宜。奉别之久，企仰何勝！千萬順時珍重，區區不宣。

【同上之二】先公深有謙德，不欲請謚，自是高節。朝廷不忘舊德，舉行典禮，亦是美事。君臣各伸其意，兩不相妨。至於原之内承先訓，不敢陳請；固有君命，不敢隱藏。行狀進退合禮，更無可疑。若考功再有命，當即録與也。況太常博士宋景年、考功高士英皆佳士，鋭意撰述，幸勿疑耳。宋、高二君當皆執筆者，恐悉。（此二首輯自《五百家播芳大全文粹》卷六十四，又見《宋代蜀文輯存》卷二十一。）

【安君文字帖】安君文字，今日已晚，來日督之。次海即催之。改中無復義理，可爲太息。（本篇輯自《石渠寶笈續編》乾清宫藏第八，又見《式古堂書畫彙考》卷十，《六藝之一録》卷三百九十三。）

【衙前帖】轍頓首：蒙别紙示諭，嘗有衙前食錢之請。朝廷比有成法，似與所陳不甚相遠。計能蚤與推行，實公私之利也。冗中奉答草略，恕察幸甚。轍頓首。（輯自《寶真齋法書贊》卷十二。）

【與提刑國博書】轍啓：頃承車馬按部，獲少奉談笑，殊慰傾瞻。奉違未幾，即日不審起居何如？轍幸此解罷，免於敗闕，皆出餘庇，感戴實深。未遑走謝左右，惶悚可量也。酷暑，千萬爲時珍重。謹奉手啓，不宣。轍再拜提刑國博執事。六月九日。（本篇輯自《三希堂法帖》釋文六。又見《六藝之一録》卷三百九十三。《宋人法書》第二册，《秦郵帖》卷下。）

【成都大悲閣記】〔一〕

大悲者，觀世音之變也。觀世音由聞而覺。始於聞而能無所聞，始於無所聞而能無所不聞。能無所聞，雖無身可也；能無所不聞，雖千萬億身可也。而況於手與目乎？雖然，非無身無以舉千萬億身之衆，非千萬億身無以示無身之至。故散而爲千萬億身，聚而爲八萬四千陀羅臂、八萬四千清浄寶目，其道一耳。

昔吾嘗觀於此，吾頭髮不可勝數，而身毛孔亦不可勝數。牽一髮而頭爲之動，拔一毛而身爲之變。然則髮皆吾頭，而毛孔皆吾身也。彼皆吾頭而不能爲頭之用，彼皆吾身而不能具吾身之智，則物有以亂之矣。吾將使世人左手運斤而右手執削，目數飛鴻而耳節鳴鼓，首肯傍人而足識梯級，雖有智者，有所不暇矣，而況千手異執而千目各視乎？及吾燕坐寂然，心念凝默，湛然如大明鏡。人鬼鳥獸，雜陳乎吾前；色聲香味，交遘乎吾體。心雖不起，而物無不接，接必有道。即千手之出，千目之運，雖未可得見而理則具矣。彼佛菩薩亦然。雖一身不成二佛，而一佛能遍河沙諸國。非有他也，觸而不亂，至而能應，理有必至，而何獨疑於大悲乎？

〔一〕《全宋文》按語云：此記各書皆作蘇軾文，然《欒城遺言》云：「《大悲圓通閣記》，公（蘇轍）爲東坡作。坡云：『好個意思』欲別作而卒用。」可見當爲蘇轍所作。明焦竑《刻長公外集序》謂此文爲蘇轍作，當即本於《欒城遺言》。「成都」「圓通」四字原無，據底本總目、《欒城遺言》等補。

成都，西南大都會也。佛事最勝，而大悲之像，未睹其傑。有法師敏行者，能讀内外教，博通其義，欲以如幻三昧爲一方首，乃以大旃檀作菩薩像，端嚴妙麗，具慈愍性，手臂錯出，開合捧執，指彈摩拊，千態具備，手各有目，無妄舉者。復作大閣以覆菩薩，雄偉壯峙，工與像稱。都人作禮，因敬生悟。余遊於四方二十餘年矣，雖未得歸，而相見其處。敏行使其徒法震乞文，爲道其所以然者。且頌之曰：

吾觀世間人，兩目兩手臂。物至不能應，狂惑失所措。其有欲應者，顛倒作思慮。思慮非真實，無異無手目。菩薩千手目，與一手目同。物至心亦至，曾不作思慮。隨其所當應，無不得其當。引弓挾白羽，劍盾諸械器。經卷及香花，盂水青楊枝。珊瑚大寶炬，白拂諸藤杖。所遇無不執，所執無有疑。緣何得無疑，以我無心故。若猶有心者，千手當千心。一人而千心，内自相攫攘，何暇能慮物。千手無一心，手手得其處。稽首大悲尊，願度一切衆。皆證無心法，皆具千手目。（輯自《蘇文忠公全集》卷十二。又見《成都文類》卷三十八，《觀瀾文集》丙集卷八，《崇古文訣》卷二十五，《鶴林玉露》丙集卷一，《古今事文類聚》前集卷三十五，《古今合璧事類備要》前集卷四十八，《文編》卷五十七，《文章辯體彙選》卷五百九十一，《八代文鈔》第二十八册，《全蜀藝文志》卷三十八，《古今圖書集成·神異典》卷九十二，嘉慶《四川通志》卷三十八，民國《海寧州指稿》卷十九。）

【徐鉉墓表】鉉當太祖之際，奮其區區之忠，以身請覲，寄首領於斧鉞之下，覬幸萬一，以延國主朝夕之命。當時安知骸骨尚歸葬於鸞岡？（輯自《輿地紀勝》卷二十六。）

【宣義郎葉勸太僕寺主簿】古者御與射同，以觀其人之才藝。故詩人稱太僕善於磬控，孔子以謙自名執御。汝爲僕臣屬，于夫展軨效駕職也，其亦嘗聞之矣。（輯自《永樂大典》卷一萬四千六百七。）

【祖少師】敕：天之於人，無德不報。凡今卿士大夫有立於朝尊寵於世者，皆其先人積累之厚。茲朕既奉神考，以配上帝。尊親之極，誠禮兼盡。思與群公，推廣斯義，以致其孝。具官某祖某：修身正家，而身被于鄉黨；居約履順，而福流于子孫。世有英才，與聞大政。寵列三師之貴，祚隆十世之餘。錫之閟章，以賁幽隧。可。（輯自《永樂大典》卷九百十八。）

【景靈宮修水渠祝文】〔一〕靈宇邃嚴，神明所搭。以時脩舊，式業彝儀。涓此吉辰，用申昭告（輯自《五百家播芳大全文粹》卷七十三。）

【減常膳避正殿罷視朝詔元祐五年四月】朕奉承統業，於今五年。臨御崇高，未達庶政。夙夜祗懼，若涉冰淵。常恐德之弗類，無以下慰民望，上當天心。今者冬雪不效，春雨弗若。逮此孟夏，旱災如焚，麥不充食，禾未出土，歲事凜凜，民且狼顧。雖禱祀備至，而神莫之答。惟循省自克，則災或可消。意者政令寬馳，吏或爲害，而莫之懲歟？役賦失當，民病於事，而莫之察歟？忠言壅而未達，

〔一〕中華點校本云：案，該書同卷收《太廟繕治祭祝文》，見《欒城前集》卷三十四《太廟整漏奏告宣祖皇帝祝文》。又《前集》卷三十四有《景靈宮安鐵水窗祝文》，首句與右文同（靈宇邃嚴）。惟此文不見於《欒城》三集，在《播芳大全文粹》中又緊次於前篇蘇轍文後，雖不署名，然依全書體例，當亦是轍所作。

賢材有抑而未用歟？念之雖勤，行則未至，昭明恐懼之誠意，庶幾陰陽之不違。可自今月二十三日後減常膳，不坐前殿，及將來五月一日，罷文德殿視朝。朕上奉東朝，深愧常珍之日缺；下臨庶尹，猶冀嘉言之上聞。苟利於人，其無不可。（本篇輯自《續資治通鑑長編》卷四百四十一。）

【乞追還王世安新命奏】新除順安軍王世安，前任都大提舉河埽日，差河清兵士掘井灌園。雖罷知軍，仍擢爲京西南路都監，乞追回新命，下所屬按治。（輯自《續資治通鑑長編》卷四百九十九。）

【執政大臣務爲傾奪奏元祐五年十一月二日】

臣竊謂執政大臣所以代天理物，範儀百辟，陛下選于群臣，特舉一二人而用之，其任可謂重矣。臣竊見近日管軍闕人，諸執政共議，欲度越資級，用張守約、張利一。此二人者，才品俱下，其實不允公議。陛下一見，知其不可，而右丞許將即於簾前自破本議。諸人退而進擬，雖涉專恣，而將陰入札子，意懷傾奪。外議沸騰，以爲大臣相傾，頃所未有。昔公孫弘與汲黯同議奏事，及至上前，即背其說。令狐峘陰受楊炎請求而公奏其事，或爲清議所鄙，或爲朝廷明主所黜。臣知其漸不可長，即行論奏。曾未幾日，後聞樞密副使韓忠彦欲取中書舊斷官員犯罪公案，事干邊防軍政者，樞密院取旨，諸執政俱無異論，各已簽書，被旨行下。而中書侍郎傅堯俞徐自言：「初不預議，爲衆所欺。」求付有司推治，與忠彦更相論列。謹按祖宗故事，文武官斷獄一出中書，取歸密院，蓋本院官吏欲分奪中書重權，實爲侵官。然已經簽書，徐知不便，以見欺自解。若其他軍國機務有無得失，皆以此爲辭，豈不誤國？

臣竊見陛下以至仁至公臨御天下，雖海隅蒼生罔不知化。而執政大臣務爲傾奪紛争，無復禮義，何以朝夕相規？其餘諸人見睹其非，皆以事相牽制，不能糾正。若非陛下特辨此兩事曲直，使知所憚畏，此風浸淫，朝廷何賴焉？臣官在執法，知而不言，臣亦有罪。惟陛下特賜裁斷。（輯自《續資治通鑑長編》卷四百五十，又見《宋代蜀文輯存》卷二十。）

【劾韓忠彦傅堯俞札子元祐五年十一月】

臣近面奏樞密副使韓忠彦改易祖宗舊法，取官員犯公案事干邊防軍政者，樞密院取旨。諸執政各已簽書。被旨行下，而中書侍郎傅堯俞徐自言初不預議，爲衆所欺，求付有司究治，與忠彦更相論列。

臣竊謂大臣傾奪忿争，無復禮義，非朝廷之福，乞明辨曲直，使知所畏。尋蒙陛下以臣言付三省，而堯俞、忠彦皆晏然不以爲畏，臣竊惑焉。謹按舊法，官吏犯罪斷在中書，刑政大柄非密院所得專。祖宗分職治事，各有分限。惟元豐七年十月十四日聖旨：「應緣保甲事元係樞密院降指揮取勘，及保甲司乞特斷公案，令刑部申院。」今年七月七日聖旨：「應樞密院降指揮下所屬體量根究取勘者，亦令刑部申院請旨。」據此二條，令樞密院得專斷官吏，已係侵紊官制，然猶止言元係本院所行及指保甲一事。今忠彦緣此遂變舊法，志求侵官，既已不直。而堯俞同簽書，自知失職，謂衆見欺，求賜推治。使衆人誠欺堯俞，則衆誠有罪；使衆誠非欺，而堯俞不自解，豈得無過？臣備位執法，既劾其事。陛下試下臣章，若皆無過，則臣爲妄言，安敢逃責？若果有罪，二人豈可默然而已哉？

方今二聖聽政幃幄之中，謙恭退託，委政於下。當此之時，大臣側躬畏法，避遠權勢，猶恐不及。今乃以貴故，輕易臣言。臣忝御史長官，朝廷風憲所在，輕易臣實有輕易朝廷之意，臣恐綱紀自此廢壞。伏乞再下臣章，使各以實對。臣非敢自重，所以重朝廷也。（輯自《續資治通鑑長編》卷四百五十，又見《宋代蜀文輯存》卷二十。）

【劾許將札子元祐五年十一月】臣聞人才不同，明闇異宜，剛柔異禀。人君總覽多士，無所不收，隨其所長，皆可施用。惟有傾險小人，見利忘義，不媿反復，公行背誕，一有此心，無施而可。寘之列位，猶且敗群；久在近輔，豈不害政？故在《周易》有之曰：「開國承家，小人勿用。」而孔子贊之曰：「小人勿用，必亂邦也。」聖人遺戒，百世不刊。臣今月二日面奏尚書右丞許將近因進擬除管軍臣僚，與同僚初無異議，及至上前，窺伺聖意，賣衆自售。退而陰入札子，情涉頗僻。乞降聖旨明辨曲直，使知所畏憚。將自知過惡彰露，上章待罪。臣博采公議，皆言將陰狡好利，出於天性。自居要近，此態不衰；久留在朝，所害必衆。況今二聖聽政幃幄，萬機決於大臣，若事干軍國要務，安危所系，而將每於共議，輒先符同，臨事觀變，徐施詭辯，以要大利，則腹心之地，自生機穽，其誰安意肆志爲國謀事？衆人危懼，皆不自安。伏乞因其所請，早賜施行，以厭公論。（輯自《續資治通鑑長編》卷四百五十，又見《宋代蜀文輯存》卷二十。）

【又劾許將札子元祐五年十一月】

臣近奏論傅堯俞、韓忠彥、許將三人事，內堯俞、忠彥以職事忿争，至相論列，失大臣之禮。臣備位執法，理當詰問，今既杜門請罪，陛下矜而貸之，臣不敢更加彈奏。

惟有許將，先與同列共議，進擬管軍臣僚。及至上前，窺見聖意，即背始議，以求希合。退爲除目，若將不同，亦當明言於衆，俟别日再上取旨。今乃陰入札子，以傾衆人，用情險詖，意不由公。而與堯俞、忠彦得同押入視事，公議驚怪，以爲罪既不倫，而例蒙恩貸，衆心不服。若使將每事先且雷同，及至簾前，伺候上意，徐乃異論，以爲忠直，則今後誰敢安意肆志，爲國謀事？況今太皇太后陛下聽政幃幄，皇帝陛下恭默自養，當此之時，左右前後宜得重厚正直之臣，託以心腹，寧使靖重椎魯有不及事之憂，不容陰邪險躁有相傾奪之害。今將之爲人，見得忘義，頃自擢居丞轄，常欲賣衆自售，包藏禍心，遇便輒發。今幸社稷之靈，因此一事，使臣早發其姦。陛下若又包涵，不忍斥逐，使之久在政府，萬一事有重於差除管軍，利有大於陷害同列，將得伺隙竊發，以要大利，臣雖欲效愚忠，言已無及矣。伏乞陛下爲社稷遠慮，除此佞人，以弭中外之患。臣蒙被聖眷，擢冠言路，若見姦而不擊，則負陛下多矣。鈇鉞之誅，所不敢避。

貼黄：許將前後奏對，外人本不知之。緣將自以爲功，對其親舊稱述。有胡宗回、晁端彦二人，爲臣具道子細，蓋將之輕脱如此。

又貼黄：唐令狐峘爲禮部侍郎，宰相楊炎屬峘爲故相杜鴻漸子封求宏文生，峘謝使者曰：「得公手書。」峘得以識，炎不疑，書送之。峘即奏曰：「宰相迫臣以私，從之負陛下，不從則害臣。」帝以詰炎，炎具道所以然。帝怒曰：「此姦人，無可奈何。」欲殺之，炎苦救，貶衡州别駕。本朝至道二年，李繼遷衆萬人寇靈州，上召宰相吕端等，出手詔付之曰：「靈州孤絶，救援不及，賊遷猖獗，未就誅夷。」令各述利害來上。時上有意棄靈州，既而悔之。吕端奏曰：「張洎不過希陛下意欲棄靈州耳。」及洎奏上，果引漢棄造陽、朱崖事勸上。上怒，以其奏還之，謂吕端曰：「張洎有奏，果如卿料，已還之矣。」古今明主所以深惡臣下反復希合者，爲其借公議行私意，所懷深嶮，不可測知，不早除去，誠貽後患故也。（輯自《續資治通鑑長編》卷四百五十，又見《宋代蜀文輯存》卷二十。）

【劾許將第三札子元祐五年十一月】

臣等今月二日面奏尚書右丞許將近因進擬管軍臣僚，前後議論反復，希合聖意，傾害同列，蓋其爲人見利忘義，難以久任執政，乞行降黜。尋奉聖旨，未以臣等所言爲然。

臣等竊以明君用人，順己者未必喜，逆己者未必怒，要在察其誠心所從來而已。今許將與同列商量進擬，皆無異言，及至簾前，因聖意宣諭，即時附會，意欲以此自竊守正之名，而陷同列於不忠，欺罔聖明，固結恩寵而已。

伏惟二聖睿智清明，照見群下情僞，動推至公，必不以順己爲悦。將之嶮詖，中外共知。今時所以遲遲而不決者，正由當時進擬之初，衆人議論可否之實，未達於上前爾。臣欲乞指揮宰臣以下詳具於是何月日商量進擬管軍臣僚，當時何人以爲可用，何人以爲不可用，乃具可否之語，自後直至進呈之日，凡更幾次商量，并具有無可否之人。若許將於前商量之時無異論，但於簾前探測聖意，徐爲異同，則其反復傾嶮，更無可疑，自當責降。若將從初實有異議，而宰臣以下不俟僉諧，直便進呈，則事屬專恣，亦合有罪。如此推究，而將與宰臣以下率皆無過，則臣等職在耳目，而誣罔大臣，瞽惑聖聽，國有常憲，所不敢逃。

伏乞出臣前後章疏，盡付三省施行，但令將及宰臣以下及臣等一處明受責罰，則中外釋然，而公議允矣。況二聖臨御以來，本以公平無私深服天下。今豈以許將之故，坐失衆望？臣等區區，志在爲國振紀綱、辨邪正，惟陛下裁察。

貼黄：許將不簽書者，乃是簾前進擬。後來不簽除，自别入札子。即不見未進擬以前，將曾有無異論。（輯自《續資治通鑑長編》卷四百五十，又見《宋代蜀文輯存》卷二十。）

【劾許將第四札子元祐五年十一月】

臣竊見尚書右丞許將賦性姦回，重利輕義。昔在先朝，所至不聞善狀。及知成都，貪恣不法，西南之人，所共嗤笑。還朝未幾，擢任執政，中外驚怪，不測所以。是時諫官范祖禹、吴安詩皆論將忝冒不可用之實，不幸祖禹、安詩繼罷言職，故令將叨竊重位，遂至今日。

臣自備位執法，常欲爲陛下除此佞人，但以未有所因，言無從發。今因其商量差除管軍，先與同列共議，略無異言。及至上前，探測聖意，違背前説。上以希合聖意，下以擠排衆人。人之無良，一至如此！正是市井小人販賣之道，而置之廟堂之上，久而不去，使慣得此便，自謂得計，見利輒發，則其所賊害漸不可知。故臣至此，力言其惡，而不知止也。且臣自今月二日面奏札子，言傅堯俞、韓忠彦及將三人。將自知罪惡有狀，即先待罪，然端坐東府，不返私第，朝廷不遣一人略加存問，恩禮至薄，前後五日，方略遷居。及堯俞等倉卒就第，朝廷方一例遣使押下，將亦略無媿恥，隨衆視事。都人指笑，以爲口實。其貪利無恥，至於如此！今陛下但以曾經任使，雖有過惡，終欲蔽之。曾不念朝廷名器，皆祖宗所付畀，而以私一許將乎？伏乞檢會臣前後所上章，付外施行。（輯自《續資治通鑑長編》卷四百五十，又見《宋代蜀文輯存》卷二十。）

【劾許將第五札子元祐五年十一月】臣等近奏論尚書右丞許將因進擬管軍臣僚，議論反復，意在傾奪。前後章疏，除已蒙降付三省施行外，皆留中不出。凡臣轍所上四章，臣升所上三章，臣象求所上三章，臣君平所上一章，凡將平生貪猥之迹，與今日背誕之情，略盡於此矣。而天聽未回，中外傾望，疑陛下有欲保全之意。臣等竊維二聖聽政，不出幃幄。今日事體與祖宗不同，祖宗親決萬幾，廢置在己，雖使左右或有姦佞，亦未能妨害大政。然或不幸有之，按驗有實，即皆逐去。以今日太后仰成大臣，皇帝恭己淵默，將之險詖，情狀已露，而猶遲遲不決，此臣等所以憤悶而不能已也。今御史與諫官相繼上章，若非公議所嚮，勢不能爾。言已出口，義無中輟。若非許將罷去，或言者得罪，必不徒止也。惟陛下稍紆聖心，略賜監察，檢會前後奏請，付外施行。（輯自《續資治通鑑長編》卷四百五十，又見《宋代蜀文輯存》卷二十。）

【劾上官均札子元祐五年十二月】伏見殿中侍御史上官均，昔任監察御史，與王巖叟等相約論事，既而背之。巖叟劾其反復，均即繳奏巖叟私書。一時鄙其傾險，亟罷言職。近者朝廷復自郎中擢爲臺屬，臣雖知均爲人陰邪難測，猶覬改過自新，姑受之而觀之。及與之行事以來，見其用心不改。臣昨論熙河帥臣妄占二堡，以興邊患，宜加責降。均知大臣不説，即上言：「邊事當聽邊臣，不宜以臣言而罷。」及門下侍郎劉摯求解職事，方其無故去位，中外相視，未知其由。或留或去，當出聖意。均輒上章留摯，其意以爲摯若不去，留之足以爲己恩；若遂去，留之亦自無損。進退兩得，心實不堪。今者臣與臺諫俱論：尚書右丞許將進擬差除管軍，前後異議，希合聖旨，以陷同列。中外公議，皆以爲然。而均與將有鄉曲之好，素相結托；凡有所言，陰爲表裏。上疏救將，謂將小過，不當斥逐。且均爲御史，職在擊姦。見姦不擊，反加營救。背公死黨，忘失本職，情尤深害。況前三事，率皆希合執政，以求援助。據其情狀，難以復居風憲。臣若不言，留與同事，深恐均乘隙進讒，熒惑聰明，有害聖政。伏乞罷均臺職，以肅姦宄。臣備位執法，臺有憸人而不能去，何以糾百辟？謹昧死彈奏以聞。（輯自《續資治通鑑長編》卷四百五十二，又見《宋代蜀文輯存》卷二十。）

【再劾上官均札子元祐五年十二月】臣頃論尚書右丞許將心懷傾險，不可久在廟堂。蒙陛下照其邪心，即行斥逐。中外正人，無不相賀。惟有殿中侍御史上官均與將向有鄉黨私好，自居言路，陰爲表裏。昨者臺諫交章劾將姦狀，獨均上言曲加營救。今將被逐，均自知情狀見露，數日以來，譸張失措，度其猖狂解説，無所不至。緣御史，人主耳目之官，不宜久留邪黨，污濁其間，浼瀆聖聽。臣今月一日，已具論奏。伏乞檢會，早賜降黜外任，庶幾姦慝之人小加懲戒。（輯自《續資治通鑑長編》卷四百五十二，又見《宋代蜀文輯存》卷二十。）

【劾上官均第三札子元祐五年十二月】臣等頃言：尚書右丞許將用心傾嶮，議論反復，留之左右，恐害聖政。伏蒙陛下以臣等所言爲然，即令補外，中外稱快。而殿中侍御史上官均獨言不當罷將執政，指臣等所言爲非，曲加誣謗，無所不至。伏惟陛下日月之明，照見臣下情僞，將之姦意，具在聖鑒。今均與將鄉黨，情分素深；向除臺官，實將之力。度均之意，方欲倚將以求進用。故於將之未去，則出死力以營救，庶幾將之復留；於將之既去，則誣臣等以附會，庶幾陛下疑惑。始終情狀，皆出姦邪。況均自知必去，無所顧藉，誣污臣等，冀以熒惑聖聰。若不明加責降，但罷其臺職，使均得計而去，何以懲艾姦慝？臣等前來各已曾論列，伏乞指揮檢會，早賜施行。

貼黄：臣等竊見從來臺官彈擊姦邪，不擇貴近，則爲本職。即未有御史中丞言執政過惡，朝廷公議共以爲然，而臺中官屬陰爲執政理雪，反擊中丞者。今上官均所爲，古今未有，若非背公死黨，欺蔑朝廷，豈敢如此？（輯自《續資治通鑑長編》卷四百五十二，又見《宋代蜀文輯存》卷二十。）

【論高士敦向宗良札子元祐五年十二月】

臣近奏論朝廷先除高士敦知邢州，向宗良繼有陳乞，朝廷爲罷士敦，而以邢州授之。二人皆外戚之家，而奪一與一，於體不順，乞賜追寢。經今多日，不見施行。

臣非不知宗良地勢親近，屢以爲言，非臣私便。然臣聞君子愛人以德，小人愛人以姑息。今宗良託身戚里，不患不富貴，不患無差遣，所患者不知禮義廉耻，直情恣行，日蹈尤悔而不知耳。今若許令争取士敦已授之命不復辭免，習此驕獷，恬不知畏，則恐宗良滿盈速咎，其亡無日。朝廷雖欲庇之而不可得。臣爲執法而不能禁以漸，豈愛人以德之謂乎？今太皇太后雖欲深抑本宗，其於處己則爲盛德，然以此御下，似非愛人以德之義也。今外人皆言隆祐之於崇慶，盡孝盡敬，朝夕無違。宗良所請，蓋不知耳；若其知之，必將不許。臣是以冒昧獻言，上欲以全兩宫慈孝之盛，下欲以成向氏廉退之美。伏乞檢會前奏，早賜施行。

昔虞芮争田，質之於周，入境而遂以其所争爲閑田而去。今若邢州之命，兩皆不與，其於國體極爲穩便。蓋風憲之官，事有得失，不擇親疏。知而不言，則爲失職；言之不避，實召仇怨。均之二者，寧臣自負，不敢負國。惟陛下察之，幸甚。（輯自《續資治通鑑長編》卷四百五十三，又見《宋代蜀文輯存》卷二十一。）

【論韓氏族戚因緣僥冒札子元祐五年十二月】

臣伏睹二聖臨御天下，清心正己，未嘗以一毫之私干撓國家。高氏、向氏子孫凡幾百人，其間得預美仕者，蓋無一二。惟聖心非不愛親戚，以祖宗社稷之故，退託不敢。是以天下協應，災害屏息，皆此之故也。

然臣竊見本朝勢家莫如韓氏之盛，子弟姻婭，布滿中外，朝之要官，多其親黨者。昔韓維爲門下侍郎，專欲進用諸子及其姻家。陛下覺其專恣，即加斥逐。其後宰相范純仁秉政，亦專附益韓氏，由此阿私之聲達於聖聽。今純仁罷去未幾，而傅堯俞任中書侍郎，堯俞與韓縝通昏，而素與純仁親厚，遂擢其弟純禮自外任權刑部侍郎。曾未數月，復擢補給事中。純禮門蔭得官，初無學術，因緣僥倖，致身侍從，與堯俞陰爲表裏，惟務成就諸韓。近日韓宗道自權户部侍郎遷試刑部，於法經年乃得待制。宗道之遷曾未三月，適遇青州闕守，特遷待制，出守青州。人言沸騰，徐乃依舊。其他韓氏親戚，度越衆人與優便差遣者，蓋未易一二數也。是以外議紛然，復言謝景温、杜純、杜紘，皆韓氏姻家，堯俞、純禮竊相擬議，欲相繼進此三人。

臣忝執法，陛下耳目所寄，只可先事獻言。若候其事已成，徐加議論，則無及矣。臣今謹開陳三人所爲，具在貼黄，伏乞陛下記録臣言，徐察堯俞等所用。若果如臣言，欲乞只作聖意卻之，實爲穩便。臣受恩深厚，不敢自外，冒死以聞。

貼黄：謝景温在熙寧初諂事王安石，任御史知雜，爲安石排擊正人，爲清議所鄙。及元祐初，韓維執政，擢知開封府。維舊知開封，分兩廂治事，景温意欲諂維，復乞分四廂，無益有害，近已爲朝廷所廢。景温先知瀛州，信事一女巫。及爲京尹，與之往來，事之益謹，至以其子弟爲府中小史，出入用事，一府側目。黨庇私匿，政事殆廢。爲言者所劾，即時被黜。及范純仁用事，又百計欲引景温爲刑部尚書，亦爲言者所劾而止。

貼黄：杜純、杜紘二人皆無出身，粗俗之人耳。方韓維用事，欲改先朝斷案舊例，并從深坐。刑部、大理法官及一時議者皆以爲不可，惟純與紘素諂事維，盡力贊之。維善其附己，故純以蔭補得爲侍御史。朝廷察其姦妄，尋即罷去。舊法：曾任侍御史，非責降者，每遇大禮，許蔭補，内中散大夫以上依見任人，朝議大夫依本官。及紘詳定元祐敕，爲純曾任侍御史而官止朝奉郎，即改舊法，於「朝議大夫」下添「以下」二字，意欲使純由此得奏薦子弟。去年明堂，純即坐新條乞奏其子。是時臣權吏部尚書，親見其姦，即申尚書省改正舊法。按純、紘皆法官進用，不爲不知條貫，至於添改敕文，以濟其私，其爲欺罔，未見其比。（輯自《續資治通鑑長編》卷四百五十三，又見《宋代蜀文輯存》卷二十一。）

【論杜常邪諂無恥札子元祐六年正月】

臣聞明君用人，必須先辨人材之精粗與官曹之清濁。若舉粗才俗吏而置之清華之地，則士心不服，取笑四方，不可不慎也。況太常卿者，禮樂所寄，古者伯夷、后夔之職，前世桓榮、楊綰居其任。自二聖臨御，亦重其選，蓋嘗用鮮于侁、趙君錫矣，雖其才未及古人，然或以博學守正，或以孝弟篤行，率皆可稱述。自是以來，用人頗輕，然亦未有若杜常人材猥下，不學無術，而加以邪諂好利，頑弊無恥者也。

臣昔爲齊州職官，吕升卿等察訪京東，辟常自隨。常遂注解惠卿手實文字，所至州郡，公然爲官吏講説其意，以求悦媚，自是遂蒙進用。及在都司，侮慢士人，而畏憚尚書省胥吏，以至奉行其意，不顧條例，遂爲言事官所劾。此二事者，皆臣所親見也。若其他暗塞乖謬，士大夫以爲口實者，臣不敢一二仰煩聖聽。伏乞聖慈特賜追奪，無使匪人竊據，傳播四方，以謂陛下不惜名器一至於此。臣昨與屬官已有文字論列，未蒙采納，伏乞指揮檢會，早賜施行。（輯自《續資治通鑑長編》卷四百五十三，又見《太平治蹟統類》卷十八。）

【論王子韶邪佞宜斥札子元祐六年正月】

臣聞堯舜之治，以難任人爲先。孔子論爲邦，以遠佞人爲戒。佞人之不可用，大則亂國，小則害政。是以古之明君去之惟恐不速，屏之惟恐不遠。

今二聖爲治，方選用忠良，斥遠邪佞。而王子韶者屢進被劾，今遂擢爲祕書少監，甚可怪也。昔熙寧之初，臣與子韶同在制置三司條例司。是時王安石、吕惠卿方欲變亂法度，子韶與程顥陰贊其事，朝夕諂事王、吕，惟恐不及。及吕公著爲御史中丞，并薦二人以爲屬官。公著既言新法不便，程顥革面從之，而子韶脂韋其間，陰助安石。既爲同列所鄙，復爲先帝所照，御批降黜，天下莫不稱快。徒以面柔無恥，善事權要子弟，復以字學小書緣飾鄙陋，以儌倖進取。當今士大夫凡言佞人，子韶爲首。頃者曾被進擢，以此屢爲言者所劾而罷。昨者命下之日，御史岑象求、孫升皆言其不可，臣伏繼以爲言矣，皆不蒙省録。雖由臣等才望不及前人，言不見信，而朝廷屏黜姦佞，前後不曾有異。伏乞檢會臣等前奏，速賜施行，以厭公議。（輯自《續資治通鑑長編》卷四百五十三，又見《宋代蜀文輯存》卷二十一。）

【論范純禮事中書省不應獨進熟狀札子元祐六年正月】

訪聞給事中范純禮近日兩次奏乞外補。第一次章既下，中書省吏房獨進熟狀不允，第二次方與三省同共進呈。

竊緣舊例：從官出入，盡係三省商量，然後進呈取旨行下。今中書獨專其事，中外莫不驚怪。雖第二次卻與三省共議，蓋知其已甚，故不敢再作。臣忝執法，若喑默不言，恐今後朝廷紀綱日漸廢壞。伏見門下、中書省如此等事，合與不合三省同共進呈？如合係三省進呈，因何本省獨進熟狀取旨？仍乞依理施行。（輯自《續資治通鑑長編》卷四百五十四，又見《宋代蜀文輯存》卷二十一。）

【再論王子韶札子元祐六年正月】

臣進奏乞罷王子韶祕書少監，不蒙施行。

臣竊謂朝廷用人，必不得已將舍短取長，要須心迹無邪，於事不害，然後爲可也。今子韶資性便僻，柔佞無恥，奉上媚下，衆爲指笑。依勢行私，賊害良善，皆有實狀。祇緣邪諂善事貴權，故大臣不察，拔擢至此。然每有進用，必致人言。自元祐以來，初進被劾，出知曹州；再進被劾，出知滄州；及今三進，臣與僚屬言之者不一，豈言者皆妄，而子韶皆寃乎？陛下試以此察之，則得失可見矣。子韶昔爲小官，專事權要子弟，以僥倖恩寵。於時士人指目群佞，號之十鑽，子韶則衒內鑽也。自此漸進爲監察裏行。王安石初用事，遣子韶出按淮、浙。子韶妻父沈扶閑居杭州，方謀造宅舍，每於本州干借捍行役兵。知州祖無擇守法不與，子韶挾此私恨，誣謗百端，遂起大獄，然卒無事實。無擇緣此得罪，至今天下寃之。其在臺中，中丞吕公著方言安石更法令不便等事。子韶每見公著則左右其說。及至上前，輒稱新法之善，先帝深知其詐，降詔逐之，其略曰：「外要讜正之名，內懷朋姦之實。」天下聞者莫不稱當。自此稍被疏外，故其害物之心包藏不見，而專以邪佞要結爲事。前年除太常少卿，爲諫官劉安世所劾而罷。今祕書少監與太常少卿均爲清選，子韶才行與昔無異，執政大半猶是舊人，而用舍頓殊，理不可曉。然臣聞安世所言，前後凡十餘上然後從。昔劉向譏漢元帝有「用賢則如轉石，去佞則如拔山」之言，後世猶且羞之。今大臣獨於子韶遲遲不忍，臣恐「拔山」之誚，咎有所歸。臣與子韶初無仇怨，獨爲朝廷惜此過舉，惟陛下察之。（輯自《續資治通鑑長編》卷四百五十三，又見《宋代蜀文輯存》卷二十一。)

【劾朱光庭札子元祐六年正月】竊見新除給事中朱光庭智昏才短，心狠膽薄，不學無術，妒賢害能。本事程頤，聽頤驅使。方爲諫官，頤之所惡，光庭明爲擊之。頤既以狂妄得罪，光庭本合隨罷，而因緣僥倖，會河朔災傷，遣之按視。時本路監司、州縣并以依條發廩拯給，不至饑殍。光庭既至，復令呼召上等人户，强以積粟與之，多者至十數石，所費凡數十萬，沿邊儲蓄，爲之一空。經今積年，猶有匱乏之患。尋爲御史所劾，朝廷曲加庇覆，竟免於戾。繼蒙擢用，常在言職。每月章疏，文理猥謬，士人無不掩口。光庭亦自知人品凡下，專務讎疾勝己。如楊畏以母老屢乞閑官，至今侍養不闕；而光庭誣其貪冒官寵，遂致母亡。秦觀以文學知名朝廷，擢爲太常博士，而光庭加以暗昧之過，欲遂廢棄。朝廷知其誣罔，奬用二人有加於舊，而光庭事任如故，深以爲怪。昨者臺諫論鄧温伯事，言既不從，劉安世、賈易之徒皆章疏絡繹繼上，而光庭畏縮惴栗，殆不能言。及朝廷例皆遷補，諸人皆投劾引去，而光庭晏然就職，略無愧恥。據其人物鄙下，實污流品，况給事中專掌封駁，國論所寄。今朝廷以私光庭，上則汙辱國體，下則傷害善類。伏乞追寢成命，别付閒局，以厭公議。(輯自《續資治通鑑長編》卷四百五十四，又見《宋代蜀文輯存》卷二十一。)

【論中書舍人豐稷不宜掌誥札子元祐六年正月】

臣聞古之明主，爲官擇人，未嘗爲人擇官。是以衆長并舉，而百職皆理。臣觀近日朝廷所用，或異於此。施於閒局，猶或非宜，况中書舍人者，號令之所自出，前後所任，必取學問通博，詞章雅正，播之四方而不怍，傳之後世而無疑。今豐稷之在此選，臣不識朝廷何以取之？稷頃撰范純仁太原之詞，列四「無乃」；爲趙卨延安之告，不識聲律；李憲之叙延福，有「宜叨舊物」之言；湖北之賞戰功，有「蓋不得已」之語。至於其他乖剌，難以具陳。如上所指，皆足以取笑多士，激怒勞臣。今朝廷雖乏人，奈何以稷當此任哉？蓋稷之爲人，本挾姦佞。昔在小官，則以澹靖欺世；及列近侍，無日不走公相之門。頃爲許將所援，擢之不次；及將以議論反復，心懷傾嶮得罪，朝廷不欲明示貶降，量加官職。以稷懷其私恩，不顧公議，曲加粉飾，其尤甚者至謂將養心以誠，嘉猷屢告。若信如此言，則是陛下誤逐正人，稷雖封還詞頭可也。既知公議難奪，而加以溢美之詞，瀆亂朝廷黜陟之經，動摇中外觀聽之實。才既鄙下，心復懷姦，久權外制，實恐害政。伏乞特降授閑慢差遣，庶允公論。（輯自《續資治通鑑長編》卷四百五十四，又見《宋代蜀文輯存》卷二十一。）

【楊康國之奸不可不治奏元祐六年二月】楊康國指臣謂昨者不合彈傅堯俞、韓忠彦，又旁及吕大防、劉摯、蘇頌，此乃是廟堂之仇，於法官吏有嫌當避，臣之新命，决不敢當。而康國昨嘗申救傅堯俞、韓忠彦，是結私恩，不可不治其姦邪。（輯自《續資治通鑑長編》卷四百五十五。）

【智固勝如二堡宜早商量了當奏元祐六年五月】近日邊奏稍頻，西人意在得二堡。今盛夏猶如此，入秋可虞，不若早商量了當。（輯自《續資治通鑑長編》卷四百五十八。）

【辨趙君錫等彈奏蘇軾札子元祐六年八月四日】昨見趙君錫章，言臣兄軾交通言語事。晚聞臣兄云：「實有此，然非有所干求。」已居家待罪。臣兄所以知朝廷文字，實緣臣退朝，多與兄因語次遂及朝政，臣非久亦當引咎請外。（輯自《續資治通鑑長編》卷四百六十三。）

【辨兄軾竹西寺題詩札子元祐六年八月七日】伏見趙君錫狀，言與賈易各論臣兄軾作詩事。臣問兄軾，云：實有此詩，然自有因依。乙丑年三月六日在南京聞裕陵遺制，成服後蒙恩許居常州。既南去，至揚州。五月一日在竹西寺門外道傍，見十數父老説話，内一人合掌加額曰：「聞道好箇少年官家。」臣兄見有此言，中心實喜，又無可語者，遂作二韻詩記之於寺壁，如此而已。今君錫等加誣，以爲大惡。兼月日相遠，其遺制豈是山寺歸來所聞之語？伏望聖慈體察。今日進呈君錫等文字，臣不敢與。（輯自《續資治通鑑長編》卷四百六十三。）

【論河事札子元祐八年二月】

自去年十一月後來，至今百日之間，水官凡四次妄造事端，摇撼朝廷。

第一次，安持十一月出行河，先乞一面措置河事。舊法馬頭不得增損，臣知安持意在添進馬頭，即指揮除兩河門外，許一面措置。安持姦意既露。第二次乞於東流北添進五七埽緶。臣知安持意欲因此多進埽緶，約令北流入東，即令轉運司同監視，不得過所乞緶數。安持姦意復露。第三次即乞留河門百五十步。臣知安持意在回河，改進馬頭之名，爲留河門，即不許。安持計窮。第四次即乞作軟堰。凡安持四次擘畫，皆回河意耳。臣昨已令中書工房問都水監兩事：其一勘會北流，元祐二年河門元闊幾里，逐年開排，直至去年只闊二百二十步，有何緣故？其二勘會東流河門見闊幾步，每年漲水東出水面，南北闊幾里，南面有無隄岸，北京順水隄不没者幾尺，將來北流若果淤斷，漲水東行，係合併北流多少分數，有無包蓄不盡？今兩問猶未答，便即施行，實太草草。（輯自《續資治通鑑長編》卷四百八十一，又見《宋代蜀文輯存》卷二十一。）

【因董敦逸章疏乞早賜施行札子元祐八年三月】

臣近以御史董敦逸言川人太盛，差知梓州馮如晦不當，指爲臣過，遂具札子及面陳本末。尋蒙德音宣諭，深察敦逸之妄而以臣言爲信。臣德望淺薄，言者輕相誣罔，若非聖明在上，心知邪正所在，則孤危之蹤，難以自安。

竊詳敦逸所言，謂馮如晦事，乃其前狀所言之一則，其餘事不可不辨，遂乞一一付外施行。復蒙再三宣諭，以謂其它別無實事。伏惟聖恩深厚，知臣愚拙，曲加庇護，仰涵恩造，死生不忘。然臣忝備執政，知人言臣過惡而默然不辨，實難安職。陛下愛臣雖深，而不令臣得知敦逸所言，臣竊有所未喻也。若敦逸所言果中臣病，何惜使臣引去，以謝朝廷？若敦逸所言非實，亦使臣略加别白，然後出入左右，粗免媿耻。如不蒙開允，非所以爲愛臣也。所有董敦逸言臣章疏，伏乞早賜付三省施行。（輯自《續資治通鑑長編》卷四百八十二。又見《太平治蹟統類》卷二十三，《蘇潁濱年表》，《永樂大典》卷三千四百一，《宋代蜀文輯存》卷二十一。）

【辨董敦逸所言札子元祐八年四月】

臣伏見監察御史董敦逸上言，近爲「川人太盛」及「差遣不公」等，因言馮如晦緣翟庠推勘公事，枉陷徒配杖刑人數不少，係聖旨下御史臺取勘。更不候事了，便除如晦館職，知梓州。今來前項指揮，乃臣所言之事，欲乞朝廷引臣前狀照會施行。

詳敦逸所言「川人太盛」、「差遣不公」，指以爲言。臣以不才過蒙擢任，敦逸若言臣名位過分，無補朝廷，即是公議。今乃言「川人太盛」，顯是中傷。朝廷用人自有資格，豈可爲臣一人忝預執政，遂使川峽四路士人皆裁抑，令不得依本資差遣？敦逸又言馮如晦差除乃臣言一事，以顯敦逸言臣非一，並未蒙降出。欲乞早賜行下，令三省覆實其事。若臣稍涉私邪，乞正國法；若所言無實，亦乞辨明，免臣被曖昧之讒言。臣竊見近日宰相已下，皆爲陛下恭己責成，進退臣下，少有特出聖斷，悉付之衆議，動循典法。以此每有差除，皆須衆人僉議，方敢進擬，稍有異同，即不敢除。惟是近日賈易、晁端彦差遣及吕嘉問奏薦恩澤，衆議不允，遂有忿争，因此宣傳，致被彈劾。除此之外，誰敢主張親舊過有擢用？况馮如晦係東川人，臣係西川，鄉里隔遠，全非交舊。昨來差除，蓋衆人謂其昔任御史推直日，能不徇蔡確等意傾陷士人，爲確所怒，因此流落，故有此命。臣非不知翟庠公事未了，合少遲留；只爲翟庠公事元係臣親舅之子程之邵按發，如晦以爲深仇。臣以此須至稍存形迹，恐涉黨助之邵，裁抑如晦，故不敢異議。方以周防畏避爲愧，不知敦逸反謂臣曲庇如晦，事屬誣罔。臣備位要近，誠不欲與小臣計較是非，但恐讒口浸漬，漸不可長。伏望聖慈，早賜施行。（輯自《續資治通鑑長編》卷四百八十三，又見《宋代蜀文輯存》卷二十一。）

【辯蘇軾所撰吕惠卿誥詞非譏毁先帝奏二首之一（元祐八年五月）】慶基言軾所撰李之純等六人誥，文涉譏毁先帝，其間陸師閔誥一道，系范百禄詞，非軾所撰。臣竊觀先帝聖意，本欲富國强兵，以鞭撻四夷。而一時群臣將順太過，故事或失當。及太皇太后與皇帝臨御，因民所欲，隨時救改，蓋事理然耳。昔漢武帝好用兵，重斂傷民，昭帝嗣位，博采衆議，多行寢罷。明帝尚察，屢興慘獄，章帝改之以寬厚。故當時天下悦服，未有以爲謗毁先帝者也。至如本朝真宗即位，弛逋欠以厚民財；仁宗即位，罷修宫觀以息民力。凡此皆因時施宜，以補助先朝闕政，亦未聞當時士大夫有以爲謗毁先朝者也。近自元祐以來，言事官有所彈擊，多以毁謗先帝爲詞，非唯中傷正人，兼欲揺動朝廷，意極不善。若不禁止，久遠不便。（輯自《續資治通鑑長編》卷四百八十四，又見《太平治蹟統類》卷八十三，《永樂大典》卷三千四百一。）

【同上之二】臣昨日取兄軾所獲吕惠卿誥觀之，其言及先帝者有曰：「始以帝堯之仁，姑試伯鯀；終然孔子之聖，不信宰予。」兄軾亦豈是譏毁先帝者耶？臣聞先帝末年亦自深悔已行之事，但未暇改耳。元祐初改，正追述先帝美意而已。（輯自《續資治通鑑長編》卷四百八十四，又見《永樂大典》卷三千四百一。）

【劉惟簡等除内侍省押班詞頭不當奏元祐八年十一月】竊聞仁宗聽政之初，即下手詔，凡内批轉官，並未得施行，仰中書、樞密院審取處分。史臣記之曰：「是時上方親閲庶政，中外聞之，人情大悦。」正與今日事相類耳矣。（輯自《蘇潁濱年表》。）

【合祭天地未可輕改奏二首之一（元祐七年九月）】議者持合祭、别祭二説，各有所據。若非朝廷酌量事體輕重大小，斷自聖意，臣恐無所折衷。自熙寧十年神宗皇帝親祀南郊，合祭天地，今十五年矣，皇帝即位又已八年，未嘗親見地祇，乃朝廷闕典，不可不正。（輯自《宋會要輯稿》禮三之五（第一册第四四二頁）。又見《續資治通鑑長編》卷四百七十七。）

【同上之二】周禮一歲徧祀天地，皆王者親行。自漢唐以來，禮文日盛，費用日廣，故一歲徧祀，不可復行。唐明皇天寶初始定三歲一親郊，於致齋之日先享太清宫，次享太廟，然後合祭天地，從祀百神。所以然者，蓋謂三年一行大禮，若又不徧，則人情不安。此近世變禮，非復三代之舊。而議者欲以三代遺文參亂其間，亦失之矣。今别祭之議，有欲當郊之歲，皇帝先以夏至親祀北郊者，有欲移夏至之祀行於十月者，有欲三年祀天、三年祀地者。夏至暑雨方作，以行大禮，勢必不可。夏至之禮行于孟冬，其爲非周禮，與冬至無異。而數月之間再舉大事，力何以堪？若天地之祀互用三年，則天地均爲六年乃獲一祭，而以地廢天，以卑略尊，尤爲不順。（輯自《宋會要輯稿》禮三之七（第一册第四四三頁），又見《續資治通鑑長編》卷四百七十七，《群書考索》卷二十六。）

【子瞻和陶淵明詩集引（初稿節録）】〔一〕嗟夫，淵明隱居以求志，詠歌以忘老，誠古之達者，而才實拙。

〔一〕中華點校本云：案：東坡既和淵明詩，以寄潁濱，使爲之引。潁濱屬稿寄坡，自「欲以晚節師範其萬一也」其下所云，即上文所引者，當係初稿而出自蘇轍手筆。而見於宋刊《施顧注坡詩》卷四十一及收入《欒城後集》卷二十一的《子瞻和陶淵明詩集引》，此段文字經東坡命筆改爲：「嗟夫！淵明不肯爲五斗米一束帶見鄉里小兒……蓋未足以論世也」（詳見《欒城後集》，此處從略）據此費衮稱：「此文今人皆以爲潁濱所作，而不知東坡有所筆削也。宣和間六槐堂蔡康祖得此稿於潁濱第三子（遜），因録以示人，始有知者。」《梁溪漫志》持論頗具根柢，其説可信。

若夫子瞻，仕至從官，出長八州，事業見於當世，其剛信矣，而豈淵明之才拙者哉！孔子曰：「述而不作，信而好古，竊比于我老彭。」古之君子，其取於人則然。（本篇輯自宋費衮《梁溪漫志》卷四《東坡改〈和陶集引〉》條。）

【題程懿叔與予兄弟往還詩書政和元年正月】政和改元辛卯歲正月，表姪都水程君自鄉里赴京師，道出潁川，爲予少留。出其先君懿叔龍圖所收亡兄子瞻及予昔日往還詩書四卷相示。子瞻與懿叔兄弟相繼淪没，今十餘年，遺墨如新，覽之潸然出涕。予今七十三矣，不知異日尚獲相從見此否耳。初四日，轍題。（輯自《宋拓成都西樓帖》光緒間影印本卷末。）

【詩説】〔一〕

《詩序》非詩人所作，亦非一人作之。蓋自國史明變，太師達雅，其所作之義，必相授於作詩之時。況聖人删定之後，凡在孔門居七十子之列，類能言之；而鄒、魯之士縉紳先生，多能明之。漢興，得遺文于戰國之餘，諸儒相與傳授講説，而作爲之序，其義必有所授之也。于是訓詁傳注起焉，相與祖述而爲之説，使後之學者繹〔二〕經之旨，而不得即以序爲證。殊不知序之作，亦未爲得詩之旨，此不可

〔一〕編者按，關於此文和下篇《春秋説》有舒大剛、李冬梅《蘇轍佚文二篇：〈詩説〉、〈春秋説〉輯考》詳細考論。（《文學遺產》二〇〇四年）

〔二〕繹：《文鈔》本作「釋」。

不辨。

夫魯之有頌，詞過於實；《閟宫》之詩有曰：「居嘗與許，復周公之宇。」以《春秋》考之，許即魯朝宿之邑也。自桓元年鄭伯以璧假許田，至僖公時，許已非魯所有。嘗地，無所經見，而先儒以爲嘗即魯薛地，若難考據。而詩稱「居嘗與許」，爲能「復周公之宇」何也？蓋此詩之作，自「俾爾昌而熾，俾爾壽而臧」已下，至「天錫公純嘏，眉壽保魯。居嘗與許，復周公之宇」，皆國人祝之之辭。望其君之能如此也。序詩者，徒得其言，而未得其意。乃爲之言曰：「頌僖公能復周公之宇。」以爲僖公果復嘗、許，若未可信也。《魚藻》言：「魚在在藻，有頒其首。王在在鎬，豈樂飲酒。魚在在藻，有莘其尾。王在在鎬，飲酒樂豈。魚在在藻，依于其蒲。王在在鎬，有那其居。」言魚何在？在藻爾。或頒首，或莘尾，或依蒲，自以爲得所也。然特在藻在蒲而已焉，足恃以爲得所。猶之幽王何在？在鎬爾，或豈樂而後飲酒，或飲酒而後樂豈，若無事而那居，自以爲樂者。然徒在鎬飲酒，湛于耽樂，而不恤危亡之至，亦焉足恃以爲至樂？此詩人所刺也。序詩者徒見詩每以魚言物之多，故於此亦曰「萬物失其性」；以鎬爲武王所都，故於此曰「思武王」，恐非詩之旨也。《清廟》之序曰：「周公既成洛邑，朝諸侯，率以祀文王。」昔武王崩，成王幼，周公位冢宰，正百官而已，未嘗居攝也。漢儒惑于荀卿與夫《禮記》之説，遂以謂周公實居攝。然荀卿之言好妄，而《禮》所記雜出於二戴之論，於此附會其説曰：「周公既成洛邑，朝諸侯，率以祀文王。」然則成洛邑者周公也，至於朝諸侯、率以祀文王，使周公爲之，不幾於僭乎？《將仲子》之序曰：「小不忍以至大亂。」以《春秋左傳》考之，祭仲之諫莊公以

「不如早爲之所」。莊公曰：「多行不義必自斃。子姑待之。」又曰：「無庸，將自及。」又曰：「不義不暱，厚將崩。」終至於伐諸鄢。莊公之志，不早爲之所，而待其自斃，蓋欲養成其惡，而終害之故也。故《春秋》譏之，而《左氏》謂之「鄭志」，以鄭伯之志在於殺也。《將仲子》之刺，亦惡乎養成其惡而終害之？序詩者曰：「小不忍以致大亂。」蓋不知此。觀莊公誓母姜氏於城潁，則莊公之用心，豈小不忍者乎？《召旻》所刺，刺幽王大壞也。始曰「旻天疾威」，而卒章曰「昔先王受命，有如召公，日辟國百里」，思召公之辟國，特其一事耳。而序詩者，遂以《旻》爲「閔天下無如召公之臣」，焉足以盡一詩之義？《淇奧》所美，美武公之德也。武公之德如詩所賦，無施不可。序詩者，徒見詩言曰「有匪君子」，即稱其有文章。武公所以爲君子，非止文章而已。見詩言曰「如切如磋，如琢如磨」，即稱其「又能聽其規諫」。武公所以切磋琢磨，非止聽規諫而已。是言也，又似非能文者所爲。即此觀之，詩之序，非漢諸儒相與論撰者歟？不然，何其誤詩人之旨尚如此！至如《載馳》、《抑》詩稱作詩者謚，《緇衣》引高子及靈星以證其説，若此之類，序非詩人作明矣。如《江有汜》言美媵也，「勤而無怨，嫡能悔過也」，辭意並足矣。又曰：「文王之時，江汜之間，有嫡不以其媵備數，媵遇勞而無怨，嫡能自悔也。」如《式微》言：「黎侯寓於衛，其臣勸以歸。」而《旄丘》曰「責衛伯」，因前篇以見意，足矣。又曰：「狄人迫逐黎侯，黎侯寓於衛，衛不能修方伯連率之職」云云，何其辭意重複如此！若此之類，序非一人作明矣。或者謂如《江有汜》之爲美媵，《賚》之爲錫予，《那》之祀成湯，《商武》之祀高宗，疑非後人所能知而序之者。曰：不然。自詩作已來，必相授於作之之時，況聖人删定之後乎！（輯自宋建本《類編潁濱先生文集》卷八）

十七《詩》，校以明茅坤《唐宋八大家文鈔》卷一百六十四《潁濱文鈔》。）

【春秋説】

名分立，禮義明，使斯民皆直道而行，則聖人之褒貶未始作也。名分不立，禮義不明，然導以名分而或知戒，諭以禮義而或知畏，猶有先王之澤在，則聖人之褒貶因是而作也。名分不足以導之使戒，禮義不足以諭之使畏，而先王之遺意已不復見，則聖人雖欲褒貶，亦未如之何矣。愚于仲尼作《春秋》見之。

周之盛時，賞罰一於主斷，好惡公于人心，賞其所可賞，皆天下之同好也；罰其所可罰，皆天下之同惡也。雖鄙夫賤隸，猶知名分禮義之所在而不敢犯者。不幸雖幽、厲失道，天下版蕩，然天子之權未嘗倒持，而名分禮義在天下者，亦不敢逾也。當是時，王跡不熄而《雅》道存；《雅》道存而《春秋》不作。則褒貶安所著哉？奈何東遷之後，勢已陵替，賞罰之柄不足令天下而《雅》道息，《雅》道息則名分逾而禮義喪矣。然尚有可救者，五霸起而合諸侯、尊天子。葵丘之會，伐原之信，大搜之禮，有足多者。至如魯未可動，亦以能秉周禮，使先王綱紀之遺意綿綿有存者。又幸而一時卿士大夫事君行己，忠義之節，間有三代人才之遺風。聖人于此，知夫導以名分或使知戒，諭以禮義或使知畏，故與之善善、惡惡、賢賢，賤不肖，而責備致嚴。則《春秋》之作，亦其人可得而褒貶歟！逮五霸既没之後，春秋之末，陵遲愈甚。吴越始入中國，干戈縱横，則中國幾於淪胥矣。當時諸侯皆五霸罪人，而先王紀綱遺意與夫人才遺風，掃地蕩盡。終於田常簒齊，六卿分晉，聖人于此，知夫名分不足以導之使戒，禮義不足以諭之使畏，雖欲褒貶，亦未如之何矣。故絶筆獲麟，止於二百四十二年。獲麟之後，書陳恒弑其君之事，已非聖人所筆。

噫！《春秋》不復作，其人不足與褒貶歟？然自《詩》亡而《春秋》作，孟軻以爲「王者之跡熄」，至於《春秋》不復作，則又先王之澤竭焉，可勝歎哉！（輯自明茅坤《唐宋八大家文鈔》卷一百六十四《潁濱文鈔》。）

【靈巖寺詩跋】〔一〕轍昔在濟南，以事至太山下，過靈巖寺，爲此詩，寺僧不知也。其後見轉運使中山鮮于公於南都，公嘗作此詩，并使轍書舊篇以付寺僧。元豐二年正月五日題。（輯自國家圖書館藏《靈岩寺詩石刻》拓本。）

【跋歐陽文忠公書元豐二年正月】余家多文忠公書，然比其没，余於篋中得數十帖耳。今劉君乃能致此，非篤好之不能也。元豐二年正月初吉，蘇轍子由題。（輯自《歐陽文忠公集》卷一百三十末附。）

【跋潘閬詩】東坡先生稱眉山矮道士好爲詩，詩格亦不能高，往往有奇語。如「夜過修竹寺，醉打老僧門」之句，皆可喜者也。（輯自《能改齋漫録》卷一一。又見《宋稗類鈔》卷一四。）

【跋陳洎詩草元祐元年正月】轍頃在南都，傳道陳君以鹽鐵公詩草相示。轍甚愛公詩之精，且嘉公之孝恭不墜世德。後六年自歙州還京師，見君於鄮陽，復出此詩爲示，不可以再見而不之志也。丙寅正

〔一〕編者按，本條爲朱靖華先生《重評〈三蘇全書〉》引。

月七日趙郡蘇轍題。（輯自《鐵網珊瑚》卷三。又見《珊瑚木難》卷三，《石渠寶笈》卷二十九。）

【書五代王齊翰勘書圖後元祐六年正月】羽衣丈夫據牀剔耳，胸中蕭然，殊可喜也。定國方無事，可以爲此。但行將馳驅，不復爾耳。元祐六年正月初十日，子由記。（本篇原件存南京大學圖書館，此録自《文物》一九六〇年第十期。）

【跋懷素帖紹聖三年三月】世傳懷素書未有若此完者。紹聖三年三月，予謫居高安，前新昌宰邵君出以相示。予雖知其奇，然不能盡識其妙。余兄和仲特善行草，時亦謫惠州，恨不令一見也。眉山蘇轍同叔記。（輯自《鐵網珊瑚》卷一。又見《式古堂書畫彙考》卷八，嘉慶《零陵縣志》卷六。）

【跋馬知節詩草建中靖國元年三月】馬公子元，臨事敢爲，立朝敢言，以將家子得讀書之助，作詩蓋其餘事耳。蚤知成都，以抑强扶弱，爲蜀人所喜。然酷嗜圖書，能第其高下。成都多古畫壁，每至其下，或終日不轉足。蜀中有高士孫知微，以畫得名，然實非畫師也。公欲見之而不可得。知微與壽寧院僧相善，嘗於其閣上畫《慧遠送陸道士》、《藥山見李習之》二壁。僧密以告公，公徑往從之。知微不得已，擲筆而下，不復終畫。公不以爲忤，禮之益厚。知微亦愧其意，作《蜀江出山圖》，伺其罷去，追至劍門贈之。蓋公之喜士如此。陽翟李君方叔，公之外玄孫也。以此詩相示，因記所聞於後。辛巳季春丙寅，眉山蘇子由題。（輯自宋蘇籀《欒城遺言》，又見《補續全蜀藝文志》卷三十七，《古今圖書集成》藝術典卷七百八十九。）

【禹之所以通水之法】[一]

天下之有五材，猶人之有五臟六腑也，生而壽夭疾病之變皆其所爲也。故一人之身，養之有道而無飲食喜怒之傷，則無憂乎壽命之不長；養之而不得其道，治之不得其法，則反以爲害於吾身。蓋古者五材之用於天下，莫不由患，幸而皆得聖人以治之，故至於今而無傷。今之天下知夫江淮之所以流，山川之所以安，草木之所以生，兵刃之所以割，人之所以茹毛飲血者，何也？安知夫聖人修其教以治五行、五材之難也。五材之中，其至柔者易洩，狎而不畏之者好以敗壞天下，故堯之時水猶逆行泛濫於天下，得禹而後能止。方禹之治水也，而治河尤難，以爲河之所從來者，高下分其勢以殺其怒，不欲專以一河受其勢，使後世而能守禹之所爲，則何患於水之爲災？唯聖人爲之甚勞，而後世敗之甚易，故至於今河水歲溢而莫之或救。蓋欲決而注之於匈奴者近乎危，築堤而守之者近乎固，多穿大渠而分其流，則勞民而成功遲，求之《禹貢》之遺跡而治之，今之一河又非若堯之天下皆水也。然欲知夫九州之高下與禹用功之先後，則禹之行始於北方之冀揚，自南而還，入於天下之中，循豫而訖於雍，凡十餘載而後功乃成。使禹之治水不先治之於崇高之地，而汲汲於卑濕之處，則水之居於高者必反傾而赴於下，是卑濕之地未可以一用功而已。天下之大川不過江河淮濟，而其小者不可勝數也，不流而入於四瀆之中至於海者蓋寡矣。九江之相合，伊洛瀍澗之入于河，其勢便也。若夫蓄之而不決，如

[一] 以下八篇承四川大學古籍所舒大剛教授指教，據宋刻《三蘇先生文粹》卷第六十五輯録。

大野之九澤者，則又其勢也。

嗚呼！人之於事幸其易成而倦其難治，則無以及遠，故以嵎夷之略，而較之於兗州，雖十三載而不厭也。其書之於《禹貢》而可見者，大略如此，而方今之世已不可復用矣。蓋古者謀之朝廷之中，而其所以使之甚親者，皆有其職。故上古有五官以治五材，而水潤下。秦漢之間天下猶有水工鄭國之屬，以鄭當時之謀，不能爲逐之，而責成於齊之水工徐伯。凡今世之議其尤便者，不過曰繕舊堤而勿復筑，疏其壅塞而使無决溢之患。若以求其不世之謀，則必有爲水工者焉。古之所以能知治水之法者，能因其性而導之。水工者，亦善知水之性者。然世之患又不患乎無水工，而患乎上不求之也。

【修廢官舉逸民】竊聞古者修廢官、舉逸民無異道也，視其所廢而修之，視其逸而舉之而已耳。今明策乃退自貶損，如不之知而問之諸生，竊以爲過矣。蓋古者之爲天下審名實而已矣。名之存而實之亡，其與存者有幾？唯聖人能變其名而不廢其實。故上古之官，炎帝以火紀，黄帝以雲紀，少昊以鳳紀，二帝三王紀以其事而天下皆無廢官。歷秦而至於漢，以訖於唐，其名雖殊而其事一也。及吾宋有天下，因其名而參用之，求之於古而以爲無廢官之名則可，而其實已差矣。蓋屯田者，古之屯於邊而田者也，職方者總四勝之地而識之也。變名者，今以其事而復其事，若夫舉逸民之説，則優其禮而重其爵禄，用其言而信其道，使之無懷其山林之樂，盡力於其位而後可也。

【天子六軍之制】

古者爲井田以網羅天下之人而歸之於農，故天下無遊民，雖天子之兵衛，猶不可特設而取之於農，使之家出一夫以爲兵，而以其餘者爲餘夫羨卒，蓋使其爲兵者止於一人，而其餘夫羨卒得以優游於壟畝之中而不知其勞，至於田與追胥，然後使之竭作。而又累其田至於四丘之廣，而後出兵車一乘。蓋古者之優民，其制如此，而其軍徒之衆，天子至於六軍，大國三軍，次國二軍，小國一軍，一軍之士萬二千有五百人，其有士萬二千五百人者，有地五十里者也。至於周衰，諸侯相并吞滅，取以自廣其地，而大國兵車，或數千乘，惡周之害己，而猶未能顯然以違之也。故因周之經禮而增損其文，使若大國之制固有千乘矣，千乘非諸侯之所宜有而魯實有之，故《春秋傳》曰：「大蒐于紅，革車千乘。」一乘之車，其士之衣甲而射御與爲右者三人，從而翼之者七十二人，公車千乘而其士乃當六軍之數。夫魯以諸侯而爲天子之制，詩人又從而歌詠之者，將以美其盛而已，非與之言制度既如此矣。又曰公徒三萬，何也？夫三軍之士三萬七千有五百人，則所謂三萬者，又非指三軍而言之也。是二者皆指其實而言之者也，非禮也。非禮而頌之者，何也？詩非所以定制度之書也，玩其情而聲其窮困，樂其盛大而詩之道盡矣。

古者天子之馬十二閑，以應《乾》之策二百一十有六，而方其美衛文公也，則曰「騋牝三千」，此豈其貶之之辭耶？非也。故求詩者不責其合於典禮，而求其情之所在而已。

【休兵久矣而國用益困】天下之弊莫大於不知其端，故匹夫之家有穿窬之盜而亡其百金之費，則不足以爲憂；無故而日費一金之財，其弊可以立待。何者？其爲盜之所奪者止於百金也，故而用之者未可以量也。故景祐、寶元之間契丹靈夏之難相乘而作，兵役并起，而當其時，財用給而上下足者，以其用之之道止於此也。天下既安，四境之患不至，水旱之災不足以疲弊四海，天子躬慈儉之德以令百官，取之至饒而用之有節，而反騷然有不足之憂者，有以洩之而不知止也。夫中國之所以求和於西北者，將以息民也；息之於鋒鏑之間，而奪其衣食之用以厚異域，是非所以息之也。今者輸金繒，出幣帛，歲以百萬計而匈奴之驕不爲少屈，西邊之士不得解甲，其勢非可以久遠而無變，乃恬然而不爲改，亦過矣。故爲今之計，莫若絶而不爲交，拒而不爲賂，下以休吾民，上以無遺子孫之患，使之顯然爲叛逆之臣於外，如此而後勝負之數乃可以決。夫匈奴之國其實不能當中國之半，以倍人之地選懦而不決，故彼得以邀我。誠能奮而不顧，何患不勝？如此難者將以爲構怨於匈奴，兵連禍結而不可遽解，財用之數將復益缺，竊以爲不然。興兵之弊止於數年之困，而求和之費蔓延以及於後世，不忍數年之不足而不慮後世之患者，智之下也。

【關隴游民私鑄錢與江淮漕卒爲盗之由】穀者天下之所恃以爲命也，金者所以轉而通之者也。居貨千萬，積錢盈屋，是非有益乎飢寒之用也，而舉天下皆愛之者，爲飢寒之權出於錢也。是以錢太重則穀甚賤，穀甚賤則利於商而害於農；錢太輕則穀甚貴，穀甚貴則利於農而傷於商。二者交病而飢寒之患至。故觀其勢之極而權之以輕重，使之皆不至於病者，聖人之法也。今者患在錢太輕，惟其錢太輕是以穀甚貴，而吏民因緣以爲奸。况夫秦隴勇摯之臣，吴楚窮煙之卒，固宜其起而犯之矣。且夫錢甚輕而不私鑄則難以易夫衣食之用，穀甚貴則非殺人無以求夫口腹之利，故秦隴之鑄錢而竄乎西羌，吴楚之殺人而往來乎江湖之上，其勢誠不能不然也。

方今遠方耆老之民自言其生而至於今，養生之物其價十倍，此誠當更之時也。

【擇郡守】

天下一體也。畿内之重，海隅之遠其重一也。雖然畿内之事皆上之所親見，郡縣之政遠而無以知其詳，是以舉郡縣之政而屬之吏民之休戚喜怒，皆吏治告而吾不與知。故凡擇郡縣之吏尤難於畿内。

吾宋分别天下之地以爲十七道，郡縣之數充滿圖籍，聖人憂夫民之衆，生於遠方不獲蒙被王澤，故置官設吏而爲之長，而使之宣導盛德於無知之民以懷其心，使之無獨不獲其所。蓋聖人愛民之心如此，其切然而明。策之中猶以爲有司考此循定格，外臺會課，罕登第一，此謂漕刑之過而非守之罪也。何者？天下之吏孰能皆賢？不能接賢故舉而歸之漕刑，漕刑不嚴故吏惰而不恭，及其不恭，然後計其課之殿最，宜乎其無成功也。昔者漢武之世，吏之賢者有汲黯之持重，鄭莊之喜士，倪寬之廉平，董生之文雅，公孫之恭儉，文翁之好儒，若是其盛。而所謂居官可紀者，三人參列於其間。今誠振漕刑之職以繩天下之吏，夫何患第一之課不聞，而三者之才不復生於今哉！

【任子】甚哉！儒者之言事也。詆任子而進寒士者，嘗有言曰：官人以世而商亂，其反者亦嘗有言，曰仕者世禄而周興。且夫人之賢不肖之分，非有常所而生也。當商之亂，其所用者不賢者也。是雖出於布衣，無益也。周之興也，其所用者賢者也。是又不可捨而求諸其下者也，蓋知其才而已也，不知其世也。故皋陶出於微陋，伊尹起於畎畝，而舜湯任之以公卿之事，父既爲公卿，而益與陟亦不遂廢。夫舉其父於貧賤之地，而用其子於富貴之中，而皆無疑者，彼皆賢也。孟子曰：「國君進賢如不得已，將使卑踰尊，疏踰戚。」蓋尊與戚者不足於用，不得已而後取之於卑與疏也，而曰固不用者，末也。今宋有天下取人之道出於進士，出於制策，出於任子，三者并用，天下之人在官者不可知數，夫朝廷郡縣之位一定而不增，補蔭進用之士日益而不已，是以冗官紛紜，充溢於局外，而刻削之議興。然刻削之議可以爲一時之便，而非所以羅天下賢俊之術。何則？賢俊固有出於任子者也。古者聖人患乎公卿之世侈於耳目之欲，不知民之疾苦而不可用也。則幼而教之以禮，使之長而不變，故《書》教胄子以九德，而命后夔使掌其樂，以和其剛柔寬猛之性。商人命樂正崇四術、立四教於五學之中以明其國子之得失。而其不率教者，至有屏之棘寄之法以震懼其心。故當時卿大夫之世雍容禮讓，無異於閭閻蔬食之士，蓋非待天性之賢而後用之也。教之而至於可用，斯亦可用也。及周之衰，其遺風流俗猶未甚遠，故諸侯之卿皆世其位而鄭僑、季札、晏嬰、范燮之徒時出於其間。當此之時仲尼作《春秋》譏世卿，然至於季札，則以爲有吴之君子，子産則與之爲友。由此觀之，烏在其必排之哉！然則方今之便，教而觀其可用以用之而已矣。

【復成均之法】三代之教，一出於學校，學校之制多則民勸。蓋民常就於近而易見者，觀之以知孝悌忠信之美，故國中有太學，四郊皆有虞庠，至於一嚮一遂一黨之衆，亦莫不有所以廣其聞見，而便起來學之子弟。至於周興，其制度最盛。故兼立五帝之學而謂之成均。成均法掌之於司樂，而副之以樂師，教之以六德、六行、中和、孝友之道，又於四時示以詩書禮樂之法，而六代之樂尤著於此。周衰學廢，故青衿之詩作，秦氏變三代之正，而學校與儒者同滅於灰燼。漢興，稍稍葺治，至孝武元光之間，始有轅生公孫生明王道以風天子。於是太常始議定其制，擇民年十八已上美容儀者以充博士弟子而受之業，以時而考其課能通一藝者，則以爲文學掌故，不能者則退不復用。此其法制雖不若三代之詳備，然亦頗爲當時之便。是以漢之學者經明行修，可以爲天子左右顧問之大臣者相望而出。國家開設科選以延天下之豪俊，其意亦欲得三代兩漢之賢才以與共治。然卒不能深言切論以補益時政者，蓋亦有説。《周官》成均之制，德行禮樂之事，遠而不可詳見，不復言矣。近觀太常之議，使人有常師，執經據古，不忽其道以隨世上下，此最爲近古者。今世之俗病於無師，無師是以教不尊，教不尊是以持之不堅，故儒者泛泛不足以屬大事。今誠能用太常之議而敦奬勸之風，則天下儒者之幸。

參考文獻

《全宋詩》北京大學古文獻研究所編，北京大學出版社，一九九三年九月。
《全宋文》曾棗莊、劉琳主編，上海辭書出版社、安徽教育出版社，二〇〇六年一月。
《全宋筆記》上海師範大學古籍整理研究所編（一至十編），大象出版社，二〇〇三至二〇一八年。
《歷代筆記史料叢刊》，唐宋元明清合輯，中華書局。
《蘇軾全集校注》［宋］蘇軾著，張志烈、馬德富、周裕鍇等校注，河北人民出版社，二〇一〇年六月。
《蘇軾詩集合注》［宋］蘇軾著，［清］馮應榴輯注，黄任軻、朱懷春校點，上海古籍出版社，二〇〇一年六月。
《嘉祐集箋注》［宋］蘇洵著，曾棗莊、金成禮注，上海古籍出版社，一九九三年三月。
《欒城集》［宋］蘇轍著，曾棗莊、馬德富點校，上海古籍出版社，二〇〇九年十月。
《蘇轍集》［宋］蘇轍著，陳宏天、高秀芳點校，中華書局，一九九〇年八月。
《朱子全書》［宋］朱熹著，朱傑人等編，上海古籍出版社，二〇一〇年九月。
《宋代詔令全集》曾棗莊、王智勇、王蓉貴主編，四川大學出版社，二〇一三年三月。
《宋名臣奏議》［宋］趙汝愚，上海古籍出版社（影印四庫全書本），一九八七年。

《歷代名臣奏議》［明］楊士奇、［明］黄淮編，上海古籍出版社，二〇一二年十二月。
《宋會要輯稿》［清］徐松輯，中華書局，一九五七年十一月。
《宋人軼事彙編》丁傳靖編，中華書局，二〇〇三年十二月。
《續資治通鑑長編》［宋］李燾撰，中華書局，二〇〇四年九月。
《續資治通鑑長編拾補》［清］黄以周等輯注，顧吉辰點校，中華書局，二〇〇四年一月。
《三蘇年譜》孔凡禮撰，北京古籍出版社，二〇〇四年十月。
《蘇轍年譜》曾棗莊著，陝西人民出版社，一九八六年十一月。
《三蘇全書》曾棗莊、舒大剛主編，語文出版社，二〇〇一年十一月。
《北宋文學家年譜》曾棗莊、舒大剛著，臺北文津出版社，一九九九年六月。
《宋人年譜叢刊》吴洪澤、尹波主編，四川大學出版社，二〇〇三年十二月。
《王荆文公詩箋注》［宋］王安石著，［宋］李壁注，高克勤點校，上海古籍出版社，二〇一〇年十二月。
《司馬光集》［宋］司馬光著，李文澤、霞紹暉校點，四川大學出版社，二〇一〇年二月。
《淮海集箋注》［宋］秦觀著，徐培均箋注，上海古籍出版社，二〇〇〇年十一月。
《山谷詩集注》［宋］黄庭堅著，［宋］任淵、［宋］史容、［宋］史季温注，上海古籍出版社，二〇〇三年十二月。
《劍南詩稿校注》［宋］陸游著，錢仲聯校注，上海古籍出版社，二〇〇五年四月。

《蘇魏公文集》［宋］蘇頌著，王同策等校，中華書局，一九九八年九月。
《張方平集》［宋］張方平著，鄭涵點校，中州古籍出版社，一九九二年十月。
《丹淵集》［宋］文同著，四部叢刊初編，上海書店影印本，一九八九年。
《彭城集》［宋］劉攽著，商務印書館（叢書集成本），一九三五年。
《唐宋八大家文鈔校注集評》［明］茅坤編，高海夫主編，三秦出版社，一九九八年九月。
《藏園群書題記》傅增湘撰，上海古籍出版社，一九八九年六月。

後記

《彙編》的三校稿已完成，謹縷陳我們編纂此書的過程如下。

本書是在我的老師蔣宗許教授主持的蘇轍詩文系列研究基礎上進行的，同時也是我的國家社科基金「《坡門酬唱集》整理與研究」（17XZW022）的前期成果。最初的分工是由我負責體例的制定和經部的輯録； 劉芳池負責史部和子部； 陳默負責集部和最後的校稿。本《彙編》主要收録内容和體例我們已在「前言」和「凡例」中進行了詳細的交代，關於參考文獻我們在每一條資料的開頭或結尾都標明了出處和卷帙供讀者覈查，故正文後「參考文獻」中只部分羅列了我們在資料辨析中所用的書目。關於蘇轍研究，雖然我們李白文化研究中心的「唐宋文獻研究團隊」已在蔣宗許教授的帶領下進行多年，或許在宋代文獻材料的辨識、人物關係的考索以及詩文箋注的認知方面時有一得之愚，但囿於水平，仍時時感到古籍整理是一項繁複而艱深的工作，不管是校點、箋注，還是資料編纂，莫不如前人所謂如掃落葉，完備完美永遠只能是追求的目標。所以，此書雖名爲《彙編》，自然也還有不同程度的缺憾，尚請讀者見諒。

本書從最初的想法到編纂成書，一直得到中華書局俞國林先生的支持，使我們受益良多； 責任編輯許慶江先生對質量的嚴格要求，精湛的編輯水平讓我們至爲欽佩。許先生對大至書的體例，小至行格分段都予以了悉心的指導。如果此書還多少能入讀者法眼，二位先生功莫大焉。至於在材料的蒐羅上，我們要特别感謝四川大學古籍所的舒大剛教授和李文澤教授，舒老師校點的《古史》、《老子解》，李文澤老師校點的《春秋集解》和《詩集傳》，凡此都給我們以强大的資料支撑。還有，我們在二校稿上補入的《三蘇文粹本》八篇佚文，也是承舒先生指授而增補的。雖然我們已在具體材料下注明，但何足以表謝忱之萬一。爲此，再西向拜揖，恭致晚輩的拳拳敬意。

限於時間、水平和我們的能力，本書肯定還存在着不少問題，我們誠懇地期望同行及讀者的指正。

楊　觀

二〇一八年七月於綿陽師院知行樓